AKADEMIEKONFERENZEN

Band 19

Philipp Melanchthon in der Briefkultur des 16. Jahrhunderts

Herausgegeben von

MATTHIAS DALL'ASTA
HEIDI HEIN
CHRISTINE MUNDHENK

im Auftrag der

Heidelberger Akademie der Wissenschaften,
Akademie des Landes Baden-Württemberg

Universitätsverlag
WINTER
Heidelberg

Bibliografische Information der Deutschen Nationalbibliothek
Die Deutsche Nationalbibliothek verzeichnet diese Publikation in der Deutschen Nationalbibliografie; detaillierte bibliografische Daten sind im Internet über *http://dnb.d-nb.de* abrufbar.

UMSCHLAGBILD
Sondermarke: *Philipp Melanchthon* (Theologe, Humanist), 1960

ISBN 978-3-8253-6487-8

Imprimé en Allemagne · Printed in Germany
Druck: Memminger MedienCentrum, 87700 Memmingen

Gedruckt auf umweltfreundlichem, chlorfrei gebleichtem und alterungsbeständigem Papier

Den Verlag erreichen Sie im Internet unter:
www.winter-verlag-hd.de

Inhaltsverzeichnis

Thomas Maissen

Geleitwort

Wenn ich die Tagung vom September 2013 Revue passieren lasse und zu diesem Sammelband, der daraus hervorging, ein Geleitwort schreibe, so geschieht das durchaus mit Nostalgie. Bei den Planungen der Tagung, welche die Forschungsstelle für die Edition von Melanchthons Briefwechsel in vorbildlicher Weise vorbereitet hat, wirkte ich noch in Heidelberg und unter anderem als Vorsitzender der Kommission, welche die Editionsarbeit begleitet. An der Tagung selbst nahm ich gleichsam als Gast teil, nachdem ich eben die Direktion des Deutschen Historischen Instituts in Paris angetreten und den Kommissionsvorsitz dem bestens ausgewiesenen Kollegen Volker Leppin aus Tübingen übergeben hatte.

Wenn diese Übergabe völlig unproblematisch vonstatten ging und die Tagung selbst ein schöner Erfolg wurde, so liegt das am Personal der Forschungsstelle und an dem ausgezeichneten Ruf, den sie sich in den fünfzig Jahren ihres Bestehens in der internationalen Forschungslandschaft erworben hat. Das zu betonen ist wichtig, gerade in einer Zeit, in der Forschungsprojekte ebenso zahlreich wie kurzlebig geworden sind und nach kurzer Zeit Erträge abwerfen müssen, die weniger inhaltlich definiert werden als formal: Qualifikationsschriften. Eine Forschungsstelle, die der internationalen Forschung jährlich im Herbst einen Band von Melanchthons Briefwechsel zur Verfügung stellt, ist dagegen ein ebenso berechenbares wie langfristiges Vorhaben, dessen Ergebnisse voraussetzungsreich sind, aber auch eine ganz andere Halbwertszeit beanspruchen dürfen. Die Vorstellung, dass auch ich das geplante Ende des Editionsvorhabens im Jahr 2030 als Rentner erleben werde, hat mich bei der Übernahme des Vorsitzes 2007 zuerst etwas erschreckt. Doch zugleich ist es eine eminente Qualität des Wissenschaftsstandorts Deutschland, der die gründliche Erforschung des Praeceptor Germaniae in seinen vielen Zusammenhängen über eine solide und dauerhafte Finanzierung sicherstellt.

Die Anfänge dieses Projekts reichen wiederum in eine Zeit, als ich noch nicht geboren war. 1961 verfasste Heinz Scheible nach umfangreichen Vorabklärungen und Materialsichtungen seine „Gedanken zur Gründung eines Instituts für die Herausgabe des Melanchthon-Briefwechsels“. Die Melanchthon-Forschungsstelle nahm ihre Tätigkeit 1963 auf, und 1965 wurde sie auf Antrag von Scheibles Lehrer Heinrich Bornkamm in die Arbeitsvorhaben der Heidelberger Akademie der Wissenschaften aufgenommen, die sie seither betreut und finanziert. Selbst wer wie ich erst den pensionierten Heinz Scheible kennengelernt hat und sich immer wieder mit größtem Gewinn mit ihm austauschen durfte, kann sich vorstellen, dass seine Energie, seine Hartnäckigkeit, sein Wissen und seine Präzision ausschlaggebend dafür waren, dass das Projekt MBW zu einer Institution wurde. Als langjähriger Leiter der Forschungsstelle hat er zudem ein reiches Œuvre verfasst, das dem heutigen Publikum Melanchthon in vielen Facetten näherbringt.

Seit 2008 liegt die Leitung der Forschungsstelle und nun auch die Herausgeberschaft des Briefwechsels bei Christine Mundhenk. Die Zusammenarbeit mit ihr war stets ein großes Vergnügen: Wissenschaftliche Kompetenz, konzentrierte Gründlichkeit und editorisches Feingefühl verbinden sich in ihr mit größter Zuverlässigkeit und zuvorkommender Freundlichkeit. Insofern überrascht es auch nicht, dass sie ihr Team von hervorragenden Fachkräften in einem sehr guten Geist so führt, dass alle ihre ausgezeichnete Ausbildung und besonderen Kompetenzen einbringen können: Heidi Hein, Matthias Dall'Asta und Tobias Gilcher. Sie haben nicht nur dafür gesorgt, dass die Edition einen Rückstand aufgeholt hat und nun plangemäß vorankommt, sondern auch in der akademischen und weiteren Öffentlichkeit sehr präsent ist, nicht zuletzt bei Jubiläumsanlässen wie denen zu Melanchthons 450. Todestag im Jahr 2010. Im selben Jahr wurden die Regesten des Briefwechsels im Internet zugänglich. Die Forschungsstelle hat die technologischen Entwicklungen nicht nur für ihr eigenes, gedrucktes Editionsvorhaben genutzt, sondern auch darüber hinaus die Möglichkeiten digitaler Edition aufmerksam verfolgt. Auch davon legt der vorliegende Band mit einigen Beiträgen Beweis ab. Dass der Frommann-Holzboog Verlag den Briefwechsel seit Jahrzehnten in gepflegten Bänden der Öffentlichkeit präsentiert, verhindert nicht, dass über eine digitale Publikationsform der gesamten Edition nachgedacht wird.

Als Vorsitzender der Kommission durfte ich nicht nur auf die Hilfsbereitschaft und den Sachverstand der Kollegen zählen, die in diesem Gremium einmal jährlich zusammenkommen. Ich konnte auch auf der Wirksamkeit meiner Vorgänger aufbauen: nach Heinrich Bornkamm Gottfried Seebaß, Landesbischof Gerhard Müller und Eike Wolgast, der mich bei Absenzen auch sehr kollegial vertrat. Sie alle schließe ich in meinen Dank an die Forschungsstelle ein, die durch ihre tadellose Edition und die reibungslose Zusammenarbeit im Team und mit der Kommission besticht. Ich bin sicher, dass sie so die noch bestehenden Lücken im Editionsplan füllen und den Übergang ins digitale Zeitalter vollenden wird.

Paris, im Januar 2015 Thomas Maissen

Einleitung

„Epistola non erubescit". Was zunächst als Mangel erscheinen könnte, ist in Wirklichkeit ein Vorzug, den schon Cicero, von dem dieses geflügelte Wort stammt (*Ad familiares* 5, 12, 1), zu schätzen wusste: „Ein Brief errötet nicht". Diesen Umstand hat der Brief allerdings mit allen anderen Gattungen schriftlicher Kommunikation gemein; ein Pamphlet oder ein fatales Machwerk wie der *Hexenhammer* errötet schließlich auch nicht. Leider. Im Hinblick auf das gewaltige Corpus von Melanchthons überlieferter Korrespondenz – es handelt sich um knapp 10.000 Briefe – stehen aber ohnehin ganz andere Dinge zur Debatte als nur Schamaspekte: „Epistolis enim res maximae plaerunque aguntur" – „In Briefen werden nämlich meistens Dinge von größter Bedeutung verhandelt" (MBW 1.1). Als 17jähriger Tübinger Magister formulierte Melanchthon diese Einsicht schon Anfang 1514 innerhalb der Vorrede zu einer Sammlung fremder Briefe; seine aus der Rückschau fast schon prophetisch anmutenden Worte stehen dem Corpus seiner eigenen Korrespondenz jetzt geradezu programmatisch voran. Melanchthons Briefwechsel bietet nicht nur wesentliche Daten, Fakten und Aspekte zur Biographie des Wittenberger Humanisten und neben und nach Luther wirkungsmächtigsten Reformators, sondern macht ein über viereinhalb Jahrzehnte europaweit geknüpftes Kommunikationsnetz greifbar, durch das die Geschicke des Kontinents gespiegelt und nicht selten auch maßgeblich bestimmt wurden. Der Quellenwert dieser Briefe ist enorm; sie zeugen von den vielerlei Geschichten hinter der Geschichte und ermöglichen Einsichten, die auf anderen Wegen nicht zu gewinnen wären.

Die Tagung „Philipp Melanchthon in der Briefkultur des 16. Jahrhunderts" versammelte vom 19. bis 21. September 2013 im Vortragssaal der Heidelberger Akademie der Wissenschaften Theologen, Historiker und Philologen zum interdisziplinären Austausch und Gespräch. Die Themenbereiche der Vorträge reichten von Fragen der Corpusbildung über die Chancen und Anforderungen digitaler Editionen bis hin zu prosopographischen, wirkungsgeschichtlichen und gattungstypologischen Untersuchungen. Durch Melanchthon geprägte geographische Räume gerieten ebenso in den Blick wie einige zentrale Freund- und Gegnerschaften. Die in diesem Band vereinigten Beiträge sind in der Reihenfolge angeordnet, in der die Vorträge auf der Tagung auch gehalten wurden. Gegenüber dem gedruckten Tagungsprogramm gibt es lediglich eine Abweichung: Der ursprünglich vorgesehene Beitrag zum Verhältnis zwischen Melanchthon und Matthias Flacius Illyricus ist entfallen; an seine Stelle vorgerückt ist

Wilhelm Kühlmanns Untersuchung zu Melanchthons Antikerezeption und den präzise bestimmbaren Grenzen seiner Akzeptanz „schwärmerischer" Zeitgenossen.

Die ersten drei Beiträge widmen sich auf unterschiedliche Weise dem Thema Brief-Corpora: Matthias Dall'Asta („*Disiecta membra*. Briefe als Quelle der Kulturgeschichte") skizziert die Relevanz europäischer Korrespondenzen für die Kultur- und Mentalitätsgeschichte des 16t. Jahrhunderts. Dabei kommen nicht nur einschlägige Humanistenbriefwechsel zur Sprache, sondern es geht gleichermaßen um die Korrespondenzen von Geschäftsleuten, Kindern und Frauen, unter denen sich auch Liebesbriefe, Kurtisanenbriefe und Briefe aus dem Harem der osmanischen Sultane finden. Christoph Strohm („Südwestdeutsche Reformatorenbriefwechsel als Forschungsgegenstand") stellt im Zusammenhang der Konfessionalisierungsdebatte die Bedeutung reformatorischer Korrespondenzen der zweiten Hälfte des 16. Jahrhunderts heraus, wobei er den deutschen Südwesten, in dem sich in diesem Zeitraum reformierte und lutherische Einflüsse wie in einer Laborsituation vermischt haben, als eine theologische „Innovationsregion" charakterisiert. Max Graff und Thomas Wilhelmi („Theologen-Briefwechsel des 16./17. Jahrhunderts. Zum Vorgehen bei deren Sammlung und Erschließung") geben anschließend einen tiefen Einblick in die Masse und Eigenart der diesbezüglichen Überlieferung. Chronologisch, geographisch und thematisch einschlägig sind demnach die Briefwechsel von rund 110 südwestdeutschen protestantischen Theologen, deren Zehntausende von Briefen in ganz verschiedener Weise überliefert sind: in überwiegend geschlossenen Beständen wie im Fall der rund 4.300 Briefe von und an Johann Jakob Grynaeus (Basel) oder auf zahlreiche deutsche und ausländische Archive und Bibliotheken verstreut, wobei letzteres leider den Normalfall darstellt. Den vielfältigen Möglichkeiten der Anlage und Präsentation digitaler Editionen gelten die Beiträge von Harald Bollbuck („Die digitale Edition – Praktikabilität, Chancen und Risiken") und Howard Hotson („Reassembling the Republic of Letters. Rekonstruktion der Gelehrtenrepublik, 1500–1800), in denen grundlegende praktische Verfahren wie das Double-Keying bei der Texterfassung ebenso zur Sprache kommen wie die Vision eines vollständig abzubildenden brieflichen Netzwerkes der frühneuzeitlichen Gelehrtenrepublik.

Der Beitrag von Stefan Rhein („Briefe als Selbstzeugnisse: Annäherungen an Philipp Melanchthon"), der den Abendvortrag der Tagung bildete, dokumentiert eindrucksvoll die starke Aussagekraft von Melanchthons brieflicher Kommunikation, der beruflich wie auch privat lebenslang ein gewandter und lebendiger Briefschreiber gewesen ist. Ein besonderes Augenmerk gilt dabei den brieflichen Zeugnissen, in denen der Reformator seiner südwestdeutschen Heimat und seiner Heidelberger Studienzeit gedenkt. Dass die Korrespondenz Melanchthons und seiner Zeitgenossen die personalen Beziehungen bis in verborgene Winkel hinein ausleuchtet und auch aufschlussreiche Fremdzeugnisse umfasst, wird danach beispielhaft im Zusammenhang mit drei für Melanchthons Leben zentralen Persönlichkeiten deutlich gemacht: Martin Luther, Kaiser Karl V. und Joachim Camerarius. Unter Bezugnahme auf den für Luther benutzten Decknamen „Perikles“ erläutert Christine Mundhenk („Zwischen Würdigung und Kritik. Melanchthons Äußerungen über den alten Luther“) Melanchthons zunehmend schwieriges Verhältnis zu seinem Wittenberger Kollegen. Wie bei dem antiken Athener Staatsmann mischten sich auch bei Luther positive und negative Eigenschaften: Rhetorische Wortgewalt, Durchsetzungskraft und Leidensfähigkeit korrespondierten mit Starrsinn, einem oft maßlosen Zorn und gefährlicher Händelsucht, von der etwa Luthers 1544 erschienenes *Kurzes Bekenntnis vom heiligen Sakrament* geprägt ist, das die Schweizer nachhaltig erbittert hat. Melanchthons komplexem Verhältnis zum Kaiser widmet sich Franz Brendle („Karl V. und Melanchthon“). Formal hat Melanchthon die Oberhoheit des Kaisers anerkannt, während dieser dem Wittenberger Reformator erwartungsgemäß sehr distanziert gegenüberstand. Als Melanchthon sich 1541 eine komplizierte Handverletzung zuzog, hat man ihm zwar einen Arzt vom Kaiserhof geschickt; das hat Karl V. später aber nicht davon abgehalten, nach der Niederlage des Schmalkaldischen Bundes 1548 Melanchthons Vertreibung aus kursächsischem Gebiet zu fordern. Melanchthons lebenslang bestem Freund und Biographen ist der Beitrag von Torsten Woitkowitz gewidmet („Die Freundschaft zwischen Melanchthon und Joachim Camerarius im Spiegel von dessen Korrespondenz mit Christoph von Karlowitz“); in elf der 103 nur in gedruckter Form überlieferten Briefe, die Camerarius an den sächsischen Diplomaten schrieb, geht es um Melanchthon. Wilhelm Kühlmann („Der Briefschreiber Melanchthon als Leser und Vermittler der antiken und zeitgenössischen Literatur“) nimmt nicht nur Melanchthons umfassende Antike-Rezeption in den Blick, sondern konturiert auch seine Kontakte zu zeitgenössischen Dichtern wie Eobanus Hessus, Johannes Stigel, Georg Sabinus, Jakob Micyllus oder Petrus Lotichius Secundus. Ein besonderer Akzent wird abschließend auf Melanchthons vehemente Ablehnung des spiritualistischen Flügels der Reformation gelegt, mit welcher der Humanist ganz an der Seite Luthers stand.

Den geographischen Räumen von Melanchthons Wirkung gelten die folgenden vier Beiträge: Judith Steiniger („Melanchthons Verhältnis zur Basler Geistlichkeit im Spiegel seiner Korrespondenz“) beleuchtet insbesondere Melanchthons Vermittlungsbemühungen angesichts der Abendmahlsstreitigkeiten zwischen Lutheranern und Reformierten. Im Zentrum steht Melanchthons Briefwechsel mit dem Basler Reformator Johannes Oekolampad. Otfried Czaika („Melanchthon und Skandinavien: Die exportierte Reformation“) zeichnet die Geschichte eines Kulturtransfers nach, bei dem die Peregrinatio academica skandinavischer Studenten eine buchstäblich „tragende“ Rolle gespielt hat, insofern die Studenten bei ihrer Rückkehr in die Heimat die Wittenberger Theologie in Form von gedruckten Büchern nordwärts brachten. Martin Greschat („Die gescheiterte Reformation: Melanchthons Beziehungen zu England und Frankreich“) geht Melanchthons Kontakten zu Heinrich VIII. von England und Franz I. von Frankreich nach und schildert plastisch, wie Melanchthons Hoffnungen auf eine theologische Verständigung mit beider Königreichen zunichte wurden, teils aus politischen Gründen, teils aus religiösem Desinteresse. Markus Hein („Melanchthon und seine Beziehungen nach Osteuropa und das Bild der Türken“) beleuchtet schließlich die politische und militärische Situation Ungarns und des Balkans angesichts der Osmanischen Invasion und skizziert das Schicksal der dortigen christlichen Gemeinden.

Die sich einem Biographen stellende Schwierigkeit, Melanchthons intellektuelles Profil als Autor äußerst zahlreicher theologischer und humanistischer Werke deutlich zu machen, ohne darüber das politische Wirken und das private Leben des Wittenberger Reformators zu vernachlässigen, wird von Gregory B. Graybill in sehr lebendiger Weise reflektiert („*Melanchthons Briefwechsel* as a Biographical Source“). Bei seiner Arbeit an einer umfangreichen englischsprachigen Melanchthon-Biographie findet er in MBW für beide Bereiche vielfältige Quellenzeugnisse. Anschließend skizziert Marion Bechtold-Mayer („Stipendium – Stellung – Förderung. Die Empfehlungsschreiben Philipp Melanchthons“) einen für den „Praeceptor Germaniae“ charakteristischen Brieftypus: die Epistola commendatoria. Der bestens vernetzte Melanchthon ist bei der Vermittlung und Verlängerung von Stipendien und bei der Besetzung von Stellen oft die maßgebliche Autorität gewesen. Die meisten Empfehlungen sind in Melanchthons Briefen jedoch nur eines von mehreren Themen und somit eher „beiläufig“ erfolgt; die lediglich 46 erhaltenen völlig eigenständigen Empfehlungsschreiben verteilen sich auf 44 verschiedene Empfänger. Abschließend gibt Heinz Scheible („Fünfzig Jahre Melanchthon-Forschungsstelle“) einen sehr persönlichen Einblick in die wechselvolle Geschichte des von ihm begründeten und über Jahrzehnte geleiteten Heidelberger Editionsunternehmens. Von seinem ersten Besuch im Brettener Melanchthonhaus, wo er sich 1946 als junger Schüler ein Paar in den USA gespendeter Schuhe aussuchen durfte, wird sogar ein Bogen bis ins Jahr 2030 gespannt, in dem die Arbeit an MBW mit der Publikation des letzten Textbandes ihren Abschluss finden soll. Die fünfzig Jahre Forschungsstelle (1963–2013), auf die Scheible während der Tagung zurückblickte, sind vom Anfang und vom projektierten Ende dieses größeren zeitlichen Bogens gleich weit entfernt. Der für Zahlen, Beziehungen und Vorzeichen aller Art empfängliche Melanchthon hätte darin womöglich ein gutes Omen gesehen.

Noch eine technische Bemerkung: Verweise auf Internetseiten werden innerhalb der Fußnoten durchnummeriert („Link 1“, „Link 2“ usw.) und am Ende des jeweiligen Beitrags in Form eines Verzeichnisses gebündelt. Sofern dort keine individuellen Abrufzeiten angegeben sind, wurden alle URLs im Februar 2015 letztmalig abgerufen.

Der Fritz Thyssen Stiftung sei auch an dieser Stelle für die finanzielle Unterstützung der Tagung gedankt.

Matthias Dall'Asta
Heidi Hein
Christine Mundhenk

Abkürzungsverzeichnis

Abb.	Abbildung
Anm.	Anmerkung
Aufl.	Auflage
bearb.	bearbeitet
bes.	besonders
Bd., Bde.	Band, Bände
Bl.	Blatt
bzw.	beziehungsweise
ca.	circa
cap.	capitulum
col.	columna
d. Ä.	der Ältere
d. J.	der Jüngere
ders.	derselbe
dies.	dieselbe
Eb.	Erzbischof
ebd.	ebenda
ed.	edited
e. g.	exempli gratia
f, ff	folgende
gest.	gestorben
Gf.	Graf
hg.	herausgegeben
Hz.	Herzog
id.	idem
Kf.	Kurfürst
Kg., Kgn.	König, Königin
Lgf.	Landgraf
LThK	Lexikon für Theologie und Kirche, 3. Auflage, hg. von Walter Kasper u. a., 11 Bde., Freiburg 1993–2001 (ND 2009)
MBW	Melanchthons Briefwechsel. Kritische Ausgabe. Im Auftrag der Heidelberger Akademie hg. von Heinz Scheible und (seit Bd. T 11) Christine Mundhenk, Stuttgart-Bad Cannstatt 1977 ff
Mgf.	Markgraf
n.	number

ND	Nachdruck
NF	Neue Folge
Nr.	Nummer
p.	page, pagina
Pfgf.	Pfalzgraf
S.	Seite
Sp.	Spalte
TRE	Theologische Realenzyklopädie, hg. von Gerhard Müller, Horst Balz und Gerhard Krause, 36 Bde., Berlin 1976–2004
u. a.	und andere; unter anderem; und anderswo
u. ö.	und öfter
usw.	und so weiter
VD16	Verzeichnis der im deutschen Sprachbereich erschienenen Drucke des XVI. Jahrhunderts, 25 Bde., Stuttgart 1983–2000.
VD17	Verzeichnis der im deutschen Sprachbereich erschienenen Drucke des XVII. Jahrhunderts. Datenbank im Internet: http://www.vd17.de
Vf., Vff.	Verfasser
vgl.	vergleiche
v. Chr.	vor Christus
vol.	volumen
WA	Martin Luther, Werke. Kritische Gesamtausgabe, Weimar 1883 ff
WAB	WA, Reihe Briefwechsel, 18 Bde., Weimar 1930–1985
WATR	WA, Reihe Tischreden, 6 Bde., Weimar 1912–1921
Z.	Zeile
z. B.	zum Beispiel
ZV	Zusatzverzeichnis zu VD16. Es wird bei der Bayerischen Staatsbibliothek München als Datenbank geführt

Matthias Dall'Asta

Disiecta membra. Briefe als Quelle der Kulturgeschichte

Zusammen mit der Stiftung Lesen engagiert sich die Deutsche Post verdienstvollerweise für Bildung und Chancengleichheit, indem sie im Internet für diverse Schulformen kostenlos Unterrichtsmaterialien zur Verfügung stellt. In einem für die Klassen 9–12 bestimmten Themenheft *Liebesbriefe* kann man neben vielen Merkwürdigkeiten zur – angeblichen! – Geschichte der ‚epistola amatoria' unter der Überschrift „Zur Kulturgeschichte des Briefes" unter anderem folgendes lesen:

> „Erster Höhepunkt in der Geschichte des deutschen Briefes ist die gewaltige Korrespondenz Martin Luthers mit führenden Humanisten seiner Zeit. Kehrseite der Medaille: Die Humanisten lösen eine Wiedergeburt des Lateinischen als Briefsprache aus. Später gilt unter Karl V. bis ins 18. Jahrhundert hinein nur der französische Brief als gesellschaftsfähig, allerdings mit positiven Auswirkungen auf die deutsche Briefkultur: Der blumige Stil des Französischen vertreibt endgültig den deutschen Kanzleiton."[1]

Bei der Beschäftigung mit Melanchthon und der Briefkultur des 16. Jahrhunderts hat der Leser demnach abwechselnd gleich mit zwei ernsten Widrigkeiten zu kämpfen: dem Lateinischen als Briefsprache sowie dem noch unvertriebenen „deutschen Kanzleiton". Wappne er sich dagegen mit Luthers Worten aus seinem Brief an Melanchthon vom 17. Juni 1541: „Seid tapfer und frohgemut und lacht dabei, wenn ihr könnt, über die Fallstricke des Teufels!"[2] Es bedarf hier und jetzt keiner umfänglichen theoretischen Begründungen für die Behauptung, dass Briefe für die Kulturgeschichte eine besonders ertrag- und aufschlussreiche Quellengattung bilden.[3] Als der Kulturhistoriker Michael Maurer

[1] *Post + Schule. Eine gemeinsame Initiative von Stiftung Lesen und Deutsche Post, Sekundarstufen 1 + 2: Liebesbriefe* (Stand 2002), S. 5: Link 1. Einen anregenden und schön illustrierten ersten Überblick zur Kulturgeschichte des Briefes bietet der Ausstellungskatalog: *Der Brief. Eine Kulturgeschichte der schriftlichen Kommunikation* (Museum für Post und Kommunikation Frankfurt am Main 27. 9. 1996–19. 1. 1997), hg. von Klaus Beyrer und Hans-Christian Täubrich, Heidelberg 1996. Vgl. ferner Wolfgang G. Müller: *Der Brief als Spiegel der Seele. Zur Geschichte eines Topos der Epistolartheorie von der Antike bis zu Samuel Richardson*, in: *Antike und Abendland* 26 (1980), S. 138–157.

[2] MBW 2730.2: „Fortes estote et laeti, ridentes, si potestis, Satanae machinas."

[3] Zum Begriff ‚Kulturgeschichte' sowie zu den Klassikern und modernen Tendenzen der Kulturgeschichtsschreibung siehe Peter Burke: *Was ist Kulturgeschichte?*, übersetzt von Michael Bischoff, Frankfurt am Main 2005 (englische Originalausgabe Cambridge 2004).

am 9. Mai 2000 seine Jenaer Antrittsvorlesung über das Thema „Aspekte der Briefkultur“ hielt,[4] unterstrich er die Aussagekraft brieflicher Zeugnisse, deren subjektiver Charakter häufig nicht weniger bedeutend sei als ihr sachlicher Gegenstand; ihr dokumentarisches Schwergewicht rechtfertige nicht nur Editionen berühmter historischer Persönlichkeiten, sondern lasse vielfach auch eine Edition der Korrespondenzen vermeintlich „unbedeutender“ Zeitzeugen wünschenswert erscheinen.[5] Die Editoren solcher Briefbände sollten dabei im Kommentar möglichst nicht schon selber als Interpreten auftreten; ihre Rolle sei vielmehr idealerweise diejenige von Helfern, die den Prozess der Lektüre und des Verstehens anbahnen und erleichtern.[6]

Briefe können dazu beitragen, uns den Himmel zu öffnen; in diesem Glauben stattete die 's-Hertogenboscher Marienbruderschaft in Nordbrabant 1456 einen Toten mit einem Brief an den heiligen Petrus aus, damit der Verstorbene dank der guten Werke der Bruderschaft die Himmelstür sicher durchschreite.[7] Briefe können aber auch tödlich sein. Das weiß schon die Bibel; heißt es doch im Zweiten Buch Samuel:

> „Des Morgens schrieb David einen Brief an Joab und sandte ihn durch Uria. Er schrieb aber also in den Brief: Stellt Uria an den Streit, da er am härtesten ist, und wendet euch hinter ihm ab, dass er erschlagen werde und sterbe.“[8]

Den Hintergrund für diesen Todesbrief bildet die Vertuschung von Davids Ehebruch mit Urias Frau Bathseba, deren Einladung in den Königspalast in den malerischen Inszenierungen des 17. Jahrhunderts (Rubens, Rembrandt, Havickszoon Steen) dann gelegentlich ebenfalls schon brieflich erfolgt war, wobei der Brief als solcher in diesem Fall aber meist erkennbar eher eine Nebenrolle

4 Michael Maurer: *Aspekte der Briefkultur*, in: *Jenaer Universitätsreden*, Bd. 16: Philosophische Fakultät, Antrittsvorlesungen VII: 18. Januar 2000 bis 27. November 2001, hg. von Christel Köhle-Hezinger, Jena 2005, S. 117–136.

5 Siehe ebd., S. 123f.

6 Vgl. ebd., S. 128–130 mit dem Fazit: „Kommentar ermöglicht Verständnis und verstellt es zugleich. Kommentar formt das Bild des Briefschreibers retrospektiv und liefert zugleich einen Spiegel der Kommunikation zwischen Editor und Leser.“ Zu neueren Interpretationsansätzen siehe etwa die Sammelbände *Self-Presentation and Social Identification: The Rhetoric and Pragmatics of Letter Writing in Early Modern Times*, hg. von Toon Van Houdt u.a., Leuven 2002 (Supplementa Humanistica Lovaniensia 18); *Cultural Exchange in Early Modern Europe*, Bd. 3: *Correspondence and Cultural Exchange in Europe 1400–1700*, hg. von Francisco Bethencourt und Florike Egmond, Cambridge – New York 2007.

7 Vgl. Bernd Moeller: *Frömmigkeit in Deutschland um 1500*, in: *Archiv für Reformationsgeschichte* 56 (1965), S. 5–31, hier S. 12f; erneut abgedruckt in: ders.: *Die Reformation und das Mittelalter. Kirchenhistorische Aufsätze*, hg. von Johannes Schilling, Göttingen 1991, S. 73–85, hier S. 76 und 310 mit Anm. 34.

8 2 Samuel 11, 14f.

spielt.[9] Eine Hauptrolle kommt ihm dagegen in Jacques-Louis Davids berühmten Gemälde *Der Tod des Marat* von 1793 zu, in welchem der Jakobiner nicht nur als badender Briefschreiber stirbt, sondern im Todeskampf ermattend auch noch den Brief seiner Mörderin in Händen hält, in welchem in formvollendeter ‚brevitas' gut lesbar geschrieben steht: „13. Juli 1793. Marieanne Charlotte Corday an den Bürger Marat. Es reicht aus, dass ich unglücklich bin, um ein Recht auf Ihr Wohlwollen zu haben."[10]

Briefe schreibende und Briefe lesende Frauen sind seit dem 17. Jahrhundert in der Malerei ein häufiger anzutreffendes Sujet; der französische Kunsthistoriker Jean Leymarie hat in seinem Band *Der Brief als Thema der Malerei* einige eindrucksvolle Beispiele vorgestellt, unter denen die Bilder Jan Vermeers auch atmosphärisch den Höhepunkt bilden.[11] Die Malerei des im Fokus dieser Tagung stehenden 16. Jahrhunderts hatte Leymarie allerdings völlig ausgeklammert, weil er in den vor allem in Hans Holbeins Porträts in größerer Zahl begegnenden Briefen nur eine „dekorative Zutat" sah, die „nichts mit der Gefühlswelt des Modells zu tun" gehabt habe, wobei häufig „ein wirksamer Kontrast zum Schwarz eines Kostüms" entstehe, der Brief aber ohne größeren Sinnverlust auch durch die „unvermeidlichen Handschuhe" ersetzt werden könne.[12] Dem ließe sich entgegenhalten, dass dem Brief in einigen Gemälden eine deutlich prominentere Rolle zukommt, etwa in Holbeins berühmtem Porträt des zeitweilig in London tätigen Danziger Kaufmannes Georg Gisze, das den Betrachter mit den an der Wand befestigten Briefen und Siegelstreifen, dem Rechnungsbuch, der Waage, dem Petschaft und anderen Utensilien des Kontors gleichsam in die Welt eines international agierenden Kaufmanns des 16. Jahrhunderts entführt. Seine Korrespondenz spielte für einen solchen frühneuzeitlichen ‚Global Player' natürlich eine zentrale Rolle. Ein Briefsteller wie das 1528 in Augsburg gedruckte *Cantzley buchlin* dürfte damals guten Absatz gefunden haben [**Abb. 1**].[13] Auf dem an Gisze gerichteten Brief, dessen Siegelstreifen der Kaufmann in Holbeins 1532 entstandenem Porträt gerade herauszieht, lässt sich gut

9 Vgl. Peter Paul Rubens: *Bathseba am Brunnen* (1634), Rembrandt van Rijn: *Bathseba im Bade* (1654) und Jan Havickszoon Steen: *Bathseba mit Davids Brief* (1659).

10 Französischer Originaltext: „Du 13 juillet, 1793. Marieanne Charlotte Corday au citoyen Marat. Il suffit que je sois bien malheureuse pour avoir Droit à votre bienveillance." Vgl. Jörg Träger: *Der Tod des Marat. Revolution des Menschenbildes*, München 1986, bes. S. 113 und 115, Tafel I und IV.

11 Jean Leymarie: *Der Brief als Thema der Malerei*, Genf 1967, S. 19–44.

12 Vgl. ebd., S. 13.

13 *Cantzley buchlin, Zaiget an, Wie man schreiben sol eim yeden, in was wurden, stadt oder wesens er ist, Geistlich und Weltlich, in kurtze form begryffen*, Augsburg, Heinrich Steiner, 1528 (VD16, K 112).

die niederdeutsche Adresse lesen: „Dem erszamen Jorgen Gisze to Lunden in Engelant, mynem broder to handen."[14]

Auch in den Porträts von Gelehrten, Staatsmännern und Kanzleiangehörigen können Briefe ein charakteristisches Requisit bilden; das Holbeinsche Kaufmannsporträt bedient sich des Briefes aber in besonders eindrucksvoller Weise, vor allem in seinem auf 1533 datierten Porträt des Duisburger Kaufmanns Dirk Tybis [**Abb. 2**].[15] Wie viele Briefe ein Geschäftsmann im Laufe seines Lebens schreiben und anhäufen konnte, dokumentiert eindrucksvoll das Kaufmannsarchiv des 1410 verstorbenen toskanischen Händlers, Bankiers und Spekulanten Francesco di Marco Datini, das in Säcken eingenäht in einem verstaubten Winkel unter der Treppe seines großen Hauses in Prato die Jahrhunderte überdauerte, bis man es 1870 wieder ans Tageslicht zog: Von Mäusen und Würmern nur an ganz wenigen Stellen angenagt, fanden sich dort etwa 600 Haupt- und Rechnungsbücher, 300 Gesellschafterverträge, 400 Versicherungspolicen, 4 000 Frachtbriefe, 5 000 Wechsel und 250 Schecks, vor allem aber rund 150 000 Briefe, davon 11 000 Stücke Privatkorrespondenz, während die übrigen Datinis vielfältige Geschäfte berühren.[16] Der Kaufmann gehörte offenbar zu den Men-

[14] Vgl. John Rowlands: *Holbein. The Paintings of Hans Holbein the Younger – Complete Edition*, Oxford 1985, S. 137 (mit Transkription) und Tafel 74; Oskar Bätschmann und Pascal Griener: *Hans Holbein*, Köln 1997, S. 181–183; Stephanie Buck: *Hans Holbein 1497/98–1543*, Köln 1999, S. 88–91 und 95. Siehe ferner Susan Foister: *Holbein and England*, New Haven – London 2004, S. 211–213 mit Abb. 215, bes. S. 211: „Gisze's portrait contains more inscriptions than any other of Holbein's portraits, and not only those on the letters addressed to him from various correspondents. German portraits with backgrounds including similar pinned-up letters survive from the fifteenth century" (mit Verweis auf das Porträt des *Pius Joachim* – Kunstmuseum Basel, Inventar-Nr. 469).

[15] Hans Holbein d. J.: *Der Duisburger Kaufmann Dirk Tybis* (1533); vgl. Rowlands: *Holbein* (wie Anm. 14), S. 139 mit Tafel 78, Buck: *Holbein* (wie Anm. 14), S. 92, und Foister: *Holbein* (wie Anm. 14), S. 208 mit Abb. 210. Zu weiteren Gemälden Holbeins, auf denen der Porträtierte einen Brief – oder wenigstens einen Zettel – vor sich liegen hat, in Händen hält oder schreibt, siehe etwa das Porträt von *Sir Brian Tuke* (ca. 1527), das Doppelporträt des *Thomas Godsalve mit seinem Sohn John* (1528) oder das Porträt des Staatsmannes *Thomas Cromwell* (ca. 1532/33); dazu Rowlands: *Holbein*, S. 135, 137f und 144f mit Tafel 61, 72 und 102, Buck: *Holbein*, S. 112f (Cromwell), Bätschmann/Griener: *Holbein* (wie Anm. 14), S. 172–181, sowie Foister: *Holbein*, S. 33–35, 103–105 und 240f mit Abb. 32, 111 und 241. Rowlands: *Holbein*, bietet S. 136f, 139, 143 und 147 mit Tafel 68, 76, 94 und 108 noch vier andere eindrucksvolle Porträts mit Brief (*Hans von Antwerpen*, *Cyriacus Kale*, *Derich Berck* und ein *Unbekannter Mann mit Handschuhen und Brief*); vgl. Foister: Holbein, S. 37 und 210f mit Abb. 35, 212 und 213 sowie das von einem unbekannten Meister stammende Porträt des *Alexander Mornauer* S. 237 mit Abb. 235.

[16] Vgl. die (teilweise leicht divergierenden) Angaben in Iris Origo: *„Im Namen Gottes und des Geschäfts". Lebensbild eines toskanischen Kaufmanns der Frührenaissance:*

schen, die kaum etwas wegwerfen konnten, und auch die Buchhalter und Geschäftsführer seiner auswärtigen Filialen in Avignon, Barcelona, Florenz, Genua, Pisa, Valencia und auf Mallorca hatte er angewiesen, alle Dokumente und Briefe aufzubewahren. Iris Origo hat auf der Grundlage dieses unvergleichlichen Quellenmaterials 1957 eine populärwissenschaftliche, aber gleichwohl meisterhafte Biographie veröffentlicht,[17] durch deren romanhafte Frische und Farbigkeit der erfolgreiche Tuchhändler aus Prato zu einer der lebendigsten Gestalten des Spätmittelalters geworden ist. Wie kann man in seinem Leben Tausende und Abertausende von Briefen schreiben (oder diktieren), angeblich nicht selten fünzig am Tag?[18] Auch darüber gibt das Archivio Datini Auskunft; in einem Brief schrieb Datini mit bereits über 60 Jahren:

> „Ich fühlte mich gestern abend nicht recht wohl, weil ich in den letzten beiden Tagen so viel geschrieben habe, ohne auch nur ein Auge zugetan zu haben, weder bei Nacht noch bei Tag. Und dabei habe ich in diesen zwei Tagen nur einen Laib Brot gegessen."[19]

Ein anderes Mal schrieb er über seine geradezu manischen Sitzungen am Schreibpult an einen Geschäftspartner:

> „Es ist 21 Uhr, und ich habe nichts gegessen und nichts getrunken und den ganzen Tag lang gesessen und bin überhaupt nicht aus dem Haus gekommen, und ich werde bis zur Nacht ohne Essen bleiben […], und morgen werde ich es auch so machen."[20]

Francesco di Marco Datini (1335–1410), München 1985 (englische Originalausgabe 1957), S. 7f; Federigo Melis: *Aspetti della vita economica medievale*, Siena 1962, S. 3–28; *Le lettere di Francesco Datini alla moglie Margherita (1385–1410)*, hg. von Elena Cecchi, Geleitwort von Franco Cardini, Prato 1990 (Biblioteca dell'Archivio Storico Pratese 14), S. 13. Missverständlich bis falsch sind die Angaben bei Francesca Trivellato: *Merchants' letters across geographical and social boundaries*, in: *Correspondence and Cultural Exchange in Europe, 1400–1700* (wie Anm. 6), S. 80–103, hier S. 82: „Through good fortune and his own efforts we possess over 126 000 original commercial letters sent to Datini from 285 different localities, and some 11 000 private letters exchanged between him and his wife, which include many references to his economic activities". Unter den Privatbriefen wurden lange vor dem Briefwechsel der Eheleute bereits die an Datini gerichteten Schreiben seines besten Freundes Ser Lapo Mazzei gedruckt: *Lettere di un notaro* [Lapo Mazzei] *ad un mercante del secolo XIV., con altre lettere e documenti*, hg. von Cesare Guasti, 2 Bde., Florenz 1880.

17 Origo: *Datini* (wie Anm. 16). Zur mitunter nur eingeschränkten Zuverlässigkeit dieser Biographie vgl. Joseph P. Byrne und Eleanor A. Congdon: *Mothering in Casa Datini*, in: *Journal of Medieval History* 25 (1999), S. 35–56, hier S. 36f („many undocumented or poorly referenced citations to archival material" und „it unfairly characterises certain members of the Casa Datini without sufficient evidence").

18 Diese Angabe aus dem exzellenten, wissenschaftlich auf dem neuesten Stand befindlichen deutschsprachigen Wikipedia-Artikel *Francesco Datini* (Link 2).

19 Deutsche Übersetzung zitiert nach Origo: *Datini* (wie Anm. 16), S. 9f.

20 Zitiert nach Origo: *Datini* (wie Anm. 16), S. 92.

In Datinis Briefen kommen buchstäblich Gott und die Welt zur Sprache; und auch auf seinen Rechnungsbüchern findet sich jeweils das Motto „Nel nome di Dio e del guadagno" („Im Namen Gottes und des Geschäfts"). Bemerkenswert ist nicht zuletzt Datinis langjähriger Briefwechsel mit seiner Frau Margherita, der er häufig wöchentlich und mitunter sogar mehrmals täglich schrieb und deren Antwortbriefe ebenfalls in großer Zahl (nämlich knapp 250) erhalten sind.[21] Dieser Briefwechsel wurde von einer selbstbewussten Frau geführt, die das repräsentative, von zahlreichen Dienern, Sklaven und Verwandten bewohnte Kaufmannshaus in Prato und die Ländereien versorgte, während ihr Mann im nahen Florenz oder in Pisa seinen Geschäften nachging. Die kinderlos gebliebene Verbindung hatte manch ernste Krise zu überstehen, Seitensprünge und mehrere uneheliche Kinder Francescos eingeschlossen. Nach außen hielten beide die Fassade einer glücklichen Ehe aufrecht; die Briefe vermitteln aber oft ein anderes Bild. Einmal schrieb Margherita:

> „Ich glaube Dir kein Wort von dem, was Du mir schreibst. [...] Daß Du mit mir Frieden schließen möchtest, freut mich; ich hatte nie Krieg mit Dir. Ich weiß nicht, was Du für ein Geschenk mitbringen wirst. Wenn ich es habe, werde ich mich bedanken. Es ist ja sonst nicht gerade Deine Gewohnheit, mir zu viele Geschenke mitzubringen, wenn Du heimkommst."[22]

Szenen einer Ehe. Die Sätze in Francescos Briefen an seine Frau fangen oft mit Imperativen an: „Denke daran", „vergiß nicht", „sorge dafür", „mach", „gib", „schicke" usw.[23] Er hatte seiner Frau zu allen sonstigen Pflichten noch eine besonders schwierige Aufgabe zugedacht: Sie sollte für zahlreiche Florentiner Säuglinge Ammen aus Prato und Umgebung auswählen und überwachen. Gute Ammen waren nicht leicht zu finden, da sie zwar ausreichend Milch geben mussten (in den Briefen ist von „Frischmilch" – „latte frescho" die Rede), ihre

[21] Vgl. *Le lettere di Margherita Datini a Francesco di Marco (1384–1410)*, hg. von Valeria Rosati, Prato 1977 (Biblioteca dell'Archivio Storico Pratese 2); *Lettere di Francesco Datini*, ed. Cecchi (wie Anm. 16), S. 14 und 25. Ein vergleichbarer Briefwechsel aus dem Bereich des 16. Jahrhunderts: *Briefwechsel Balthasar Paumgartners des Jüngeren mit seiner Gattin Magdalena, geb. Behaim (1582–1598)*, hg. von Georg Steinhausen, Tübingen 1895 (Bibliothek des Literarischen Vereins in Stuttgart 204); *Magdalena und Balthasar: Briefwechsel der Eheleute Paumgartner aus der Lebenswelt des 16. Jahrhunderts*, vorgestellt von Steven Ozment, aus dem Amerikanischen und dem frühneuhochdeutschen Original übersetzt von Friedhelm Rathjen, Frankfurt am Main 1989.

[22] Zitiert nach Origo: *Datini* (wie Anm. 16), S. 148. Vgl. *Lettere di Margherita Datini* (wie Anm. 21), S. 29f Nr. 12: „Ma io non credo chosa che tu mi scriva. [...] Dello fare tu pace mecho mi piace: io non ebi mai ghuera techo; io non so quello, tu di', mi recherai: io n' posso intendere quello: quando l'arò dirò ‚Gran mercé': non suole essere [eserre Rosati] tua usanza d'arecharmi troppe chose quando torni."

[23] Vgl. Origo: *Datini* (wie Anm. 16), S. 154.

Brüste aber nicht zu groß sein durften, weil die vornehmen Säuglinge sonst angeblich eine platte Nase bekamen. Margherita entwickelte in diesem Zusammenhang eine sehr herb anmutende Sachlichkeit. Einmal schrieb sie ihrem Mann:

> „Ich habe auf der Piazza della Pieve eine gefunden, die seit zwei Monaten stillt, deren Kind aber todkrank ist und wahrscheinlich heute nacht sterben wird. Die hat mir fest zugesagt, daß sie sofort kommt, sobald sie es begraben hat."[24]

Mentalitätsgeschichte at its best! Geschäftskorrespondenzen bilden ohnehin äußerst kostbare Quellencorpora, und zwar auch für die Gender Studies. Aus dem immerhin rund 650 Briefe umfassenden erhaltenen Briefwechsel Johannes Reuchlins ist nur ein einziger Brief überliefert, der von einer Frau stammt. Es handelt sich um ein Schreiben von Reuchlins Schwester Elisabeth, in welchem der Bruder 1511 gebeten wird, ihr Auslagen in Höhe von fünf Gulden, vier Schilling Heller und zwei Pfennigen zu erstatten, die sie sich bei einem Pforzheimer Nachbarn geliehen hatte, um 600 Exemplare von Reuchlins hebräischem Lehrbuch „De rudimentis Hebraicis" in Fässer einschlagen und nach Straßburg transportieren zu lassen.[25] Reuchlin hatte die nur noch schwer verkäufliche Restauflage des bei dem Pforzheimer Drucker Thomas Anshelm hergestellten Buches an den Basler Drucker und Verleger Johannes Amerbach abgegeben und erwartete nun, dass dieser auch die Kosten für den Transport der Bücher übernehmen würde. Als Beleg sandte Reuchlin den Brief seiner Schwester an Amerbach weiter, der ihn kurzerhand seiner Geschäfts- und Privatkorrespondenz einverleibte, deren generationenübergreifender Bestand von heute noch über 6 000 Schreiben in die Basler Universitätsbibliothek gelangte und unter Auslassung der Fremdstücke von 1942 bis 2010 herausgegeben worden ist.[26]

24 Zitiert nach Origo: *Datini* (wie Anm. 16), S. 182. Vgl. *Lettere di Margherita Datini* (wie Anm. 21), S. 233 Nr. 166: „E più n'ò trovata una in su la piaza della Pieve, che à i' latte frescho di due mesi ed èmi detto che l'è una buona balia ed à promeso che, se lla fanc(i)ulla sua muore istanotte, che sta per morire, ch'ella vi verà a mano a mano che l'arà sopelita."

25 Vgl. Johannes Reuchlin: *Briefwechsel*, bearb. von Matthias Dall'Asta und Gerald Dörner, Bd. 2: 1506–1513, Stuttgart-Bad Cannstatt 2003, S. 193 f Nr. 180; Johannes Reuchlin: *Briefwechsel. Leseausgabe in deutscher Übersetzung* von Adalbert Weh †, Bd. 2, hg. von Manfred Fuhrmann, Stuttgart-Bad Cannstatt 2004, S. 126 Nr. 180.

26 *Die Amerbachkorrespondenz*, zuletzt (in zwei Halbbänden) erschienen: Bd. 11 (1559–1562), hg. von Beat Rudolf Jenny und Ueli Dill, Basel 2010. Vgl. Beat Rudolf Jenny: *Die Amerbachkorrespondenz. Von der humanistischen Epistolographie zur bürgerlichen Briefstellerei*, in: *Der Brief im Zeitalter der Renaissance*, hg. von Franz Josef Worstbrock, Weinheim 1983 (Mitteilung IX der Kommission für Humanismusforschung der DFG), S. 204–225.

In diesem Corpus sind nicht wenige Briefe enthalten, die von Frauen geschrieben wurden oder an Frauen gerichtet sind.[27] Sie stammen vor allem von Amerbachs Ehefrau Barbara, der gemeinsamen Tochter Margarethe, aber auch von Barbara Petri, der Frau von Amerbachs Socius Johannes Petri, die sich also gelegentlich auch brieflich – von Druckergattin zu Druckergattin – an ihre Namensvetterin gewandt hat.[28] Barbara Amerbach schrieb dagegen als besorgte Mutter bevorzugt an die in Paris studierenden Söhne Bruno und Basilius;[29] diese deutschen Schreiben bilden gleichsam das kleine mütterliche Pendant zu den teils in deutscher, teils in lateinischer Sprache verfassten Briefen des Basler Buchdruckers und Lehrers Thomas Platter an seinen Sohn Felix oder dem lateinischen Briefwechsel des Ulmer Stadtarztes Wolfgang Reichart mit seinem Sohn Zeno, den Walther Ludwig 1999 unter dem Titel „Vater und Sohn im 16. Jahrhundert" herausgegeben hat.[30] Nicht weniger eindrücklich sind Margarethe Amerbachs Kinderbriefe an ihre Mutter, an beide Eltern oder an die älteren Brüder; den frühesten erhaltenen Brief hat Margarethe im Alter von acht Jahren geschrieben.[31] Mit noch nicht 16 Jahren heiratete sie gegen den Willen ihrer Eltern „unter romatischen Umständen"[32] den Basler Gewürzkrämer Jakob Rechberger, der seine Margarethe in einem ebenfalls noch erhaltenen Brief zuvor inständig gebeten hatte, sich keinesfalls in ein Kloster abschieben zu lassen, und sie zur Flucht aus dem Elternhaus bewegen konnte.[33] Es handelte sich offenbar um eine veritable Liebesheirat.

27 Zu weiteren zeitgenössischen Frauenbriefen (darunter auch diejenigen der Publizistin Argula von Grumbach) siehe etwa Albrecht Classen: *Frauen in der deutschen Reformation: Neufunde von Texten und Autorinnen sowie deren Neubewertung*, in: *Die Frau in der Renaissance*, hg. von Paul Gerhard Schmidt, Wiesbaden 1994 (Wolfenbütteler Abhandlungen zur Renaissanceforschung 14), S. 179–201.

28 Vgl. *Die Amerbachkorrespondenz*, Bd. 1 (1481–1513), hg. von Alfred Hartmann, Basel 1942, S. 175–177 Nr. 187.

29 Ebd., S. 129f Nr. 137; S. 137 Nr. 152; S. 147f Nr. 159; S. 165f Nr. 178; S. 192f Nr. 204; S. 215f Nr. 227; S. 230 Nr. 245; S. 255 Nr. 269; S. 264f Nr. 281; S. 318 Nr. 338; S. 339f Nr. 368; S. 343f Nr. 373.

30 Thomas Platter [d. Ä., 1499–1582]: *Briefe an seinen Sohn Felix*, hg. von Achilles Burckhardt, Basel 1890; *Vater und Sohn im 16. Jahrhundert. Der Briefwechsel des Wolfgang Reichart genannt Rychardus mit seinem Sohn Zeno (1520–1543)*, hg. von Walther Ludwig, Hildesheim 1999. Zum Thema Elternbrief – Kinderbrief vgl. auch *Geliebtes Kind! Elternbriefe aus zwölf Jahrhunderten*, hg. von Angela und Andreas Hopf, München 1986, ND Frankfurt am Main 1992; *Geliebte Eltern! Kinderbriefe aus sechs Jahrhunderten*, hg. von Angela und Andreas Hopf, München 1987, ND Frankfurt am Main 1992.

31 *Die Amerbachkorrespondenz* (wie Anm. 28), S. 92f Nr. 87. Weitere Briefe Margarethes: S. 101 Nr. 97; S. 156–159 Nr. 168–171; S. 168f Nr. 180 und 181; S. 216f Nr. 228; S. 265 Nr. 282.

32 Vgl. ebd., S. 92 Nr. 87.

33 Vgl. ebd., S. 281f Nr. 297.

Ein sozialgeschichtlich geradezu spektakulärer, intimer Frauenbrief steht fast ganz am Anfang der reich überlieferten Korrespondenz des Nürnberger Humanisten Willibald Pirckheimer, deren rund 1.400 Briefe von 1940 bis 2009 von Emil Reicke und Helga Scheible ediert worden sind.[34] Dieser in italienischer Sprache verfasste und an „Belibaldo Allemano" adressierte Brief wurde 1495 in Pavia geschrieben und stammt von einer dortigen Geliebten des einstigen Studenten, der erst kürzlich wieder nach Deutschland zurückgekehrt war und nun im Begriff stand, ganz standesgemäß eine Nürnberger Patriziertochter zu ehelichen. Wer immer noch glaubt, vor dem 18. Jahrhundert habe man keine gefühlvollen Briefe schreiben können, wird hier schnell eines Besseren belehrt:

> „Dem hochberühmten und hochgeachteten Herrn Willibald, dem Deutschen, meinem besten Freunde.
>
> Mein sehr geliebter Willibald. Am 13. dieses Monats erhielt ich durch Euren Stephan einen Brief von Euch mit einer Verghetta [offenbar einem kleinen Ring] darin, wofür ich Euch unendlich danke: für diese großmütige Freigebigkeit und daß Ihr Eure Liebe zu mir nicht vergessen habt. Ich ersehe daraus, daß Eure Zuvorkommenheit die meine weit übertrifft, doch hoffe ich, meine Zögerlichkeit [im Briefeschreiben] durch eine um so größere Zuvorkommenheit zu vergelten, obgleich ich bis jetzt nicht aus Nachlässigkeit säumig war, sondern aufgrund äußerst widriger Umstände. Denn meine Liebe zu Euch ist wohl kaum zu übertreffen: Ich trage Euch unaufhörlich fest in meinem Herzen, und das wird sich niemals ändern, solange ich lebe. Und was ich Euer Edlen versprach, das werde ich halten, wie ich glaube, daß es Euch noch einmal offenbar werden wird. Ich wünsche mir Glück, daß Ihr eine Frau nehmen wollt, weil ich Euer Vergnügen, Euer Wohlsein ganz als das meine betrachte. Freilich, ich Arme, wie gern würde ich Eures lieben Umgangs genießen! Ich Unglückliche, daß ich einen solchen Schatz, daß ich mit Euch meinen Spiegel verloren habe! Nachdem Ihr fort wart, bin ich solchen Nachstellungen ausgesetzt gewesen, und am meisten von Euren Freunden, daß dies eine ganz unerhörte Sache ist, wie ich Euch in aller Kürze erzählen will. Jener Giovanni Maria da Sale hat sich mir gegenüber besonders bedrohlich verhalten, denn er wollte mich auf jede Weise für sich haben. Und gleichermaßen der Graf Matteo. Giovanni Maria sagte mir, Euer Edlen hätten mich an ihn verkauft, was ich aber niemals glauben werde. Aber er hörte nicht auf, mich in jeder Weise Tag und Nacht zu bedrängen und zu belästigen. Besonders, wenn ich mit Eurem Vetter [...] nach Hause ging, kam Giovanni Maria mit dem Grafen Matteo und großer Begleitung, und sie verfolgten mich, um mich zu haben, auf jede Weise, denn sie wurden über meinen Ausgang allemal benachrichtigt von jener Verräterin, der Rosina, Eurer Wäscherin. [...] Nun aber nichts mehr, als daß ich mich empfehle dem Herzen und der Seele dessen, ohne den ich nicht leben kann. Und ich bitte Euch, wollet mich lieben mit Eurer gewohnten vormaligen Liebe, dieweil auch ich nichts anderes tun kann. Geschrieben in Pavia am 14. September 1495.
>
> Eure geliebte Bernardina hat unterschrieben und empfiehlt sich neuerlich."[35]

[34] *Willibald Pirckheimers Briefwechsel*, zuletzt erschienen: Bd. 7 [1528–1530], bearb. und hg. von Helga Scheible, München 2009.

[35] Deutsche Übersetzung von Emil Reicke, mit kleineren Änderungen (und mit Ergänzung fehlender Passagen) zitiert nach Willehad Paul Eckert und Christoph von Imhoff: *Willibald Pirckheimer. Dürers Freund im Spiegel seines Lebens, seiner Werke und*

Als Kontrast sei ein zweites und letztes Mal aus dem eingangs erwähnten Themenheft *Liebesbriefe* zitiert, wo die Geschichte dieses Brieftypus wie folgt erzählt wird:

„Während sich die Wurzeln des Mediums Brief bis 400 Jahre vor Christus zurückverfolgen lassen (damals schrieb bzw. ritzte man Mitteilungen in Bleitäfelchen), gab es bis in die Mitte des 18. Jahrhunderts praktisch keine Liebesbriefe. Denn Liebesbriefe sind private Briefe. Bis zum 18. Jahrhundert wurden Briefe jedoch fast ausschließlich zur amtlichen und militärischen Nachrichtenübermittlung genutzt. Der Privatbrief wurde erst langsam entdeckt: Die Spur führt über das Frauenzimmer (im doppelten Wortsinn). Wie sollen Frauen schreiben lernen, wenn nicht bei der Lektüre von Romanen? Die Romane handeln meist von den (noch) unrealistischen Träumen romantischer Seelen[...]. Die Frauen übertragen diese Wunschvorstellungen der Romane auf ihre Briefe, so entsteht der Liebesbrief."[36]

seiner Umwelt, Köln 1971, S. 326f. Vgl. den italienischen Originaltext in *Willibald Pirckheimers Briefwechsel*, Bd. 1 [1491–1507], hg. von Emil Reicke, München 1940, S. 25–28 Nr. 4 (die gelegentlichen sic-Verweise und einige in den Text eingefügte Erläuterungen Reickes werden nicht wiedergegeben): „Celeberrimo ac eximio domino Belibaldo Allemano, amicorum optimo. – Amantissimo et signor mio, miser [=messere] Belibaldo. A tredici dì delo presente mese io ho recevuta una vostra littera cum certa vergeta dentro a me summamente charissimae da miser Stephano vostro[...], per le quale io referisco infinitae gratiae a la generosa liberalitade et amore non oblivioso vostro verso de me. Unde certo è, che la vostra cortesia molto excede la mia; pur spero de recompensare la tarditate mia cum mazore cortesia, benchè perfinhora non habia pretermisso questo per mia negligentia, ma per adversitade molto contrariae. Nondimancho de amore credo cum supportatione, [che] non sia exceduta da vostra generositate, imperho[chè] continuamente ve porto fixo nel core, et mai questo si poterà dissolvere, finchè viverò. Et ciò, io promisi a vostra generositade, mai se rumperà, como credo una volta a quella melio sarà veramente manifesto. Io me congratulo, che quella volia piliare don[n]a, imperochè tuto lo vostro piacere et bene reputo mio. Nondimancho, hei me, quanto voluntiere vederia et frueria vostra dolce conversatione. Infelice et mischinella mi, quando io persi tanto thesoro et spechio mio. Imperochè dopoi se parteti vostra generositade da noi, tante persecutione sono state fatti a me et maxime dali familiari et benevoli vostri, che è cosa admiranda da fir aldita, como brevemente ve lo narrerò subsequentemente. Quello d[omino] Zoanne Maria da Sale è stato molto a me infesto, che me voleva ad ogni modo. Et similiter lo conte Matheo. Imperocchè esso d[omino] Zoanne Maria diceva, che vostra generositade haveva me venduta a lui, la quale cosa mai io lo volse credere. Et pertanto non cessava dì e nocte cum ogni modo de sollicitarme a darme noglia. Et maxime andando io a casa mia cum vostro cognato[...], esso d[omino] Zoanne Maria cum lo conte Mathe[o] et grande compagnia me perseguiterono per volerme ad ogni modo, imperochè erano stati avisati da quella traditrice Rosina, lavandera vostra, de lo mio partire[...]. Non altro. Io me ricomando a la anima, a lo core, a quello, sentia lo quale io non posso vivere; et pregolo, che me volia amare de lo solito et pristino amore, imperochè io non altro poteria fare. Scripta in Pavia, adì 14. Septembrio 1495. – La vostra dilecta Bernardina ha sottoscritto et se ricomanda iterum."

36 *Post + Schule: Liebesbriefe* (wie Anm. 1), S. 6. Als Korrektiv zu dieser verqueren

Es bleibt unklar, nach der wievielten Flasche Rotwein dieser von der Deutschen Post und der Stiftung Lesen gemeinsam verantwortete und für die Köpfe bedauernswerter Jugendlicher bestimmte Text eigentlich geschrieben worden ist. Mag das Thema Briefe kulturgeschichtlich auch noch so interessant sein, in diesem Fall bleibt zu hoffen, dass die Unterrichtsmaterialien das Schicksal vieler anderer moderner Textsammlungen teilen – und nahezu von niemandem gelesen werden.

Doch noch einmal zurück zu Willibald Pirckheimers Briefwechsel: Die frühesten erhaltenen Stücke dieser Korrespondenz – drei Briefe an seinen Vater Dr. Hans Pirckheimer sowie das Schreiben der unglücklichen Bernardina – stammen sämtlich aus Italien und sind thematisch so fesselnd und aufschlussreich, dass sie ihren Herausgeber zu einer ausgedehnten Kommentierung, zu mehreren langen Exkursen sowie zum ergänzenden Abdruck zahlreicher lateinischer Aufzeichnungen und Gedichte aus Pirckheimers italienischer Studienzeit angeregt haben. Obwohl die fraglichen vier Briefe nicht übermäßig lang sind, füllen sie mit allen Exkursen und Anhängen nicht weniger als die ersten sechzig Seiten von Emil Reickes Edition.[37] Die Geldgeber und wissenschaftlichen Supervisoren pflegen bei einer solchen editorischen Akribie für gewöhnlich feuchte Hände zu bekommen, weil in ihrem Unterbewusstsein die Worte Wilhelm Buschs nachklingen: „Aber wehe, wehe, wehe! / Wenn ich auf das Ende sehe!!“[38]

Ein häufig eingeschlagener und durchaus praktikabler Weg bei der Begehung und Urbarmachung ausgedehnter Briefwechsel ist daher die Teiledition. In manchen Fällen hat dieses Verfahren allerdings dazu geführt, dass geschlossene Überlieferungen zerrissen und eigentlich wünschenswerte Gesamteditionen auf Dauer verhindert worden sind. Ein eindrückliches und geradezu abschreckendes Beispiel hierfür bildet der für die Geschichte des südwestdeutschen Humanismus zentrale und von großer sprachlicher Eleganz geprägte Briefwechsel des 1527 im Alter von nur vierzig Jahren verstorbenen Ravensburger Gräzisten und Priesters Michael Hummelberger. Auf Veranlassung seines Bruders, des Arztes Gabriel Hummelberger, wurde diese Korrespondenz postum abschriftlich in einen stattlichen Foliokodex übertragen, der in den Besitz des Augsburger Humanisten Konrad Peutinger und über die Bibliothek des Augsburger Jesuitenkollegs später in die Bayerische Staatsbibliothek nach München gelangt ist, wo er noch heute als Codex Latinus Monacensis 4007 aufbewahrt wird.

Darstellung vgl. etwa die Anthologie *Liebesbriefe großer Frauen*, hg. von Sabine Anders und Katharina Maier, Wiesbaden 2009 (mit Texten von Heloisa bis Paula Modersohn-Becker, 12.–19. Jahrhundert).

37 *Pirckheimers Briefwechsel*, Bd. 1 (wie Anm. 35), S. 1–60 Nr. 1–4.

38 Wilhelm Busch: *Max und Moritz. Eine Bubengeschichte in sieben Streichen*, Erstveröffentlichung München 1865, Vorwort.

Der Wiener Historiker und Philologe Adalbert Horawitz (1840–1888) hat von den 320 in diesem Kodex vereinigten Briefabschriften in den Jahren 1875–1886 immerhin knapp zwei Drittel (208) zum Druck befördert, allerdings verteilt auf nicht weniger als fünf Publikationen: die ersten 23 Briefe aus Hummelbergers frühen Jahren im Anhang einer biographischen Skizze des Humanisten, die nächsten 45 Briefe in einer Abhandlung zur Biographie und Korrespondenz Reuchlins, dann weitere 41 Briefe unter dem Titel *Analecten zur Geschichte des Humanismus in Schwaben* sowie ein Jahr später 72 weitere Briefe unter dem Titel *Analecten zur Geschichte der Reformation und des Humanismus in Schwaben* und schließlich noch einmal 27 Briefe innerhalb des zusammen mit Karl Hartfelder herausgegebenen Briefwechsels von Beatus Rhenanus.[39] Im Rahmen der Editionen weiterer Korrespondenzen (vor allem derjenigen Aleanders, Ambrosius und Thomas Blarers, Melanchthons, Peutingers und Pirckheimers) gelangten noch andere Stücke in den Druck. Viele Dutzende von Briefen blieben aber unbeachtet; sie sind bis heute nicht ediert worden. Und angesichts der weit vorangeschrittenen Ausbeutung und ‚Modularisierung' von Clm 4007 ist auch eher nicht zu erwarten, dass es in den nächsten Jahren zu einer Edition der noch fehlenden Stücke kommen wird.[40]

Mit wieviel Herzblut die Anlage von Briefbüchern wie dem Hummelberger-Kodex im 15. und 16. Jahrhundert verbunden war, können exempli gratia die Briefsammlungen des deutschen ‚Erzhumanisten' Konrad Celtis und des Ottobeurener Benediktiners Nikolaus Ellenbog verdeutlichen. Der von Celtis selber angelegte und redigierte Codex Epistolaris (der heutige Codex Latinus 3448 der Österreichischen Nationalbibliothek Wien) bildet eine Sammlung von 266 an ihn selbst adressierten, besonders aussagekräftigen Briefen, die den Poeta doctus als Mittelpunkt eines weitgespannten Netzwerks von Personen und Themen erscheinen lassen. Bemerkenswert ist dabei, dass einige – oder vielleicht sogar viele? – dieser Briefe ursprünglich gar nicht an Celtis, sondern nachweislich an andere Personen gerichtet waren und erst im nachhinein mit der Adresse „Conrado Celti" versehen und teilweise noch weiter umgearbeitet und auch umdatiert worden sind.[41] Nach heutigen Maßstaben hätte man den ‚Erz-

39 Vgl. Johannes Reuchlin: *Briefwechsel*, bearb. von Matthias Dall'Asta und Gerald Dörner, Bd. 3: 1514–1517, Stuttgart-Bad Cannstatt 2007, S. LV mit Anm. 160.

40 Sollte sich aber wider Erwarten doch noch jemand dieses „Supplementum Hummelbergii Epistolicum" annehmen wollen: In der Einleitung zum dritten Band des Reuchlin-Briefwechsels (ebd., S. LIV–LXVII) ist der Inhalt von Clm 4007 mit expliziten Hinweisen auf die noch unedierten Stücke genau beschrieben.

41 Ein instruktives Beispiel (zwei ursprünglich an den niederländischen Humanisten und Arzt Dirk van Ulsen [Theodoricus Ulsenius] gerichtete Briefe) bei Stefano Di Brazzano: *Pietro Bonomo (1458–1546). Diplomatico, umanista e vescovo di Trieste, La vita e l'opera letteraria*, Triest 2005, S. 446–448 Nr. 30, und S. 552–554 Nr. 4 (vgl. meine

humanisten' auch im Hinblick auf einige seiner Dichtungen wohl längst als ‚Erzplagiator' bezeichnen[42] und womöglich sogar ein offizielles Verfahren zur Aberkennung seines Dichterlorbeers einleiten müssen.

Ähnlich sorgsam wie Celtis, aber ohne dabei zu plagiieren, hat Nikolaus Ellenbog, einer der Protagonisten in Harald Müllers 2006 erschienener Monographie zum Klosterhumanismus,[43] seinen Briefwechsel mit Verwandten, Freunden, vor allem aber mit den führenden deutschen Humanisten seiner Zeit gesammelt, in Bücher von jeweils hundert Stücken eingeteilt und selber fein säuberlich ins Reine geschrieben.[44] Der bereits 1517 fertiggestellte Kodex mit den Briefbüchern I und II wurde ihm 1525 während des Bauernkriegs zusammen mit anderen Aufzeichnungen gestohlen. Ellenbog klagt darüber in einem Brief an seine Schwester Barbara, die Äbtissin des Zisterzienserinnenklosters Heggbach, und tröstet sich mit Formulierungen, die an Hiob 1, Vers 21, angelehnt sind:

Rezension in den *Wolfenbütteler Renaissance-Mitteilungen* 30 [2006], S. 158–166, hier S. 163–165 mit Anm. 7). Zur „Anverwandlung" fremder Briefe durch Celtis siehe auch *Pirckheimers Briefwechsel*, Bd. 1 (wie Anm. 35), S. 185f Nr. 56 (ein ursprünglich an Willibald Pirckheimer gerichteter Brief von Gianfrancesco Pico della Mirandola, der Celtis von Pirckheimer abschriftlich zugeschickt worden war und dem Codex Epistolaris in analoger Weise einverleibt wurde, indem Celtis sich selbst als Adressaten angab und im Text weitere kleinere Änderungen vornahm). In Rupprichs Edition von Celtis' Briefwechsel sind diese Plagiate noch nicht als solche gekennzeichnet, vgl. *Der Briefwechsel des Konrad Celtis*, hg. von Hans Rupprich, München 1934 (Humanistenbriefe 3), S. 191f Nr. 115, S. 400f Nr. 240, und S. 524–526 Nr. 291. Bei zwei Briefen der Klarissin Caritas Pirckheimer an ihren Bruder Willibald, die Celtis ebenfalls als vermeintlich an ihn selbst gerichtete Schreiben seinem Codex Epistolaris eingegliedert hat, sind aber auch Rupprich schon Zweifel gekommen, vgl. ebd., S. 526–528 Nr. 292 und S. 528f Nr. 293 mit Anm. 1: „Dem Inhalt nach ist der Brief nicht an Celtis, sondern an Willibald Pirckheimer gerichtet. [...] Da der Brief aber im Cod. ep. steht [und dort ‚Conrado Celti' adressiert ist], sei er hier, ebenso wie Nr. 292, nicht zuletzt der Vollständigkeit halber, abgedruckt." Siehe auch Klaus Arnold: *Warum schrieben und sammelten Humanisten ihre Briefe? Beobachtungen zum Briefwechsel des Benediktinerabtes Johannes Trithemius (1462–1516)*, in: *Adel – Geistlichkeit – Militär. Festschrift für Eckardt Opitz zum 60. Geburtstag*, Bochum 1999, S. 19–32, hier S. 21f (zu Celtis' Codex Epistolaris, jedoch ohne einen Hinweis auf die mehrfache Vertauschung der Adressaten).

42 Zu diesem allgemeineren Themenbereich Plagiat und geistiges Eigentum bei Celtis siehe Kurt Adel: *Die Arbeitsmethoden des Konrad Celtis*, in: *Codices manuscripti* 3 (1977), S. 1–13. Vgl. auch Jörg Robert: Artikel *Celtis, Konrad*, in: *Deutscher Humanismus 1480–1520. Verfasserlexikon*, hg. von Franz Josef Worstbrock, Bd. 1, Berlin – New York 2008, Sp. 375–427, hier Sp. 415 (zeitgenössischer „Plagiat-Skandal") und 422f (zum Briefwechsel).

43 Harald Müller: *Habit und Habitus. Mönche und Humanisten im Dialog*, Tübingen 2006 (Spätmittelalter und Reformation, Neue Reihe 32).

44 Vgl. Reuchlin: *Briefwechsel*, Bd. 2 (wie Anm. 25), S. XXXI–XXXIII, und Bd. 3 (wie Anm. 39), S. LXXf.

„Dass Du mir Dein Mitgefühl für das gesamte uns von den Bauern zugefügte Unrecht, ganz besonders aber für die gestohlenen Bücher aussprichst, entspricht in allem meinen eigenen Empfindungen. Ich für meine Person trage nämlich an kaum einem Schaden schwerer als an dem Diebstahl der Bücher. [...] Gestohlen wurden mir zwei Briefbücher, in denen zweihundert von mir gesammelte Briefe enthalten sind, aber auch verschiedene Predigten und einige Psalmenerklärungen. Der Herr hat's gegeben, auf dass ich es herausgebe [lateinisch: ‚dedit, ut ederem'], der Herr hat's aber auch gegeben, dass sie genommen werden [‚dedit etiam, ut aufer(r)entur']; der Name des Herrn sei gelobt."[45]

Der Verlust der eigenen gelehrten Korrespondenz scheint für Ellenbog also eine existentielle Prüfung von geradezu hiobschem Ausmaß gewesen zu sein! Jedenfalls bildeten derartige Briefsammlungen, wie sie Hummelberger, Celtis, Ellenbog und andere Vertreter und Freunde der ‚studia humanitatis' anlegten, häufig zentrale Instrumente zur Schärfung ihrer intellektuellen Identität und zur Begründung einer dauerhaften Memoria, knüpften sie doch in ‚imitatio' und ‚aemulatio' mehr oder weniger deutlich an die antiken Briefsammlungen eines Cicero oder Plinius des Jüngeren an.

Gerade diese beiden gleichsam kanonischen Vorbilder kritisiert Michel de Montaigne im ersten Buch seiner erstmals 1580 publizierten *Essais*:

„Nichts verrät bei Männern von solchem Rang [wie Cicero und dem jüngeren Plinius] eine würdelosere Gesinnung, als daß sie aus ihrer geschwätzigen Schönrednerei großen Ruhm schlagen wollten, für diesen Zweck selbst die an ihre Freunde gerichteten Privatbriefe verwendeten und dabei so weit gingen, einige Schreiben, die zum Verschicken nicht mehr aktuell genug waren, dennoch zu veröffentlichen – mit der famosen Ausrede, sie hätten ihre nächtelange Arbeit nicht umsonst verrichten wollen. Steht es zwei römischen Konsuln als höchsten Beamten einer weltbeherrschenden Republik nicht großartig zu Gesicht, ihre Mußestunden damit zu verbringen, daß sie ein hübsches Sendschreiben drechseln und zusammenbasteln, um sich so den hohen Ruf zu erwerben, sie verstünden sich gut auf die Sprache ihrer Amme? Könnte ein simpler Schulmeister verwerflicher handeln, der auf diese Weise seinen Lebensunterhalt verdiente?"[46]

45 Übersetzung M. Dall'Asta. Lat. Originaltext in Nikolaus Ellenbog: *Briefwechsel*, hg. von Andreas Bigelmair und Friedrich Zoepfl, Münster in Westfalen 1938 (Corpus Catholicorum 19/21), Buch IV, S. 208f Nr. 37 (vom 19. Januar 1526): „Quod condoles nobis de omni iniuria a rusticis nobis illata inprimisque de libris ablatis, mecum per omnia sentis. Ego enim vix aliud damnum gravius fero quam librorum iniuriam. [...] Ablati sunt mihi duo libri epistolarum, quos collegi continentes epistolas ducentas, sed et homiliae diversae et nonnullorum psalmorum interpretaciones. Dominus dedit, ut ederem, dedit etiam, ut auferentur[!]; sit nomen Domini benedictum."

46 Michel de Montaigne: *Essais*. Erste moderne Gesamtübersetzung von Hans Stilett, Franfurt am Main 1998, Buch I, S. 129 Nr. 40 (Betrachtung über Cicero). Französischer Originaltext: „Mais cecy surpasse toute bassesse de cœur, en personnes de tel rang [comme Cicéron et Pline], d'avoir voulu tirer quelque principale gloire du caquet et de la parlerie, jusques à y employer les lettres privées écriptes à leurs amis: en maniere que, aucunes ayant failly leur saison pour estre envoyées, ils les font ce neantmoins publier avec cette digne excuse qu'ils n'ont pas voulu perdre leur travail et veillées. Sied-il pas bien à deux consuls Romains, souverains magistrats de la chose

Bei aller Distanz zur Epistolomanie der Renaissance räumt der an dieser Stelle reichlich arrogant wirkende Montaigne immerhin ein: „Die Italiener verstehen Briefe großartig zu drucken. Ich besitze davon, glaube ich, hundert verschiedene Bände.“[47] Einen solchen gedruckten Briefband erhielt er Anfang November 1580 in Venedig. Es handelte sich um die gerade erschienenen *Lettere familiari* der venezianischen Kurtisane Veronica Franco, eine für die Sozialgeschichte nicht nur der Lagunenstadt ungeheuer aufschlussreiche Briefsammlung. Ob Montaigne diese in volgare verfassten Briefe aufmerksam gelesen hat, ist nicht überliefert; dass Veronica Franco ihm den Druck durch einen Diener überreichen ließ, notierte er jedoch im Tagebuch seiner Italienreise.[48]

Der Begründer und unbestrittene Meister der italienischsprachigen Briefliteratur des Cinquecento war Pietro Aretino , dessen weitgespannte Korrespondenz mit weltlichen Herrschern, Kirchenfürsten, Künstlern, Literaten und anderen einflussreichen Persönlichkeiten seiner Zeit Tausende von Briefen umfasste, die ab 1538 in zahlreichen Bänden und noch zahlreicheren Auflagen den italienischen Buchmarkt überschwemmten.[49] Mit Montaigne teilte Aretino die Verachtung für die antikisierende Briefstellerei der Humanisten und deren Orientierung an den Mustern der römischen und griechischen Kunstprosa. Und mehr noch: Er kokettierte sogar mit seiner Unbildung in Fragen der Klassik, ließ sich aber als „Condottiere der Feder“ seine Briefe in Form von Geschenken und finanziellen Gunstbezeugungen gut bezahlen. Durch dieses Geschäftsmodell wurde Aretino nicht nur zur „Geißel der Fürsten“, die vor seinen auf Insiderkenntnissen beruhenden Enthüllungen auf der Hut sein mussten, sondern

publique emperiere du monde, d’employer leur loisir à ordonner et fagoter gentiment une belle missive, pour en tirer la reputation de bien entendre le langage de leur nourrisse? Que feroit pis un simple maistre d’école qui en gaignat sa vie?“ (Michel de Montaigne: *Les Essais*, hg. von Pierre Villey, Paris ²1992, Bd. 1, S. 249).

47 Ebd., Buch I, S. 131 Nr. 40. Französischer Originaltext: „Ce sont grands imprimeurs des lettres que les Italiens. J’en ay, ce crois-je, cent divers volumes“ (Montaigne: *Les Essais* [wie Anm. 46], S. 253). Vgl. das Verzeichnis der Briefsammlungen (Primärliteratur) bei Claudia Ortner-Buchberger: *Briefe schreiben im 16. Jahrhundert. Formen und Funktionen des epistolaren Diskurses in den italienischen ‚libri di lettere‘*, München 2003 (Humanistische Bibliothek Reihe I, Bd. 53), S. 203–206, sowie die Rezension in: *Romanische Forschungen* 118 (2006), S. 401–403.

48 Vgl. Margaret F. Rosenthal: *The honest courtesan. Veronica Franco, citizen und writer in sixteenth-century Venice*, Chicago – London 1992, S. 116–119. Zum weiteren Kontext siehe Meredith Kennedy Ray: *Writing gender in woman’s letter collections of the Italian Renaissance*, Toronto u. a. 2009.

49 Moderne Ausgabe: Pietro Aretino: *Lettere*, hg. von Paolo Procaccioli, Buch 1–6, Rom 1997–2002; *Lettere scritte a Pietro Aretino*, hg. von Paolo Procaccioli, Buch 1 und 2, Rom 2003 und 2004.

er galt schon einem Jacob Burckhardt als ein „Urvater der Journalistik“[50] und erscheint heute fast schon als Prototyp des modernen Klatschreporters.[51] Als seine Heimatstadt Arezzo aus Anlass von Aretinos 450stem Todestag 2006 eine Gedenkmünze in Auftrag gab, zierten daher die traditionellen Arbeitsgeräte des modernen Reporters deren Rückseite.[52]

Ein besonderes Interesse beanspruchen Aretinos Kontakte zu den maßgeblichen Künstlern seiner Zeit. Seine Freunde Tizian und Sebastiano del Piombo haben ihn porträtiert; letzterer mit einem Zettel in der Hand, der gemäß Giorgio Vasari den Namen von Clemens VII. (Giulio de' Medici) trug,[53] also vermutlich einem Brief, der vielleicht nicht ganz zufällig in Sebastiano del Piombos etwa zeitgleich enstandenem Porträt dieses Papstes sein Gegenstück findet. Aretinos Briefwechsel mit Michelangelo besticht durch die – vom Künstler allerdings nicht umgesetzten – Anregungen zur Gestaltung des „Jüngsten Gerichts“ in der Sixtinischen Kapelle und durch Aretinos scheinheilige Klagen über die provokante Nacktheit von Michelangelos Figuren, die den Maler vielleicht dazu bewogen haben, seinem Heiligen Bartholomäus Aretinos Züge zu geben, während er sein eigenes Porträt in den verzerrten Gesichtszügen der Haut dieses christlichen Märtyrers andeutete [**Abb. 3**].[54] Die Carteggi der großen italienischen Renaissance-Maler sind für den Kunsthistoriker bis heute eine

50 Jacob Burckhardt: *Die Kultur der Renaissance in Italien. Ein Versuch*, Leipzig ²1869, ND Darmstadt 1955 (Gesammelte Werke 3), S. 113.

51 Vgl. die Biographien von Christopher Cairns: *Pietro Aretino and the Republic of Venice. Researches on Aretino and his Circle in Venice (1527–1556)*, Florenz 1985; Klaus Thiele-Dohrmann: *Kurtisanenfreund und Fürstenplage. Pietro Aretino und die Kunst der Enthüllung*, Düsseldorf – Zürich 1998 (populärwissenschaftlich).

52 *In utrumque paratus. Aretino e Arezzo, Aretino a Arezzo: In margine al ritratto di Sebastiano del Piombo – Atti del Colloquio internazionale per il 450° anniversario della morte di Pietro Aretino* (Arezzo, 21. Oktober 2006), hg. von Paolo Procaccioli, Rom 2008, S. [4].

53 Giorgio Vasari: *Das Leben des Sebastiano del Piombo*, neu übersetzt von Victoria Lorini, komm. und hg. von Christina Irlenbusch, Berlin 2004, S. 24f: „In der Hand hält der Porträtierte einen Lorbeerzweig und einen Zettel mit dem Namen von Clemens VII., und vorne liegen zwei Masken, von denen die eine als Zeichen der Tugend schön ist und die andere häßlich als Sinnbild des Lasters. Dieses Gemälde macht Messer Pietro Aretino seiner Vaterstadt zum Geschenk, deren Bevölkerung es im öffentlichen Ratssaal ihres Stadtparlaments anbrachte und dadurch dem Andenken ihres geistreichen Mitbürgers Ehre erwies.“ Der Name des Papstes ist auf dem Gemälde auch heute noch lesbar, vgl. Enrico Parlato: *Pietro Aretino ritratto da Sebastiano del Piombo, „stupendissimamente“ descritto da Giorgio Vasari*, in: *Aretino e Arezzo* (wie Anm. 52), S. 207–225, hier S. 212.

54 Vgl. Sergio Ortolani: *Pietro Aretino e Michelangelo*, in: *L'arte* 25 (1922), S. 15–26; Thiele-Dohrmann: *Aretino* (wie Anm. 51), S. 149–162; Paolo Procaccioli: *Pietro Aretino e Sebastiano del Piombo. Un'amicizia a termine e l'ombra di Michelangelo*, in: *Aretino e Arezzo* (wie Anm. 52), S. 133–166, hier S. 151f mit Anm. 30 (weitere Literatur).

wichtige Fundgrube;[55] erst 2012 erschien eine neue, reich kommentierte Edition von Tizians Korrespondenz.[56]

Ein letzter kurzer Blick auf die Malerei des 16. Jahrhunderts zum Thema Brief soll dem berühmten Porträtdiptychon des flämischen Malers Quinten Massys gelten, in dem Ciceros klassische Definition des Briefes als eines „Gespräches räumlich getrennter Freunde" („colloquium amicorum absentium")[57] kongenial umgesetzt erscheint: Das 1517 gemalte Doppelporträt stellt Erasmus beim Schreiben dar, der von dem ihm zugewandten Petrus Aegidius (Pieter Gillis), dem Antwerpener Stadtschreiber, über einen gerade eingetroffenen Brief ihres gemeinsamen Freundes Thomas Morus informiert wird, den der Stadtschreiber – in den verschiedenen Fassungen des Bildes mal gefaltet, mal gerollt – in der linken Hand hält. Die Porträts waren ein Geschenk für den in London lebenden Morus, der sie mit großer Dankbarkeit als glänzende Zeugnisse aufrichtiger ‚amicitia' auffasste.[58] Nur noch am Rande sei erwähnt, dass

55 Vgl. insbesondere *Il Carteggio di Michelangelo*, hg. von Paola Barocchi und Renzo Ristori, 5 Bde., Florenz 1965–1983; *Il Carteggio indiretto di Michelangelo*, hg. von Paola Barocchi, Kathleen Loach Bramanti und Renzo Ristori, 2 Bde., Florenz 1988 und 1995. Eine anregende Auswahl (in deutscher Übersetzung) bietet Ernst Karl Guhl: *Künstler-Briefe*, 2 Bde., Berlin 1853 und 1856; 2. vermehrte Aufl. von Adolf Rosenberg, Berlin 1880; *Künstlerbriefe der Renaissance*, auf der Grundlage des Werkes von Ernst Guhl ausgew. von Wilhelm Miessner, Berlin 1913. Für Dürers Briefe siehe neben Albrecht Dürer: *Schriftlicher Nachlaß*, hg. von Hans Rupprich, Bd. 1, Berlin 1956, jetzt auch die Bände des *Pirckheimer-Briefwechsels* (wie Anm. 34 f).

56 Tiziano: *L'epistolario*, hg. von Lionello Puppi, mit einem Nachwort von Charles Hope, Florenz 2012. Zu vermeintlichen Gemeinsamkeiten zwischen italienischer Malerei und deutschem Protestantismus vgl. die wahrhaft kulturgeschichliche Bemerkung Heinrich Heines: „Die Maler Italiens polemisierten gegen das Pfaffentum vielleicht weit wirksamer als die sächsischen Theologen. Das blühende Fleisch auf den Gemälden des Tizian, das ist alles Protestantismus. Die Lenden seiner Venus sind viel gründlichere Thesen als die, welche der deutsche Mönch an die Kirchentüre von Wittenberg angeklebt" (H. Heine: *Romantische Schule* [1836], Buch 1).

57 Cicero, *Oratio Philippica* II 7: „At etiam litteras, quas me sibi misisse diceret, recitavit homo et humanitatis expers et vitae communis ignarus. Quis enim umquam, qui paulum modo bonorum consuetudinem nosset, litteras ad se ab amico missas offensione aliqua interposita in medium protulit palamque recitavit? Quid est aliud tollere ex vita vitae societatem, tollere *amicorum colloquia absentium*? Quam multa ioca solent esse in epistulis, quae, prolata si sint, inepta videantur, quam multa seria neque tamen ullo modo divulganda!" Vgl. Seneca, *Epistulae morales ad Lucilium* XL 1: „Si imagines nobis *amicorum absentium* iucundae sunt, quae memoriam renovant et desiderium falso atque inani solacio levant, quanto iucundiores sunt *litterae, quae vera amici absentis vestigia, veras notas adferunt*?" Zur antiken Epistolographie allgemein siehe Klaus Thraede: *Grundzüge griechisch-römischer Brieftopik*, München 1970 (Zetemata. Monographien zur Klassischen Altertumswissenschaft 48).

58 Vgl. Erwin Panofsky: *Erasmus and the Visual Arts*, in: *Journal of the Warburg and Courtauld Institutes* 22 c und d; Sabine Söll-Tauchert: *Hans Baldung Grien. Selbstbild-*

Erasmus in Massys' Gemälde gerade an seiner Auslegung von Paulus' Römerbrief arbeitet, womit indirekt ein weiteres berühmtes Stück Briefliteratur ins Spiel kommt, und Morus in dem 1527 entstandenen Porträt Hans Holbeins offenbar ebenfalls einen Brief in Händen hält.[59]

Briefe können auch ein wunderbarer Gegenstand der Satire sein. Zu erinnern wäre hier nicht allein an die *Epistolae obscurorum virorum*,[60] sondern etwa auch an Erasmus Albers kleine deutsche Flugschrift aus dem Jahre 1524, auf deren Titelholzschnitten mitunter ein vogelfüßiger teuflischer Briefbote in Luthers Schreibstube tritt und dem Reformator den Fehdebrief des Höllenfürsten Luzifer übergibt [**Abb. 4**].[61] Darin beklagt sich dieser „herr und besitzer der ewigen finstirnuß" bei dem Reformator, weil der ihm „anfenglich wie einn mönch zugethan gewesen" sei, nun aber „die Bibel und Evangelibücher erfür" gezogen habe, „die doch auß" seinem „befelh und gehyß ettlich hundert iar nitt vil gepraucht" worden seien.[62] Derlei Aufmüpfigkeit forderte natürlich den entschiedenen Widerstand des Höllenfürsten und seiner papistischen Vasallen heraus, wie uns die mit dem deutschen Kanzleistil munter spielende Satire vorgaukelt.

Auf der Suche nach Briefen des 16. Jahrhunderts stößt man vielfach auf Unerwartetes, etwa auf die noch zahlreich erhaltenen Briefe von Frauen aus dem Harem der osmanischen Sultane, darunter diejenigen Roxelanas (1500/06–1558), der einflussreichen Hauptfrau von Sultan Süleyman I., dem Prächtigen. Darunter befinden sich nicht nur Briefe, die Roxelana an den Sultan schrieb, während dieser sich auf Feldzügen längere Zeit fern von Istanbul aufhielt,

nis und Selbstinszenierung, Köln u.a. 2010, S. 96f (mit weiterer Literatur). Zur Korrespondenz des Erasmus siehe auch den Tagungsband: *La correspondance d'Erasme et l'épistolographie humaniste. Colloque international tenu en novembre 1983 / Université Libre de Bruxelles*, Brüssel 1985 (Travaux de l'Institut Interuniversitaire pour l'Etude de la Renaissance et de l'Humanisme 8).

59 Siehe Rowlands: *Holbein* (wie Anm. 14), S. 132f mit Tafel 55; Bätschmann/Griener: *Holbein* (wie Anm. 14), S. 155f (instruktive Bemerkungen zu Massys' Doppelporträt des Erasmus und des P. Aegidius) und 160–164; Buck: *Holbein* (wie Anm. 14), S. 54–56; Foister: *Holbein* (wie Anm. 14), S. 75, 77, 95f und 117 mit Abb. 81, 104 und 105.

60 Vgl. Gerlinde Huber-Rebenich, Artikel *Epistolae obscurorum virorum*, in: *Deutscher Humanismus 1480–1520*. Verfasserlexikon, hg. von Franz Josef Worstbrock, Bd. 1, Berlin – New York 2008, Sp. 646–658.

61 *Absag oder vhed schrifft des Hellischen Fürstenn Lucifers, Doctor Martin Luther ietzt zu gesandt*, Speyer, Jakob Schmidt, 1524 (VD16, A 1473); weitere Drucke in Augsburg, Erfurt, Königsberg, Magdeburg, Nürnberg, erneut in Speyer sowie in Zwickau (VD16, A 1468–1472, 1474 und 1475). Vgl. Kenneth A. Strand: *Two Notes concerning Pamphlet Literature of the Reformation Era*, in: *Andrews University Seminary Studies* 24 (1986), S. 173–177.

62 Die Orthographie folgt dem (ersten?) Speyrer Druck mit Titelholzschnitt (VD16, A 1473), Bl. A 2a-b.

sondern auch diplomatische Schreiben an europäische Herrscher wie den König von Polen.[63] Safiye (1550–1618), die Lieblingsfrau von Sultan Murat III., stand später in intensivem Briefkontakt mit Königin Elisabeth I. von England.[64] Leslie Peirce hat in seiner 1993 erschienenen Studie über den Harem der Sultane deutlich herausgearbeitet, dass dessen Frauen über das Medium des Briefes grenzüberschreitend wichtige diplomatische Kontakte unterhielten; ja mehr noch: gerade ihre briefliche Kommunikation deute darauf hin, dass das Osmanische Reich damals in vieler Hinsicht „a member of the greater European diplomatic community“ war.[65] Die Türkei, der Islam gehören zu Europa. Irgendwo in ähnlicher Form schon mal gehört.

Zu wenig diplomatisch war in diesem Zusammenhang der Heidelberger Theologe Adam Neuser, als er im März 1570 seinen verhängnisvollen Brief an Selim II. aufsetzte, in welchem er verbittert schrieb, er halte den Islam für besser als das Christentum und der Sultan solle getrost Europa erobern, denn dann würden die Christen endlich erkennen, wohin ihre trinitarische Götzendienerei sie gebracht habe. Seinem Verfasser Neuser brachte schon der bloße hochverräterische Briefentwurf eine Verurteilung zum Tode ein, die ihn zur Flucht in den Osten zwang. Als 2011 in der Forschungsbibliothek Gotha eine bislang unbekannte Fassung dieses spektakulären Briefes entdeckt wurde, war die Freude verständlicherweise groß.[66] Mit einem durchaus vergleichbar lauten Medienecho wurde Ende 2011 die Wiederauffindung eines gemeinsamen Schreibens der Wittenberger Theologen an Herzog Barnim von Pommern

63 Einen guten Zugang zu dieser Thematik bietet Galina Yermolenko: *Roxolana – „The Greatest Empresse of the East“*, in: *The Muslim World* 95 (2005), S. 231–248 (mit weiterführender Literatur). Zu Süleyman I. siehe auch André Clot: *Soliman le Magnifique*, Paris 1989; englisch: *Suleiman the Magnificent. The Man, his Life, his Epoch*, übersetzt von Matthew J. Reisz, London 1992.

64 Vgl. Leslie P. Pierce: *The Imperial Harem. Woman and Sovereignty in the Ottoman Empire*, New York – Oxford 1993 (Studies in Middle Eastern History), S. 219.

65 Vgl. im Zusammenhang ebd.: „Participation in interdynastic diplomacy was not an unprecedented activity for royal woman in states of Turkish origin. It was an old Turkish custom for the ruler to send a female elder of the dynastic family, especially his mother, as emissary to intercede with other rulers. [...] The increasing seclusion of the royal family, men and woman alike, meant that by the sixteenth century Ottoman woman no longer functioned as ambassadors, but through the exchange of letters and gifts they still could create diplomatic channels across borders. Moreover, the more regular presence of European ambassadors in Istanbul in the later sixteenth century created a local arena for diplomatic activity. The majority of royal woman's contacts were with European rulers and ambassadors; their activities suggest the considerable degree to which the Ottoman Empire was a member of the greater European diplomatic community in these years.“

66 Siehe Martin Mulsow: *Der Haupttäter entkam. Ein Fall religiöser Doppelspionage und Koranverehrung*, in: *Frankfurter Allgemeine Zeitung*, 27. April 2011, S. N4.

(MBW 3942 vom 2. Juli 1545) gefeiert, an der die Heidelberger Melanchthon-Forschungsstelle federführend beteiligt war: Tobias Gilcher hatte im Zuge der vorbereitenden Arbeiten an dem 2013 erschienenen Band T 14 mit den Briefen des Jahres 1545 das Stadtarchiv Stralsund um ein Digitalisat des bereits in der Weimarer Lutherausgabe gedruckten Briefes gebeten, wurde zunächst mit einer Verlustmeldung konfrontiert, bis eine neuerliche Recherche der Archivmitarbeiter den Brief dann doch wieder zutage förderte.[67] Matthäus 7, Vers 8: „Wer da sucht, der findet."

Über den allenthalben zu besichtigenden Medienwandel des 21. Jahrhunderts[68] sollten Briefeditoren übrigens keine Krokodilstränen weinen: Solange in Archiven und Bibliotheken noch viele nur mäßig oder noch gar nicht aufgearbeitete Briefwechsel des 16. Jahrhunderts auf ihre Erforscher und Bearbeiter warten, können die Zeitgenossen ruhig weiter simsen, twittern und chatten.

Linkverzeichnis

Link 1 = http://www.deutschepost.de/de/p/post-und-schule/unterrichtsmaterialien.html
Link 2 = http://de.wikipedia.org/wiki/Francesco_Datini

[67] Vgl. *Jahrbuch der Heidelberger Akademie der Wissenschaften* für 2011, Heidelberg 2012, Tätigkeitsberichte, S. 260 f.

[68] Vgl. *Vermittlungskulturen im Wandel: Brief, E-mail, SMS*, hg. von Joachim R. Höflich, Frankfurt am Main u.a. 2003.

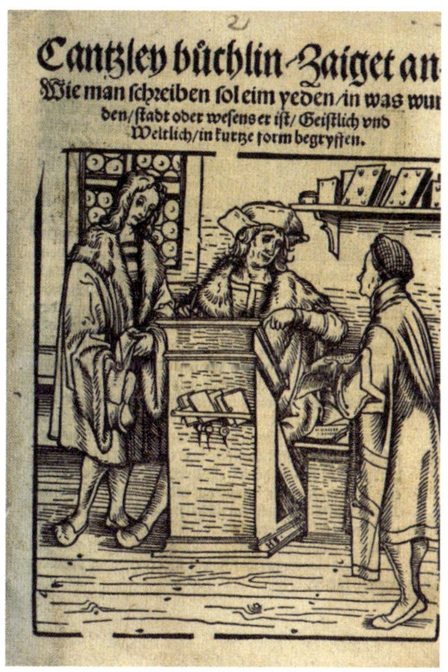

Cantzley bůchlin Zaiget an
Wie man schreiben sol eim yeden/in was wur
den/stadt oder wesens er ist/Geistlich vnd
Weltlich/in kurtze form begryffen.

Abb. 1: Titelblatt des *Cantzley buchlin/ Zaiget an, Wie man schreiben sol eim yeden*, Augsburg: Heinrich Steiner 1528 (VD16, K 112 – Exemplar: BSB München, Signatur: 4 J.pract. 84 # Beibd. 1)

Abb. 2: Hans Holbein d. J.: Porträt des Duisburger Kaufmanns Dirk Tybis (Kunsthistorisches Museum, Wien)

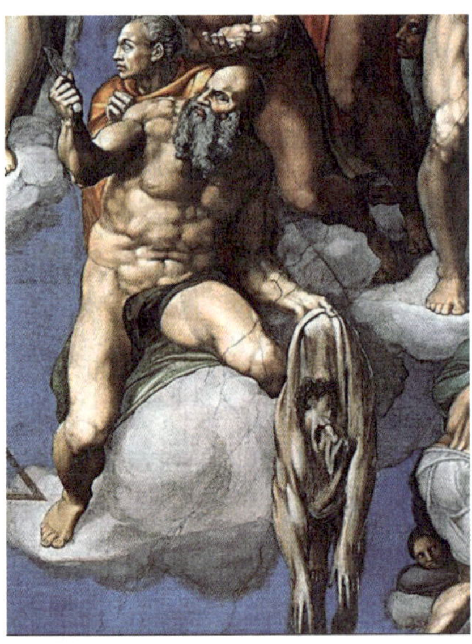

Abb. 3: Michelangelo Buonarroti: Das jüngste Gericht (Sixtinische Kapelle, Vatikan), Detail: Darstellung des Hl. Bartholomäus mit den Gesichtszügen Pietro Aretinos Kopf der Figur) und Michelangelos selbst (abgezogene Gesichtshaut)

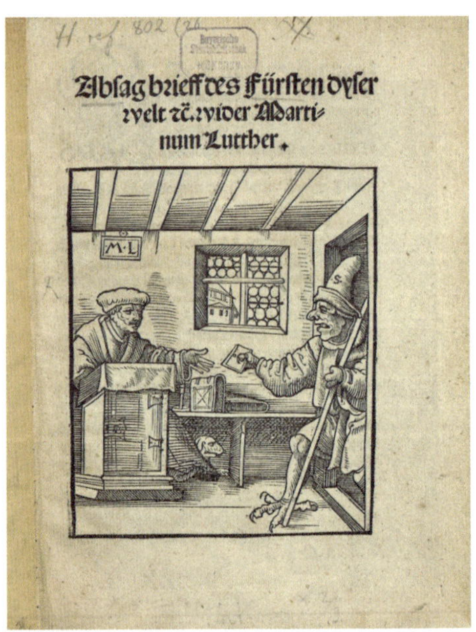

Absag brieff des Fürsten dyser welt rc. wider Martinum Lutther.

Abb. 4: Titelblatt von Erasmus Alber: *Absag brieff des Fürsten dyser welt etc. wider Martinum Lutther*, Nürnberg: Hieronymus Höltzel 1524 (VD16, A 1472 – Exemplar: BSB München, Sign.: Res/4 H.ref. 802,26)

Christoph Strohm

Südwestdeutsche Reformatorenbriefwechsel als Forschungsgegenstand

Seit einigen Jahren erfolgt eine umfassende Digitalisierung der gedruckten Werke des 16. und 17. Jahrhunderts. Nicht nur google.books und das Digitalisierungsprogramm der Bayerischen Staatsbibliothek, sondern auch zahlreiche andere Einrichtungen sind dabei, einen rasant anwachsenden Bestand an Texten im Netz greifbar und teilweise auch durchsuchbar zu machen. Die zumeist handschriftlich überlieferte Korrespondenz ist dabei fast gar nicht berücksichtigt. Ausnahmen sind lediglich Widmungsbriefe, die Drucken im 16. und 17. Jahrhundert vorangestellt wurden, sowie einzelne gedruckte Briefsammlungen, die sich zum Beispiel unter Humanisten einer großen Beliebtheit erfreuten. In modernen Editionen ist lediglich ein Teil der Korrespondenzen der ersten und zweiten Generation der Reformatoren greifbar, ferner die Briefwechsel einzelner herausragender Gelehrter wie Erasmus, wichtiger Juristen wie Bonifacius Amerbach oder auch von Fürsten und Politikern. Die Korrespondenzen der Reformatoren, die nach der Jahrhundertmitte wirkten, sind hingegen nur zu einem verschwindend geringen Teil ediert.

Im Folgenden soll erläutert werden, warum gerade die Reformatorenbriefwechsel der zweiten Hälfte des 16. und des beginnenden 17. Jahrhunderts einen wichtigen Forschungsgegenstand darstellen und ihre Erschließung und Auswertung einen signifikanten Erkenntnisfortschritt bei der Erforschung der Geschichte der Frühen Neuzeit darstellen. Im Zuge dessen soll dann auch die sich notwendig stellende Frage beantwortet werden, warum gerade der Südwesten und die hier entstandenen Reformatorenbriefwechsel dabei von besonderem Interesse sind.[1]

Konfessionalisierung und Säkularisierung in der Frühen Neuzeit

Die Diskussion um das in den achtziger Jahren des 20. Jahrhunderts von Wolfgang Reinhard und Heinz Schilling entwickelte Konfessionalisierungsparadigma

1 Zu den Inventarisierungs- und Auswertungsmöglichkeiten, welche neue technische Möglichkeiten heute im Blick auf Briefwechsel der Frühen Neuzeit bieten, vgl. die Beiträge von Harald Bollbuck und Howard Hotson in diesem Band; zur Beschreibung ausgewählter südwestdeutscher Korrespondenzen vgl. den Beitrag von Max Graff und Thomas Wilhelmi.

hat gegenüber einer vielfach konfessionell verengten Reformationsforschung erhebliche Erkenntnisfortschritte gebracht.[2] Die Fokussierung auf reformatorisch-theologische Konzepte und deren vermeintliche realgeschichtliche Folgen ist aufgegeben, ohne dass die große Bedeutung der Religion in der Frühen Neuzeit vernachlässigt würde. Vielmehr wird die Konfessionalisierung als ein Fundamentalvorgang beschrieben, der die Formierung frühneuzeitlicher Gesellschaft und die Territorialstaatsbildung geprägt hat.[3] Neuere Arbeiten heben insbesondere auch die produktive Kraft der konfessionellen Konkurrenz auf Kulturfeldern wie zum Beispiel der Bildung hervor.[4] Im Zuge der Diskussion der Konfessionalisierungsprozesse haben sich gegenwärtig zwei veränderte Perspektiven, deren Tragweite zu überprüfen ist, ergeben.

Erstens ist die Phase nach dem Auftreten der ersten großen Reformatorengestalten, die Jahrzehnte zwischen der Mitte des 16. Jahrhunderts (Augsburger Religionsfrieden) und dem Beginn des Dreißigjährigen Krieges, verstärkt in den Blick getreten. Denn die Ausbildung der Konfessionen und die Durchsetzung konfessioneller Einheitlichkeit und Orthodoxie in den einzelnen Territorien

2 Vgl. Wolfgang Reinhard: *Zwang zur Konfessionalisierung? Prolegomena zu einer Theorie des konfessionellen Zeitalters*, in: *Zeitschrift für historische Forschung* 10 (1983), S. 257–277; Heinz Schilling: *Die Konfessionalisierung im Reich. Religiöser und gesellschaftlicher Wandel in Deutschland zwischen 1555 und 1620*, in: *Historische Zeitschrift* 246 (1988), S. 1–45; *Die reformierte Konfessionalisierung in Deutschland – Das Problem der „Zweiten Reformation". Wissenschaftliches Symposion des Vereins für Reformationsgeschichte 1985*, hg. von Heinz Schilling, Gütersloh 1986 (Schriften des Vereins für Reformationsgeschichte 195); *Die lutherische Konfessionalisierung in Deutschland. Wissenschaftliches Symposion des Vereins für Reformationsgeschichte 1988*, hg. von Hans-Christoph Rublack, Gütersloh 1992 (Schriften des Vereins für Reformationsgeschichte 197); *Die katholische Konfessionalisierung. Wissenschaftliches Symposion der Gesellschaft zur Herausgabe des Corpus Catholicorum und des Vereins für Reformationsgeschichte 1993*, hg. von Heinz Schilling und Wolfgang Reinhard, Gütersloh 1995 (Schriften des Vereins für Reformationsgeschichte 198).

3 Vgl. die Übersicht über die umfassende Rezeption und Diskussion des Konfessionalisierungsparadigmas in: Heinrich Richard Schmidt: *Konfessionalisierung im 16. Jahrhundert*, München 1992 (Enzyklopädie deutscher Geschichte 12); Stefan Ehrenpreis und Ute Lotz-Heumann: *Reformation und konfessionelles Zeitalter*, Darmstadt 2002 (Kontroversen um die Geschichte). Knapp skizziert finden sich die kritischen Einwände und weiterführenden Überlegungen zur Konfessionalisierung als Paradigma der Frühneuzeitforschung in: Thomas Kaufmann: *Einleitung* zu *Interkonfessionalität – Transkonfessionalität – binnenkonfessionelle Pluralität. Neue Forschungen zur Konfessionalisierungsthese*, hg. von Kaspar von Greyerz et al., Gütersloh 2003 (Schriften des Vereins für Reformationsgeschichte 201), S. 9–15; vgl. ferner Peter Hersche: *Muße und Verschwendung. Europäische Gesellschaft und Kultur im Barockzeitalter*, Freiburg im Breisgau – Basel – Wien 2006, bes. S. 55–64.

4 Vgl. exemplarisch Heinz Schilling: *Martin Luther. Rebell in einer Zeit des Umbruchs*, München 2012.

sind ein Vorgang, der weit ins 17. Jahrhundert reicht. Zwar trifft es im Wesentlichen zu, dass den ersten Reformatoren eine größere denkerische Originalität als ihren Nachfolgern zu bescheinigen ist. Jedoch sind die reformatorischen Impulse erst in späteren Generationen breitenwirksam und kulturprägend geworden. Die im Zuge dessen erfolgte Systematisierung, Moralisierung und polemische Abgrenzung sind bislang meist als Nivellierung reformatorischer Theologie abgewertet worden. Stattdessen sind deren theologiegeschichtliche Bedeutung und geschichtswirksames Potential zu würdigen.[5]

Zugleich hat die jüngere Forschung deutlich gemacht, dass die Reformation viel pluraler gestaltet war, als es die traditionelle Fixierung auf die bekannten großen Reformatoren und die Zentren Wittenberg, Zürich und Genf nahelegt. In den letzten Jahrzehnten sind die Reformatoren neben und nach Luther, Melanchthon, Zwingli und Calvin Gegenstand eingehenderer Untersuchung geworden. Steht somit heute die Vielgestaltigkeit der Reformation deutlicher vor Augen als früher, so ist es umso drängender, deren Verhältnis zu dem fundamentalen Vorgang der Konfessionalisierung zu beschreiben. Denn diese bedeutet wesentlich Reduktion von Pluralität. Die Untersuchung dieses Vorgangs hat zum einen verstärkt abseits der großen, frühen Zentren Wittenberg, Zürich und Genf sowie zum anderen in der späteren Phase der Reformationsgeschichte zu erfolgen. Nur so wird man der Pluralität gerecht und kann man die längerfristigen Entwicklungen fassen.

Zweitens hat die Erörterung der Leistungsfähigkeit des Konfessionalisierungsparadigmas die allgemeinhistorische, insbesondere politik- und rechtsgeschichtliche Erforschung der Epoche zwischen Reformation und Dreißigjährigem Krieg in vielfacher Hinsicht angeregt. Rechtshistoriker haben schon lange die Rolle der Juristen bei der Ausbildung des frühmodernen Staates[6] und den elementaren Wert rechtlicher Regelungen zur Eingrenzung der Konflikte im Zuge der Konfessionsspaltung hervorgehoben.[7] In jüngerer Zeit hat die primär

[5] Vgl. Christoph Strohm: *Methodology in Discussion of „Calvin and Calvinism“*, in: *Calvinus Praeceptor Ecclesiae. Papers of the International Congress on Calvin Research, Princeton, August 20–24, 2002*, hg. von Herman J. Selderhuis, Genf 2004 (Travaux d'humanisme et renaissance 388), S. 65–105.

[6] Vgl. *Die Rolle der Juristen bei der Entstehung des modernen Staates*, hg. von Roman Schnur, Berlin 1986; Michael Stolleis: *Geschichte des öffentlichen Rechts in Deutschland*, Bd. 1: *Reichspublizistik und Policeywissenschaft 1600–1800*, München 1988.

[7] Martin Heckel: *Die katholische Konfessionalisierung im Spiegel des Reichskirchenrechts*, in: ders.: *Gesammelte Schriften. Staat – Kirche – Recht – Geschichte*, hg. von Klaus Schlaich. 4 Bde. (in 6 Teilbd.) Tübingen 1989–2013 (Jus Ecclesiasticum 38.58.73.100), Bd. 2 (1997), S. 294–335; ders.: *Parität*, ebd., Bd. 1 (1989), S. 106–226; ders.: *Reichsrecht und „Zweite Reformation“. Theologisch-juristische Probleme der reformierten Konfessionalisierung*, ebd., Bd. 2 (1995), S. 999–1032; ders.: *Säkularisierung. Staatskirchenrechtliche Aspekte einer umstrittenen Kategorie*, ebd., S. 773–911; ders.: *„Zelo domus Dei“?*, ebd., Bd. 6 (2013), S. 199–230.

an der Reichsgeschichte interessierte Geschichtsschreibung die Abwertung der Epoche vor dem Beginn des Dreißigjährigen Krieges überwunden. So hat man die mit dem Augsburger Religionsfrieden von 1555 im Reich geschaffene Friedensordnung als durchaus erfolgreich gewürdigt, auch wenn sie den erneuten Krieg letztlich nicht verhindern konnte. Denn mit 1555 und seinen Folgen wurden die grundlegenden Voraussetzungen dafür geschaffen, dass mit dem Westfälischen Frieden von 1648 eine dauerhafte Friedensordnung etabliert werden konnte.[8] So ist es nicht verwunderlich, dass gerade Rechtshistoriker kritische Bedenken gegen die Betonung der modernisierenden Funktion der Konfessionalisierung bei der frühmodernen Territorialstaatsbildung formuliert haben. Michael Stolleis gesteht zwar zu, dass die Konfessionalisierung „im Ergebnis einen ‚erheblichen Wachstumsschub moderner Staatlichkeit‘ gebracht“ habe, wo ein konfessionell einheitlicher Staat die Religion „benutzt“ habe, „indem er sie durch ‚umarmende Reglementierung‘ zur Intensivierung seiner Herrschaftsabsichten einbezieht.“[9] Der europaweit wichtigere und langfristig erfolgreichere Weg sei aber nicht der der Inklusion im Verhältnis von Religion bzw. Konfession und einer sich immer stärker verweltlichenden Politik gewesen, sondern der einer Exklusion. Dies bedeute, dass Institutionen und Repräsentationen der Konfession ausgeklammert und neutralisiert würden. Staatwerdung vollziehe sich hier „durch Errichtung eines legitimen Gewaltmonopols jenseits der streitenden Konfessionen und jenseits der vielfältigen Gliederungen des spätmittelalterlichen Gemeinwesens“.[10] Juristen spielten bei beiden Varianten die entscheidende Rolle.[11] „Die letztlich stärkere historische Linie ist die der

[8] Vgl. z. B. Johannes Burkhardt: *Das Reformationsjahrhundert. Deutsche Geschichte zwischen Medienrevolution und Institutionenbildung 1517–1617*, Stuttgart 2002; ders.: *Europäischer Nachzügler oder institutioneller Vorreiter? Plädoyer für einen neuen Entwicklungsdiskurs zur konstruktiven Doppelstaatlichkeit des frühmodernen Reiches*, in: *Imperium Romanum – irregulare corpus – Teutscher Reichs-Staat*, hg. von Matthias Schnettger, Mainz 2002, S. 297–316; ders.: *Konfessionsbildung und Staatsbildung. Konkurrierende Begründungen für die Bellizität Europas?*, in: *Krieg und Christentum. Religiöse Gewalttheorien in der Kriegserfahrung des Westens*, hg. von Andreas Holzem, Paderborn 2009, S. 527–553; Maximilian Lanzinner: *Konfessionelles Zeitalter 1555–1618*, in: *Gebhardt Handbuch der deutschen Geschichte*, Bd. 10, hg. von Rolf Häfele (wissenschaftliche Redaktion), Stuttgart [10]2001, S. 1–203, bes. S. 48 f.

[9] Michael Stolleis: *Religion und Politik im Zeitalter des Barock. „Konfessionalisierung“ oder „Säkularisierung“ bei der Entstehung des frühmodernen Staates?*, in: *Religion und Religiosität im Zeitalter des Barock*, hg. von Dieter Breuer, Wiesbaden 1995 (Wolfenbütteler Arbeiten zur Barockforschung 25), S. 23–42, hier: S. 30 (unter Aufnahme einer Formulierung W. Reinhards).

[10] Ebd., S. 29; vgl. ebd., S. 29–33.

[11] Schon in den sechziger Jahren hatte Martin Heckel darauf hingewiesen, dass „in eigenartiger Weise die teilweise Säkularisierung des Verfassungsrechts mit einer teilweisen *Konfessionalisierung* kombiniert“ sei (ders.: *Zur Entwicklung des deutschen*

Säkularisierung des Rechts und der Enttheologisierung öffentlicher Herrschaft. Ich halte deshalb die These von der Entstehung des Staates als Vorgang der Säkularisation für die Langzeitperspektive vom Mittelalter bis zur Neuzeit für die richtige These."[12]

Entsprechend diesem Befund ist in der zweiten Hälfte des 16. Jahrhunderts die wachsende Emanzipation der juristischen gegenüber den theologischen Fakultäten zu beobachten, welche die weitere Universitätsentwicklung wesentlich beeinflusst hat.[13] Gleichwohl bleiben theologische Fakultäten und die Geistlichkeit von zentraler Bedeutung für die Ausgestaltung der protestantischen Territorien. So hat Luise Schorn-Schütte in ihrer grundlegenden „Gruppen- und Sozialbiographie" der evangelischen Geistlichkeit diese für den Zeitraum vom 16. bis zum 18. Jahrhundert als wichtigen Teil des sich entfaltenden frühneuzeitlichen Bürgertums herausgearbeitet.[14]

Alle diese Beobachtungen lassen die Frage nach dem Zusammenspiel von konfessionalisierenden und säkularisierenden Tendenzen als Schlüsselfrage bei

Staatskirchenrechts von der Reformation bis zur Schwelle der Weimarer Verfassung, in: *Gesammelte Schriften* [wie Anm. 7], Bd. 1, S. 366–401, hier: S. 380). Im Jahre 2006 hat Heckel den Sachverhalt unter der Überschrift „Konfessionalisierung und Säkularisierung im dialektischen Zusammenspiel" wie folgt treffend zusammengefasst: „Der Weg in die Moderne war noch lang und mühevoll für beide Konfessionen. Konfessionalisierung in Koexistenz mußte erst gelernt werden. Ein Kernproblem trat seit 1555 verstärkt auf: Der Westfälische Friede hatte sich allgemeiner und offener, d. h. säkularer Rechtsformen bedient, die beide Religionsparteien für ihre so unterschiedlichen religiösen Bedürfnisse benützen konnten. Konfessionalisierung und Säkularisierung standen dabei einerseits im Gegensatz, andererseits haben sie einander dialektisch ergänzt, ja bedingt. Die Historiographie wie die Dogmatik des Staatskirchenrechts irrt, wenn sie Säkularisierung und Konfessionalisierung als exklusive Alternative versteht" (ders.: *„Zelo domus Dei"?* [wie Anm. 7], S. 227).

12 Stolleis: *Religion und Politik* (wie Anm. 9), S. 41; vgl. ders.: *„Konfessionalisierung" oder „Säkularisierung" bei der Entstehung des frühmodernen Staates*, in: *Ius commune* 20 (1993), S. 1–23, hier: S. 20–23.

13 Vgl. Notker Hammerstein: *Bildung und Wissenschaft vom 15. bis zum 17. Jahrhundert*, München 2003 (Enzyklopädie deutscher Geschichte 64), bes. S. 42 f und 53 f; vgl. auch Stolleis' Beobachtung einer „Zurücksetzung der Theologen in der inneren Rangordnung der Höfe" im Zuge der „wachsende[n] Verrechtlichung und [...] Einrichtung einer zentral gelenkten, more geometrico entworfenen Verwaltungsmaschinerie" (Stolleis: *Religion und Politik* [wie Anm. 9], S. 29).

14 Vgl. Luise Schorn-Schütte: *Evangelische Geistlichkeit in der Frühneuzeit. Deren Anteil an der Entfaltung frühmoderner Staatlichkeit und Gesellschaft. Dargestellt am Beispiel des Fürstentums Braunschweig-Wolfenbüttel, der Landgrafschaft Hessen-Kassel und der Stadt Braunschweig*, Gütersloh 1996 (Quellen und Forschungen zur Reformationsgeschichte 62); *Gelehrte Geistlichkeit – geistliche Gelehrte. Beiträge zur Geschichte des Bürgertums in der Frühneuzeit*, hg. von Luise Schorn-Schütte, Berlin 2012 (Historische Forschungen 97).

der historiographischen Deutung der Frühen Neuzeit erscheinen. Im Gegensatz zu den früher vorherrschenden Säkularisierungstheorien, die Modernisierung und Fortschritt in der Geschichte der Frühen Neuzeit einseitig auf Säkularisierungsprozesse zurückgeführt haben, wird heute zu Recht auch die modernisierende Funktion der Konfessionalisierung herausgestellt. Umso wichtiger ist die verstärkte Erforschung der Prozesse, Motive und Akteure der Konfessionalisierung im Zusammenspiel mit säkularisierenden Tendenzen.

Der Südwesten des Reichs als „Innovationsregion": Innerprotestantische Konkurrenz und Konfessionalisierung

Warum sind Reformatorenbriefwechsel der zweiten Hälfte des 16. Jahrhunderts aus dem Südwesten des Reichs ein besonders interessanter Forschungsgegenstand? Schon früh begegneten sich in dieser Region von Norden kommend lutherische und aus dem Süden kommend zwinglianisch-reformierte Einflüsse. In der zweiten Hälfte des 16. Jahrhunderts wurde der Südwesten des Reichs mit der Reichsstadt Straßburg sowie den Territorien Württemberg und der Kurpfalz zum bevorzugten Konfliktfeld lutherischer und reformierter Konfessionalisierung. Denn hier erfolgten lutherische und reformierte Konfessionalisierung und die entsprechende politische Ausrichtung in engster gegenseitiger, konflikthafter Bezogenheit und unmittelbarer Konkurrenz. Pluralität wie auch Reduktion von Pluralität im Zuge der Konfessionalisierung, ebenso Phänomene einer gegenseitigen Durchdringung der Konfessionen im Sinne von Interkonfessionalität und Transkonfessionalität[15] lassen sich hier exemplarisch analysieren. Darüber hinaus haben die Entwicklungen im Südwesten die Konfessionalisierung im Reich insgesamt bestimmt und beschleunigt. In diesem Sinn kann man den Südwesten als eine „Innovationsregion" bezeichnen, auch wenn das ein etwas zweifelhafter Ehrentitel ist.

Schon die ersten Auseinandersetzungen um das Abendmahlsverständnis Anfang der zwanziger Jahre führten zu einer beginnenden innerprotestantischen Abgrenzung und Profilierung. Zugleich bildete sich in Straßburg eine eigenständige Mischform heraus. Die Reichsstadt wurde zum Ausgangspunkt einer spezifischen oberdeutschen Theologie mit starker Ausstrahlung in den südwestdeutschen Raum.[16] Ihr wichtigster Vertreter ist der lange unterschätzte Straßburger Reformator Martin Bucer, der erst in jüngerer Zeit als „dritter deutscher

15 Vgl. *Interkonfessionalität – Transkonfessionalität – binnenkonfessionelle Pluralität* (wie Anm. 3).

16 Vgl. Anton Schindling: *Humanistische Hochschule und Freie Reichsstadt. Gymnasium und Akademie in Straßburg 1538–1621*, Wiesbaden 1977 (Veröffentlichungen des Instituts für Europäische Geschichte Mainz 77).

Reformator" neben Martin Luther und Philipp Melanchthon gewürdigt worden ist.[17] Bucers reformatorische Theologie hat nicht nur die Reformation im Südwesten des Reichs bestimmt, sondern in Gestalt des prägenden Einflusses auf Johannes Calvin auch die weltweite calvinistische Reformation entscheidend beeinflusst.[18]

Erst im Laufe mehrerer Jahrzehnte kam es zur Polarität von „lutherisch" und „reformiert" innerhalb des Protestantismus. Anfangs war die Distanz der oberdeutschen Reformation wie auch der Genfer Reformation Calvins zur zwinglianischen Reformation durchaus erheblich bei gleichzeitiger Nähe zur lutherischen Reformation. Augenfälliger Ausdruck dieses Sachverhalts, der durch die spätere Polarität von lutherischem und reformiertem Protestantismus verdeckt wurde, ist die von Bucer erarbeitete und von Calvin unterstützte Wittenberger Konkordie von 1536.[19] Erst in den sechziger und siebziger Jahren des 16. Jahrhunderts kam die spezifische oberdeutsche Theologie Bucers in Straßburg an ihr Ende. Abgelöst wurde sie durch ein profiliertes Luthertum.[20] Dabei spielte die eskalierende Wirkung der konfessionellen Profilierung in den Nachbarterritorien eine wichtige Rolle. Denn die Durchsetzung des Luthertums in Straßburg geschah nicht zuletzt als Reaktion auf die Hinwendung der benachbarten Kurpfalz zum reformierten Protestantismus und vollzog sich in dauernder Abgrenzung dagegen.

17 Vgl. Heinrich Bornkamm: *Martin Bucer, der dritte deutsche Reformator*, in: ders.: *Das Jahrhundert der Reformation*, Frankfurt am Main 1983, S. 114–145; Martin Greschat: *Martin Bucer. Ein Reformator und seine Zeit 1491–1551*, München 1990, Münster ²2009; Christoph Strohm: *Martin Bucer. Vermittler zwischen den Konfessionen*, in: *Theologen des 16. Jahrhunderts. Humanismus – Reformation – Katholische Erneuerung. Eine Einführung*, hg. von Martin H. Jung und Peter Walter, Darmstadt 2002, S. 116–134. Die 1960 begonnene Ausgabe der Deutschen Schriften Martin Bucers steht nun kurz vor der Vollendung: Martin Bucer: *Deutsche Schriften*, hg. von Robert Stupperich, Wilhelm H. Neuser, Gottfried Seebaß, Christoph Strohm u. a., Gütersloh 1960–2013 [fortlaufend].

18 So hat man den Calvinismus als eine höhere Form des „Butzerianismus" bezeichnet (Reinhold Seeberg: *Lehrbuch der Dogmengeschichte*, Bd. IV/2, Darmstadt ⁴1954, S. 556). Vgl. auch Christoph Strohm: *Johannes Calvin. Leben und Werk des Reformators*, München 2009 (Beck'sche Reihe 2469), S. 46–59; *Jean Calvin. Les années Strasbourgeoises (1538–1541). Actes du colloque de Strasbourg (8–9 octobre 2009) à l'occasion du 500e anniversaire de la naissance du Réformateur*, hg. von Mathieu Arnold, Strasbourg 2010.

19 Abgedruckt in: *Bucers Deutsche Schriften* (wie Anm. 17), 6/1, S. 114–134.

20 Zur Übersicht vgl. Schindling: *Humanistische Hochschule* (wie Anm. 16); James Kittelson: *Toward an Established Church. Strasbourg from 1500 to the Dawn of the Seventeenth Century*, Mainz 2000 (Veröffentlichungen des Instituts für Europäische Geschichte Mainz 182).

Die eigentliche Konfessionsbildung in der zweiten Hälfte des 16. Jahrhunderts erfolgte dann auch hier mit besonderer Intensität. Das ist im Folgenden mit einem Blick auf die Verhältnisse im Reich in den fünfziger Jahren genauer zu erläutern.

Bis zum Naumburger Fürstentag Anfang 1561 beherrschte die vergleichsweise irenische Theologie Melanchthons den deutschsprachigen Protestantismus.[21] Das zeigte sich beim Wormser Gespräch protestantischer und katholischer Theologen im Herbst 1557[22] und noch deutlicher bei der Zusammenkunft der wichtigsten evangelischen Fürsten des Reichs – darunter drei weltliche Kurfürsten – im Jahr 1558 in Frankfurt am Main. Hier suchte man eine Einigung in strittigen Fragen und orientierte sich bei der erzielten Einigungsformel – so muss man sagen – selbstverständlich an Melanchthons Theologie.[23] Dieser sogenannte Frankfurter Rezess vertrat eine Abendmahlslehre, welche derjenigen der Confessio Augustana variata von 1540 entsprach.[24] Bis in die Formulierungen hinein lehnte man sich an die von Melanchthon und Martin Bucer zustande gebrachte Wittenberger Konkordie von 1536 an.[25] Die klar melanchthonische Abendmahlslehre wurde hier nicht nur vom hessischen Landgrafen Philipp sowie dem sächsischen und brandenburgischen Kurfürsten unterzeichnet, sondern ebenso von dem pfälzischen Kurfürsten Ottheinrich und den nachmaligen scharfen Gegnern der kurpfälzischen Reformierten Herzog Christoph von Württemberg und Pfalzgraf Wolfgang von Pfalz-Zweibrücken.[26]

21 Vgl. Heinrich Heppe: *Geschichte des deutschen Protestantismus in den Jahren 1555–1585, Bd. 1: Die Geschichte des deutschen Protestantismus von 1555–1562 enthaltend*, Frankfurt am Main 1865, S. 142–405; vgl. auch Robert Calinich: *Der Naumburger Fürstentag 1561. Ein Beitrag zur Geschichte des Lutherthums und des Melanchthonismus aus den Quellen des Königlichen Hauptstaatsarchivs zu Dresden*, Gotha 1870.

22 Das Gespräch fand unter Leitung des katholischen Bischofs von Naumburg an der Saale, Julius Pflug, statt. Auf evangelischer Seite nahmen Philipp Melanchthon, Johannes Brenz, Erhard Schnepf und Matthias Flacius Illyricus teil. Vgl. dazu Benno von Bundschuh: *Das Wormser Religionsgespräch von 1557 unter besonderer Berücksichtigung der kaiserlichen Religionspolitik*, Münster 1988 (Reformationsgeschichtliche Studien und Texte 124); Otto Scheib: *Die innerchristlichen Religionsgespräche im Abendland*, Wiesbaden 2009, S. 224–226.

23 Gustav Wolf hält den Pfalz-Zweibrücker Kanzler Ulrich Sitzinger für den Endredaktor (vgl. ders.: *Zur Geschichte der deutschen Protestanten 1555–1559. Nebst einem Anhang von Archivalischen Beilagen*, Berlin 1888, S. 125 Anm. 1). Sitzinger hatte bei Melanchthon in Wittenberg studiert und war mit einer Nichte Melanchthons verheiratet. Den Hinweis auf Sitzinger verdanke ich Heinz Scheible.

24 Text des Frankfurter Rezesses vom 18. März 1558 in: CR 9, Sp. 489–507.

25 Ebd., Sp. 499 f.

26 Unterzeichner: Kurfürst Ottheinrich von der Pfalz, Kurfürst August von Sachsen, Landgraf Philipp von Hessen, Kurfürst Joachim II. von Brandenburg, Markgraf Karl II. von Baden, Pfalzgraf Wolfgang von Pfalz-Zweibrücken und Herzog Christoph von

Auch der spätere Hauptverfasser der lutherischen Konkordienformel, Jakob Andreae, vertrat zu diesem Zeitpunkt noch eindeutig melanchthonische Lehren. In einem Brief an Paul Eber vom 17. Juli 1558 beklagte er den vielfältigen Widerspruch gegen den Frankfurter Rezess mit heftigen Worten.[27] Die flaccianischen Gegner sind ihm nichts weniger als aufrührerische Theologen.

Die entscheidenden, bald reichsweit relevanten Veränderungen ergaben sich aus der Hinwendung der Kurpfalz zum calvinisch-reformierten Protestantismus. Sie erfolgte wesentlich im Zuge des traditionell engen Austauschs der Kurpfalz mit dem benachbarten Westeuropa.[28] In der Herrschaftszeit Friedrichs III. führte das zu einer wachsenden Anteilnahme an den Protestantenverfolgungen in Frankreich und den Niederlanden.[29] Die Aufnahme von selbst durch die Verfolgungen Betroffenen in der Kurpfalz und ihr rascher Aufstieg in verantwortliche Positionen verstärkten die Orientierung an der westeuropäischen Reformation Calvins. Beschleunigt wurden diese Entwicklungen durch

Württemberg (vgl. Rudolph Hospinian: *Historiae sacramentariae pars altera: de origine et progressu controversiae sacramentariae de coena domini inter Lutheranos, Ubiquistas & Orthodoxos, quos Zvinglianos seu Calvinistas vocant, exortae, ab anno nati in carne Christi Salvatoris M.D.XVII. usque ad annum M.DC.II. deducta*, Zürich 1602, fol. 254[r]). Allein Herzog Johann Friedrich der Mittlere von Sachsen hielt Abstand.

27 „Cum sese forte fortuna hic nuncius mihi obtulisset, nolui illum sine meis ad te literis dimittere, quibus si nihil aliud agam, saltem quam grata mihi fuerit superioris anni conuersatio vobiscum, in vrbe Vangionum, testari volui, quum viderem vestros animos eo spectare vnice, vt in tanta animorum distractione, vel mediocris saltem pax et tranquillitas retineatur. Quo magis dolendum est: dum pijssimi Electores et Principes in superiore Conuentu Francofordiae suam quoque coniunxerunt operam, turbulentos Theologos suis clamoribus apud Principes obtinere posse, vt ipsorum quoque suffragijs, quae pie et recte constituta sunt, conuellantur. Sed spero Dominum eis constituisse modum furoris et insaniae. Nam quo alio nomine intempestiuum illud sanctulorum hominum scelus, zelum inquam, exprimam. Reddituri sunt et Deo et hominibus rationem, qui sine causa maiores distractiones facere moliuntur. Nostrae Ecclesiae, beneficio Dei, pacatae sunt, et eum consensum tuebuntur, in quem pij Electores et Principes consenserunt, et quo pacto istorum calumnijs et mendacijs occurrant, modum inuenient et rationem, quam Dominus monstrabit, cuius vinculo spero copulatos nostros animos, etc." (zitiert in: Hospinian: *Historiae sacramentariae pars altera* [wie Anm. 26], fol. 255[r]).

28 Vgl. Christoph Strohm: *Der Heidelberger Katechismus und die Konfessionalisierung in Europa*, in: *Vielfältiges Christentum. Dogmatische Spaltungen – kulturelle Formierung – ökumenische Überwindung?*, hg. von Bernd-Jochen Hilberath, Andreas Holzem und Volker Leppin, Tübingen 2014 (im Druck).

29 Im Briefwechsel Friedrichs III. sind die Verfolgungen der Protestanten seit 1559 ein ständiges Thema. Der Kurfürst hat sich auch konkret um Unterstützung bzw. Rettung wie im Fall des Juristen und Parlamentsrats Anne Du Bourg bemüht (vgl. Christoph Strohm: *Der Heidelberger Katechismus und Westeuropa*, in: *Jahrbuch für badische Kirchen- und Religionsgeschichte* 8 (2014), Abschnitt 1. [im Druck]).

das kompromisslose Auftreten des antimelanchthonisch-lutherischen Generalsuperintendenten Tilemann Heshusen und die um sich greifenden heftigen Auseinandersetzungen mit dem nicht weniger kompromisslosen zwinglianisch gesinnten Diakon Wilhelm Klebitz.[30]

In den Auseinandersetzungen um das rechte Verständnis des Abendmahls in Heidelberg wirkte Melanchthons Theologie in einer polarisierenden, die innerprotestantische Konfessionalisierung fördernden Weise, wie das zuvor noch nie der Fall gewesen war. Friedrich III. hatte Melanchthon angesichts des Streits um ein Gutachten gebeten, das dieser noch kurz vor seinem Tod, im November 1557, erstellte.[31] Hier wird die Gegenwart Christi im Abendmahl strikt an den Vollzug des Abendmahls, nicht an die Elemente gebunden.[32] Der Kurfürst ließ das Gutachten, das die melanchthonisch-calvinische Sicht der Gegenwart Christi im Abendmahl vertrat, drucken und für alle Geistlichen des Landes verbindlich erklären. Am 12. August 1560 erfolgte der Befehl, dass diejenigen, die sich der melanchthonischen Sakramentslehre nicht anschließen konnten, das Land zu verlassen hätten.[33]

Die überregionale, reichsweite Bedeutung der Heidelberger Auseinandersetzungen[34] wird daran deutlich, dass der Bruch mit der Vorherrschaft melanchthonischer Theologie im Reich unmittelbar danach auf dem Naumburger Fürstentag am Beginn des Jahres 1561 (20. Januar–8. Februar 1561) erfolgte.

30 Vgl. Burcard Gotthelf Struve: *Ausführlicher Bericht von der Pfältzischen Kirchen-Historie [...]*, Frankfurt am Main 1721, S. 76–84. In den Auseinandersetzungen spielten die Melanchthon schon länger verbundenen Grafen zu Erbach als Gegner Heshusens eine wichtige Rolle (vgl. Heinz Scheible: *Melanchthon und die Grafen von Erbach [2003]*, in: ders.: *Aufsätze zu Melanchthon*, Tübingen 2010 [Spätmittelalter, Humanismus, Reformation 49], S. 431–446).

31 Philipp Melanchthon: *Iudicium de controversia de coena Domini 1560*, in: *Melanchthons Werke in Auswahl, Bd. 6: Bekenntnisse und kleine Lehrschriften*, hg. von Robert Stupperich, Gütersloh 1955, S. 482–486; Regest in: MBW 9119.

32 Vgl. Heinz Scheible: *Melanchthons Bedeutung für die pfälzische Kirche* [2010], in: ders.: *Beiträge zur Kirchengeschichte Südwestdeutschlands*, Stuttgart 2012 (Veröffentlichungen zur badischen Kirchen- und Religionsgeschichte 2), S. 373–392, hier: S. 384–386.

33 Vgl. Eike Wolgast: *Reformierte Konfession und Politik im 16. Jahrhundert. Studien zur Geschichte der Kurpfalz im Reformationszeitalter*, Heidelberg 1998 (Schriften der Philosophisch-historischen Klasse der Heidelberger Akademie der Wissenschaften 10), S. 38f.

34 Die Auseinandersetzungen um das Abendmahl an der Heidelberger Heiliggeistkirche im Jahre 1559 weiteten sich zu einer publizistischen Schlacht aus, die dann im Kampf um den Heidelberger Katechismus in den Jahren nach 1563 eine Fortsetzung fand. Vgl. zuletzt Charles D. Gunnoe: *Thomas Erastus and the Palatinate. A Renaissance Physician in the Second Reformation*, Leiden – Boston 2011 (Brill's Series in Church History 48), S. 63–131.

Hier wollten die versammelten evangelischen Fürsten vor dem Kaiser ihre Einigkeit dokumentieren, aber schon der erst jetzt ins Zentrum tretende Streit um die rechte Fassung der Confessio Augustana – die ursprüngliche von 1530 oder die von Melanchthon veränderte, im Sinne der Reformierten abgemilderte von 1540 – war eine Folge der Heidelberger Entwicklungen. Man unterschrieb die 1530 in Wittenberg erschienene Quartausgabe der Confessio Augustana (und ihre lateinische Oktavausgabe von 1531). Um der Vorherrschaft melanchthonischer Orientierung gerecht zu werden, verfasste man zugleich eine Vorrede, welche die Confessio Augustana variata von 1540 als Wiederholung und Erklärung der Fassung von 1530 bezeichnete.[35]

Dieser Versuch, die Variata von 1540 mit ihrer modifizierten Lehre von der Realpräsenz Christi im Abendmahl als authentische Interpretation der Fassung von 1530 aufzuwerten, führte jedoch zur demonstrativen Abreise des sächsischen Herzogs Johann Friedrich des Mittleren. Er organisierte nun konsequent die Stärkung der antimelanchthonischen Kräfte. Entscheidend dabei war, dass es ihm gelang, die württembergischen Theologen auf seine Seite zu ziehen. Hier kam den Heidelberger Entwicklungen – der In-Kraft-Setzung der Abendmahlslehre von Melanchthons Gutachten von 1560 und dem Heidelberger Katechismus von 1563 – eine entscheidende Bedeutung zu, und zwar in einem eminent polarisierenden, konfessionalisierenden Sinn!

Die Geschehnisse in Heidelberg seit 1559 trugen – ungewollt – maßgeblich zur Auflösung der Vorherrschaft melanchthonischer Theologie im Reich bei. Hier liegen die Gründe für die Entwicklung Jakob Andreaes vom melanchthonisch orientierten Antiflaccianer hin zum Hauptverfasser der Konkordienformel[36] und

35 Vgl. Ernst Koch: Art. *Konkordienformel*, in: *TRE* 19 (1990), S. 476–483, bes. S. 477.

36 Andreaes Autobiographie endet mit dem Jahr 1561. In diesem Jahr absolvierte Andreae eine Reise zum Religionsgespräch von Poissy, über die er ausführlich berichtete. Nach eigener Aussage geriet er 1559 in Verdacht, in der Abendmahlslehre von Luthers Auffassung abzuweichen (vgl. Jakob Andreae: *Leben des Jakob Andreae, Doktor der Theologie, von ihm selbst mit großer Treue und Aufrichtigkeit beschrieben, bis auf das Jahr 1562. Lateinisch und deutsch*, hg. von Hermann Ehmer, Stuttgart 1991, S. 85–89). Ulrike Ludwig datiert die Abwendung von der melanchthonischen Vermittlungsposition wohl zu spät. Sie sieht als „ein[en] Auslöser für die endgültige Abwendung Andreäs von jeglichem Vermittlungswillen gegenüber den Reformierten [...] das Scheitern des Zerbster Konventes im Jahr 1570" (dies.: *Philippismus und orthodoxes Luthertum an der Universität Wittenberg. Die Rolle Jakob Andreäs im lutherischen Konfessionalisierungsprozeß Kursachsens [1576–1580]*, Münster 2009 [Reformationsgeschichtliche Studien und Texte 153], S. 159). Dagegen spricht aber schon der Sachverhalt, dass Andreae und andere württembergische Theologen bei dem Maulbronner Kolloquium mit den kurpfälzischen Theologen im April 1564 in Konflikt gerieten und keine Einigung finden konnten.

Hauptgegner von Zacharias Ursinus.[37] Diese Entwicklung ist nicht ohne die besondere innerprotestantische Konkurrenzsituation im Südwesten des Reichs zu verstehen.[38] Der Südwesten des Reichs wurde in den Jahrzehnten nach 1560 zum wohl wichtigsten Schauplatz der innerprotestantischen Konfessionalisierung.[39]

37 Vgl. Ursinus' Auseinandersetzung mit der Konkordienformel in der *Christlichen Erinnerung*: [Zacharias Ursinus]: *Christliche Erinnerung Vom Concordibvch So newlich durch etliche Theologen gestelt vnd im Namen etlicher Augspurgischer Confession verwandten Staende publicirt Der Theologen vnd Kirchendiener in der Fuerstlichen Pfaltz bey Rhein. Auß dem Latein verteutscht vnd an etlichen orten weiter außgefuehrt*, Neustadt an der Haardt, Matthäus Harnisch, 1581 (VD16, U 336) [zuerst: *De libro Concordiae quem vocant, a quibusdam Theologis, nomine quorundam Ordinum Augustanae Confessionis, edito, Admonitio Christiana* [...], Neustadt an der Haardt, Matthäus Harnisch, 1581 (VD16, U 334)]. Zur umfassenden Kontroverse in der Kurpfalz vgl. Irene Dingel: *Concordia controversa. Die öffentliche Diskussion um das lutherische Konkordienwerk am Ende des 16. Jahrhunderts*, Gütersloh 1996 (Quellen und Forschungen zur Reformationsgeschichte 63), S. 92–98. 101–160.

38 In der Kurpfalz selbst gab es in den Jahren 1576 bis 1583 eine kurzzeitige, mit heftigen Auseinandersetzungen verbundene Rückkehr zum Luthertum, bei der Tübinger und Straßburger Theologen eine entscheidende Rolle spielten (vgl. Wolgast: *Reformierte Konfession* [wie Anm. 33], S. 74–90; vgl. auch Volker Press: *Calvinismus und Territorialstaat. Regierung und Zentralbehörden der Kurpfalz 1559–1614*, Stuttgart 1970 [Kieler Historische Studien 7], S. 267–298; Frieder Hepp: *Religion und Herrschaft in der Kurpfalz um 1600. Aus der Sicht des Heidelberger Kirchenrats Dr. Marcus zum Lamm [1544–1606]*, Heidelberg 1993 [Buchreihe der Stadt Heidelberg 4], S. 97–127). Kurfürst Ludwig VI. geriet seinerseits in den Sog der Konfessionalisierung, insofern als er sich 1582 gezwungen sah, um der innerlutherischen Solidarität willen das Konkordienbuch zu unterschreiben. Ludwig, der in seiner Amberger Zeit durchaus Sympathien für das Luthertum Melanchthons zeigte, hat diese als Notwendigkeit empfundene Entwicklung, die ja die Abstoßung des Philippismus implizierte, mehrfach beklagt (vgl. Theodor Pressel: *Kurfürst Ludwig von der Pfalz und die Konkordienformel*, in: *Zeitschrift für Historische Theologie* 31 (1867), S. 1–112. 268–318. 445–470. 473–604; vgl. auch Volker Press: *Die „Zweite Reformation" in der Kurpfalz*, in: *Die reformierte Konfessionalisierung in Deutschland. Das Problem der „Zweiten Reformation"*, hg. von Heinz Schilling, Gütersloh 1986 (Schriften des Vereins für Reformationsgeschichte 195), S. 104–129, bes. S. 112f.

39 Das ist kritisch gegen die traditionelle Dogmengeschichtsschreibung zu sagen, die auf die Rivalität der beiden Sachsen fixiert ist. Zur Bedeutung des Herzogtums Württemberg für das deutsche Luthertum in der zweiten Hälfte des 16. Jahrhunderts vgl. Ludwig, *Philippismus und orthodoxes Luthertum* (wie Anm. 36), S. 149–163; dort, S. 149 Anm. 4, Literatur; zur Modellfunktion Württembergs vgl. bes. Manfred Rudersdorf: *Tübingen als Modell? Die Bedeutung Württembergs für die Vorgeschichte der kursächsischen Universitätsreform von 1580*, in: *Zwischen Wissenschaft und Politik. Studien zur deutschen Universitätsgeschichte. Festschrift für Eike Wolgast*, hg. von Armin Kohnle und Frank Engehausen, Stuttgart 2001, S. 67–85.

In den Nachbarterritorien sah man die Pfälzer Entwicklungen als Bedrohung an. Nachdem ein Gespräch führender Theologen der Kurpfalz und Württembergs in Maulbronn im April 1564 ohne Ergebnis geblieben war, profilierte Herzog Christoph von Württemberg sein Territorium als lutherische Gegenmacht.[40] Angesichts der gemeinsamen Bedrohung durch den wiedererstarkenden Katholizismus und der von den Jesuiten angeführten kraftvollen Gegenreformation vermied man den klaren Bruch mit der reformierten Kurpfalz.[41] Gleichwohl sah man sich herausgefordert, der Gefahr, die vom Calvinismus ausging, ebenso entgegenzutreten wie den Altgläubigen. Es war daher konsequent, dass die Einigungsbemühungen im Luthertum gerade in Württemberg die nachhaltigste Förderung erfuhren. Der von 1562 bis 1590 als Theologieprofessor an der Universität Tübingen sowie als Kanzler und Stiftspropst wirkende Jakob Andreae spielte die entscheidende Rolle bei der Entstehung der lutherischen Konkordienformel von 1577 und der im Konkordienbuch von 1580 zu einem vorläufigen Ende gekommenen lutherischen Bekenntnisbildung. So hat Württemberg im Blick auf die Formierung des Luthertums ebenso eine europäische Bedeutung erlangt wie die Kurpfalz als Bastion des Calvinismus in den Jahrzehnten bis 1620 und die oberdeutsche Theologie Straßburgs mit ihrer prägenden Wirkung auf die Reformation Calvins.[42] Die Kurpfalz wiederum

40 Zur Übersicht vgl. Hermann Ehmer: *Württemberg*, in: *Die Territorien des Reichs im Zeitalter der Reformation und Konfessionalisierung. Land und Konfession 1500–1650, Bd. 5: Der Südwesten*, hg. von Anton Schindling und Walter Ziegler, Münster 1993 (Katholisches Leben und Kirchenreform im Zeitalter der Glaubensspaltung 53), S. 168–192. Das Gespräch fand vom 10. bis 15. April 1564 auf Veranlassung Herzog Christophs von Württemberg statt. Es führte jedoch nicht zu einer Verständigung, sondern ganz im Gegenteil zu einem verschärften Gegensatz. Schon die Unterschiede der von beiden Seiten geführten Protokolle waren Anlass zum Streit (vgl. Heinrich Hermelink: *Geschichte der evangelischen Kirche in Württemberg von der Reformation bis zur Gegenwart*, Stuttgart – Tübingen 1949, S. 116f).

41 Zu den heftigen Auseinandersetzungen Straßburgs mit den Jesuiten in Molsheim vgl. Schindling: *Humanistische Hochschule* (wie Anm. 17), S. 377.

42 Zugleich spannten sich reichs- und europaweite konfessionelle Netzwerke aus, messbar zum Beispiel an der Herkunft der Studenten der Universitäten Heidelberg und Tübingen sowie der Akademie in Straßburg, aber auch etwa am Pfälzer Heiratsverhalten. Zur Kurpfalz vgl. Armin Kohnle: *Die Universität Heidelberg als Zentrum des reformierten Protestantismus im 16. und frühen 17. Jahrhundert*, in: *Die ungarische Universitätsbildung und Europa*, hg. von Márta Font und László Szögi, Pecs 2001, S. 141–161; Robert Zepf: *Fructus Uberrimi. Die Theologiestudenten von Collegium Sapientiae und Universität Heidelberg 1550–1622*, in: *Zwischen Wissenschaft und Politik. Studien zur deutschen Universitätsgeschichte* (wie Anm. 39), S. 441–454; Magnus Rüde: *England und Kurpfalz im werdenden Mächteeuropa (1608–1632). Konfession – Dynastie – kulturelle Ausdrucksformen*, Stuttgart 2007; Anthony Milton: *The Church of England and the Palatinate 1566–1642*, in: *The Reception of Continental Reformation in Britain*, hg. von Polly Ha und Patrick Collinson, Oxford 2010, S. 137–165.

wurde zum wichtigsten frühen Zentrum des Kampfes gegen die Konkordienformel.[43] Zusammen mit den Erben der Theologie Bucers in Straßburg, insbesondere Johannes Sturm, organisierten die pfälzischen Reformierten auch den Widerstand des westeuropäischen Protestantismus gegen das lutherische Konkordienwerk.[44]

Noch ein letzter Sachverhalt sei kurz skizziert. Untersucht man die Lebensläufe und Wirkungsorte der Theologieprofessoren und führenden Theologen der drei Territorien, ist die gegenseitige Bezogenheit offensichtlich. Nicht nur das bekannte Beispiel Hieronymus Zanchis, der 1563 wegen der Anfeindungen der Lutheraner Straßburg verließ und nach einer Zwischenstation 1568 nach Heidelberg wechselte, ist hier zu nennen.[45] Sein großer Gegner, der Präsident des Straßburger Kirchenkonvents Johannes Marbach, war zweimal in der Kurpfalz als Theologe und Kirchenvisitator tätig[46] und hatte enge Kontakte zu den württembergischen Lutheranern.[47] Dessen Sohn Philipp Marbach hat sogar an allen drei Orten studiert bzw. gewirkt.[48] Weitere Beispiele ließen sich anfügen.[49]

43 Vgl. Dingel: *Concordia controversa* (wie Anm. 37), S. 101–160.

44 Vgl. ebd., S. 39–100. 161–206.

45 Gegenstand des Streits war neben der Prädestinationsauffassung die Abendmahlslehre. Johannes Marbach plante, Tilemann Heshusens Schrift gegen die Abendmahlslehre Calvins in Straßburg zu publizieren. Der Streit eskalierte, als Zanchi und Johannes Sturm 1560 dies zu verhindern suchten. Der Zusammenhang mit den Auseinandersetzungen um die Abendmahlslehre in Heidelberg 1559, in dem Heshusen der eine der beiden Hauptprotagonisten war, ist offensichtlich. Vgl. auch Christoph Strohm: Art. *Zanchi, Girolamo*, in: *TRE* 36 (2004), S. 482–485, hier: S. 483.

46 Das erste Mal war er als Visitator bei Ottheinrichs Reformation 1556–1559 tätig, das zweite Mal beim Versuch einer Re-Lutheranisierung unter Ludwig VI. „Ebenso wirkte er in Pfalz-Zweibrücken 1558 als Kirchenvisitator und gab hier den Anstoß zur Gründung der Landesschule in Hornbach durch Pfalzgraf Wolfgang" (Anton Schindling: Art. *Marbach, Johann*, in: Neue Deutsche Biographie 16 [1990], S. 102 f).

47 Vgl. schon *Der Anteil der Straßburger an der Reformation in der Kurpfalz. Drei Schriften Johann Marbach's, mit einer geschichtlichen Einleitung*, hg. von Charles Schmidt, Straßburg 1856.

48 Philipp Marbach (1550–1611) hatte in Straßburg und später in Tübingen (1571) studiert. 1579 ernannte ihn Kurfürst Ludwig VI. zum Professor der Theologie in Heidelberg. Nach dem Tod seines älteren Bruders Erasmus (1593) wurde er dessen Nachfolger als Professor an der Straßburger Akademie.

49 Petrus Boquinus (Straßburg und Heidelberg), Johannes Brenz (Heidelberg und Tübingen bzw. Württemberg), Martin Bucer (Heidelberg und Straßburg), Martin Frecht (Heidelberg und Tübingen), Johann Jakob Grynaeus (Tübingen und Heidelberg), Johannes Marbach (Straßburg und Heidelberg), Philipp Marbach (Tübingen, Heidelberg und Straßburg), Johannes Pappus (Tübingen und Straßburg), Ludwig Rabus (Tübingen und Straßburg), Erhard Schnepf (Heidelberg und Tübingen), Jakob Schopper (Tübingen und Heidelberg), Daniel Tossanus d. Ä. (Tübingen und Heidelberg), Immanuel Tremellius (Straßburg und Heidelberg), Hieronymus Zanchi (Straßburg und Heidelberg).

Résumé

Die Entwicklungen einer verschärften Konfessionalisierung erfolgten angesichts der regionalen Nähe in hohem Maße interdependent und verstärkten sich im Zuge teilweise heftiger polemischer Auseinandersetzungen gegenseitig.[50] Insofern kann man im Südwesten des Reichs die Prozesse, Mechanismen und Motive der Konfessionalisierung in besonders guter Weise beobachten und analysieren. Korrespondenzen als Quellengattung sui generis neben gedruckten Traktaten und amtlichen Quellen besitzen durch ihre vielfache Privatheit eine eigene Aussagekraft. Sie sind darum für die Erforschung der Prozesse, Mechanismen und Motive der Konfessionalisierung im Zusammenspiel mit säkularisierenden Tendenzen von besonderem Wert.

[50] Vgl. Christoph Strohm: *„Deutsch-reformierte" Theologie? Die kurpfälzische Reformation im Rahmen der frühneuzeitlichen Konfessionalisierung*, in: *Profil und Wirkung des Heidelberger Katechismus. Internationales Symposium vom 8. bis 11. Mai 2013 in Heidelberg*, hg. von dems., 24 S., erscheint: Gütersloh 2015 (Schriften des Vereins für Reformationsgeschichte 215).

Max Graff und Thomas Wilhelmi

Theologen-Briefwechsel des 16./17. Jahrhunderts. Zum Vorgehen bei deren Sammlung und Erschließung

Im Zuge der vorbereitenden Recherchen zu einem geplanten Projekt, das u. a. eine Datenbank mit voraussichtlich etwa 40 000 Briefen von und an 110 südwestdeutsche protestantische Theologen aus dem 16. und auch dem frühen 17. Jahrhundert hervorbringen soll, haben wir im Laufe der letzten 15 Monate rund 14 000 Briefe ausfindig gemacht und diese vorerst mit ihren wichtigsten Eckdaten (Verfasser, Empfänger, Datum, Fundort, oft auch Sprache und Umfang) in einer einfachen Excel-Tabelle erfasst. Im Folgenden soll unser bisheriges und auch für später geplantes Vorgehen beim Sammeln dieser Briefe aufgezeigt werden.

Schon das Zusammentragen des Briefwechsels einer einzigen Person gestaltet sich alles andere als einfach und ist mit erheblichem Aufwand verbunden. Erst recht stellt das Zusammentragen der Briefwechsel von 110 Personen eine ganz besondere Herausforderung dar, hat doch jede dieser Personen ihre eigene Biographie, somit also ihren eigenen persönlichen und beruflichen Werdegang, ihre ganz eigenen Wirkungsfelder und Wirkungsorte. Entsprechend verschieden geartet und verzweigt ist jedes dieser Korrespondentennetze.

Einige wenige dieser 110 südwestdeutschen protestantischen Theologen[1] aus der Zeit des Beginns der Reformation bis in die ersten Jahrzehnte des 17. Jahrhunderts haben in der landes- und kirchengeschichtlichen Forschung größere Beachtung gefunden. Zu nennen ist hier vor allem der württembergische Reformator Johannes Brenz (1499–1570), über dessen Leben, Werk und Bedeutung für die Kirchengeschichte schon viel publiziert worden ist. 1904 veröffentlichte Walther Köhler in seiner „Bibliographia Brentiana"[2] ein Verzeichnis der von ihm aufgefundenen, zu einem guten Teil zuvor im „Corpus Reformatorum" edierten Briefe von und an Brenz. In den vergangenen Jahrzehnten

1 Grundsätzliche Überlegungen zur Bedeutung südwestdeutscher protestantischer Theologen für die Kirchen- und Konfessionalisierungsgeschichte vgl. den Beitrag von Christoph Strohm in diesem Band (S. 35–49).

2 Walther Köhler: *Bibliographia Brentiana. Bibliographisches Verzeichnis der gedruckten und ungedruckten Schriften und Briefe des Reformators Johannes Brenz, nebst einem Verzeichnis der Literatur über Brenz, kurzen Erläuterungen und ungedruckten Akten*, Berlin 1904. Schon einige Jahrzehnte zuvor wurden etwa 300 Schriftstücke von Brenz veröffentlicht: *Anecdota Brentiana. Ungedruckte Briefe und Bedenken*, hg. von Theodor Pressel, Tübingen 1868.

konnte Hermann Ehmer zahlreiche weitere Briefe von und an ihn finden und deren Zahl auf rund 560 vermehren. Im Zuge unserer seit einem guten Jahr laufenden Recherchen kamen etwa 100 weitere, bislang nicht bekannte Briefe von und an ihn zum Vorschein.

Etliche der 110 Personen waren zu ihrer Zeit bekannte, einflussreiche und bedeutsame Persönlichkeiten. Dennoch wurden ihre Biographien, ihr Wirken und ihre Bedeutung zumeist noch nicht gründlich erforscht und vor allem auch ihre Briefwechsel bis jetzt nicht zusammengetragen, geschweige denn ediert. Wir nennen hier an erster Stelle den württembergischen Theologen Jakob Andreae (1528–1590), der in der zweiten Hälfte des 16. Jahrhunderts sehr großen Einfluss auf die Kirchenpolitik weit über Württemberg hinaus hatte. Umfassende Forschungen zu Andreae stehen noch aus, eine Biographie Andreaes ist ein Desiderat.[3] Beim Sammeln der Briefe von und an Andreae mussten wir buchstäblich bei Null beginnen. Zum Vorschein gekommen sind in bisher ca. 50 verschiedenen Archiven und Bibliotheken bereits über 800 Briefe; im Zuge der weiteren Recherchen werden es sicherlich noch deutlich mehr werden.

Nur für wenige unserer Theologen existieren umfassende, moderne Vorarbeiten zu den Briefwechseln. Der Briefwechsel des italienischen Glaubensflüchtlings Petrus Martyr Vermigli (1499–1562), den es nach Straßburg und Zürich verschlug, ist von Marvin Anderson zusammengetragen worden.[4] Sein Verzeichnis umfasst 329 Briefe; nach den bisherigen Eindrücken ist nur noch mit einzelnen Ergänzungen zu rechnen. In seiner Studie über den Schweizer Theologen und Arzt Thomas Erastus (1524–1583), der zeitweise im Dienste des Kurfürsten Ottheinrich stand und Professor für Medizin an der Universität Heidelberg war, hat Charles D. Gunnoe auch den Briefwechsel zusammengestellt.[5] Auch hier wird es nur zu punktuellen Ergänzungen kommen.[6]

3 Andreaes Enkel hat im Jahr 1630 eine Lebensbeschreibung seines Großvaters herausgegeben: Johann Valentin Andreae: *Fama Andreana Reflorescens, Sive Jacobi Andreae Waiblingensis Theol. Doctoris Vitae, Funeris, Scriptorum, Peregrinationum, Et Progeniei, Recitatio*, Straßburg, Johann Repp, 1630 (VD17 39:121290Q). Einen Teil davon, die Autobiographie Andreaes bis zum Jahr 1562, hat Hermann Ehmer übersetzt und herausgegeben: *Leben des Jakob Andreae, Doktor der Theologie, von ihm selbst mit großer Treue und Aufrichtigkeit beschrieben, bis auf das Jahr 1562*, eingeleitet, hg. und übersetzt von Hermann Ehmer, Stuttgart 1991 (Quellen und Forschungen zur württembergischen Kirchengeschichte 10).

4 John Patrick Donnelly und Robert M. Kingdon: *A Bibliography of the Works of Peter Martyr Vermigli. With a Register of Vermigli's Correspondence by Marvin W. Anderson*, Kirksville, Mo. 1990 (Korrespondenzregister: S. 155–197).

5 Charles D. Gunnoe: *Thomas Erastus and the Palatinate. A Renaissance Physician in the Second Reformation*, Leiden und Boston 2001 (Anhang mit Briefauszügen inklusive englischer Übersetzung S. 423–437; Briefregister: S. 439–464).

6 Siehe dazu auch unten, S. 61, Anm. 41.

Im Fall des Basler und Heidelberger Theologen Johann Jakob Grynaeus (1540–1617) haben wir es mit einer Ausnahme zu tun. Sein Nachlass wird recht geschlossen in der Öffentlichen Bibliothek der Universität Basel aufbewahrt; daneben gibt es hier auch in anderen Beständen noch manchen Grynaeus-Brief. Insgesamt besitzt die Basler Bibliothek etwa 4300 Briefe, die meisten an Grynaeus (viele nur in Abschriften) und nur etwa 150 von ihm (Abschriften, auch Entwürfe). An zahlreichen anderen, vor allem an den vom reformierten Glauben geprägten Orten sind recht viele weitere Briefe von und an Grynaeus nachweisbar.

Bei fast allen anderen knapp 110, zum Teil bekannten und vielfach auch weniger bekannten südwestdeutschen Theologen, deren Briefwechsel wir berücksichtigen wollen, musste man sozusagen bei Null beginnen. Eine gute Grundlage für das gezielte Sammeln dieser Briefwechsel bilden die Ergebnisse intensiver biographischer Recherchen. Nach unseren bisherigen Erfahrungen ist auch bei heute kaum mehr bekannten Personen zuweilen mit umfangreichen Funden zu rechnen und dies auch an Orten, wo man diese zunächst nicht erwartet hätte.

Die Situation ist somit bei fast allen dieser 110 Personen eine andere als etwa bei Philipp Melanchthon. Schon zu Lebzeiten Melanchthons und in den darauffolgenden Jahrhunderten fand sein Briefwechsel beträchtliche Beachtung. Die Briefe wurden gesammelt und zum Teil auch veröffentlicht. Im Zuge der reformationsgeschichtlichen Forschungen der letzten zwei, drei Jahrhunderte wurden Briefe von und an Melanchthon zu einem guten Teil gesammelt und ediert (so etwa im „Corpus Reformatorum“, auch im Rahmen der Edition des Luther-Briefwechsels etc.). Von der Heidelberger Melanchthon-Forschungsstelle wurden in den letzten fünfzig Jahren unter Berücksichtigung dieser alten Editionen mit großem Einsatz die entsprechenden Quellen gesammelt und ergänzt, viele hundert weitere Briefe zum Vorschein gebracht, die Briefe mustergültig mit Regesten bekannt gemacht und später mit deren sorgfältiger Edition begonnen. Die Melanchthon-Briefeditoren sind uns also um Längen voraus.

Handschriftlich überlieferte Briefe

> [F]aktisch ist es möglich, daß jede Institution der Welt Handschriften, im speziellen Briefe, von und an den betreffenden Autor besitzt, auf welchem Wege sie auch dahin gelangt sein mögen.[7]

[7] Siegfried Scheibe: *Einige Bemerkungen zur Sammlung der Briefe eines Autors*, in: *Wissenschaftliche Briefeditionen und ihre Probleme. Editionswissenschaftliches Symposion*, hg. von Hans-Gert Roloff, Berlin 1998, S. 123–135, hier S. 131.

Die folgenden Ausführungen stellen den Versuch dar, angesichts der zweifellos zutreffenden, aber auch desillusionierenden Feststellung Siegfried Scheibes die Suche nach handschriftlich überlieferten Theologenbriefen systematisch zu beschreiben. Die verschiedenen Rechercheansätze und -möglichkeiten seien grob in die folgenden vier Schritte unterteilt:

– Konsultation von Online-Katalogen und -Datenbanken
– Konsultation von gedruckten Katalogen
– Korrespondenz mit Archiven, Bibliotheken u. ä.
– Suche in Archiv- und Bibliotheksbeständen vor Ort: Konsultation ungedruckter Findmittel und Repertorien sowie Durchsicht von Akten

1. Inzwischen sind in immer größerer Zahl Online-Kataloge und -Datenbanken einzelner Institutionen verfügbar. Solche Angebote, so attraktiv und praktisch sie auf den ersten Blick auch erscheinen, müssen stets kritisch benutzt werden; sie können nur in dem Maße weiterhelfen, in dem die Erschließung der Bestände stattgefunden hat. Diese Online-Angebote werden zum Teil auch aufgrund der fortschreitenden Katalogisierung und Erschließung laufend erweitert.

Von großer Hilfe für die rasche Zusammenstellung von Briefwechseln sind reine *Briefdatenbanken einzelner Archive oder Bibliotheken*, die sich bequem nach Verfassern und Adressaten durchsuchen lassen. Als Beispiele genannt seien die Datenbanken der Zentralbibliothek Zürich[8], in der – wenn auch noch nicht vollständig – die umfangreichen Zürcher Briefsammlungen, z. B. die wertvolle Abschriftensammlung des Johann Jakob Simler, durchsucht werden können, der Universitätsbibliothek Leiden[9] mit einigen einschlägigen frühneuzeitlichen Briefsammlungen oder der Königlichen Bibliothek in Kopenhagen[10], wo in der Sammlung des dänischen Grafen Thott etliche Abschriften von Briefen aus der Öffentlichen Bibliothek der Universität Basel vorhanden sind. In diesen Datenbanken finden sich rasch relevante Informationen wie das Datum des Briefes, der Ort, an dem er verfasst wurde, die genaue Signatur, die Sprache usw.

Ebenfalls überaus zielführend sind *reine Handschriftendatenbanken*, in denen die Akten bis zur Ebene der Einzeldokumenterfassung verzeichnet sind, wie im Falle des Katalogs HANS für Handschriften, Autographen und Nachlässe der Universitäts- und Forschungsbibliothek Erfurt/Gotha.[11] Dabei kann es allerdings sein, dass für jene, die die Akten verzeichnet haben, der Terminus „Brief" anders definiert ist als für den Suchenden und dass dieser Dokumente, die hier nicht als Brief erscheinen, berücksichtigen will.

8 Link 1.
9 Link 2.
10 Link 3.
11 Link 4.

Online-Angebote von laufenden oder bereits abgeschlossenen Editionsvorhaben erlauben es dem Suchenden, von der bereits an anderer Stelle meist über Jahre hinweg geleisteten Arbeit zu profitieren und zumindest Teile des Briefwechsels einer Person mit einiger Sicherheit zu finden. So erhält man etwa in Datenbanken Auskunft über die Editionen der Briefwechsel Philipp Melanchthons[12], Heinrich Bullingers[13], Theodor Bezas[14] oder Oswald Myconius'[15]. Zwar sind die Quantität und die Qualität der verfügbaren Informationen unterschiedlich, auch kann in der Regel nicht auf die Texte zugegriffen werden, doch die Rekonstruktion bestimmter Teilbriefwechsel wird beträchtlich erleichtert. Zudem können die Korrespondenten solcher Persönlichkeiten und deren Kreise sowie die bereits ermittelten Fundstellen von Briefen Hinweise auf Archive, Bibliotheken oder Sammlungen geben, in denen möglicherweise noch weitere Briefe aufzufinden sind.

Eine andere Art der Online-Kataloge sind *Verbundkataloge*, die in verschiedenen Ausprägungen, mit verschiedenen Schwerpunkten und Reichweiten, existieren. Der „Catalogus Epistularum Neerlandicarum" (CEN)[16] z. B. gewährt Zugriff auf alle in niederländischen Archiven und Bibliotheken verzeichneten Briefe, manchmal sogar inklusive Digitalisat. Über den französischen Katalog „CALAMES"[17] (Catalogue en ligne des archives et des manuscrits de l'enseignement supérieur) sind alle in den beteiligten französischen Bibliotheken und Forschungseinrichtungen verzeichneten Archivalien recherchierbar. Für die Frühe Neuzeit sind das bisweilen leider nicht besonders viele; immerhin lassen sich aber erste Anhaltspunkte finden. „Kalliope"[18] ist der Verbundkatalog für in deutschen Institutionen aufbewahrte Autographen und Nachlässe, der aus der „Zentralkartei der Autographen" (ZKA) der Staatsbibliothek Berlin hervorgegangen ist.

12 Link 5.
13 Link 6.
14 Link 7.
15 Link 8.
16 Auf den CEN kann über die Katalogseite der Königlichen Bibliothek der Niederlande zugegriffen werden: Link 9. Für die Benutzung muss allerdings ein kostenpflichtiger Account angelegt werden.
17 Link 10.
18 Link 11. – Für in Italien aufbewahrte handschriftliche Quellen existieren die beiden Kataloge „Manus" und „BibMan", die über die Homepage des „Istituto centrale per il catalogo unico delle biblioteche italiane e per le informazioni bibliografiche (ICCU) benutzbar sind (Link 12). – Der schweizerische Verbundkatalog „HAN" für Handschriften, Archivbestände und Nachlässe enthält zahlreiche Briefbestände aus schweizerischen Bibliotheken und Archiven, u. a. die umfangreichen Sammlungen der Öffentlichen Bibliothek der Universität Basel (Link 13). – Auf der Homepage „E-manuscripta" (Link 14) sind Digitalisate von handschriftlichen Quellen aus schweizerischen Archiven und Bibliotheken abrufbar. Darunter sind auch einige Briefe. Die Homepage wird laufend aktualisiert.

„Kalliope“ wird laufend erweitert, hat aber auch noch einen weiteren großen Vorteil: Hier finden sich, sofern bereits Dokumente im Zusammenhang mit der fraglichen Person verzeichnet wurden, summarische biographische Informationen sowie alternative Schreibweisen des Namens und Pseudonyme, die bei der Suche mitberücksichtigt werden. Dass bei jedem Verzeichnis mit Namensvarianten zu rechnen ist, der Name zudem etwa deutsch oder – gelehrter – latinisiert, sogar gräzisiert erscheinen kann, erschwert generell die Recherche. So kann Jakob Andreae z. B. als Endris, Schmidlin oder Fabricius auftauchen.

Ein weiterer, groß angelegter Verbundkatalog, der darauf hinarbeitet, möglichst viele Informationsquellen durchsuchbar zu machen, ist das Oxforder Projekt „Early Modern Letters Online“[19]. Ausgehend von alten Zettelkatalogen wird versucht, möglichst viele Briefmetadaten zusammenzutragen, bereits vorhandene Editionen zu berücksichtigen und im Idealfall Digitalisate zu liefern. Über das „CERL-Portal“[20] des „Consortium of European Research Libraries“ schließlich lassen sich zahlreiche nationale Verbundkataloge (u. a. auch „Kalliope“ und „CALAMES“) und Datenbanken einzelner Institutionen aus unterschiedlichen Ländern gleichzeitig nach Handschriften, Nachlässen, Briefen und alten Drucken aus Mittelalter und Neuzeit durchsuchen; vom „CERL-Portal“ wird man dann zu den jeweiligen Datenbanken weitergeleitet.

Darüber hinaus ist auf die *Online-Findmittel* hinzuweisen, die viele Bibliotheken, vor allem Landes-, Staats- und Hauptstaatsarchive und auch einige Stadtarchive anbieten. Zum einen geben einfache Bestandsübersichten und Findmittel, die bisweilen als pdf-Dateien zur Verfügung stehen, eine erste Orientierung bei der Suche nach relevanten Archivalien. Bei solchen Beschreibungen muss berücksichtigt werden, dass sich Reformatorenbriefe keineswegs bloß in speziellen Brief- oder Autographensammlungen nachweisen lassen, sondern auch in ganz anderen Überlieferungskontexten, etwa in kirchlichen Beständen, in städtischer oder universitärer Überlieferung. Da viele Reformatoren in unterschiedlichsten Stellungen beschäftigt waren, vom einfachen Stadtpfarrer über den Universitätsprofessor bis zum Hofprediger oder Kirchenrat, ist an den unterschiedlichsten Orten mit Spuren zu rechnen. Zum anderen bieten vor allem Landes- und Staatsarchive häufig die Möglichkeit, per Volltext-, Feld- oder Archivplansuche vorhandene Bestandsbeschreibungen und -verzeichnungen zu durchsuchen. Mit einer Suchanfrage kann auf die Ergebnisse für z. B. alle Staatsarchive eines deutschen Bundeslandes zugegriffen werden. Solche Recherchedatenbanken gibt es etwa für die baden-württembergischen Staats- und Landesarchive[21], für hessische Archive (Arcinsys)[22], das auf verschiedene

19 Link 15.
20 Link 16.
21 Link 17.
22 Link 18.

Standorte aufgeteilte Landeshauptarchiv Sachsen-Anhalt[23] oder eine Reihe schweizerischer Archive und Bibliotheken[24]. In den seltensten Fällen wird man allerdings auf einzelne Briefe stoßen, und eine abschließende Recherche ist auf diesem Wege nicht möglich – dafür sind zu viele Bestände lediglich sehr summarisch oder überhaupt nicht verzeichnet. Gerade frühneuzeitliche Bestände sind kaum konsequent bis zur Ebene der Einzeldokumenterfassung erschlossen; manchmal wird man auch mit unvollständigen oder fehlerhaften Angaben (aufgrund etwa von Lesefehlern) konfrontiert. Trotzdem stößt man immerhin auf Anhaltspunkte für weitere Recherchen, etwa auf Namen, Zeiträume oder bestimmte historische Vorgänge, die in den Beständen oder Akten vorkommen.

Schließlich existieren Möglichkeiten, *gedruckte Kataloge online* zu konsultieren und zu durchsuchen. Zwei Beispiele seien hier erwähnt: die überarbeitete Online-Version des opulenten Hilfsmittels „Iter Italicum“ von Paul Oskar Kristeller, das Hinweise auf das Vorkommen fraglicher Personen in Sammlungen aus der ganzen Welt liefert,[25] und das sogenannte Handschriftenforum „Manuscripta Mediaevalia“[26], das zahlreiche digitalisierte Handschriftenkataloge von Institutionen im deutschsprachigen Raum als Images zur Verfügung stellt und durchsuchbar macht, bisweilen auf externe Datensätze weiterleitet sowie weiterführende Informationen bietet und somit eine praktische Einführung in die bereits katalogisierten mittelalterlichen und (zumindest teilweise) frühneuzeitlichen Handschriftensammlungen im deutschen Sprachraum darstellt.

2. Auch bei traditionellen, *gedruckten Katalogen* kann man unterscheiden zwischen einerseits reinen Briefkatalogen oder solchen, in denen große Mengen von Briefen zu finden sind, wie den Katalogen zur Uffenbach-Wolfschen Briefsammlung in der Hamburger Staats- und Universitätsbibliothek[27], in der sich in großer Mehrheit Briefabschriften befinden, zur Collectio Camerariana der Bayerischen Staatsbibliothek in München[28], zur Collection Dupuy der Pariser Bibliothèque nationale de France[29] oder zu den Briefsammlungen der Universitätsbibliothek in Gießen[30], und andererseits allgemeineren Bibliotheks- oder

[23] Link 19.

[24] Link 20.

[25] Link 21. Der Zugriff auf „Iter Italicum“ ist nur über Institutionen möglich, die die entsprechende Lizenz besitzen.

[26] Link 22.

[27] Nilüfer Krüger: *Supellex Epistolica Uffenbachii et Wolfiorum. Katalog der Uffenbach-Wolfschen Briefsammlung*, 2 Bde., Hamburg 1978.

[28] Karl Halm: *Verzeichniss der handschriftlichen Sammlung der Camerarii in der K. Staatsbibliothek zu München*, München 1874.

[29] Léon Dorez: *Catalogue de la collection Dupuy*, 2 Bde., Paris 1898; Suzanne Solente: *Catalogue de la collection Dupuy, tome 3: Table alphabétique*, Paris 1928.

[30] Vgl. die von Hermann Schüling bearbeiteten Kataloge zu verschiedenen Gießener Brief- und Handschriftensammlungen (in der Reihe „Handschriftenkataloge der Universitätsbibliothek Gießen“).

Archivkatalogen. Dass die Bestände so detailliert erfasst sind und über ein so ausführliches, mehrbändiges Register relativ einfach zu durchsuchen sind wie im Falle der British Library in London[31], ist eher die Ausnahme. Meist liefert die Durchsicht der Register von Bibliothekskatalogen im Hinblick auf Namen, Zeiträume, historische Ereignisse oder allgemeinere Themen immerhin Ansätze zur weiteren Recherche. Stets sind jedoch bei der Benutzung (vor allem von älteren Katalogen) eine gewisse Vorsicht und eine kritische Auseinandersetzung geboten. Mit Unschärfen, missverständlichen und lückenhaften Beschreibungen oder gar nicht berücksichtigten Beständen ist immer zu rechnen.

3. Der dritte Rechercheschritt ist die direkte Korrespondenz mit den Institutionen, also mit Archiven und Bibliotheken, Kirchen- und Stiftsarchiven, Stadt-, Landes- und Staatsarchiven, Universitäts- und Adelsarchiven, Stiftungen, Museen usw. Hier sollte man, um nicht unnötig den Unmut der Archivare und Bibliothekare auf sich zu ziehen, Bezug auf bereits getätigte Recherchen und etwaige erste Erkenntnisse nehmen. Hat man noch keine Anhaltspunkte, bieten sich eine allgemeine Erkundigung nach dem Vorhandensein frühneuzeitlicher Akten (Konsistorialakten und andere Kirchenakten, Kopialbücher, Briefbestände usw.) und nach der Art und der Tiefe ihrer Verzeichnung sowie die Bitte um weiterführende Informationen an. Bisweilen verfügen die Institutionen über interne Findmittel wie Zettelkataloge, Datenbanken oder andere Verzeichnisse. Darin werden manchmal jedoch nur die Schreiber, nicht aber die Empfänger eines Briefes genannt; diese erscheinen dann auch nicht in den Registern. Lassen sich auf Anhieb keine Belege für Briefe eines Autors finden, ist die Anfrage noch nicht unbedingt erfolglos – möglicherweise sind die entscheidenden Bestände nur noch nicht bekannt oder erschlossen. In vielen Fällen ist daher, bei ausreichender Indizienlage, ein Archiv- oder Bibliotheksbesuch nötig, um die Recherche zuverlässig vorzunehmen und abzuschließen.

4. Die Recherche vor Ort, in einem Archiv oder einer Bibliothek, wird idealerweise auf die bisher beschriebene Art vorbereitet. Häufig sind vor Ort verschiedene Hilfs- und Findmittel verfügbar, die nicht gedruckt oder digitalisiert vorliegen. In der Öffentlichen Bibliothek der Universität Basel etwa gibt es eine vorzügliche Briefkartei, die Absender, Empfänger, Datum, Sprache und Absendeort aller in der Bibliothek sehr zahlreich vorhandenen Briefe verzeichnet,[32] in der Handschriftensammlung der Stiftung Luthergedenkstätten in Wittenberg sowie im Stadtarchiv Ulm eine interne, im Lesesaal benutzbare Handschriftendatenbank, meistens jedoch nur ältere handschriftliche, maschinengeschriebene oder gedruckte Inventare. In der Ratsschulbibliothek in Zwickau z. B. gibt es

[31] *Index of manuscripts in the British Library*, 10 Bde., Cambridge 1984–1986.

[32] Seit kurzer Zeit ist diese Kartei auch online benutzbar; sie ist Teil des Verbundkatalogs „HAN“ (wie Anm. 18 und Link 13).

einen 740 Folioblätter umfassenden, ziemlich exakten, handschriftlichen Katalog aus dem Jahr 1736. Neben Kenntnissen der Handschriften des 16. und 17. Jahrhunderts ist also manchmal auch die Fähigkeit, Kurrent- oder Sütterlinschrift einigermaßen flüssig lesen zu können, unabdingbar.

Im Endeffekt bleibt meist nichts anderes übrig, als ganze Bestände anhand bereits gefundener Indizien oder gewissermaßen „auf Verdacht" durchzusehen. Die in Frage kommenden Bestände können, wie bereits angedeutet, sehr unterschiedliche Charaktere und Provenienzen haben: Autographen- oder Briefsammlungen, thematisch oder chronologisch geordnete oder zusammengestellte Bestände, städtische Überlieferung und Verwaltungsakten, Kopialbücher, Brieftagebücher oder Nachlässe etc. Da ein bestimmter Theologe möglicherweise Kontakt zu anderen Theologen oder Geistlichen, zu weltlichen Autoritäten, zu Gelehrten hatte oder aber im Auftrag eines städtischen Rates oder eines Fürsten Schreiben verfasste, können, je nach Biographie der Person, an den unterschiedlichsten Stellen Briefe auftauchen. Dazu abschließend noch einige Beispiele: Im Hauptstaatsarchiv Stuttgart gibt es den aktuell noch nicht vollständig verzeichneten Bestand A 63 mit dem (zugegebenermaßen) vielversprechenden Titel „Religionssachen" der Herzöge von Württemberg. Darin befinden sich über 1000 Briefe von und an Reformatoren, die meisten natürlich von württembergischen und südwestdeutschen Theologen, viele davon als Autographen, teilweise auch als Konzepte. Im Fürstlichen Archiv in Bad Berleburg werden die Brieftagebücher des Grafen Ludwig von Sayn-Wittgenstein aufbewahrt, der mit vielen Theologen korrespondierte.[33] Darin befinden sich zum einen Abschriften ausgegangener Briefe, aber auch (Teil-)Abschriften erhaltener Briefe sowie Erwähnungen von Briefen. Auch solche Briefe, die zwar belegt, jedoch gar nicht mehr oder nur noch auszugsweise greifbar sind, zu notieren und im Bewusstsein zu haben, ist für eine aussagekräftige Auswertung der Briefwechsel allerdings von entscheidender Bedeutung.

Eine reichhaltige Quelle sind auch die Tagebücher und Publikationen des Tübingers Philologen Martin Crusius (1526–1607), in denen sich ebenfalls ganze Briefe sowie Auszüge und Erwähnungen von Briefen in großer Zahl finden.[34] Im Stadtarchiv Ulm schließlich lagern etliche Regalmeter vollkommen unerschlossener städtischer Überlieferung, in der durchaus Reformatorenbriefe vorkommen können; die Auswertung wird äußerst zeitaufwendig. Ebenfalls in Ulm wird der Nachlass des Gymnasialprofessors und Stadtbibliothekars Georg

33 Vgl. Bad Berleburg, Fürstliches Archiv, Handschriften, RT 3/1–7.

34 Vgl. Universitätsbibliothek Tübingen, Mh 466, 1–9 (neun handschriftliche Tagebücher Crusius') und weitere Handschriften, dazu auch z. B. die von ihm selbst herausgegebenen *Annales Suevici*, Frankfurt am Main, Nicolaus Bassaeus, 1595/96 (VD16, C 6103).

Veesenmeyer (1760–1833) aufbewahrt.[35] Da sich dieser intensiv mit der Ulmer Reformationsgeschichte beschäftigte, finden sich in seinem Nachlass nicht nur Hinweise auf Theologenbriefe, sondern auch einzelne Abschriften und sogar Originale. Um Briefwechsel mit dem Anspruch auf Vollständigkeit zusammenzustellen, ist demnach nicht nur eine gründliche Kenntnis der fraglichen Person, sondern auch des jeweiligen Archivs und seiner Geschichte vonnöten – manchmal ebenfalls ein gewisses Maß an Neugier und detektivischem Spürsinn.

Nur am Rande sei angemerkt, dass leider stets auch mit Verlusten z. B. durch Kriegsschäden (etwa im Dreißigjährigen Krieg oder im Zweiten Weltkrieg), durch Brände oder andere Vorkommnisse wie Aktenvernichtungen, wie sie vor allem im 19. Jahrhundert aus Unwissenheit, Desinteresse oder Platzgründen häufiger vorkamen, zu rechnen ist. Ebenso kommt es vor, dass vormals zusammengehörende Bestände auseinandergerissen wurden und heute in unterschiedlichen Archiven gelagert werden oder dass sich Briefe in nicht oder nur schwer zugänglichen Familienarchiven oder in Privatbesitz befinden und somit – falls ihre Existenz nicht in Katalogen oder Bestandsbeschreibungen dokumentiert ist – nur schwer auffindbar sind. Hier lohnt sich eventuell der Blick in Auktions- und Autographenkataloge.

*

Das Vorgehen, wie es bisher beschrieben wurde, ist bewusst darauf ausgelegt, relativ breitgefächerte Recherchen durchzuführen und möglichst rasch Briefe einer größeren Anzahl von Personen nachzuweisen. In einem nächsten Schritt muss für jede einzelne in Frage kommende Person die Recherche intensiviert und individuell zugeschnitten werden, jeweils im Hinblick auf die Lebensläufe der Theologen (sofern diese überhaupt bereits erforscht sind), ihre bekannten Kontakte und Korrespondenzpartner, ihre Wirkorte und beruflichen Positionen.[36] Briefe von und an Jakob Andreae etwa, der an unzähligen Orten und bei weitem nicht nur im württembergischen Raum gewirkt und Spuren hinterlassen hat, konnten bislang in ca. 50 Archiven und Bibliotheken nachgewiesen werden. Bei manch anderem Theologen, dessen Lebensdaten man nicht ohne Weiteres findet, wird erst die Zusammenstellung und Auswertung des Briefwechsels dazu beitragen, Teile der Biographie nachzuzeichnen.

35 Vgl. das online verfügbare Findbuch: Link 23.

36 Eine gute Orientierung für ein intensiviertes Vorgehen bieten z. B. Scheibe: *Einige Bemerkungen* (wie Anm. 7) und Ralf Georg Bogner: *Editionen frühneuzeitlicher Briefe: Projekte, Prinzipien, Probleme*, in: *Wissenschaftliche Briefeditionen* (wie Anm. 7), S. 19–42. Bogner bietet auch eine umfangreiche Bibliographie mit zahlreichen Katalogen, Editionen und Bibliographien zu frühneuzeitlichen Briefwechseln.

Was aufnehmen? – Problemfälle

Je weiter die Recherche fortschreitet, desto deutlicher treten die mit der Zusammenstellung eines Briefwechsels verbundenen Grenzfälle hervor, die grundsätzliche Entscheidungen nötig machen. Im Folgenden werden drei Problembereiche berührt: Briefe, die im Namen einer anderen Person verfasst wurden; Briefe, deren Absender Kollektive sind; schließlich Texte, die die Frage aufwerfen, wie die Gattung „Brief" eigentlich definiert werden soll und wo ihre Grenzen liegen.

1. Bisweilen kommt es vor, dass ein Theologe ein Schreiben verfasst hat, das dann im Namen einer anderen Person, meist einer weltlichen Autorität, abgeschickt wurde und auch deren Unterschrift trägt. Im Bestand A 63 des Stuttgarter Hauptstaatsarchivs, der Schriftstücke zu den Religionssachen der Herzöge von Württemberg enthält, finden sich mehrere solcher Fälle. Johannes Brenz etwa, zeitweise Stiftsprobst in Stuttgart und ein wichtiger Berater Herzog Christophs, hat für diesen etliche Schreiben verfasst. Die Konzepte dieser Briefe, die dann im Namen Christophs ausgingen, sind im Bestand A 63 erhalten. Dass tatsächlich Brenz der Verfasser dieser Konzepte ist, ergibt sich entweder aus der Bestimmung der Schreiberhand, aus Dorsalnotizen, Kanzleivermerken, Sitzungsprotokollen, Tagebüchern o. ä.[37] Ein weiteres, ganz ähnliches Beispiel findet sich ebenfalls in Stuttgart: Auf der Rückseite eines Konzepts, das Lucas Osiander d. Ä. (1534–1604), Hofprediger und Mitglied des württembergischen Konsistoriums, eigenhändig für den Herzog Ludwig an Julius von Braunschweig geschrieben hat, befindet sich eine eigenhändige, auch unterschriebene und datierte Notiz Osianders an Ludwig, die seine Autorschaft zweifelsfrei belegt; Osiander nimmt explizit Bezug auf sein Konzept, bringt seine Hoffnung zum Ausdruck, dass es den Erwartungen des Herzogs entspreche, ja, er bietet sogar an, selbst dafür zu sorgen, dass es abgeschickt werde, falls keine Änderungen mehr nötig sind.[38]

Solche Konzepte müssen in die Briefwechsel der betreffenden Personen aufgenommen werden; in einem zweiten Schritt muss geklärt werden, ob die Konzepte dann auch tatsächlich übernommen und abgeschickt, ob sie vielleicht noch überarbeitet wurden und ob sich die abgeschickten Briefe, die den Namen

37 Ein Beispiel eines von Brenz geschriebenen Konzepts eines Briefes für Herzog Christoph an Pietro Paolo Vergerio (undatiert) findet sich in: Hauptstaatsarchiv Stuttgart, Bestand A 63, Bü 12, fol. 229^{r}. Durch den Handschriftenvergleich mit autographen Brenz-Briefen in derselben Akte sowie eine Notiz auf der Rückseite des Konzepts wird seine Autorschaft zweifelsfrei belegt.

38 Herzog Ludwig von Württemberg an Herzog Julius zu Braunschweig und Lüneburg, Stuttgart, 8. Mai 1576 (Konzept von der Hand Lucas Osianders d. Ä.), in: Hauptstaatsarchiv Stuttgart, Bestand A 63, Bü 50/3, fol. 15^{r}–16^{v}.

des fraglichen Theologen nicht mehr nennen, noch nachweisen lassen. So verfahren übrigens auch die Editoren des Melanchthon-Briefwechsels: „In fremdem Namen verfaßte Texte werden aufgenommen, wenn Melanchthons Mitwirkung durch Konzepte bezeugt ist, was insbesondere bei fürstlichen Schreiben der Fall ist [...].“[39] Bezeugen lässt sich das Mitwirken, wie angedeutet, durch Notizen und Vermerke, evtl. auch durch Verweise in anderen Quellen; manchmal jedoch muss man sich auf die Identifikation der Handschrift verlassen. Es ist daher ratsam, sich möglichst früh Handschriftenproben jener Personen zu besorgen, um deren Briefwechsel es geht, und bei der Durchsicht in Frage kommender Akten stets die Augen offen zu halten.

2. *Briefe, die von einem Kollektiv verfasst wurden*, stellen nicht in jedem Fall ein besonderes Problem dar. Figuriert nämlich die Person, deren Briefwechsel zusammengestellt wird, namentlich als einer neben mehreren Unterzeichnern eines Briefes – im Idealfall mit einer eigenhändigen Unterschrift –, ist dieses Schreiben als zumindest von dieser Person autorisiert zu betrachten und gehört somit zum Briefwechsel. Möglicherweise lassen sich anhand der Handschrift des Briefes, aufgrund stilistischer Beobachtungen oder anderer archivalischer Aufzeichnungen die genauen Anteile an einem gemeinsam verfassten oder verantworteten Brief sogar noch präziser bestimmen, um die Stellung innerhalb des jeweiligen Briefwechsels besser einschätzen zu können. So findet man z. B. Briefe, die von zehn oder mehr Straßburger Theologen unterzeichnet sind, oder Briefe des württembergischen Konsistoriums, die, zumindest auf den überlieferten Konzepten, von mehreren Mitgliedern abgezeichnet wurden. Schwieriger wird es, wenn keine Personennamen genannt werden, sondern lediglich ‚Funktions-‘ oder ‚Gruppenbezeichnungen‘ vorliegen. Wenn ein Brief vom „Stiftspropst“, vom „Dekan der Theologischen Fakultät“ oder dem „Kanzler der Universität“ (mit-)unterzeichnet wurde, er ihnen durch Anmerkungen von fremder Hand zugeschrieben wird oder an sie adressiert ist, muss eine Recherche erst rekonstruieren, wer hier eigentlich gemeint ist. Man sollte sich daher detaillierte biographische Angaben der relevanten Person zu beschaffen, nicht nur, um Anhaltspunkte für die Suche nach Briefen zu finden, sondern auch, um Briefe, deren Verfasser und Empfänger nicht namentlich, sondern nur in ihrer Position oder Funktion genannt werden, zuzuordnen.

Viel delikater sind Fälle, in denen keine Einzelpersonen, sondern nur Kollektive oder Gruppen als Verfasser oder Empfänger genannt werden. Einen Brief etwa, der in den 1560er oder 1570er Jahren an die „Theologische Fakultät der Universität Tübingen“ adressiert ist, müsste wohl in den Briefwechsel Jakob Heerbrands aufgenommen werden, war doch Heerbrand in dieser Zeit ordentlicher Professor der Theologie; der Brief ist also für ihn und die (wenigen)

39 MBW Regesten 1, S. 25.

weiteren zu dieser Zeit an der Universität tätigen Theologieprofessoren bestimmt.[40] Einen Brief aber, der lediglich an die „Universität Tübingen" adressiert ist, in Heerbrands Briefwechsel aufzunehmen, würde man – wenn nicht triftige Gründe vorliegen – vermutlich zögern.

Zwei abschließende Beispiele, um diesen Aspekt zu vertiefen: In den im Heidelberger Universitätsarchiv überlieferten Rektoratsakten, in denen Protokolle der Sitzungen des Senats der Universität notiert sind, finden sich etliche Abschriften von Briefen, die entweder im Senat verlesen oder von diesem gebilligt und verschickt wurden. Fehlt die Gegenüberlieferung, ist man allein auf diese Abschriften angewiesen. Die Rektoratsakten sind chronologisch gegliedert und geben am Anfang jedes Rektorats Auskunft über den Rektor, die genaue Dauer seines Rektorats und die Zusammensetzung des Senats. Unter den Rektoren der zweiten Hälfte des 16. Jahrhunderts sind natürlich auch Theologen, z. B. Thomas Erastus (der allerdings Professor der Medizin war), Jakob Kimedoncius (um 1550–1596) oder Daniel Tossanus d. Ä. (1541–1602). In den meisten Fällen finden sich vor oder nach den Briefabschriften Absender-/Empfängerangaben der folgenden Art: „Rektor, Senatoren und Doktoren der Universität Heidelberg". Wie könnte man nun mit diesen Briefen verfahren? Briefe, die in den Zeitraum des Rektorats einer relevanten Person fallen und die in ihrer Adresse oder der Verfasserangabe den Rektor nennen, sollten aufgenommen werden, auch wenn meist nicht mehr wirklich feststellbar ist, wie groß der tatsächliche Anteil des Rektors an einem Schreiben war. Charles D. Gunnoe, der den Briefwechsel des Thomas Erastus zusammengestellt hat, hat sich allerdings gegen die Aufnahme solcher Briefe entschieden.[41] Dabei ist aber nicht auszuschließen, dass auch dieser amtliche Briefwechsel, der zu großen Teilen aus Briefen von und an den jeweiligen Kurfürsten besteht, kirchenpolitisch, natürlich auch universitätsgeschichtlich, aufschlussreich ist. Dasselbe gilt für den oben genannten Jakob Heerbrand, der nicht weniger als achtmal Rektor der Tübinger Universität war.

Noch etwas kniffliger ist die Bewertung von Briefen, die in Jahren verfasst wurden, in denen der Rektor kein Theologe war, im Senat jedoch ein oder mehrere Theologen saßen. Es ist wohl wenig sinnvoll, Briefe aus dem Jahr 1592, in dem sowohl Tossanus als auch Kimedoncius Mitglieder des Senats waren, in deren Briefwechsel, aufzunehmen; zwar gehören sie jenem Kollektiv an, das für die Briefe verantwortlich zeichnet, doch sie werden nicht namentlich als Verfasser oder Adressat genannt, und neben ihnen gibt es noch bis zu zehn weitere Senatoren sowie den Rektor bzw. Prorektor. Sofern also nicht in

40 Dasselbe gilt natürlich für den umgekehrten Fall, dass ein Brief als Verfasser nur die Formulierung „Theologische Fakultät der Universität Tübingen" o. ä. trägt.

41 Vgl. Gunnoe, *Thomas Erastus* (wie Anm. 5).

den Aufzeichnungen der Senatssitzungen eindeutige Hinweise darauf zu finden sind, dass ein Brief von einem der beiden verfasst wurde oder ein Brief in ihrer Handschrift vorliegt, sollte man von einer Aufnahme Abstand nehmen. Aufgenommen werden Briefe demnach nur dann, wenn eine eindeutig identifizierbare Einzelperson in ihrer Funktion genannt wird: Rektor, Kanzler (in Tübingen etwa war dies jahrzehntelang Jakob Andreae), Dekan der Theologischen Fakultät, Propst, usw., oder wenn die Handschrift zweifelsfrei identifiziert werden kann.

3. Bislang wurde der Begriff „Brief" recht naiv und unreflektiert verwendet; je mehr man sich allerdings mit der Suche nach Briefen beschäftigt, desto dringender stellt sich die Frage, wie diese Textsorte eigentlich definiert werden kann – mit anderen Worten: welche Dokumente in eine Briefwechseledition aufgenommen werden müssen. Bei dieser Frage lohnt sich ein Blick in die Editionsrichtlinien bereits bestehender Briefwechselausgaben, auch im Hinblick auf bereits oben angesprochene Fragen. Im ersten Band der Ausgabe des Bullinger-Briefwechsels wird eine knappe, relativ enge Definition geliefert: Hier gelten als Briefe „Schriftstücke, bei denen [...] Bullinger allein oder mit mehreren zusammen Absender bzw. Empfänger ist, und die – um als Briefe angesprochen werden zu können – an einen bestimmten Empfänger oder Empfängerkreis gerichtet sind".[42] Im ersten Regestenband des MBW wird die „Abgrenzung des Inhalts" ausführlicher begründet:[43] Aufgenommen werden „nur solche Schriftstücke [...], die zu Melanchthon als Verfasser oder Empfänger in direktem Bezug stehen". Dies beinhaltet zum einen „alle von Melanchthon verfaßten, mitunterzeichneten oder an ihn gerichteten Briefe", aber auch andere Textsorten wie „Gutachten, Vorreden, Nachworte, Quittungen, Urkunden, Empfehlungsschreiben, Ordinationszeugnisse", sogar „Gedichte", wenn „der briefliche, auf eine bestimmte datierbare Situation gerichtete Charakter vorherrscht". Genauso werden auch Druckschriften aufgenommen, „wenn sie Briefcharakter tragen", d. h. „Vorreden und offene Briefe" – dazu weiter unten Genaueres. „Sonstige Flugschriften", „Reden" und „Buchinschriften" werden nicht berück-

42 Heinrich Bullinger: *Werke. Zweite Abteilung: Briefwechsel. Bd. 1: Briefe der Jahre 1524–1531*, bearb. von Ulrich Gäbler und Endre Zsindely, mit einer Einführung von Fritz Büsser, Zürich 1973, S. 29. – Wie bei der Edition der Werke Martin Bucers finden sich in der Ausgabe der Werke Heinrich Bullingers Texte mit Briefcharakter, die aber nicht unbedingt Briefe im landläufigen Sinne sind, in den *Deutschen Schriften* und *Opera Latina* bzw. in den *Theologischen Schriften*. In der Ausgabe des Beza-Briefwechsels werden z. B. Vorreden, die nicht datiert oder nicht an einen bestimmten Adressaten gerichtet sind, sowie andere wichtige, aber nicht als reine Briefe zu betrachtende Stücke in den Anhängen zu den einzelnen Bänden wiedergegeben. Vgl. Theodor Beza: *Correspondance*, hg. von Hippolyte Aubert und Alain Dufour, Bd. 1: 1539–1555, Genf 1960, S. 23.

43 Vgl. zum Folgenden MBW Regesten 1, S. 24–26.

sichtigt. Beide Versuche der Abgrenzung betonen, dass „Briefcharakter" durch das ‚Gerichtetsein' entsteht; die Melanchthon-Edition unterstreicht zudem die potenzielle Vielgestaltigkeit der zu berücksichtigenden Texte – und weist gewissermaßen implizit auf die damit einhergehenden schwierigen Auswahlentscheidungen hin.

Für die Zusammenstellung von Briefwechseln bedeutet dies, dass außer den ‚reinen Briefen' noch manch anderer Text zumindest in Betracht gezogen werden muss. Lange, bisweilen über 100 Seiten lange Gutachten in Briefform (also mit Anrede, Grußformeln, Datierung usw.) kommen ebenso in Frage wie kurze Notizen oder längere Stammbucheintragungen, die eindeutig für einen bestimmten Adressaten zu einem bestimmten Anlass verfasst wurden.[44] Von Theologen, die eine große Strahlkraft und einen großen Wirkungsradius besaßen und deshalb häufig um Rat gefragt oder in Kontroversen verstrickt wurden – beispielsweise Jakob Andreae, Johannes Brenz, Johannes Marbach oder Hieronymus Zanchi –, existieren zahlreiche Texte, die inhaltlich zweifellos hochinteressant sind, deren Berücksichtigung in einer Briefwechseledition aber nicht unbedingt naheliegt oder unmöglich ist, da sie kaum Merkmale eines Briefes vorweisen. Im Stadtarchiv Straßburg beispielsweise werden einige Aktenbündel aufbewahrt, die die Auseinandersetzung der beiden damals in Straßburg wirkenden Theologen Marbach (1521–1581) und Zanchi (1516–1590) dokumentieren.[45] Sie enthalten nur einzelne Briefe und Supplikationen, darüber hinaus „Responsiones", „Narrationes", „Exordia", Protokolle, Reden, „Lectiones" und „Testimonia". Die Abgrenzung solcher Stücke, die durchaus in einen Briefwechsel aufgenommen werden können, da sie ‚Briefcharakter' besitzen – bestimmbarer Anlass, eingrenzbarer Empfängerkreis, auch das Sprechen in der 1. Person –,

44 An dieser Stelle seien kurz zwei Beispiele beschrieben: Unter der Signatur 1 AST 63 liegen im Stadtarchiv Straßburg u. a. zwei lange Texte Johannes Marbachs (ca. 150 bzw. ca. 265 Seiten). Beide Texte sind an den Rat der Stadt Straßburg gerichtet, haben eindeutig Briefform. Auch wenn sie sich – allein schon aufgrund ihres Umfangs – von konventionellen Briefen unterscheiden, muss man eine Berücksichtigung zumindest in Betracht ziehen. – Im Stuttgarter Hauptstaatsarchiv finden sich im Bestand A 63, Bü 64, fol. 12^{r} drei kurze Einlassungen von Mitgliedern des württembergischen Konsistoriums, jeweils bezogen auf einen Druck des Wilhelm Zimmermann, darunter eine von Lucas Osiander d. Ä. Sie haben, wenn man so will, durchaus „Briefcharakter": Sie sind datiert, unterzeichnet, bezogen auf eine bestimmte, nachvollziehbare Situation, ja sogar an einen bestimmten Empfänger gerichtet; Vermerke auf fol. 12^{v} lassen sogar den Weg, den das Dokument genommen hat, erahnen: Als erstes wurde der „Praepositus" um eine Stellungnahme gebeten, dann Osiander, schließlich wurden die Meinungsäußerungen an den Secretarius des Kirchenrats, Laurentius Schmidlin, weitergegeben. Hier könnte man also zu der Auffassung gelangen, den kurzen Text in den Briefwechsel Osianders aufzunehmen.

45 Vgl. Stadtarchiv Straßburg, 1 AST 52–62.

von anderen, die bisweilen auch einzelne dieser Kriterien erfüllen, jedoch eher Niederschriften mündlicher Vorträge sind, ist nicht immer eindeutig und manchmal kaum auf zufriedenstellende Weise möglich. Worauf es dann vor allem anderen ankommt, ist eine konsistente Abgrenzung des Inhalts in den Aufnahmekriterien, die dann konsequent angewandt wird.

Gedruckt überlieferte Briefe

Einzelne Editionen von Briefwechseln sind von Verfassern oder Empfängern selbst veranstaltet, veranlasst oder hingenommen worden. So ließ noch zu Lebzeiten Johann Jakob Grynaeus' (1540–1617) und vermutlich nicht gegen dessen erklärten Willen Abraham Scultetus 1612 eine Ausgabe von 70 umfangreichen Briefen dieses Theologen im Druck erscheinen.[46]

Weitaus häufiger sind aber Briefeditionen, die bald nach dem Tod des im Zentrum stehenden Verfassers oder Empfängers auf die Initiative von Schülern, Freunden und Söhnen veranstaltet worden sind. Ein Beispiel dafür ist die Ausgabe von Briefen und auch einigen Reden des Straßburger und Heidelberger Theologen Hieronymus Zanchi (1516–1590), die von dessen Söhnen Ludwig und Hieronymus Robertus und dessen Schwiegersohn Georg Gabelius veranstaltet wurde und 1609 im Druck erschien.[47]

Zahlreiche frühneuzeitliche Briefeditionen sind im Rahmen der Mannheimer Projekte „CERA“ (Corpus Epistolicum Recentioris Aevi) und „CAMENA“ (Corpus Automatum Multiplex Electorum Neolatinitatis Auctorum) zusammengetragen und digital zugänglich gemacht worden.[48] Viele davon müssen im Hinblick auf die Sammlung der 110 Theologen-Briefwechsel noch durchgesehen und ausgewertet werden.

Gerade bei Ausgaben aus der Zeit der Briefschreiber und Briefempfänger, aber auch aus den Jahrzehnten danach ist durchaus mit bewussten Texteingriffen – mit Glättungen, Zusammenfassungen, Auslassungen, Zuspitzungen, parteiischen Zusätzen und Interpretationen – und natürlich auch mit Unvollständigkeit und einer mit einer bestimmten Wirkabsicht verbundenen Auswahl zu rechnen. Ein bekanntes Beispiel hierfür ist die von Joachim Camerarius im Jahr 1569 veröffentlichte Edition von 600 an ihn gerichteten Briefen Philipp Melanchthons.[49]

46 Johann Jakob Grynaeus: *Epistolarum selectarum libri duo*, Offenbach, Georg Beatus, 1612 (VD17 1:049425G).

47 Hieronymus Zanchi: *Epistolarum libri duo*, Hanau, Wilhelm Antonius, 1609 (VD17 23:295747E).

48 Link 24.

49 Philipp Melanchthon: *Liber continens continua serie epistolas Philippi Melanchthonis scriptas annis XXXVIII. ad Ioach. Camer.*, Leipzig, Ernst Vögelin, 1569 (VD16, M 3553). Zu Camerarius' erheblichen Eingriffen vgl. MBW Regesten 1, S. 18.

Im weiteren Sinne noch als zeitgenössisch bezeichnet werden kann die Edition der zahlreichen Briefe an den Straßburger Theologen Johannes Marbach (1521–1581) und an dessen Söhne Erasmus (1548–1593) und Philipp (1550–1611), die 1684 im Druck erschien.[50] Veranstaltet wurde diese Ausgabe von dem lutherischen Theologen Johannes Fecht, der zuvor in Straßburg studiert hatte. Als weiteres Beispiel sei die von Johann Georg Leuckfeld 1716 publizierte Biographie Tilemann Heshusius' (1527–1588) genannt, der die Edition zahlreicher Briefe in Fußnoten beigegeben ist.[51] Auch im späteren 18., im 19. und im frühen 20. Jahrhundert erschienen Editionen ausgewählter Briefe als Beigabe zu Biographien, so zum Beispiel zu der von Friedrich W. Cuno 1898 veröffentlichten Biographie Daniel Tossanus des Älteren[52]. Einzelne Briefeditionen finden sich aber auch in sonstigen kirchengeschichtlichen Werken sowie in Aufsätzen und Miszellen in landes- und kirchengeschichtlichen Zeitschriften[53].

Die Briefwechsel berühmter Theologen wie etwa Luther, Melanchthon, Beza und Bullinger sind im 19. und 20. Jahrhundert weitgehend vollständig gesammelt und zum großen Teil bereits auch sorgfältig ediert worden. Diese Briefwechsel-Editionen enthalten durchaus Briefe von und an die von uns berücksichtigten 110 südwestdeutschen Theologen. Es versteht sich von selbst, dass in solchen Fällen nur die Eckdaten übernommen werden, sonst aber auf die bereits vorliegende Edition verwiesen wird und ein Regest nur dann angefertigt wird, wenn ein solches noch nicht vorliegt.

Eine beträchtliche Zahl an Briefen liegt als Beigabe zu gedruckten Werken vor. In den meisten Fällen handelt es sich um in Briefform abgefasste Widmungsvorreden[54] und Vorreden des Verfassers an den Leser, zuweilen aber auch um Briefe an den Verfasser des Werkes.

Von Johannes Brenz' Werken liegen insgesamt etwa 760 Drucke aus dem 16. und 17. Jahrhundert vor. Davon fallen die vielen unveränderten und die postumen Neuauflagen sowie natürlich diejenigen ohne eine Briefbeigabe außer Betracht. Aber auch dann sind es im Falle von Brenz noch um die 100 Drucke

50 *Historiae ecclesiasticae seculi A. N. C. XVI. supplementum. Plurimorum et celeberrimorum ex illo aevo theologorum epistolis, ad Joannem, Erasmum et Philippum, Marbachios scriptis*, Frankfurt am Main – Speyer – Durlach 1684 (VD17 1:049398V).

51 Johann Georg Leuckfeld: *Historia Heshusiana, Oder Historische Nachricht von dem Leben, Bedienungen und Schrifften Tilemanni Heßhusii…*, Quedlinburg und Aschersleben 1716.

52 Friedrich W. Cuno: *Daniel Tossanus der Ältere, Professor der Theologie und Pastor*, 2 Bde., Amsterdam 1898.

53 Besonders zahlreich erschienen im *Archiv für Reformationsgeschichte*.

54 Vgl. dazu die grundlegende, umfassende Darstellung von Karl Schottenloher: *Die Widmungsvorrede im Buch des 16. Jahrhunderts*, Münster in Westfalen 1953 (Reformationsgeschichtliche Studien und Texte, Heft 76/77).

mit einem oder auch zwei, mitunter auch drei Briefen als Beigabe. Im Durchschnitt sind diese etwa je zur Hälfte lateinischen und deutschen Briefe etwa 8–10 Seiten lang.

Von Jakob Andreaes Werken liegen etwa 400 Drucke aus dem 16. und 17. Jahrhundert vor. Nach Abzug der keine Briefbeigaben aufweisenden Werke und der unveränderten und postumen Neuauflagen sind es um die siebzig Drucke, die Briefe enthalten. In den meisten dieser Drucke ist es nur ein Brief, aber hin und wieder sind es auch zwei oder gar drei. Im Durchschnitt sind diese zur guten Hälfte auf deutsch und zur kleineren Hälfte lateinisch abgefassten Briefe etwa 8–10 Seiten lang.

Bei den Druckwerken der herausragenden Heidelberger Theologen und auch bei denjenigen der vielen weniger prominenten Theologen, von denen weit weniger Werke im Druck vorliegen, ähneln die Befunde insgesamt den beiden obengenannten.

Erfasst sind die fast ausschließlich im deutschen Sprachraum erschienenen Drucke aus dem 16. Jahrhundert beinahe vollständig im VD16[55]. Die Beiträgertexte werden hier bei den Titelaufnahmen einzeln aufgeführt. Die im 17. Jahrhundert im deutschen Sprachraum erschienenen Drucke sind im VD17[56] zur Zeit noch weniger vollständig, aber doch auch schon zu einem sehr beträchtlichen Teil erfasst. Auch im VD17 werden die Beiträgertexte bei den Titelaufnahmen einzeln aufgeführt. Als wichtige Ergänzung zum VD16 und zum VD17 müssen zahlreiche weitere Bibliographien herangezogen werden. An erster Stelle sei hier der Index Aureliensis[57] genannt. In ihm sind die Drucke aus dem 16. Jahrhundert – auch die außerhalb des deutschen Sprachraumes erschienenen – der Werke zahlreicher Autoren verzeichnet. Aber auch in manchen weiteren Bibliographien aus dem 19. und 20. Jahrhundert (und zuweilen auch dem 16., 17. und 18. Jahrhundert) lassen sich sonst nicht verzeichnete Drucke nachweisen und zum Teil dann auch ausfindig machen. Außerdem können in alten, gedruckten und ungedruckten Bibliothekskatalogen zuweilen Drucke aufgespürt werden, die noch in keiner Bibliographie berücksichtigt worden sind.

Eine immer größer werdende Zahl alter Drucke ist im Übrigen durch Volldigitalisate verschiedener Bibliotheken allgemein zugänglich geworden.

Widmungsvorreden – in Form von Briefen abgefasst – sind oft an ehemalige Lehrer, Kollegen und Freunde gerichtet. Ein Beispiel hierfür ist die Widmung, mit der sich Johannes Brenz in seiner 1535 erstmals erschienenen Sammlung

55 Link 25.

56 Link 26.

57 *Index Aureliensis. Catalogus librorum sedecimo saeculo impressorum*, Baden-Baden 1962ff (derzeit 16 Bde. mit Autorennamen A-E).

von Predigten über die Apostelgeschichte am 22. Januar 1534 an den mit ihm freundschaftlich verbundenen protestantischen Abt des fränkischen Klosters Heilsbronn Johannes Schopper wendet.[58] Der zweiten, im März 1536 erschienenen Ausgabe gibt er einen kurzen Brief an den Leser bei.[59]

Eine Widmungsvorrede enthält auch die 1588 erschienene Ausgabe zweier Reden über die Abendmahls-Kontroversen des Heidelberger Theologen Daniel Tossanus.[60] Er wendet sich damit an den polnischen Fürstensohn Petrus Wołovicius aus Smolensk im polnischen Litauen, der seit dem Herbst 1586 zusammen mit seinem Präzeptor und seinem Famulus an der Universität Heidelberg immatrikuliert war, und an Felix Słupecius, den Sohn des Kastellans in Lublin, der hier ebenfalls seit dem Herbst 1586 immatrikuliert war. Vermutlich geschah dies zur Knüpfung von Kontakten mit dem protestantischen polnischen Adel, sei es zu dessen Unterstützung, sei es, um ihn zu einer Unterstützung in Form eines Dienstes oder auch einer Geldzuwendung zu bewegen.

Eine ganz andere Art von Brief stellt das Schreiben dar, das die namentlich nicht genannten Heidelberger Pfarrer und Professoren 1584 den württembergischen Theologen Jacob Andreae und Lucas Osiander zukommen ließen.[61] Mit dieser 46 Seiten langen „Epistola consolatoria“, die im Übrigen weder Anrede noch Gruß aufweist, wandten sich die Heidelberger Reformierten nach einem heftigen Streit etwas beschwichtigend und die Wogen glättend öffentlich an ihre lutherischen Kollegen in Württemberg.

*

Mit den vorangehenden Bemerkungen haben wir versucht, ein Bewusstsein für die bei der Zusammenstellung von Theologenbriefwechseln auftretenden Probleme zu schaffen und Rechercheansätze zu beschreiben. Die Mittel und Wege, Briefe eines Theologen aufzuspüren – seien sie handschriftlich oder gedruckt überliefert –, sind vielfältig, ebenso die Art der Texte, über deren Aufnahme der Sammelnde ernsthaft nachdenken muss, was bisweilen schwierige Entscheidungen verlangt. Eine frühzeitige Klärung der Frage, was in den Briefwechsel gehören soll, in Sammlungsgrundsätzen ist daher empfehlenswert. Vor allem aber wird der Vorteil digitaler Briefwechseldatenbanken offensichtlich: Wenn

58 Johannes Brenz: *In acta apostolica homiliae*, Hagenau, Peter Braubach, Februar 1535 (VD16, B 7685).

59 Johannes Brenz: *In acta apostolica homiliae*, Hagenau, Peter Braubach, März 1536 (VD16, B 7686).

60 Daniel Tossanus: *Orationes eucharisticae duae*, Heidelberg, [Hieronymus Commelinus], 1588 (VD16, T 1721).

61 *Epistola consolatoria … scripta a ministris orthodoxis Ecclesiae Heidelbergensis*, Neustadt an der Hardt, Matthias Harnisch, 1584 (VD16, E 1675).

nicht bei jedem einzelnen Text eine Entscheidung über eine gedruckte Edition gefällt werden muss, die ja stets mit Überlegungen hinsichtlich Zeitaufwand, Platz und Kosten verbunden ist, sondern die Möglichkeit besteht, auch Texte, die eher am Rand eines Briefwechsels anzusiedeln sind, zu verzeichnen und kurz zu beschreiben, entsteht ein aussagekräftigeres und kompletteres Bild des Wirkens eines jeden dieser Theologen.

Linkverzeichnis

Link 1 = http://www.recherche-portal.ch/zbz/action/search
Link 2 = http://catalogus.leidenuniv.nl
Link 3 = http://www.kb.dk/en/nb/afdelinger/ha/HA/brevbase.html
Link 4 = http://hans.uni-erfurt.de/hans
Link 5 = http://www.haw.uni-heidelberg.de/forschung/forschungsstellen/melanchthon/mbw-online.de.html
Link 6 = http://www.irg.uzh.ch/hbbw/datenbank.html
Link 7 = http://doc.droz.org/corrBeze/index.html
Link 8 = http://www.myconius.unibas.ch/briefdb.php
Link 9 = http://catalogi.kb.nl
Link 10 = http://www.calames.abes.fr
Link 11 = http://kalliope.staatsbibliothek-berlin.de
Link 12 = http://www.iccu.sbn.it
Link 13 = http://aleph.unibas.ch
Link 14 = http://www.e-manuscripta.ch
Link 15 = http://emlo.bodleian.ox.ac.uk
Link 16 = http://cerl.epc.ub.uu.se/sportal/
Link 17 = https://www2.landesarchiv-bw.de/ofs21/suche/index_sql.php
Link 18 = https://arcinsys.hessen.de/arcinsys/start.action
Link 19 = http://recherche.lha.sachsen-anhalt.de/Query/suchinfo.aspx
Link 20 = http://archivesonline.org
Link 21 = http://cf.itergateway.org/italicum
Link 22 = http://www.manuscripta-mediaevalia.de
Link 23 = http://www.ulm.de/sixcms/media.php/29/HVeesenmeyerGeorg.pdf
Link 24 = http://www.uni-mannheim.de/mateo/camenahtdocs/cera_e.html
Link 25 = http://www.vd16.de
Link 26 = http://www.vd17.de

Harald Bollbuck

Die digitale Edition. Praktikabilität, Chancen und Risiken

Im Jahr 1486 – einen Medienwechsel vor dem unserer Zeit – hielt der Mainzer Domherr Bernhard von Breydenbach (um 1440 – 1497) fest: „Alle menschen vermessen sich zuo schreiben".[1] Sicherlich klingt die Klage des Predigers Salomo an, in der es heißt: „Es nimmt kein Ende mit dem Büchermachen" (Eccl 12,12). Doch zugleich warnte Breydenbach vor den negativen Folgen einer neuen Technik, des Buchdrucks. Er führe nicht nur zu einer Schwemme an Büchern, sondern trage auch die Gefahr in sich, dass nun Fehler in weit höherem Maße multipliziert würden, als dies je durch das handschriftliche Kopieren geschehen könne. Kurz nach Breydenbach nahm der Sponheimer Abt Johannes Trithemius (1462–1516) in seinem Schreiberlob eine grundsätzliche Kritik an der Typographie vor.[2] Drucke vernachlässigten die Orthographie und den Buchschmuck und seien auf Papier allenfalls zweihundert Jahre haltbar, während Geschriebenes auf Pergament mehr als tausend Jahre Bestand habe. Daher ließen sich Druckwerke mit handschriftlich abgeschriebenen Büchern niemals auf eine Stufe stellen. Die Skepsis gegen den Druck hielt sich. Mit der Erfahrung von fast 150 Jahren Drucktechnik schrieb der Theologe Conrad Lautenbach (1534–1595) am Ende des 16. Jahrhunderts über dieses Verfahren:

> „Kein edler Kunst, nützlicher auch,
> Wann nicht so groß wer der Mißbrauch."[3]

Die digitale Medienrevolution dieser Tage stellt uns vor spezifische Probleme, die keine historischen Vorbilder besitzen. Dabei ist an das Parataktische der digitalen Information zu denken, die Gleichzeitigkeit ihres Auftretens und ihre Unmittelbarkeit, die dem Nutzer keine Pausen lässt. Weit mehr als der Druck es vermochte, durchdringt und formatiert das digitale Medium nahezu alle Lebensbereiche, sei es in Politik, Kultur oder Gesellschaft. Hinsichtlich des Informations- und Wissensmanagements gibt es jedoch auch erstaunliche Parallelen zu den Fragestellungen, die der Druck den Menschen der frühen Neuzeit aufdräng-

[1] Bernhard von Breydenbach: *Peregrinationes in terram sanctam*, Mainz: Reuwich/Schöffer, 1486, Bl. Aij^{a-b}, zitiert nach Michael Giesecke: *Der Buchdruck in der frühen Neuzeit. Eine historische Fallstudie über die Durchsetzung neuer Informations- und Kommunikationstechnologien*, Frankfurt am Main ^{4}2006, S. 174.

[2] Johannes Trithemius: *De laude scriptorum*, Mainz, Friedberg, 1494, cap. 7. Vgl. Giesecke: *Buchdruck* (wie Anm. 1), S. 182–185.

[3] Marx Mangoldt [Pseudonym]: *Marckschiff oder Marckschiffer Gespräch von der Franckfurter Meß*, s. l. 1596, Bl. Eij^{b}. Vgl. Giesecke: *Buchdruck* (wie Anm. 1), S. 169.

te. Auch wir stehen vor einem unendlichen Meer digitaler Informationen, die wir kaum zu filtern wissen. Im Netz wimmelt es von Blogs, Profilen, Mitteilungen und Selbstdarstellungen. Jeder kann ein Autor werden, wobei er damit noch lange kein Schriftsteller ist. Der Missbrauch zeigt sich nicht allein in Kommentaren, die zu wüsten Beschimpfungen umgenutzt werden, in Vandalisierungen ernsthaft betriebener Seiten oder der Kommerzialisierung und Pornographisierung des Netzes. Seit einiger Zeit können wir auch sicher sein, dass alles, was wir im Netz verfassten und publizierten, in einem Maße erfasst und gelesen wird, wie wir es nie wünschten.

Die Probleme, mit denen wissenschaftliche Publikationen und Editionen auf digitaler Basis lange – und in weiten Teilen bis heute – zu kämpfen hatten, sind zahlreich. Die Fehlerreproduktion selbst in Lexika, seien sie neu erstellt oder digital kopiert worden, ist hoch, Auswahl und Auswertung der verwendeten Quellen vielmals heikel. So legt das etablierte und renommierte Projekt Wikisource, das auf einem hohen technischen und kollaborativem Niveau arbeitet, den wenigen von ihm aufgeführten Kopernikusschriften eine Ausgabe aus dem 19. Jahrhundert zu Grunde, in einem Fall mittlerweile zumindest mit dem Handschriftenfaksimile verknüpft.[4] Ganz unverständlich erscheint, wenn fremdsprachige Editionen allein mit deutschen Übersetzungen aus dem 19. Jahrhundert aufgerufen werden.[5] Auf vielen anderen Plattformen besitzen die Informationen und Daten häufig weder Validität noch Persistenz. Seiten verschwinden, Links führen ins Leere, Inhalte unterliegen einem Modus der permanenten Revision. Daraus ergeben sich grundsätzliche Probleme der Zitierfähigkeit. Standards und Normen digitaler Editionen sind sehr heterogen, immer neue oder andere Recherchetechniken beeinträchtigen die Nutzerfreundlichkeit. Das Medium scheint in vielerlei Hinsicht noch nicht zu seiner Form gefunden zu haben. Zudem sind Autorschaft und Integrität eines Werkes oftmals unsicher oder gar nicht nachweisbar. Es gibt Probleme des Plagiats und Urheberrechts. Selbst das Verzeichnis des Instituts für Dokumentologie und Editorik über erschienene digitale Editionen besitzt keine Suchfunktion für Editoren oder Herausgeber.[6] Eine namentliche Zuordnung ist aber die Voraussetzung für eine wissenschaftliche Evaluierung. Somit ergeben sich für Editoren Probleme hinsichtlich des Renommées und Qualitätsstandards.

4 Link 1. Mit Handschrift siehe Link 2.

5 So Dantes *De monarchia*: Link 3. Sollte es Ziel der Herausgeber sein, gerade diese deutsche Übersetzung zu präsentieren? Auch hinter den italienischen Titeln der Gedichte Dantes verbergen sich die deutschen Übersetzungen von Albert Ritter, Karl Förster und Karl Ludwig Kannegießer. Auch die grundständige Ansetzung des Dichters allein unter dem Namen „Alighieri“ ist streitbar.

6 Link 4.

Dieser Aufsatz soll aber nicht allein das letzte Stichwort seines Titels, die Risiken, betonen, die einer Zeit des medialen Übergangs stets eigen sind, sondern digitale Editionen als ein neues Verfahren präsentieren. Es haben sich unterdessen methodologische Überlegungen fortgeführt und verschiedene Arbeitszusammenhänge herausgebildet, die Plattformen für digitale Briefeditionen auf hoher Qualität betreiben. Der Aufsatz stellt zuerst Besonderheiten dieser Technik vor, präsentiert dann die Entwicklung digitaler Briefeditionen, um darauf an Hand der vom Autor betreuten Edition zu den methodischen und organisatorischen Dokumenten der Magdeburger Zenturien die an der Herzog August Bibliothek Wolfenbüttel angewandte Praxis näher zu erläutern. Ein Resumée wird Chancen und Risiken abwägen.

1. Die digitale Briefedition und ihre Codierung

Grundsätzlich macht eine Ansammlung von Digitalisaten der Quellenoriginale noch keine digitale Edition aus. Stattdessen sollte sie wie eine klassische Edition aus kritischen Quellentranskriptionen bestehen, die eventuell mit Kommentaren, Regesten oder Übersetzungen versehen sind, aus Texten zur Einleitung und Überlieferung der Quelle sowie zusätzlich – und das ist der erste Mehrwert – einer faksimilierten Anzeige des Quellenoriginals, das auch extern als Verlinkung eingebracht werden kann, also aus Beständen anderer Einrichtungen, auf die verwiesen wird. Dabei sind Rechtefragen und Zuverlässigkeit wie Persistenz der Verlinkung (PURL) zu beachten. Notwendig sind hierfür eine Langzeitarchivierung der Daten, die Erhebung standardisierter Metadatensätze und die Bereitstellung offener Schnittstellen (OAI), die eine Weiterverwendung der Daten ermöglichen. Gerade auf diesem Gebiet scheint eine Kooperation mit Forschungsbibliotheken angebracht,[7] zumal digitale Editionen in Produktion und Publikation in einer „ganzheitlichen Editionsplattform" verschmelzen.[8] Über diese Schnittstellen erfolgt der Datenaustausch mit anderen Institutionen wie der „Deutschen digitalen Bibliothek" oder dem Autographenportal „Kalliope".

Das wirklich Besondere und Neue der digitalen Edition besteht letztlich aber darin, dass sie in der Lage ist, die Repräsentation der Daten von deren Präsentation (auf einer sichtbaren Oberfläche) zu trennen und auf diese Weise die Problematik unterschiedlicher Editionstypen zu lösen.[9] Die Daten, die Transkription

[7] Thomas Stäcker: *Creating the knowledge site. Elektronische Editionen als Aufgabe einer Forschungsbibliothek*, in: *Bibliothek und Wissenschaft* 44 (2011), S. 107–126, hier S. 124 f.

[8] Elmar Mittler und Malte Rehbein: *Edition und Forschungsbibliothek. Chancen und Herausforderungen einer traditionsreichen Partnerschaft*, in: *Bibliothek und Wissenschaft* 44 (2011), S. 9–21, hier S. 17.

und Textapparat, Regest und Kommentar, editorisches Beiwerk, aber auch divergente Lesefassungen umfassen, werden in eine Textentität codiert.[10] Diese Codierungsebenen ermöglichen es, ganz unterschiedliche Ausgaben und Features zu generieren. Der Nutzer kann wählen zwischen Ansichten der Faksimiles, einer diplomatischen, historisch-kritischen oder modernen Lesefassung, gesetzt, dass diese Codierungen vorgenommen wurden.

Während die Bereitstellung der Schnittstellen und die Erstellung einer Infrastruktur institutionelle Aufgaben sind, tut sich mit der differenzierten Auszeichnung und Verschlagwortung unter Verwendung normierter Metadaten ein erweitertes Arbeitsfeld für den Editor auf. Zuerst einige Worte zur Transkription der Quellen. Liegen diese nur handschriftlich oder in Typographien vor, deren Textformat von modernen sehr divergent und daher nicht durch Texterkennungsprogramme (im allgemeinen Optical Character Recognition, OCR) einlesbar ist bzw. ist der Umfang des Datenvolumen so sehr eingegrenzt, dass sich die Einrichtung einer maschinenlesbaren Arbeitsumgebung nicht lohnt, erfolgt die Transkription in herkömmlicher Weise per Hand. Im Falle der Massentranskriptionen größerer Textmengen oder der Retrodigitalisierung vorliegender Druckausgaben setzt die Herzog August Bibliothek auf das Texterkennungsprogramm des Ingenieurbüros Tomasi, einer für den bibliothekarischen und mittlerweile auch paläographischen Bereich spezifischen Entwicklungsstufe der Software OCR,[11] und auf das Double-Keying-Verfahren, d. h. dass auf diese Weise gewonnene Transkriptionen mit ausgelagert abgeschriebenen digital übereinander gelegt und verglichen werden. Denn sollten die Ergebnisse der Volltextdigitalisierung auf OCR-Basis auch bereits 99,9 Prozent betragen, ergäbe sich daraus immer noch eine Fehlerquote von etwa drei falschen Zeichen auf einer DIN-A4 Seite. Daher ist eine nachträgliche Kollation, die ebenfalls maschinell erfolgt, unerlässlich. Ziel der Entwicklung des Büros Tomasi ist es, die Fehlerquoten hinsichtlich des frühneuzeitlichen Druckmaterials weiter zu senken, die Typen unterschiedlichen Druckern zuordnen zu können sowie prospektiv signifikante Fortschritte beim Einlesen von Handschriften zu erreichen.

Für beide Formen der Transkription, seien sie per Hand oder per Maschine gewonnen, gilt jedoch, dass die erhobenen Daten nicht nur gelesen, sondern auch gerechnet werden müssen. Dies verlangt nach einem Auszeichnungssystem bzw. einer Codierung. Die an der Herzog August Bibliothek erarbeiteten

[9] Patrick Sahle: *Zwischen Mediengebundenheit und Transmedialisierung. Anmerkungen zum Verhältnis von Edition und Medien*, in: *Editio* 24 (2010), S. 23–36, hier S. 30; vgl. auch Mittler/Rehbein: *Edition* (wie Anm. 8), S. 16.

[10] Zum Verhältnis von Text und *Markup* (seiner Auszeichnung) vgl. Patrick Sahle: *Digitale Editionsformen. Zum Umgang mit der Überlieferung unter den Bedingungen des Medienwandels*, Teil 3: *Textbegriffe und Recodierung*, Norderstedt 2013, S. 235–250.

[11] Vgl. Link 5.

Transkriptionen beruhen auf einer XML-basierten Codierung. Die Auszeichnungssprache XML („Extensible Markup Language") schlüsselt die semantischen Informationen des Basistextes nach einem Standard auf und macht sie maschinenlesbar. XML-Texte (als Entitäten) ermöglichen die Verbindung von Datenbanken und sind als PDF oder HTML-Oberflächen online auslesbar. Das verwendete Dokumentenformat beruht auf den Normen der TEI („Text Encoding Initiative") auf dem Standard P5, die Element- und Attributklassen definiert, welche eine Codierung nahezu nach den Regeln klassischer kritischer Editionstechnik möglich machen.[12] Es gibt Elemente für eine Codierung von Emendationen, Auslassungen, Hinzufügungen, Streichungen, Ersetzungen, korrupten Stellen, Lacunae, Abkürzungen etc., jedoch herrscht nicht in jedem Fall Äquivalenz, sodass einige textkritische Auszeichungen angepasst werden müssen. Schwierig ist auch, dass die Richtlinien der TEI keine eindeutigen Codierungen und Orte für spezifische Bestandteile des Briefes wie ein Postskriptum, den Empfänger, Sende- und Empfangsort sowie die Anrede festgelegt haben.[13] Auch diese Metadaten sind an das vorhandene Schema anzupassen. Auf Grundlage dieser Codierungstechnik ergibt sich aber der besagte Vorteil digitaler Editionen, dass verschiedene Lesarten dem Nutzer unterschiedlich angezeigt werden können. Im Falle einer Abbreviatur kann eine stillschweigende Auflösung gewählt oder die Abkürzung hervorgehoben und die Expansion neben die Kürzung zur Wahl gestellt werden.

Für den Editor ergeben sich daher neue Herausforderungen. Es handelt sich nicht nur um die logischen Erwägungen, welche Elemente und Attribute er für welche Textphänomene verwenden will, die zudem an das Ergebnis in Ausgabeform angepasst werden müssen. Allein die reine Auszeichnung des Textes im Format XML auf TEI-Standard ist eine erschöpfende Tätigkeit. Die Idee des kollaborativen Arbeitens stößt ebenso wie die Forderung, den Zustand der Nachahmung der Printedition durch die digitale Edition zu überwinden,[14] an die Grenzen der Auszeichnungstiefe der XML-Entitäten, welche den Komplexitätsgrad der Arbeit und der Codierung sowohl für den Editor als auch für seine

12 Link 6.

13 Diese Probleme wurden bereits thematisiert von Joachim Veit: *Die Codierung digitaler Briefeditionen mit TEI P 5. Konzepte und Probleme am Beispiel der Carl-Maria-von-Weber-Briefausgabe*, in: *Digitale Edition zwischen Experiment und Standardisierung. Musik – Text – Codierung*, hg. von Peter Stadler und Joachim Veit, Tübingen 2009, S. 217–232. Vgl. auch Stefan Cramme: *Editionen in einer bildungshistorischen Forschungsbibliothek*, in: *Bibliothek und Wissenschaft* 44 (2011), S. 81–89, hier S. 85.

14 Digitale Editionen, die nur die Printvariante nachahmen, bezeichnet Thomas Stäcker als „Inkunabeln des digitalen Zeitalters", vgl. Mittler/Rehbein: *Edition* (wie Anm. 8), S. 18. Bei Marilyn Deegan/Kathryn Sutherland (Hgg.): *Text Editing and the Digital World*, Aldershot 2009, heißt es, dass digitale Editionen, um ihre Potentiale zu entfalten, ihre „bookishness" aufgeben müssten.

technischen Helfer bei der Erstellung der XSLT-Skripte stark erhöht.[15] Für den Nutzer liegen allerdings die positiven Ergebnisse dieser Texterfassung auf der Hand. Sie liefert ihm einen durchsuchbaren Volltext und detaillierte Textauszeichnungen, die ihm spezifizierte Abfragen ermöglichen.

2. Digitale Briefeditionen – ihre Entwicklung anhand einiger Beispiele

Die von Erika Rummels betreute elektronische Ausgabe der Briefe Wolfgang Capitos lässt uns einen Blick zurückwerfen zu den Anfängen digitaler Editionen.[16] Eine nutzerfreundliche, übersichtliche Eingangsseite führt zu einer biografischen Chronologie, einem Werkverzeichnis und zu Links, die wiederum den Pfad zu einer Briefliste bilden. Klickt man die chronologisch geordneten, einzeln verzeichneten Briefe an, öffnet sich eine Textdatei im PDF-Format mit Datierung, Transkription und einer knappen Beschreibung der Überlieferung. Der Edition sind keine Digitalisate eingebunden, und die Nutzung von PDF erschwert die Möglichkeit einer Weiterbearbeitung der Daten und der Verlinkung mit externen Quellen. Daher liefert diese Edition noch nicht die Möglichkeiten, die digitale Versionen mittlerweile zu liefern vermögen.[17]

Unsere folgende Tour durch neuere digitale Briefeditionen lässt die Corpora aus, die Howard Hotson im Rahmen des Projekts „Early Modern Letters online" präsentiert, ebenso wie die Vorhaben, die einen Zugang nur per Subskription ermöglichen.[18] Auch die mit interessanten Features versehene, von der Universität Stanford betreute Plattform zur Korrespondenz Athanasius Kirchers enttäuscht in dieser Hinsicht.[19] Zugänglich sind einige Bilder aus Briefhandschriften und aus Kircherwerken sowie eine als Textdokument(!) abgelegte Liste der Briefe Kirchers. Der Zugang zur Korrespondenz bleibt aber jedem, der nicht Angehöriger der Universität Stanford ist, verschlossen.

15 Vgl. das Pyramidenmodell von Erschließungstiefe und Erschließungsmenge bei Stuart Jenks: *KISS [Keep it simple, stupid]. Elektronische Quelleneditionen mit einfachsten Mitteln*, in: *Quellen und Quelleneditionen im neuen Medienzeitalter*, hg. von Manfred Thaller, Göttingen 2002, S. 27–37, hier S. 31 f, und Patrick Sahle: *Digitale Editionsformen. Zum Umgang mit der Überlieferung unter den Bedingungen des Medienwandels*, Teil 2: *Befunde, Theorie und Methodik*, Norderstedt 2013, S. 229.

16 Link 7.

17 Siehe die Kritik oben Anm. 13.

18 Z. B. die Voltaire-Korrespondenz, vgl. Link 8. Auch die Korrespondenz von Pierre Bayle wird in diesem Rahmen erscheinen, ist als elektronische Edition bis auf einen nicht navigierbaren Brief bisher nur Versprechen geblieben: Link 9.

19 Link 10. Das Kircherprojekt ist Teil der Plattform *Mapping the Republic of Letters*, die bisher Briefinventare und verschiedene elektronische Visualisierungen von Briefaufkommen zusammenführt, aber noch keine elektronischen Editionen im Programm hat.

Die Gesamtausgabe der Briefe Friedrich Fröbels, erstellt von der Fröbel-Forschungsstelle der Universität Duisburg-Essen, empfängt mit einem Eingangsportal, das auf weitere Editionen pädagogischer Schriften und Bilder verlinkt [**Abb. 1**].[20] Der Zugang zu Briefen kann chronologisch oder über Adressaten bzw. Empfänger gewählt werden. Eine Volltextsuche erstreckt sich über alle Briefe hinweg. Geht man den Weg über die Chronologie, öffnet sich ein Fenster, das alle Jahre anzeigt, aus denen Fröbelbriefe erhalten sind. Ein Zwischenschritt gibt die einzelnen Briefe des Jahrgangs an, nach Auswahl des gewünschten Exemplars öffnet sich die Transkription mit genauen bibliographischen Angaben und dokumentarischer Transkription. Originale Streichungen sind als solche in der Transkription wiedergegeben. Auf Grund des fehlenden Textapparates bleibt unklar, welche Begründung die in eckigen Klammern gesetzten editorischen Konjekturen haben – seien sie Ergänzungen auf Grund von Textverlusten oder der Textlogik.

Die an der École des chartres der Sorbonne erstellte Edition der Briefe des Antoine du Bourg, Kanzler unter François I., bietet ein ansprechendes Design [**Abb. 2**].[21] Die Briefe sind chronologisch sortiert, die Texte wissenschaftlich erschlossen, die Editionsgrundsätze fest- und offengelegt, eine genaue bibliographische und kodikologische Beschreibung der Quellen beigegeben. Es fehlen das digitale Faksimile und ein Kommentar. Allein Personen und Orte erhalten Erklärungen, wobei ein Fenster mit einem erläuternden Text aufpoppt, wenn die Maus über einen schwach unterlegten Namen fährt.

Unter der Ägide der Berlin-Brandenburgischen Akademie der Wissenschaften wird die Korrespondenz Alexander von Humboldts mit dem Biologen Christian Gottfried Ehrenberg ediert.[22] Die Transkription der bislang unedierten Dokumente folgt den Richtlinien der Humboldtforschungsstelle. Sie bietet gesicherte Texte, Identifikationen von Namen, Orten und botanischen Eigennamen, eine Bibliographie, ein Register sowie Faksimiles. Kommentierte Einträge erscheinen einem Kommentar gleich am Rand des Textes. Die Lösung, die Faksimiles vermittels Öffnung eines gesonderten Fensters anzuzeigen, erscheint nicht als der Weisheit letzter Schluss [**Abb. 3**]. Interessant ist das Selbstverständnis dieser digitalen Edition, zitiert nach der Einleitung: „Für die weiterführende wissenschaftshistorische Forschung versteht sich diese Ausgabe als hilfreiche Arbeitsgrundlage."

Einen visuell interessanten Ansatz, der allein schon durch seine Übersichtlichkeit besticht, liefert das Vorhaben der Alfred-Escher-Briefedition, das sich

20 Link 11. Vgl. Cramme: *Editionen* (wie Anm. 13), S. 84f; *Friedrich Fröbel in seinen Briefen*, hg. von Helmut Heiland, Würzburg 2008, S. 11–35.

21 Link 12.

22 Link 13.

als ein Pilotprojekt versteht.[23] Zu den Briefen gelangt man in einer Gesamtübersicht oder über eine Seite, die die einzelnen Stücke komplementär zur Chronologie anzeigt. Zusätzlich gibt es ein Personen- und ein Ortsregister. Die Transkriptionen erscheinen in einer sogenannten „edierten“ und in einer diplomatischen Textfassung, letztere in Parallelansicht mit den digitalen Faksimiles der Handschriften. Fährt der Nutzer mit der Maus über die Zeilen der diplomatischen Textfassung, erscheint im Faksimile ein Marker, der dort die entsprechenden Zeilen in einem beweglichen roten Kasten anzeigt. Zugleich öffnet sich ein Feld, das den jeweiligen Ausschnitt aus dem Originaltext vergrößert öffnet. Technisch sind diese Zeilenleser vermutlich mit einem Anker codiert, doch leider bietet die Ausgabe kein Umschalten auf den XML-Quelltext an. Die „edierte“ Textfassung ist mit Kommentaren versehen, wobei nicht vom textkritischen Apparat unterschieden wird, der Anwendung findet. Erläuterungen zu Personennamen, textkonstitutive Änderungen (wie die Auflösung von Abbreviaturen) und bibliographische Verweise sind im Gegensatz zum Kommentar am Briefende allein als aufpoppende Textfelder angezeigt. Verlinkungen zu externen Materialien finden sich nicht. Die Eingriffe in die „edierte“ Version sind überaus zurückhaltend (so wird „u.“ wiedergegeben, anstatt es in „und“ aufzulösen, fehlende Kommata werden nicht gesetzt etc.). Sehr nützlich ist die Verschlagwortung der Briefe und die Angabe, wann der nächste Relaunch, hier als neue „Onlinesetzung“ bezeichnet, erfolgt.[24]

3. Die Arbeitsdokumente der Magdeburger Zenturien – eine digitale Briefedition an der Herzog August Bibliothek

Die Edition der methodischen und organisatorischen Dokumente der Magdeburger Zenturien war ein über vier Jahre von der DFG gefördertes Projekt an der Herzog August Bibliothek Wolfenbüttel, bei dem der Autor über die Projektlaufzeit von zwei zeitlich nacheinander arbeitenden wissenschaftlichen und einer studentischen Hilfskraft unterstützt wurde.[25] Aus der großen Menge überlieferter Texte zum Thema der Entstehung der ersten umfassenden lutherischen Kirchengeschichte wurden 154 Stücke zur Edition ausgewählt. Jede Editionseinheit erhielt zur chronologischen Einordnung eine Titelnummer, die sich aus dem Abfassungsdatum des Dokuments ergibt, gegliedert in Jahreszahl (mindere Zahl), Monat und Tag. Ein am 10. November 1552 abgefasstes Dokument ist demnach unter der Titelnummer 521110 zu finden. Undatierte Dokumente wurden mittels inhaltlicher Kriterien datiert, ihre Titelnummer endet im Falle der

23 Link 14.
24 Laut Einsicht vom 14.1.2014 sollte dieser im Jahr 2014 geschehen.
25 Link 15.

Unbestimmbarkeit des Tagesdatums mit den Ziffern „00“. Es handelt sich mehrheitlich um Briefe, aber auch Gutachten, Bedenken, Instruktionen, Leihscheine und Zeugnisse. Die Quellen werden aufbewahrt in der Herzog August Bibliothek, der Österreichischen Nationalbibliothek Wien, der UB Basel, der UB Frankfurt, dem Ratsarchiv Regensburg, der Forschungsbibliothek Gotha, der Bayerischen Staatsbibliothek München, dem Bayerischen Hauptstaatsarchiv, dem Thüringischen Hauptstaatsarchiv Weimar, der SUB Hamburg, der Königlichen Bibliothek Kopenhagen, der British Library, der Parker Library in Cambridge und der UB Leiden. Die Editionsinhalte können chronologisch oder entsprechend der Textsorte angezeigt werden [**Abb. 4**]. Für eine reine Briefedition ergäbe sich die Möglichkeit, die unterschiedlichen Schreibanlässe wie Dank, Empfehlung oder Widmung auszuzeichnen und ausgeben zu lassen.

Der „workflow“ ging von der Auszeichnung und dem Tagging der Transkriptionen aus, die im Falle der meisten Wiener, Wolfenbütteler und Baseler Dokumente seit dem 19. Jahrhundert in verschiedenen, verstreuten Editionen vorliegen und daher von den Hilfskräften vorgenommen werden konnten.[26] Keine Transkriptionen bzw. allenfalls Exzerpte gab es von den Quellen in Regensburg, Weimar, Gotha und Kopenhagen. Alle handschriftlich überlieferten Dokumente, aber auch die Quellen, die in zeitgenössischen Drucken vorliegen, wurden gescannt und als Faksimiles der Edition beigegeben.[27] Die Vergleiche mit den Handschriften ergaben, dass die bisherigen Editionen zahlreiche Abweichungen, Auslassungen und Fehllesungen aufwiesen.

Die Transkriptionen orientieren sich an den Editionsrichtlinien des Arbeitskreises „Editionsprobleme der Frühen Neuzeit“[28] und gehen pragmatisch, nicht

26 Victor Bibl: *Der Briefwechsel zwischen Flacius und Niedbrück. Aus den Handschriften 9737b, i und k der k. u. k. Hofbibliothek in Wien*, in: *Jahrbuch der Gesellschaft für die Geschichte des Protestantismus in Österreich* 17 (1896), S. 1–24; 18 (1897), S. 201–238; 19 (1898), S. 96 110; 20 (1899), S. 83–116; Ronald Ernst Diener: *The Magdeburg Centuries. A Bibliothecal and Historiographical Analysis*, Cambridge, Mass., Harvard Univ. Diss. 1978, S. 376–571 (auf 43 edierte Dokumente dieser Veröffentlichung wurde zurückgegriffen); ders.: *Zur Methodik der Magdeburger Centurien*, in: *Catalogus und Centurien. Interdisziplinäre Studien zu Matthias Flacius und den Magdeburger Centurien*, hg. von Arno Mentzel-Reuters und Martina Hartmann, Tübingen 2008, S. 129–173; Michael Erbe: *François Bauduin (1520–1573). Biographie eines Humanisten*, Gütersloh 1978, S. 262–276.

27 Sieben Dokumente lagen in einer solchen Druckfassung vor: Marcus Wagner: *Thüringen Königreichs/Das es für und nach Christi geburth in Pagos getheilet gewesen/ warhafftiger/kurtzer gegründter Auszug aus Antiquitatibus, vnd warumb die Städte anfenglich erbawet/seind [...]*, Jena, Tobias Steinmann, 1593 (VD16, W 132).

28 Link 16. Vgl. auch Johannes Schultze: *Richtlinien für die äußere Textgestaltung bei Herausgabe von Quellen zur neueren deutschen Geschichte*, in: *Richtlinien für die Edition landesgeschichtlicher Quellen*, hg. von Walter Heinemeyer, Marburg – Köln 1978, S. 25–36.

dokumentarisch vor. Gängige Ligaturen wurden stillschweigend, Abkürzungen mit Kennzeichung der Auslassung aufgelöst. Die lateinische Schreibweise ist normalisiert, Absatz- und Satzanfänge wurden groß geschrieben. Überschriften und Absätze bleiben erhalten, der Seitenwechsel ist angegeben, Zeilenfall jedoch unterdrückt. Die editorische Praxis ist im Inhaltsverzeichnis niederlegt, das zudem den historischen Kontext und den Inhalt der Dokumente beschreibt, eine Übersicht über die bisherigen Editionen und die Textüberlieferung wie eine physikalische Beschreibung der Handschriften liefert. Beigegeben ist eine Bibliographie der Sekundärliteratur, die sowohl mit den Erwähnungen des jeweiligen Titels in den Anmerkungen zu den Transkriptionstexten als auch mit dem Katalogisat im OPAC der Herzog August Bibliothek bzw. dem GBV verlinkt ist.

Die einzelnen Editionseinheiten enthalten neben der Transkription einen textkritischen Apparat und einen Sachkommentar, ein umfassendes Regest und das Faksimile. Regest und Faksimile können in unterschiedlichen Parallelansichten mit der Transkription angezeigt werden. Im Briefkopf erscheinen unter der Titelnummer Briefschreiber und Empfänger, Ort und Datum der Abfassung, Standort mit Signatur, Ausfertigungszustand, gekürzte kodikologische Beschreibung, falls die Besonderheiten des Briefes dazu veranlassen – eine ausführliche des gesamten Bandes erfolgt in der Einleitung –, und die Auskunft über vorhandene Editionen. Die Noten des Sachapparates sind numerisch, die des Textapparates alphabetisch sortiert, weil eine Zeilenzählung, auf die sich Kommentare in klassischen Ausgaben beziehen, mittels XML nicht generiert werden konnte. Es wurde zwar nicht auf die in elektronischen Editionen übliche Anzeige mittels Popup-Fenster verzichtet, angesichts des Umfangs der Anmerkungen sollten diese aber auch separat gelesen werden können. Die Auszeichnungstiefe des Textes ist unterschiedlich. Die rot markierten Seitenumbrüche zeigen die Verlinkungen zum Faksimile an, die ebenso gekennzeichneten Personennamen einen Verweis ins Personenregister, das abgesehen von den Lebensdaten keine Biogramme enthält, sondern nur die wichtigste Literatur zu betreffenden Person aufführt. Fährt der Nutzer mit der Maus über den markierten Namen, öffnet sich ein kleines Popup-Fenster mit den Lebensdaten der Person; klickt er aber auf die Markierung, öffnet sich ein Anmerkungskasten mit den genannten bibliographischen Referenzen [**Abb. 5**].

Mittels Hyperlinks können die von den Zenturien verwendeten oder angeforderten zeitgenössischen Werke bzw. ihr lexikographischer Nachweis angezeigt werden. So hatte sich im Brief 540616 der Autor Cornelius Wouters, ein in Köln ansessiger, aus den Niederlanden stammender katholischer Reformtheologe, von dem Wiener Hofbibliothekar Caspar von Nidbruck, der wohl wichtigsten Figur im Unterstützernetzwerk der Zenturien, neben anderem das Werk *De corpore domini* des Isidor von Sevilla erwünscht.[29] In der Anmerkung

[29] 540616.

haben wir nachgewiesen, dass Conrad Gesners *Bibliotheca universalis* diesen Werktitel überliefert [**Abb. 6**]. Die digitale Edition liefert dem Leser nicht allein die Informationen des Bibliothekskatalogs über Gesners Werk per Link in den OPAC der modernen Bibliothek, sondern serviert sogleich mit einem Klick den Kontext und springt in die in Wolfenbüttel vorhandene, digitalisierte Gesnerausgabe.

In einigen wenigen Fällen lagen zwei Fassungen eines Dokumentes vor. Die von Sekretärshand verfasste, aber auf Matthias Flacius Illyricus zurückgehende *Consultatio de conscribenda accurata & erudita historia Ecclesiastica* (540300A) vom Frühjahr 1554, ein Gutachten über Methodik und Inhalt einer Kirchengeschichte, liegt in zwei lateinischen Fassungen vor, von denen eine in Wolfenbüttel, eine andere in der Vaticana in Rom aufbewahrt wird. Obwohl die römische Variante ausführlicher und genauer ist, verlinkt die Edition nur auf die Faksimiles der Wolfenbütteler Version, da die von der Vaticana verlangten Preise für die Publikationsgenehmigung den Etat des Projektes gesprengt hätten. Die auf der Grundlage beider Versionen erstellte textkritische Fassung ersetzt einige Wolfenbütteler Wendungen durch in Rom überlieferte.[30] Die Codierung dieses Textapparates arbeitet mit Elementen, die ein Lemma mit dem Kürzel „BAV“ für Biblioteca Apostolica Vaticana und eine untergeordnete Lesung, codiert als „reading“ mit dem Kürzel „HAB“ ansetzen. Die Kürzel typisieren beide Versionen als unterschiedliche Textzeugen („witnesses“). Textergänzung, die nur die eine – meist die römische – Quelle überliefert, sind als „add“ bzw. „additions“ codiert. Die Online-Ausgabe bietet erneut unterschiedliche Anzeigemöglichkeiten. Klickt der Leser auf das hochgestellte textkritische Anmerkungszeichen, erscheint geradezu klassisch der Verweis in den Apparat. Fährt er nur mit der Maus über das Zeichen, öffnet sich ein kleines Popup-Fenster mit denselben Informationen. Auf ähnliche Weise können originale marginale Bemerkungen und Annotationen angezeigt werden.

Eines der Probleme einer digitalen Edition besteht in der rasanten Alterung ihres Layouts. Die Herzog August Bibliothek plant einen relaunch ihrer digitalen Editionen, die auf die alte Rahmenästhetik verzichtet und eine verbesserte Übersichtlichkeit, Funktionalität und höhere Nutzerfreundlichkeit bietet. Die Seitenaufteilung erscheint klarer, mittels einfacher Symbole in der rechten oberen Ecke lässt sich das jeweilige Dokument ausdrucken oder herunterladen, die Schriftgröße einstellen oder der Volltext durchsuchen. Mit Buttons über den jeweiligen Feldern ist das Format als Faksimile, HTML oder im XML-Format auszuwählen. Die Inhaltsreiter an den Seiten ermöglichen von jeder Stelle der Edition den nutzerfreundlichen Zugriff auf andere Dokumente.

30 „exponetur“ wird zu „exponeretur“ etc.

Die digitalen Editionen der Herzog August Bibliothek liefern dem Nutzer nicht nur Transkriptionen mit Kommentaren und den Faksimiles der Originale in praktischen Parallelansichten, sondern auch Personenregister, Volltextsuchen sowie wichtige Verlinkungen zu externen Quellen. Ein weiterer Vorzug liegt in der Transparenz der Arbeitsvorgänge, indem sie die in XML und XSLT verfassten Quelltexte offenlegt.

4. Mehrwert, Vorteile und Risiken digitaler Editionen

Als Mehrwert einer digitalen Edition ist neben der Präsentation des Faksimiles der Originalquellen an erster Stelle die Möglichkeit der Volltextsuche und der schlagwortartigen Abfragen zu nennen. Linguisten arbeiten bereits mit Werkzeugen automatischer Spracherkennung, Termextraktion, topic modelling, speech tagging usw.[31] Erfolge gibt es tatsächlich bei der Bestimmung von Schreiberhänden in der Paläographie, indem verschiedene digitalisierte Handschriften übereinandergelegt werden, sowie bei der Extraktion bestimmter Wortverwendungen, der Auswertung von Anredeformeln und der Verwendung von Epitheta und bestimmter Prädikate. Über deren spezifische Codierung lassen sich die politischen und sozialen Dimensionen von Briefen markieren. Die digitale Klassifizierung hebt unterschiedliche Schreibanlässe (Dank, Empfehlung, Widmung) hervor, kann aber ebenso die Aufnahme anderer Textsorten (Herrscherlob, Eloge, Vorwort, Traktat, Gedicht, Rechtstext, Predigt, Polemik/Satire) anzeigen. Ebenso sind Zitate mit ihrer Herkunft zu kennzeichnen.

Doch sollte nicht auf eine Automatisierung des Erkenntnisgewinns gehofft werden, da bisher die Anwendung der maschinellen Werkzeuge die Textkontexte und unterschiedlichen Wortsemantiken kaum erfasst.[32] Zudem müssen sich die ‚digital humanities' davor hüten, ihre Quellen auf den Status von ‚In-

31 Das Programm TextStat erzeugt Wortfrequenzlisten und Konkordanzen, CATMA unterstützt Textanalysen.

32 Eine Arbeitsgruppe der Harvard Universität um den Mathematiker Erez Lieberman, die ihre Forschungen ‚Culturomics' nennt, strebt kulturwissenschaftliche Auswertungen von Material auf der Grundlage der von Google digitalisierten Bücher an, die mittels mathematischer Methoden kulturwissenschaftliche Phänomene wie Sprachentwicklungen oder Zensurvorgänge auf der Basis der Häufigkeit von Namensnennungen analysiert. Siehe Jean Baptiste Michel/Erez Lieberman Aiden: *Quantitative Analysis of Culture Using Millions of Digitized Books*, in: *Science* 331 (2011), S. 176–182; John Bohannon: *Google Books, Wikipedia, and the Future of Culturomics*, in: *Science* 331 (2011), S. 135; vgl. auch Michael Stolz: *Benutzerführung in digitalen Editionen. Erfahrungen aus dem Parzifal-Projekt*, in: *Bibliothek und Wissenschaft* 44 (2011), S. 49–80, hier S. 51 f mit eigenen Beispielen. Die Erhebung quantitativer Daten ist ohne Zweifel hilfreich, bedarf jedoch einer kulturwissenschaftlichen Einordung, ohne die diese Informationen keinen Erkenntnisgewinn darstellen.

halten' und ,Informationen' zu reduzieren. Dies zeugt nicht nur von fehlender Quellenkritik und einem eindimensionalen Textverständnis, das Geisteswissenschaften mit Naturwissenschaften gleichsetzt und als exakte, objektive Wissenschaft definiert, sondern auch von einer geringen methodischen Reflexion, die vergisst, dass die eigenen Stärken in der Hermeneutik und im Kenntlichmachen des Uneindeutigen liegen.[33] Eine größere Öffentlichkeit durch digitale Formen, aber auch mehr Datenerhebungen führen nicht zwangsläufig zu mehr Erkenntnis, sondern nur ihre Auswertungen und Kritik.

Mittels digitaler Technik können stattdessen Briefe über Datenbanken und Verlinkungen in Korrespondenzzusammenhänge und in darüber hinausgehende Kontexte (politische, gelehrte u. a. Diskurse) eingebunden werden. Per Hyperlink lässt sich von Zitaten im Quelltext auf deren Volltextumgebung springen – soweit Volltexte oder Digitalisate vorliegen. Register können verknüpft werden – Bibliographien mit Bibliothekskatalogen, Personenregister mit der Normendatei der Deutschen Nationalbibliothek, die für eine eindeutige Identifizierung von Autoren im VD16 oder VD17 sorgt. Durch diese Anreicherungen könnte eine Online-Edition von einem Wissenscontainer zu einer ,knowledge site'[34] werden, doch erscheint der Weg dorthin noch weit. Diese Zukunftsmusik spricht von der digitalen Edition als einer offenstehenden Ressource zur Weiterverarbeitung von Texten und Metadaten, die als ,work in progress' zeitnah Projektergebnisse mit der wissenschaftlichen Gemeinschaft teilt. Dabei sollen Probleme gemeinsam gelöst werden und die Aufgabenverteilung per Crowdsourcing erfolgen, also nach dem Wikipedia-Prinzip.[35]

Dabei wird deutlich, dass die Vorteile, die sich aus der digitalen Editionstechnik ergeben, zugleich neue Probleme generieren. Auch wenn einige Crowdsourcing-Projekte existieren und auf begrenztem Gebiet erfolgreich arbeiten, erweist es sich nicht als zwingend, dass die Schwarmintelligenz auf dem Gebiet wissenschaftlicher Editionen den größten Nutzen entfaltet.[36] Wird die Form der

33 Vgl. die Kritik an der Tagung „Digital Humanities" der Schweizerischen Akademie der Geistes- und Sozialwissenschaften (SAGW) in Bern 2013 durch Urs Hafner: *Eindeutig uneindeutig*, in: *Neue Zürcher Zeitung*, 2. Dezember 2013, 22.

34 Vgl. Peter L. Shillingsburg: *From Gutenberg to Google. Electronic Representation of Literary Texts*, Cambridge 2006, S. 88; Stäcker: *Creating the knowledge site* (wie Anm. 7), S. 112.

35 Zur theoretischen Unterfütterung von Kollaboration in wissenschaftlichen digitalen Editionen ebd., S. 117–119, wo zudem die Idee eines „Mesotexts" diskutiert wird, Annotaten der Editoren, die sie in Form von Blogs mit der Öffentlichkeit teilen. Vgl. auch Reinhard Keil: *Perspektiven der Wissensarbeit im digitalen Zeitalter*, in: *Digitale Edition zwischen Experiment und Standardisierung. Musik – Text – Codierung*, hg. von Peter Stadler und Joachim Veit, Tübingen 2009, S. 9–22, hier S. 9.

36 Neben den bereits angesprochenen Wiki-Source-Projekten, die durchaus erfolgreich arbeiten, wenn auch mitunter auf eigentümlicher Quellenbasis, vgl. die Vorhaben *Dis-*

Mitarbeit offengehalten, scheint Vandalismus vorprogrammiert, von dem viele Netzanwendungen ein Lied singen können. Abhilfe bietet in komplexen Arbeitszusammenhängen das Wikiprinzip, das in der Lage ist, Vandalismus schnell zu isolieren und zu beheben. Begrenzte Kollaborationen wie kleine Editionsgruppen könnten sich einen geschützten Bereich schaffen, der einen Zugang nur über ein Passwort erlaubt und den Betreibern eine Kontrolle über die Beiträger und Nutzer verschafft. Grundsätzliche Defizite bestehen aber weiterhin bei der Autorenfreundlichkeit der Arbeit. Die Erhebung von Metadatensätzen für die Langzeitarchivierung verlangt nach intensiver Auseinandersetzung mit den formalen Richtlinien, was sehr leicht zu einer disproportionalen Verschiebung der Arbeitspakete in Richtung technischen Supports führen kann. Thomas Thiel sieht in dieser Dominanz technischer Komponenten eine „Austreibung des Geistes aus den Geisteswissenschaften“.[37]

Ähnlich verhält es sich mit der zunehmend erwünschten Kooperation mit den Bibliothekaren. Es steht außer Zweifel, dass die Integration von Forschungsdaten der digitalen Edition einen erheblichen Mehrwert verschafft.[38] Ebenso ist nicht zu verleugnen, dass die Erhebung biographischer Daten zum Kerngeschäft vieler Editoren gehört und daher auch im Austausch mit den Bibliotheken erfolgen sollte.[39] Problematisch wird aber eine massenhafte Erhebung durch die Editoren im Auftrag von Bibliotheken. Die Ermittlung eines einzigen Personendatensatzes in der Datenbank der Deutschen Nationalbibliothek ist nicht mühsam, die Ermittlung von hunderten über die gesamte Edition hinweg schon. Auf diese Weise werden bibliothekarische Arbeiten an den Editor ausgelagert. Man muss nicht soweit gehen wie Uwe Jochum, der in der Auslagerung der Katalogisierung an die Autoren auf der Grundlage der Dublin Core Metadata Initiative (DCMI), eines relativ einfachen Sets von Regeln und Kategorien, eine Abkehr von einem hoheitlichen Kulturhandeln sieht, das vordem in Regelwerken kodifiziert und durch staatliche Erlasse kulturpolitisch legitimiert war. Entstanden sei, so Jochum, eine neoliberale Bibliothekspraxis und ein „dereguliertes Metadaten-DIY für jedermann“, das Kultur nur als Begleiterscheinung von Marktprozessen betrachte.[40] Außer Zweifel steht aber,

tributed Proofreaders (Link 17); *Australia Trove* (Link 18) sowie auf handschriftlicher Grundlage *Transcribe Bentham* (Link 19).

37 Thomas Thiel: *Die Austreibung des Geistes aus den Geisteswissenschaften*, in: *Frankfurter Allgemeine Zeitung*, 24.7.2012.

38 Vgl. Stäcker: *Creating the Knowledge Site* (wie Anm. 7), S. 113.

39 Bodo Plachta: *Edition und Bibliothek*, in: *Bibliothek und Wissenschaft* 44 (2011), S. 23–36, hier S. 36.

40 Uwe Jochum: *Datengeschenke sind Danaergeschenke*, in: *Frankfurter Allgemeine Zeitung*, 11.3.2013. Der Autor beklagt auch die Anreicherung der Katalogisate mit von Amazon gelieferten Umschlagbildern, wodurch eine Kundenzuführung per Link erfol-

dass dieser Mehrbelastung der Editoren wissenschaftspolitisch entgegengesteuert werden müsste. Unter den gegebenen technischen Voraussetzungen ist eine Edition, die früher in drei Jahren erarbeitet wurde, heute nicht mehr zu erledigen. Möglicherweise können bald technische Weiterentwicklungen den Codierungsaufwand maschinell reduzieren, wissenschaftspolitisch müsste aber ebenso durch einen neuen Zuschnitt der Projekte gegengesteuert werden.

Valentin Gröbner meint, dass es noch an der Stabilisierung der im Netz produzierten Informationen hapere.[41] Geschwindigkeit, hohe Sendefrequenz und die Gier nach dem Jetzt machten das Netz zum Medium rasanten Vergessens.[42] Fertiges, Abgeschlossenes und Konzentriertes gingen darin unter, sodass Bücher und Editionen anders als wissenschaftliche Blogs nicht ins Netz gehörten. Stattdessen hätte sich keine wissenschaftliche Idee und kein aufregender Fund zuerst im Netz ereignet, sondern umgekehrt seien Diskussionen aus Buch oder Zeitschrift ins Netz gedriftet. Hinsichtlich der Rückkopplungsstrukturen und der Autor-Leser-Gemeinschaften wirke das Netz auf den ersten Blick wie die Fortsetzung gelehrter Kulturen der frühen Neuzeit, vor allem aber ihrer unerfreulichen Seiten. Gepflegt würden der Kult des Narzissmus und die ins Endlose verlängerten Debatten. Gegen Gröbners erst Einwände sprechen Langzeitarchivierung und persistente Links, während die letzteren eher Ausdruck eines subjektiven Empfindens zu sein scheinen, die an die eingangs erwähnten Klagen des Johannes Trithemius über die Vergänglichkeit von Druckerzeugnissen und Tadel über Gelehrtenpolemik erinnern. Natürlich sind die heutigen Datenmengen quantitativ nicht mit der Produktion von Druckerzeugnissen vor 500 Jahren vergleichbar, aber war ein Flugblatt nicht auch ein Medium des Vergessens? Eine Büchern und Artikeln vergleichbare Katalogisierung digitaler Editionen erhöht ihre Sichtbarkeit in der wissenschaftlichen Landschaft.

ge, sowie – noch weitgehender – die Erstellung der Suchkriterien in den Bibliothekskatalogen durch Discovery-Dienste wie Primo oder Summon, die auf diese Weise firmeneigene Algorithmen an Stelle von alphabetisch oder sachlich erstellten Liste setzten. Auf der Grundlage der Creative-Commons-Lizenz würden die mit öffentlichen Mitteln erarbeiteten Katalogisate kostenlos für diese Dienste zugänglich, die wiederum Katalogdatenbanken verkauften. Vgl. auch die Klage über die Weitergabe von Katalogisaten und Leserdaten durch deutsche Bibliotheken bei Roland Reuß: *Sie nennen es Service, dabei ist es Torheit*, in: *Frankfurter Allgemeine Zeitung*, 12.11.2013.

41 Valentin Gröbner: *Muss ich das lesen? Ja, das hier schon*, in: *Frankfurter Allgemeine Zeitung*, 6.2.2013, S. N5.

42 Der „Stream", die letzte Erscheinungsform des Internets, „is based exclusively on nowness", vgl. Alexis C. Madrigal: *2013: The Year ‚the Stream' Crested*, in: *The Atlantic*, 12.12.2013 [Link 20], der aber zugleich eine Ablösung des „stream" postuliert und eine Aufwertung der „durable stocks".

Letztlich spielen gedruckte und Online-Editionen von Korrespondenzen auf verschiedenen Schauplätzen. Bücher betonen den Zusammenhang und den Corpuscharakter eines Briefwechsels, hinsichtlich der inneren Kontexte erleichtern sie dem Leser eine Handhabung. Zugleich suggerieren sie aber eine Abgeschlossenheit, die dem Original nicht entspricht, und entwerfen eine Meistererzählung, die für den Leser komplexitätsreduzierend wirkt. In dieser Hinsicht können isolierte Hypertexte die Kontingenz einer Korrespondenz abbilden. In praxi kann der Leser Texte oder Textstücke per Download aus dem Corpus herausschneiden, die für seine Arbeit relevant erscheinen. Für studentische Leser kann das nützlich sein. In der rasanten medialen Welt vermag die Online-Präsentation einer Edition einen Gewinn in der Aufmerksamkeitsökonomie zu verschaffen. Den Anspruch, den Gröbner an wissenschaftliches Schreiben und Arbeiten stellt – Neues bzw. vorher nicht verfügbare Informationen nachprüfbar zu präsentieren und zu kontextualisieren – vermag auch eine digitale Edition zu erreichen. Wissenschaftspolitisch können digitale Editionen als ein Open-Data-Format den freien Zugang zum nationalen Erbe sichern und die Sichtbarkeit bisher unbekannter Schätze erhöhen. Genauso wie Bibliotheken sind Editionen „Gedächtnisagenturen", wie Bodo Plachta es formulierte.[43] In diesem Zusammenhang steht auch der Launch der nichtkommerziellen National Digital Public Library amerikanischer Bibliotheken, die gegen eine Monopolisierung der Informationen vorrangig durch Google gerichtet ist und mit dem EU-Projekt „Europeana" kooperieren will, um das literarische Erbe allen Bürgern kostenlos zugänglich zu machen.[44] Bei aller Utopie, die hier durchschimmern mag, steht außer Zweifel, dass der Zugang zu Informationen zu einem Markt geworden ist.[45] Angesichts des derzeitigen Leistungsstandes ist es daher trotz der von Patrick Sahle zu Recht angemerkten Medienkonkurrenz angebracht, auf hybride Editionen zu setzen, die sowohl online als auch im Druck erscheinen und die Spezifik beider Medienformen zur Geltung bringen.[46]

43 Plachta: *Edition* (wie Anm. 37), S. 24, mit Verweis auf Raimar Zons: *Domesday, Buchenwald, Weimar*, in: *Das Archiv der Goethezeit. Ordnung – Macht – Matrix*, hg. von Gert Theile, München 2001, S. 31–43, hier S. 34.

44 Robert Darnton: *The National Digital Public Library is launched!*, in: *The New York Review of Books*, 25. April 2013.

45 Für einen freien und ungehinderten wissenschaftlichen Austausch spricht die Verwendung von *open access*, vgl. Stäcker: *Creating the Knowledge Site* (wie Anm. 7), S. 121–123. Hier sollen nicht dessen Vor- und Nachteile diskutiert werden, es sei allein verwiesen auf die Kritik Jochums an der Ausbeutung der Creative-Commons-Lizenzen durch Discoverydienste und andere Verwertungsgesellschaften, siehe oben Anm. 38.

46 Vgl. Patrick Sahle: *Digitale Editionsformen. Zum Umgang mit der Überlieferung unter den Bedingungen des Medienwandels*, Teil 2: *Befunde, Theorie und Methodik*, Norderstedt 2013, S. 69. Allerdings ist Sahle kein Vertreter dieser Editionsform und sieht im Hybrid ein Produkt der Vergangenheit, vgl. ebd., S. 109–124 seine Thesen zum

Linkverzeichnis

Link 1 = https://de.wikisource.org/wiki/Klageschrift_gegen_den_Hochmeister
Link 2 = https://de.wikisource.org/wiki/An_den_Herzog_Albrecht_von_Preussen
Link 3 = https://de.wikisource.org/wiki/Ueber_die_Monarchie
Link 4 = http://www.i-d-e.de
Link 5 = http://www.i-d-e.de/wp-content/uploads/2009/08/tomasi.pdf
Link 6 = http://www.tei-c.org/Guidelines/P5
Link 7 = http://cf.itergateway.org/capito
Link 8 = http://www.e-enlightenment.com/coffeehouse/project/voltaire2011
Link 9 = http://www.voltaire.ox.ac.uk/www_vf/bayle/bayle_index.ssi
Link 10 = http://www.stanford.edu/group/kircher/cgi-bin/site
Link 11 = http://bbf.dipf.de/digitale-bbf/editionen/froebel
Link 12 = http://elec.enc.sorbonne.fr/dubourg
Link 13 = http://telota.bbaw.de/AvHBriefedition/index.html
Link 14 = http://www.briefedition.alfred-escher.ch
Link 15 = http://diglib.hab.de/edoc/ed000086/start.htm
Link 16 = https://web.archive.org/web/20120721201343/ http://www.ahf-muenchen.de/Arbeitskreise/empfehlungen.shtml
Link 17 = http://www.pgdp.net/c
Link 18 = http://trove.nla.gov.au/newspaper
Link 19 = http://www.ucl.ac.uk/transcribe-bentham
Link 20 = http://www.theatlantic.com/technology/archive/2013/12/2013-the-year-the-stream-crested/282202

endgültigen Durchbruch der digitalen Edition, die freilich die Probleme der Standardisierung benennen.

DIPF
Veranstaltungen
BBF
Förderkreis
Kataloge
Digitale BBF
Benutzung
Archiv
Forschung
Publikationen
Mitarbeiter/innen
Kontakt
Startseite > Digitale BBF > Editionen > Fröbel-Briefe
Gesamtausgabe der Briefe Friedrich Fröbels
suchen
Fröbel-Briefe
Briefwechsel Spranger-Hadlich
Scripta Paedagogica Online
Editionen
Pictura Paedagogica Online
Vox Paedagogica Online
herausgegeben von Prof. Dr. Helmut Heiland (Fröbel-Forschungsstelle der Universität Duisburg-Essen) und der Bibliothek für Bildungsgeschichtliche Forschung des Deutschen Instituts für Internationale Pädagogische Forschung
Zugang zu den Briefen über
chronologische Folge
Personennamen
Fundorte
Volltextsuche
Über diese Ausgabe
Zeittafel
Benutzungshinweise
drucken
nach oben
© DIPF / BBF Bibliothek für Bildungsgeschichtliche Forschung
Impressum
Sitemap

Abb. 1

Elec
Correspondance d'Antoine Du Bourg
Documentation
École des chartes » ELEC » Correspondance d'Antoine Du Bourg » Année 1536 » François Ier à Antoine Du Bourg
Louis Caillaud à Antoine Du Bourg
Correspondance d'Antoine Du Bourg
Année 1536
François Ier à Antoine Du Bourg
François Ier à Antoine Du Bourg
François Ier à Antoine Du Bourg
1536, 4 août. — Vienne
1. Paiement des cinq cents hommes de pied levés par le comte de Roussy.
Orig. signé et contresigné. Arch. nat., J 965, dossier 5, pièce n° 1. 20,3 cm x 28,8 cm, papier, 1 page.
[adresse au dos] À mons' le chancellier
Mons' le Chancellier,
[1.] J'ay dernierement donné charge au conte de Roussy porteur de cestes de lever encores cinq cens hommes de pied pour parfaire sa bende jusques au nombre de deux mil, ce
qu'il a faict. Et sont lesdictz cinq cens hommes tous ense
yer leur paiement, affin qu'ilz aillent faire leurs monstres à Valence où j'ay
ordonné qu'elles se facent. À ceste cause, je vous prie
presente receue vous donnez ordre à ce que le paiement desd. cinq cens
hommes soit promptement envoyé audict Valence pour l
saire et contrerolleur pour y faire lesd. monstres ainsi que vous dira led. s'
de Roussy auquel j'ay ordonné si tost que ses gens auront receu leur paiement les mener et conduire en la plus grande diligence qu'il pourra droict en mon camp.
Roussy, Antoine II, comte de (...–1557)
Comte de Brienne et de Ligny, de la maison de Luxembourg.
Priant Dieu, Mons' le Chancellier, qu'il vous ait en sa tres saincte garde.
Escript à Vyenne le IIIIe d'aoust mil Vc XXXVI.
Françoys
J. Breton
[note dorsale d'une écriture contemporaine] Le roy pour les cinq cens hommes de mons' le conte de Roussy.
Annexes

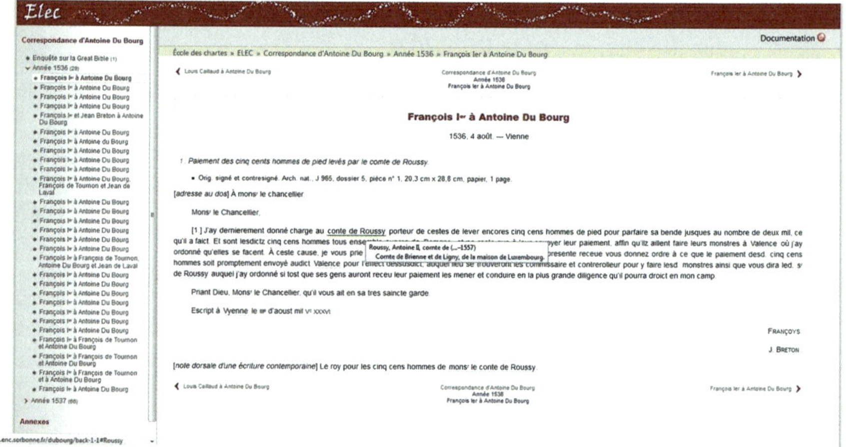

Abb. 2

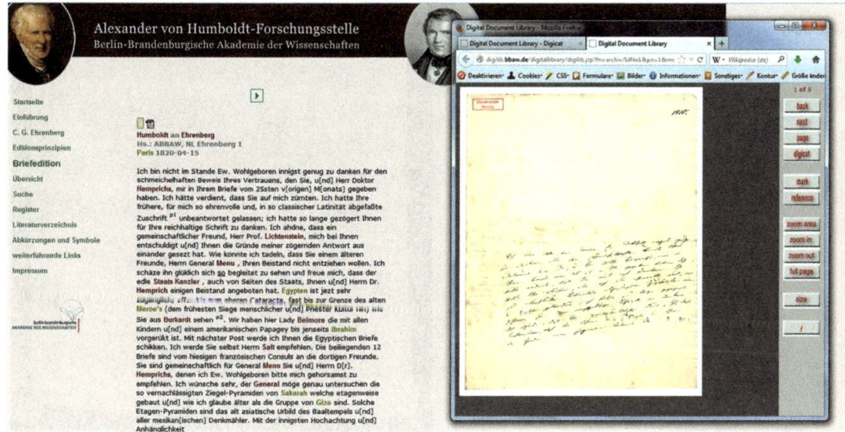

Abb. 3

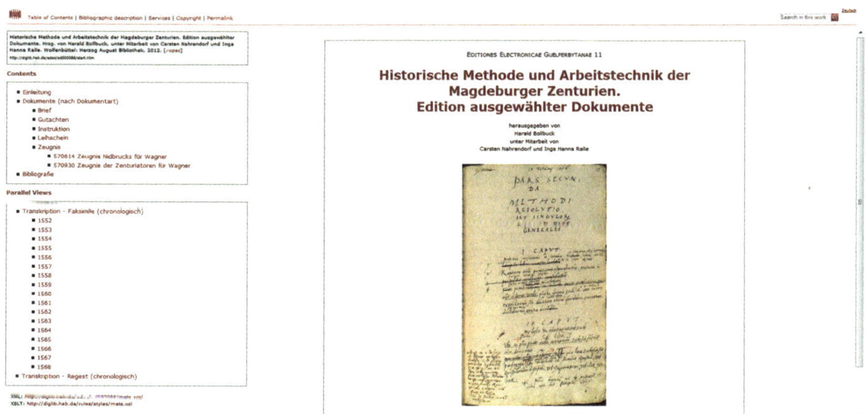

Alexander von Humboldt-Forschungsstelle
Berlin-Brandenburgische Akademie der Wissenschaften
Startseite
Einführung
C. G. Ehrenberg
Editionsprinzipien
Briefedition
Übersicht
Suche
Register
Literaturverzeichnis
Abkürzungen und Symbole
weiterführende Links
Impressum
Humboldt an Ehrenberg
Hs.: ABBAW, NL Ehrenberg 1
Paris 1820-04-15
Ich bin nicht im Stande Ew. Wohlgeboren innigst genug zu danken für den schmeichelhaften Beweis Ihres Vertrauens, den Sie, u[nd] Herr Doktor Hemprichs, mir in Ihrem Briefe vom 25sten v[origen] M[onats] gegeben haben. Ich hätte verdient, dass Sie auf mich zürnten. Ich hatte Ihre frühere, für mich so ehrenvolle und, in so classischer Latinität abgefaßte Zuschrift p1 unbeantwortet gelassen; ich hatte so lange gezögert Ihnen für Ihre reichhaltige Schrift zu danken. Ich ahdne, dass ein gemeinschaftlicher Freund, Herr Prof. Lichtenstein, mich bei Ihnen entschuldigt u[nd] Ihnen die Gründe meiner zögernden Antwort aus einander gesezt hat. Wie könnte ich tadeln, dass Sie einem älteren Freunde, Herrn General Menu, Ihren Beistand nicht entziehen wollen. Ich schäze ihn glüklich sich so begleitet zu sehen und freue mich, dass der edle Staats Kanzler, auch von Seiten des Staats, Ihnen u[nd] Herrn Dr. Hemprich einigen Beistand angeboten hat. Egypten ist jezt sehr
Cataracte, fast bis zur Grenze des alten
Meroe's (dem frühesten Siege menschlicher u[nd] Priester
Sie aus Burkardt sehen p2. Wir haben hier Lady Belmore die mit allen Kindern u[nd] einem amerikanischen Papagey bis jenseits Ibrahim vorgerükt ist. Mit nächster Post werde ich Ihnen die Egyptischen Briefe schikken. Ich werde Sie selbst Herrn Salt empfehlen. Die beiliegenden 12 Briefe sind vom hiesigen französischen Consuls an die dortigen Freunde. Sie sind gemeinschaftlich für General Menu Sie u[nd] Herrn D[r]. Hemprichs, denen ich Ew. Wohlgeboren bitte mich gehorsamst zu empfehlen. Ich wünsche sehr, der General möge genau untersuchen die so vernachlässigten Ziegel-Pyramiden von Sakarah welche etagenweise gebaut u[nd] wie ich glaube älter als die Gruppe von Gize sind. Solche Etagen-Pyramiden sind das alt asiatische Urbild des Baaltempels u[nd] aller mexikan[ischen] Denkmähler. Mit der innigsten Hochachtung u[nd] Anhänglichkeit
Digital Document Library
back
next
page
digicat
mark
reference
zoom area
zoom in
zoom out
full page
size

Table of Contents | Bibliographic description | Services | Copyright | Permalink
Historische Methode und Arbeitstechnik der Magdeburger Zenturien. Edition ausgewählter Dokumente. Hrsg. von Harald Bollbuck, unter Mitarbeit von Carsten Nahrendorf und Inga Hanna Ralle. Wolfenbüttel: Herzog August Bibliothek, 2012. [/opac]
Contents
Einleitung
Dokumente (nach Dokumentart)
Brief
Gutachten
Instruktion
Leihschein
Zeugnis
570614 Zeugnis Nidbrucks für Wagner
570930 Zeugnis der Zenturiatoren für Wagner
Bibliografie
Parallel Views
Transkription - Faksimile (chronologisch)
1552
1553
1554
1555
1556
1557
1558
1559
1560
1561
1562
1563
1564
1565
1566
1567
1568
Transkription - Regest (chronologisch)
XSLT: http://diglib.hab.de/rules/styles/mets.xsl
Editiones Electronicae Guelferbytanae 11
Historische Methode und Arbeitstechnik der Magdeburger Zenturien.
Edition ausgewählter Dokumente
herausgegeben von
Harald Bollbuck
unter Mitarbeit von
Carsten Nahrendorf und Inga Hanna Ralle

Abb. 4

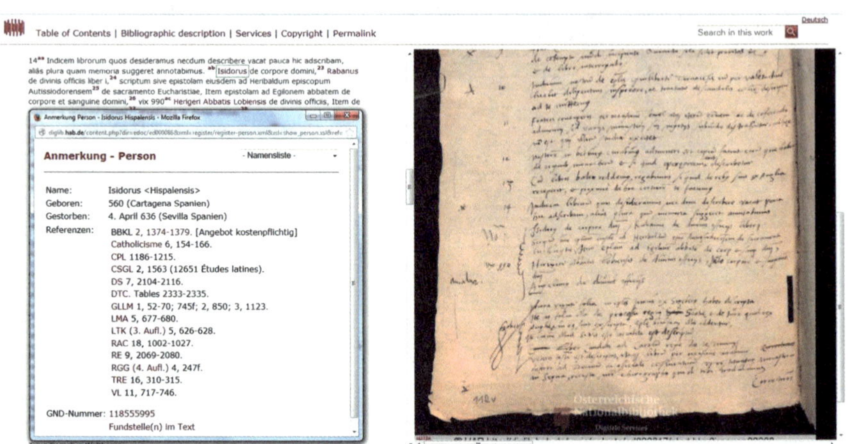
Deutsch
Table of Contents | Bibliographic description | Services | Copyright | Permalink
Search in this work
14[aa] Indicem librorum quos desideramus necdum describere vacat pauca hic adscribam,
aliâs plura quam memoria suggeret annotabimus. [ab] Isidorus de corpore domini,[23] Rabanus
de divinis officiis liber I,[24] scriptum sive epistolam eiusdem ad Heribaldum episcopum
Autissiodorensem[25] de sacramento Eucharistiae, Item epistolam ad Egilonem abbatem de
corpore et sanguine domini,[26] vix 990[ac] Herigeri Abbatis Lobiensis de divinis officiis, Item de
Anmerkung Person - Isidorus Hispalensis - Mozilla Firefox
Anmerkung - Person
- Namensliste -
Name: Isidorus <Hispalensis>
Geboren: 560 (Cartagena Spanien)
Gestorben: 4. April 636 (Sevilla Spanien)
Referenzen: BBKL 2, 1374-1379. [Angebot kostenpflichtig]
Catholicisme 6, 154-166.
CPL 1186-1215.
CSGL 2, 1563 (12651 Études latines).
DS 7, 2104-2116.
DTC. Tables 2333-2335.
GLLM 1, 52-70; 745f; 2, 850; 3, 1123.
LMA 5, 677-680.
LTK (3. Aufl.) 5, 626-628.
RAC 18, 1002-1027.
RE 9, 2069-2080.
RGG (4. Aufl.) 4, 247f.
TRE 16, 310-315.
VL 11, 717-746.
GND-Nummer: 118555995
Fundstelle(n) im Text

Abb. 5

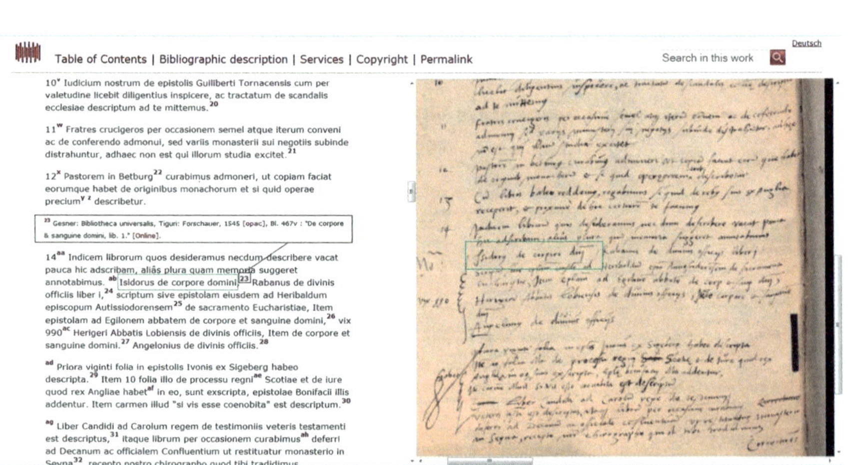
Deutsch
Table of Contents | Bibliographic description | Services | Copyright | Permalink
Search in this work
10[v] Iudicium nostrum de epistolis Gulliberti Tornacensis cum per valetudine licebit diligentius inspicere, ac tractatum de scandalis ecclesiae descriptum ad te mittemus.[20]
11[w] Fratres crucigeros per occasionem semel atque iterum conveni ac de conferendo admonui, sed variis monasterii sui negotiis subinde distrahuntur, adhaec non est qui illorum studia excitet.[21]
12[x] Pastorem in Betburg[22] curabimus admoneri, ut copiam faciat eorumque habet de originibus monachorum et si quid operae precium[y z] describetur.
[23] Gesner: Bibliotheca universalis, Tiguri: Forschauer, 1545 [opac], Bl. 467v : "De corpore & sanguine domini, lib. 1." [Online].
14[aa] Indicem librorum quos desideramus necdum describere vacat pauca hic adscribam, aliâs plura quam memoria suggeret annotabimus. [ab] Isidorus de corpore domini,[23] Rabanus de divinis officiis liber I,[24] scriptum sive epistolam eiusdem ad Heribaldum episcopum Autissiodorensem[25] de sacramento Eucharistiae, Item epistolam ad Egilonem abbatem de corpore et sanguine domini,[26] vix 990[ac] Herigeri Abbatis Lobiensis de divinis officiis, Item de corpore et sanguine domini.[27] Angelonius de divinis officiis.[28]
[ad] Priora viginti folia in epistolis Ivonis ex Sigeberg habeo descripta.[29] Item 10 folia illo de processu regni[ae] Scotiae et de iure quod rex Angliae habet[af] in eo, sunt exscripta, epistolae Bonifacii illis addentur. Item carmen illud "si vis esse coenobita" est descriptum.[30]
[ag] Liber Candidi ad Carolum regem de testimoniis veteris testamenti est descriptus,[31] itaque librum per occasionem curabimus[ah] deferri ad Decanum ac officialem Confluentium ut restituatur monasterio in

Abb. 6

Howard Hotson

Reassembling the Republic of Letters. Rekonstruktion der Gelehrtenrepublik, 1500–1800: Konzeption eines digitalen Rahmens für die multilaterale Zusammenarbeit auf dem Gebiet der europäischen Geistesgeschichte*

Einleitung: Rückblick und Ausblick

Das fünfzigjährige Bestehen der Melanchthon-Forschungsstelle ist ein willkommener Anlass, einen Blick auf die Geschichte eines ganz besonderen Projekts zu werfen. Selten zuvor wurde wissenschaftliche Zusammenarbeit mit einer solchen Sorgfalt betrieben wie im Falle einer der bedeutendsten und umfangreichsten Sammlungen frühmodernen Briefwechsels. Die vor einem halben Jahrhundert gesetzten, bis heute eingehaltenen Maßstäbe in Bezug auf wissenschaftliche Methodik und Präsentation sind für eine Korrespondenz dieser Größenordnung und Komplexität wohl einzigartig.

Diese Tagung bietet jedoch eine ebenso gute Gelegenheit, den Blick in die Zukunft zu richten. Welche Stellung wird dieses Forschungsgebiet in fünfzig Jahren einnehmen? Die Frage erscheint ebenso notwendig wie sie schwierig zu beantworten ist – schließlich erleben wir derzeit zweifellos die größte Medienrevolution seit Beginn des Print-Zeitalters, das den Weg ebnete für jene epochale Bewegung rund um Philipp Melanchthon.

Die fortschreitende digitale Revolution stellt die traditionelle Forschung in mancherlei Hinsicht vor zahlreiche Herausforderungen. Angesichts der Geschwindigkeit, mit der heute gigantische Datenmengen nicht nur automatisch gesammelt, verarbeitet und von einem Punkt der Welt zu einem anderen übertragen, sondern ebenso analysiert, modelliert und visualisiert werden können, mag die gewissenhafte bibliothekarische, paläographische und redaktionelle Arbeit auf Ungeduld stoßen, zumindest unter denjenigen, die vergessen haben, dass solides historisches Wissen auf genau diesen Arbeitsmethoden fußt. Wie können wir uns in einem Zeitalter radikal beschleunigter weltweiter Kommunikation den Freiraum bewahren, den Forschungsprojekte wie der Melanchthon-Briefwechsel erfordern?

Glücklicherweise bietet die gegenwärtige Medienrevolution auch vielversprechende, neuartige Ansätze – gibt sie uns doch nicht zuletzt Werkzeuge an die Hand, um die Tragweite der melanchthonischen Medienrevolution besser zu

* Aus dem Englischen übersetzt von Michael Prien, Heidelberg.

verstehen, als dies im Print-Zeitalter möglich war. Gelingt es der Wissenschaft, die Vorteile digitaler Medien für die Untersuchung frühmoderner wissenschaftlicher Korrespondenzen nutzbar zu machen, so muss das neue Medium nicht in Konkurrenz zu traditioneller Forschung stehen. Vielmehr bieten die digitalen Medien neue Wege, um die freie Verfügbarkeit und eine größere Verbreitung der Früchte konventioneller Forschung zu gewährleisten sowie einem breiten Publikum leichteren Zugang zu ihnen zu ermöglichen.

Ursprünge: die frühmoderne Kommunikationsrevolution und die Republik der Gelehrten

Um die Reichweite dieses vielversprechenden Ansatzes besser zu verstehen, bedarf es eines Rückblicks von der gegenwärtigen auf die frühmoderne Kommunikationsrevolution. Wie hinlänglich bekannt, vollzog sich im Zeitalter der Frühmoderne ein Kommunikationswandel, der seinen Ursprung in zahlreichen, eng miteinander verwobenen Faktoren hatte: die Mechanisierung der Papierherstellung, das darauffolgende Aufkommen des Holzschnitts, der Drucktype und der Gravur, die Vereinheitlichung nationaler Mundarten und ihrer Literatur, die zunehmende Alphabetisierung, die Renaissance der klassischen Latinität und mit ihr des altbekannten Briefes sowie die Verbreitung zahlreicher Möglichkeiten für gewöhnliche Gelehrte, Briefe einfach, kostengünstig, effizient, verlässlich und regelmäßig miteinander austauschen zu können. Der gestiegene Briefverkehr unter den Gelehrten Europas ließ den Kontinent wie nie zuvor zusammenwachsen, was für die revolutionären intellektuellen Entwicklungen der Frühmoderne von entscheidender Bedeutung sein sollte.

Die integrative Komponente dieser Korrespondenz-Netzwerke lässt sich am einfachsten geographisch nachvollziehen: Die Briefe von einem zu einem anderen Gelehrten zogen sich wie ein roter Faden durch die bis dahin weit verstreute internationale Gelehrtenrepublik und ließen eine Forschungsgemeinde entstehen, die sich von einem zum anderen Ende Europas und darüber hinaus bis nach Asien und Amerika ausdehnte. Den Briefwechseln ist jedoch auch eine thematische Komponente eigen: Anders als bei einer wissenschaftlichen Abhandlung über ein eng umgrenztes Wissensgebiet, die eine formale Gliederung und eine geordnete Struktur aufweist, tauchen in den Briefen bisweilen zahlreiche völlig heterogene Informationen auf, und ihre Autoren springen von einem zum nächsten Thema, ohne dass sich ein Zusammenhang zwischen ihnen erkennen ließe. Darin zeigt sich eine Wissbegier, ja ein Wissensdrang, der sich anderswo nur schwer finden lässt. Schließlich zeichnen sich die Briefwechsel gelegentlich noch durch eine dritte, gesellschaftliche Komponente aus, indem sie gänzlich verschiedenartige Menschen miteinander verbanden, einschließlich solcher, die nie zuvor miteinander verkehrt hatten und unter gewöhnlichen Umständen auch keinen sozialen Umgang miteinander pflegen würden: Prinzen und Aristokraten, Privatgelehrte und Forscher, Diplomaten und Offiziere, Physiker und Apotheker, Geistliche und Schullehrer, Studenten und Dozenten, Drucker und Buchhändler, Kaufleute und Reisende, Werkzeugmacher, Handwerker, Alchemisten, Astrologen – sie alle und viele mehr treffen in den repräsentativsten Korrespondenzen des gesamten Jahrhunderts aufeinander. Kurzum: Kein vergleichbares Phänomen spiegelt die vielfältigen Wissenskulturen der Frühmoderne so gut wieder bzw. ermöglicht Forschern heute ähnlich gut, sie zu untersuchen, wie jene Netzwerke intellektueller Korrespondenzen von damals.

Bisweilen waren die Protagonisten dieser neuen Welt von der Art einer internationalen Forschungsgemeinde derart idealistisch gestimmt, dass sie gerade den bedeutungsvollsten Moment ihres gesamten Daseins zu erleben glaubten, eingebettet in eine neuartige, imaginäre Gemeinschaft, der sie den Namen Res publica litteraria, République des Lettres, gaben. Zumindest in ihrer Vorstellung war diese neue Welt eine offene Gesellschaft, in der nicht etwa Gesetze, Gewohnheiten oder Machtgefüge die Pflichten des Einzelnen definieren, sondern die gegenseitigen Dienste an der Causa des Lernens. Status ist in dieser meritokratischen Gesellschaft nicht etwa durch Geburt oder Reichtum determiniert, sondern wird durch Wissen und Erkenntnis erlangt. In einer solchen transnationalen und toleranten Gemeinschaft spielt die Zugehörigkeit zu einer Volksgruppe, zu einer Nation, zu einem Beruf und selbst zu einer religiösen Konfession keine Rolle mehr, sie wird vielmehr von intellektuellen Zielsetzungen, erlernten Werten und kulturellen Idealen zusammengehalten. Die heute noch vorhandenen Aufzeichnungen dieses nationenübergreifenden, systematischen Austauschs bilden demnach ein kulturelles Erbe von unschätzbarem Wert – dokumentieren sie doch die Herausbildung eines neuen Ideals einer modernen, toleranten, meritokratischen, wissensbasierten, gesamteuropäischen Zivilgesellschaft, die auch heute noch von großer Relevanz ist und ursächlich für einen Großteil der geistigen Innovationen war, welche die moderne Welt einläuteten.

Probleme: die Rekonstruktion eines verstreuten Erbes im Zeitalter der Printmedien

In Anbetracht ihrer offensichtlichen Relevanz mag es verwundern, dass dieses außergewöhnliche geistige Erbe in der kollektiven Erinnerung der Europäischen Union als Institution oder als Völkergemeinschaft kaum vorhanden ist. Gleichwohl mangelt es keineswegs an einschlägiger Fachliteratur: Über die Jahre ist der Bestand an kritischen Ausgaben und monographischen Studien zu bedeutsamen Briefwechseln, einzelnen Artikeln und kommentierten Anthologien auf ein beträchtliches Ausmaß angewachsen, darunter auch vielfältiges

Material von höchster wissenschaftlicher Qualität. Ein umfassendes Referenzwerk ist jedoch nach wie vor ein Desiderat, die vorhandenen fragmentarischen Erkenntnisse sind ohne wesentlichen Einfluss auf die historische Bildung, und so fristet die Gelehrtenrepublik im volkstümlichen Geschichtsbild allenfalls ein Schattendasein.

Wie konnte eine für die europäische Kulturgeschichte so bedeutsame Gemeinschaft in Vergessenheit geraten? Und welches Instrumentarium benötigt die moderne Wissenschaft, damit diese Gemeinschaft wieder mehr wahrgenommen wird und ihre Bedeutung wieder stärker ins Bewusstsein von Politikern, jungen Menschen und der allgemeinen Öffentlichkeit gerückt wird? Dies sind einige der wissenschaftlichen, kulturellen und technologischen Fragen, mit denen sich die zukünftige Forschung auf diesem Gebiet auseinandersetzen muss.

Eine der Antworten auf die erste Frage ist sicherlich in der Geschichte zu suchen. Die Geschichts- und Literaturwissenschaften entwickelten sich erst mit dem aufkommenden Nationalbewusstsein des 19. Jahrhunderts zu echten wissenschaftlichen Disziplinen, und so sind die Erforschung von nationalen Entwicklungen und nationalen Kulturheroen weitaus stärker institutionalisiert und besser mit Fördermitteln ausgestattet als ihre transnationalen Pendants. Eine der Forschungsaufgaben besteht demnach darin, dieses historische Verständnis genauer zu ergründen. Worauf beruht das Selbstverständnis der humanistischen Intelligenz der Renaissance als Gelehrtenrepublik, wie vermochte es das nachfolgende konfessionelle Zeitalter überdauern, um schließlich in der Aufklärung neu aufzuleben? Wie gelang es dem wachsenden Nationalbewusstsein dieses Selbstverständnis zu schwächen und wie im Einzelnen trugen die gewaltsamen Entwicklungen des zwanzigsten Jahrhunderts dazu bei, einerseits dieses Selbstverständnis zu untersuchen und neu zu entfachen und andererseits auch zu behindern? Eine solche Dekonstruktion des Ideals der Gelehrtenrepublik und eine Skizzierung ihrer historischen und historiographischen Entwicklungen sind wesentliche Grundlage für die Rekonstruktion einer historisch akkuraten Vorstellung der Funktionsweise dieser Gemeinschaft, sowohl als imaginäres Ideal als auch als historische Realität. Durch die Organisation eines wesentlichen Teils dieser Arbeitsbereiche auf internationaler anstatt nationaler Ebene lassen sich neue und ganzheitlichere Perspektiven gewinnen.

Eine zweite und vielleicht wichtigere Antwort betrifft letzten Endes die technologische Komponente. Das Problem besteht im Grunde darin, dass die erweiterten Möglichkeiten des gewöhnlichen frühneuzeitlichen Gelehrten, ganze Sammlungen handgeschriebener Briefe quer über den Kontinent verstreut und sogar über ganze Kontinente hinweg zu versenden, die Forschung vor Herausforderungen stellt, welche die Printtechnologie nicht zu lösen vermag.

Hierzu zählen zunächst die Schwierigkeiten bei der Archivverwaltung handgeschriebener Korrespondenzen. Die exakte Katalogisierung großer und heterogener Briefsammlungen ist mit den Ressourcen und dem vorhandenen Fachpersonal der meisten Archive und Bibliotheken schlichtweg nicht zu bewältigen. In einem Korrespondenzarchiv ist zu jedem Brief zunächst ein eigener Katalogeintrag zu erstellen. Erschwerend kommt hinzu, dass jeder einzelne Brief von einem anderen Autor mit eigener Handschrift verfasst sein kann, einmal in schöner und sauberer, ein anderes Mal wiederum in nachlässiger, verblichener und kaum lesbarer Schrift. Ein einzelnes Archiv von Gelehrtenbriefen kann überdies Material in zahlreichen Sprachen enthalten, mit jeweils ganz eigenen linguistischen und paläographischen Besonderheiten. Aus all diesen Gründen erfordert das Katalogisieren einen beträchtlichen Zeitaufwand und umfangliche fachliche Kompetenz, besonders wenn auch noch Angaben zum Inhalt des Briefes erfasst werden sollen. Insofern verwundert es nicht, dass viele umfangreiche Briefsammlungen bis heute nur sehr unvollständig katalogisiert sind. Und die vorhandenen Kataloge sind in aller Regel nur örtlich verfügbar, wodurch die Rekonstruktion vollständiger Briefwechsel ungemein erschwert wird.

Gleichzeitig steht der Forscher in seinen Bemühungen, einen Briefwechsel vollständig zu rekonstruieren, vor einem weiteren Problem: Die empfangenen und versandten Briefe eines einzelnen Autors liegen oft über mehrere Archive verstreut vor. Damit ist die Rekonstruktion örtlich verstreuter Briefe – selbst im Falle eines einzelnen berühmten Autors – auch heute noch ein äußerst mühsamer Prozess, der nicht selten ganze Forscherteams ein Leben lang beschäftigt.

Überdies erschweren die in der Frühmoderne über große Strecken vorherrschenden zerrütteten politischen Verhältnisse das Problem zusätzlich, wie das Beispiel des bedeutsamen tschechischen Intellektuellen und Wegbereiters der Pädagogik, Johann Amos Comenius, veranschaulicht: Comenius verbrachte, nachdem er aus seiner Heimat Mähren Anfang des Dreißigjährigen Krieges vertrieben wurde, den Rest seines Lebens in den verschiedensten Ländern Europas – Polen, England, Schweden, Polnisch-Preußen, Ungarn und Holland – auf der ständigen Flucht vor weiteren Kriegsausbrüchen, angefangen beim Dreißigjährigen Krieg in Zentraleuropa über die Bürgerkriege auf den Britischen Inseln bis hin zu den Nordischen Kriegen im Baltikum. Im Laufe seines Exils führte er Briefwechsel mit einer ganzen Generation von gelehrten Männern und Frauen, von denen viele wie er den Kriegswirren der damaligen Zeit entkommen mussten. Seine Briefe sind demnach Zeugnis einer Korrespondenz eines kontinuierlich Vertriebenen mit anderen kontinuierlich Vertriebenen. Folglich befinden sich die, wenngleich nach melanchthonischen Standards vergleichsweise wenig zahlreichen, Briefe von und an Comenius auch quer über Europa verteilt. Im Einzelnen werden die knapp 500 noch erhaltenen Briefe aus ungefähr 50 verschiedenen Sammlungen in 35 verschiedenen Städten und einem Dutzend verschiedener Länder aufbewahrt. Das Sammeln dieser Briefe erforderte bereits 150 Jahre, und immer noch tauchen weitere Briefe auf. Das Auffinden des verstreuten Materials und das Dokumentieren des komplexen Verlaufs dieser Briefwechsel ist dabei mit den Mitteln und Methoden der Printtechnologie nur beschränkt möglich.

Und selbst wenn genug Material zusammengetragen wurde und ein annähernd vollständiger Briefwechsel vorliegt, stellt das Deuten des Inhalts ein zweites, nicht weniger anspruchsvolles Unterfangen dar, nicht zuletzt aufgrund der umfangreichen Themenvielfalt der frühmodernen Gelehrtenbriefe. Ein anschauliches Beispiel hierfür ist der Briefwechsel eines der größten europäischen Denkers der Generation nach Comenius: Gottfried Wilhelm Leibniz. Leibniz tauschte knapp 20.000 Briefe mit Hunderten von Autoren in ganz Europa und sogar China aus. Die Themen seiner Briefe waren nicht minder vielfältig und umfassten nahezu den gesamten Wissensbereich seiner Zeit. Das bloße Sammeln von Informationen über die thematische, geographische und chorologische Spannbreite dieser Briefwechsel ist schon an für sich eine gewaltige Aufgabe; und Printtechnologien sind nur bedingt von Nutzen bei der Deutung eines solch wertvollen, umfangreichen und gleichzeitig fragmentierten literarischen Vermächtnisses. Es bedarf somit neuer Werkzeuge, mit denen sich die gemeinsamen Schnittpunkte der zahlreichen Dimensionen eines solchen Corpus auf effiziente und interaktive Art und Weise untersuchen lassen.

Wie also lassen sich all diese Dimensionen vermessen und navigierbar machen, nicht nur im Falle einzelner Netzwerke, sondern ganzer Korrespondenz-Gemeinschaften? Für das Entziffern, Transkribieren, Übersetzen und Annotieren von Briefen sowie der Veröffentlichung der Resultate bietet die Unveränderlichkeit der Printwelt zahlreiche Vorteile. Um das gesamte Universum frühneuzeitlicher Briefarchive jedoch auch navigierbar zu machen, bedarf es neuer Medien in Ergänzung der Printtechnologie.

Neue Lösungsansätze: die wachsende Zahl an Ressourcen zu Beginn des digitalen Zeitalters

Inmitten der gegenwärtigen Medienrevolution kristallisiert sich zunehmend eine globale Lösung für dieses langjährige Problem heraus.

Digitale Technologien lassen sich möglicherweise auf nahezu sämtlichen Prozessstufen der Erforschung der Gelehrtenrepublik nutzbringend einsetzen: Online-Kataloge erleichtern das Auffinden verstreuter Briefe. Hochauflösende Fotos ermöglichen das Sammeln von Material und seine räumlich entfernte Untersuchung. Selbst die herkömmliche Textverarbeitung hat Aufgaben wie das Transkribieren, Edieren und Annotieren von Text bereits grundsätzlich transformiert. Ebenso ermöglichen selbst gewöhnliche Tabellenkalkulations- und Datenbankprogramme das Sammeln und die Analyse von großen Briefsammlungen und biographischen Datenmengen auf so einfache Art und Weise, wie dies noch im Printzeitalter undenkbar gewesen wäre. Am faszinierendsten jedoch erscheint das Potential von weit entwickelten Systemen zur Suche, Analyse und Visualisierung der Brieftexte selbst, ihrer prosopographischen, geographischen und chronologischen Metadaten einschließlich der darin enthaltenen Netzwerke sowie der in den Texten geführten Diskussionen. Während die Unveränderlichkeit schriftlich fixierter Texte den Herausgebern einzelner Briefwechsel eine Disziplin abverlangt, die zumeist historisch-kritische Ausgaben hervorbringt, bietet die anhaltende Revolution in der digitalen Kommunikation erweiterte Möglichkeiten, um die Struktur nicht nur einzelner Korrespondenzen zu verstehen, sondern ganzer Gemeinschaften, in die sie eingebettet waren.

Besonders in den letzten fünf Jahren wurde deshalb eine stetig wachsende Zahl webbasierter Projekte und Ressourcen zur Erforschung frühmoderner Briefwechsel ins Leben gerufen. Verschiedene Bibliotheken, Archive, gemeinschaftliche Forschungsprojekte und selbst einzelne Forscher in ganz Europa und darüber hinaus haben bereits erste Ergebnisse ihrer Forschungsarbeit veröffentlicht, darunter webbasierte Kataloge, Archive und vielfältigste Editionen sowie die bislang überwiegend rudimentären digitalen Tools, mit denen sich das Material auf gänzlich neue Art und Weise untersuchen lässt. Das Kalliope-Portal in Deutschland bzw. der Catalogus Epistularum Neerlandicarum in den Niederlanden sind Beispiele für solche digitalisierten, nationalen Verbundkataloge mit unterschiedlichem Detailgrad, mittels derer sich Manuskripte bzw. handgeschriebene Korrespondenzen auffinden lassen. Auch einzelne Einrichtungen bieten bereits Kataloge handgeschriebener Briefe in digitaler Form an, darunter die Royal Library in Kopenhagen und weitere Nationalbibliotheken. Auch eine wachsende Zahl namhafter Universitätsbibliotheken, darunter in Oxford und Basel, einige Gelehrtengesellschaften, z.B. die Royal Society of London, sowie bedeutende Sammlungen, wie im Falle der Waller-Kollektion autographischer Briefe in Uppsala, verfügen über Online-Kataloge für handgeschriebene Briefe. Andere bedeutende Einrichtungen haben sich auf einzelne Persönlichkeiten spezialisiert, so das Museo Galileo in Florenz mit seinen 4.000 Briefen an und von Galileo sowie seinen Schülern und die Leibniz-Bibliothek in Hannover mit ihren 20.000 Briefen aus der Leibniz-Korrespondenz. Auch für eine Vielzahl weiterer bedeutender Briefsammlungen der Frühmoderne stehen heute bereits digitale Kataloge zur Verfügung oder befinden sich im Aufbau: Francis Bacon, Pierre Bayle, Theodor Beza, Thomas Bodley, Antoinette Bourignon, Robert Boyle, Tycho Brahe – die Liste namhafter Online-Kataloge, die sich auf Briefsammlungen spezialisiert haben, steigt Monat um Monat an. Manche dieser Ressourcen katalogisieren gar komplette Archive digitalisierter handschriftlicher Korrespondenzen (wie z. B. die Sammlungen von Clusius, Huygens, Kircher, Linné und Peiresc). Andere wiederum stellen diplomatische und normalisierte Transkriptionen zur Verfügung, wie im Falle des Newton-Projekts.

In Ergänzung der Ressourcen zu einzelnen Persönlichkeiten oder Repositorien werden gleichsam umfangreiche Textarchive unterschiedlichster Form zusammengetragen. Das Corpus Epistolicum Recentioris Aevi in Mannheim und Heidelberg enthält 50.000 eingescannte Gelehrtenbriefe, die in Deutschland während des 16., 17. und 18. Jahrhunderts gedruckt wurden. Das in Oxford angesiedelte Projekt Electronic Enlightenment stellt die Texte von ca. 60.000 Briefen zahlreicher bedeutsamer Korrespondenzen des 17. und insbesondere 18. Jahrhunderts als kritische Ausgabe digital zur Verfügung. Zu diesen beiden Mammutprojekten kamen vor fünf Jahren drei weitere große Unternehmungen hinzu, im Rahmen derer der Einsatz von Informationstechnologien für die Erforschung der Gelehrtenrepublik untersucht wird. Obgleich unabhängig voneinander und nahezu zeitglich ins Leben gerufen, zeichnen sich diese Vorhaben von Beginn an durch ihre enge und produktive Zusammenarbeit aus. Das in Stanford durchgeführte Projekt Mapping the Republic of Letters (»Die Vermessung der Gelehrtenrepublik«) widmet sich schwerpunktmäßig der faszinierenden Herausforderung, große Datenmengen auf diesem neuen Gebiet unter anderem kartographisch zu visualisieren. Am Huygens Institut für Niederländische Geschichte in Den Haag wurden im Rahmen des Projektes Circulation of Knowledge and Learned Practices in the 17th-century Dutch Republic (»Verbreitung von Wissen und Techniken aus der Zeit der holländischen Republik des 17. Jahrhunderts«) bislang 20.000 zuvor edierte Gelehrtenbriefe des Holländischen Goldenen Zeitalters digitalisiert und öffentlich zugänglich gemacht – gemeinsam mit einer Reihe von Visualisierungstools sowie einem Pionierversuch zur Themenmodellierung multilingualer Korpora. In Oxford beschäftigt sich ein von der Andrew-W.-Mellon-Foundation finanziertes Projekt mit dem Titel Cultures of Knowledge: Networking the Republic of Letters, 1550–1750 (»Wissenskulturen: Netzwerke der Gelehrtenrepublik, 1550–1750«) primär mit der Aufgabe, die Infrastruktur für einen Zentralkatalog der Gelehrtenrepublik aufzubauen und diesen mit einer repräsentativen Auswahl relevanter Metadaten zu befüllen.

Ausblick: über die Möglichkeiten einer gemeinsamen digitalen Infrastruktur

Auf Grundlage dieser raschen Zunahme einzelner Projekte ist absehbar, in welchen Bereichen die anhaltende Medienrevolution die Arbeit auf diesem Gebiet verändern wird: Erstens ist es heute möglich, große Mengen an Katalog-Metadaten, Manuskript-Fotos, Annotationen, biographischen Details, bibliographischen Einträgen und weiteren Informationen zu frühneuzeitlichen Briefen online zu veröffentlichen. Von dieser Möglichkeit wird heute in immer stärkerem Maße Gebrauch gemacht, wie die exponentiell anwachsende Zahl an Veröffentlichungen relevanten Materials von Einzelpersonen, Forschungsprojekten und Archiven zeigt.

Zweitens wird es in absehbarer Zeit eine ganze Palette digitaler Werkzeuge für jede einzelne Prozessstufe der Datensammlung und Datenanalyse geben. Mithilfe digitaler Werkzeuge lassen sich Einträge zu einzelnen Briefen wesentlich schneller erstellen und die Standardisierung und Vereinigung umfangreicher Datensammlungen halbautomatisch vornehmen. Zurzeit werden Werkzeuge entwickelt, welche Transkriptionen und Annotationen von Brieftexten selbst ermöglichen, während ebenso die Möglichkeiten der Anwendung einer Kombination aus optischer Zeichenerkennung und maschinellem Lernen auf das Problem der Transkriptionen erforscht werden. Darüber hinaus werden gegenwärtig auch die in anderen Disziplinen eingesetzten Technologien zur Bearbeitung großer Datenmengen für die Visualisierung umfangreicher Sammlungen von komplexen Brief-Metadaten adaptiert. Auch die Bereiche maschinelle Sprachverarbeitung und Topic Modelling bieten vielversprechende Ansätze zur Erkennung der durchgehenden thematischen Struktur gesamter Korrespondenz-Netzwerke.

Außerdem lassen sich gemeinsam genutzte digitale Plattformen entwickeln, auf denen ganze Forschungsgemeinschaften in Zusammenarbeit die unzähligen verstreuten Mosaiksteine der Gelehrtenrepublik zu einem kohärenten Ganzen zusammenfügen könnten. Angesichts der enormen thematischen und geographischen Breite der frühmodernen Korrespondenzen, der für ihre Erforschung notwendigen vielfältigen Kompetenzen und der Tatsache, dass die hierfür erforderlichen Manuskripte, seltenen Bücher und speziellen Nachschlagewerke auf der ganzen Welt verstreut vorliegen, eignet sich die Gelehrtenrepublik außerordentlich gut für eine internationale und interdisziplinäre Zusammenarbeit. Eine solche Zusammenarbeit könnte wesentlich von solchen Systemen unterstützt werden, bei denen Forscher an einem Ort Fragen stellen, die wiederum von Forschern an einem anderen Ort leichter beantwortet werden können. Diese könnten wiederum von Material profitieren, das nicht in ihrer eigenen Region verfügbar ist.

Ferner sind die Tools, mit denen Forscher in Gemeinschaftsarbeit beispiellose Datenmengen zusammentragen und auswerten können, ebenso das ideale Werkzeug, um die Ergebnisse ihrer Spitzenforschung auf visuell faszinierende, animierte und interaktive Weise zu präsentieren und somit bestmöglich das Interesse von Politikern, Studierenden und der allgemeinen Öffentlichkeit zu wecken.

Parallel zu diesem außergewöhnlichen Potential stellt sich jedoch auch ein generelles Problem, das ungelöst ein erhebliches Risiko darstellt. Aufgrund der rasanten Verbreitung der neuen digitalen Medien verwenden die gegenwärtig entwickelten Ressourcen noch keine allgemein gültigen Standards und Protokolle und verfügen noch nicht über die für den Datenaustausch erforderliche Infrastruktur. Jede Anwendung wird von Grund auf neu konzipiert und verwendet deshalb ihre ganz eigene Systemarchitektur. Durch die Entwicklung einer großen Vielfalt an inkompatiblen Methoden zum Erreichen ein und desselben Ziels werden folglich wertvolle Ressourcen vergeudet. Noch gravierender ist jedoch der Umstand, dass gerade diese Vielfalt den Austausch von konzeptionellen Ideen, Best-Practice-Methoden, Infrastrukturen und Briefdaten, d.h. die neuen Möglichkeiten der digitalen Technologie selbst, verhindert. Werden diese Standards und die entsprechende Infrastruktur nicht bald bereitgestellt, könnte die digitale Brieflandschaft dauerhaft fragmentiert werden bzw. könnten sich die Kosten für eine nachträgliche Implementierung von Standards drastisch vervielfachen. Kurzum, es besteht ein akuter Handlungsbedarf, damit die Zahl der immer neuen Projekte in diesem Bereich nicht ungeahnte Ausmaße annimmt. Ebenso werden Projekte mit gemeinsamen Schnittstellen nur dann in der Lage sein, in Zusammenarbeit einige der ehrgeizigeren Formen der Systementwicklung umzusetzen und damit das gesamte Forschungsgebiet zu transformieren, wenn man sich auf gemeinsame Standards einigt und diese auch Verbreitung finden.

Konzeption: Networking im Bereich der digitalen Gelehrtenrepublik

Die entscheidende Frage lautet somit: Wie lassen sich die zur Verwirklichung dieses vielversprechenden Potenzials erforderlichen Aktivitäten koordinieren? Da die Herausforderungen die Leistungsfähigkeit einzelner Projekte und Mittelgeber übersteigen, besteht der beste Lösungsansatz in einem strukturierten und umfangreichen Vernetzungsprogramm mit Diskussionen und Verhandlungen auf internationaler und interdisziplinärer Ebene – mit dem Ziel, die vielfältigen Facetten dieser Herausforderungen zu beleuchten und mögliche Formen kooperativer Lösungen gemeinsam zu erarbeiten. Die erforderlichen Fördermittel wurden von der Forschungsinitiative COST (Coopération européene dans le domaine de la recherche scientifique et technique), ein Spin-off der Europäischen Wissenschaftsstiftung ESF, bewilligt. Die Stiftung verfolgt das ausschließliche Ziel, internationale Forschungsvorhaben dieser Art zu ermöglichen. Das Networking-Projekt trägt den Titel Reassembling the Republic of Letters, 1500–1800: A digital framework for multi-lateral collaboration on Europe's intellectual history (»Rekonstruktion einer Briefsammlung, 1500–1800: Konzeption eines digitalen Rahmens für die multilaterale Zusammenarbeit auf dem Gebiet der europäischen Geistesgeschichte«). Zu Beginn des ab 2014 laufenden vierjährigen Förderzeitraums sieht das Projekt die Zusammenstellung einer repräsentativen, interdisziplinären Expertengruppe vor. Die Aufgabe dieses Gremiums wird darin bestehen, sämtliche Aspekte der Problemstellung eingehend zu analysieren und für jeden Teilbereich eine separate interdisziplinäre Arbeitsgruppe aus den eigenen Reihen zu bilden. In den vier Jahren sollen die Teilbereiche dann erschöpfend diskutiert, gemeinsam Lösungen ausgearbeitet und Empfehlungen an das übergeordnete Gremium ausgegeben werden. Ebenso sieht das Projekt eine Koordinierung von laufenden Vorhaben zur Entwicklung und Befüllung digitaler Systeme sowie die Vorbereitung der nächsten Generation von Förderantragen an institutionelle, regionale, nationale und internationale Mittelgeber vor.

Zusammenstellung von Experten: das COST-Netzwerk

Als erste Voraussetzung zur Findung adäquater Problemlösungen bedarf es der Auswahl von Vertretern der wichtigsten Forschungsgemeinschaften inner- und außerhalb Europas, um das gesamte Spektrum relevanter Fragestellungen verlässlich bestimmen zu können. Mit dieser Zielsetzung vereinigt die COST-Aktion Experten aus über 20 Ländern und vier Schwerpunktbereichen.

Wissenschaftler verschiedener humanistischer Fachrichtungen können dem Netzwerk zahlreiche grundlegende Erkenntnisse und die Zielsetzungen ihres jeweiligen Fachbereichs vermitteln. Neben traditioneller Forschung bedarf es jedoch naturgemäß weiterer Disziplinen. Beispielsweise könnten die Sachkenntnisse und Methoden der Netzwerkforschung, die ihren Ursprung in den Sozialwissenschaften bis hin zur Biologie haben, von großem Nutzen für die Beantwortung der Frage sein, wie große Datenmengen intellektuellen Austauschs strukturiert, analysiert und verstanden werden können.

Zudem bedarf es der Unterstützung von Archivaren, Bibliothekaren und Experten auf dem Gebiet der Erhaltung und Katalogisierung frühneuzeitlicher Manuskripte und gedruckter Korrespondenz, nicht zuletzt, um sicherzustellen, dass die entworfenen Lösungen auch den Erfordernissen der Archive genügen, die für die Erhaltung und Verfügbarmachung frühmoderner Briefe in handgeschriebener, gedruckter und digitaler Form vorgesehen sind. Ebenso können Fachleute in internationalem Sachenrecht bei der Klärung und Lösung zentraler Probleme im Zusammenhang mit dem projektbezogenen Datenaustausch Unterstützung leisten.

Von zentraler Bedeutung für das Projekt sind außerdem umfangreiche IT-Kenntnisse, darunter in den Bereichen Systementwicklung, Datenmanagement, Datenverknüpfung, Visualisierung, maschinelle Sprachverarbeitung, historisch-geographische Informationssysteme und Mensch-Computer-Interaktion.

Und nur mit Unterstützung von Pädagogen, Grafikdesignern und Experten für digitale Medien lassen sich Technologien entwickeln, mithilfe derer die technischen und wissenschaftlichen Projektergebnisse auch jenseits der akademischen Gemeinschaft einem breiten Publikum zugänglich gemacht werden können.

Entwicklung von Lösungen: die COST-Agenda

Nach der Zusammenstellung von Experten sämtlicher relevanter Fachrichtungen wird die Hauptaufgabe der COST-Aktion darin bestehen, ein systematisches Diskussionsforum für die sorgfältig ausgewählten Expertengruppen zu organisieren. Dabei sollen dann die wichtigsten Merkmale der dem Projekt zugrunde liegenden Dokumente herausgearbeitet werden. Diese Aufgabe dürfte sich weniger schwierig gestalten, da für die Textsorte Brief im Unterschied zu komplexeren Textsorten eindeutige und allgemein anerkannte Definitionen vorliegen. Briefe sind im Wesentlichen Dokumente in Textform, die von einer oder mehreren Personen typischerweise zu einer bestimmten Zeit und an einem bestimmten Ort an einen oder mehrere andere Personen an einem anderen Ort versandt werden. Ein System, das in der Lage ist, die wichtigsten Aspekte der Gelehrtenrepublik zu analysieren, muss die Fähigkeit besitzen, sämtliche wesentliche Eigenschaften von Briefen als materielle Dokumente (einschließlich ihrer Historie und materiellen Charakteristika) mit darin enthaltenen Texten (einschließlich ihrer sprachlichen Eigenschaften und ihrem thematischem Inhalt), die zwischen Personen, welche untereinander und mit größeren Gemeinschaften auf vielfältige Art und Weise in Verbindung stehen, zu definierten Zeiten und Orten, welche einen Einfluss auf die Personen ausüben, ausgetauscht werden, zu erfassen.

Die grundsätzliche Struktur der COST-Aktion wird darin bestehen, jeder dieser definierenden Eigenschaften eines Briefes eine Arbeitsgruppe zuzuweisen und jede Arbeitsgruppe mit Experten aller relevanten Forschungsgemeinschaften zu besetzen.

Eine der Gruppen wird sich der Frage widmen, wie die chronologischen und kartographischen Dimensionen von Korrespondenz-Netzwerken zu handhaben sind. Das Ziel dieser Arbeitsgruppe wird darin bestehen, die technischen Möglichkeiten für die Erfassung, Analyse und Visualisierung von Daten zu Ort und Zeit zu finden. Damit wird die Wissenschaft grundsätzliche Aussagen dahingehend treffen können, inwieweit die Gelehrtenrepublik von geographischen Faktoren geformt wurde, inwieweit sie andere Möglichkeiten des Austauschs verdrängte, inwieweit sie zu subjektiven ‚gedanklichen Karten' sowie objektiven Koordinaten in Bezug stand und inwieweit sie von physischer als auch sozialer Distanz und Nähe beeinflusst wurde. Im Wesentlichen geht es bei dieser Aufgabe darum, sich auf gemeinsame Standards für die Kodierung von Datumsangaben zu verständigen und anerkannte Experten für Ortsnamen zu finden. Des Weiteren müssen die grundsätzlichen technischen Methoden vereinbart werden, mit denen derart große Datenmengen auf leicht verständliche visuelle Art nutzbar gemacht werden können.

Eine zweite Gruppe wird sich auf die Modellierung und Interpretation von biographischen und prosopographischen Daten konzentrieren. Dazu müssen zunächst Namensformen disambiguiert und anerkannte Autoritäten bestimmt werden, die Briefe einzelnen Korrespondenten zuordnen können. Eine weitere Aufgabe dieser Gruppe wird jedoch auch darin bestehen, Methoden für die Strukturierung von prosopographischen Informationen zu finden, damit die den Korrespondenzen zugrunde liegenden Netzwerke auch durchsucht, analysiert und visualisiert werden können. Eine der wesentlichen technischen und wissenschaftlichen Herausforderungen wird die Entwicklung von geeigneten Methoden zur Nachverfolgung und Lokalisierung der Bewegungen von Korrespondenten und Korrespondenzen sein, von Individuen und ganzen Migrationen von Intellektuellen sowie die Rekonstruktion der Genese und Evolution von Netzwerken zahlreicher überlappender Korrespondenzen, ihrer Beziehung zu sozialen, diplomatischen, akademischen und kommerziellen Systemen des Austauschs sowie der für sie zentralen Institutionen.

Die dritte Arbeitsgruppe wird sich überwiegend mit textuellen und thematischen Fragestellungen befassen. Technische Unterstützung leisten dabei unter anderem Tools und Standards für das Transkribieren, Kodieren und Annotieren von Texten sowie Verfahren zur maschinellen Themenbestimmung (Topic Modelling) und zur automatischen Wissensextraktion (Data Mining). Damit erhalten Wissenschaftler neue Möglichkeiten für die Lokalisierung, Vermessung und Modellierung der thematischen Entwicklung der zentralen Diskussionen innerhalb der Gelehrtenrepublik sowie ihrer räumlichen, chronologischen und sozialen Dimensionen. Eine vierte Gruppe wird sich mit Standards für die Archivierung und Sammlung von handgeschriebenen Briefen und ihrer materiellen Beschaffenheit befassen. Darüber hinaus wird diese Gruppe die verschiedenen Stufen der Abfassung, Verbreitung, Erhaltung, Streuung und Zerstörung individueller Briefe und Korrespondenz-Sammlungen herausarbeiten und ihre Beziehung zu anderen Arten von Dokumenten und Archiven untersuchen. Auch Fragestellungen hinsichtlich der Überführung von handgeschriebenen Briefen in gedruckte und digitale Medien werden Gegenstand der Arbeit dieser Gruppe sein.

Um die legalen und technischen Voraussetzungen für einen offenen Datenaustausch zu schaffen und eine langfristige strategische Planung zu ermöglichen, wird eine fünfte Arbeitsgruppe Zitierstandards entwickeln, redaktionelle Strukturen für die Qualitätskontrolle der wissenschaftlichen, nach dem Prinzip des Crowdsourcing kooperativ erstellten Katalog-Metadaten, Transkriptionen und Annotationen entwerfen, legale Vorkehrungen zum Schutze der Interessen der Beitragenden treffen und Möglichkeiten der mittelfristigen Finanzierung prüfen.

Schließlich wird eine sechste Arbeitsgruppe neuartige Technologien erproben, um sowohl die wissenschaftlichen als auch die technischen Zielsetzungen der COST-Aktion unterschiedlichen Publikumsformen innerhalb und insbesondere außerhalb der Forschungsgemeinschaft zu kommunizieren. Ihre theoretische Arbeit und ihre Veranschaulichungen zu den Möglichkeiten der Informationstechnologien für die Untersuchung intellektueller Netzwerke wird sie Laien und Experten gleichermaßen in Form von Printartikeln und digitalen Präsentationen vorstellen.

Obgleich die COST-Aktion die Entwicklung von IT-Systemen, die Sammlung von Metadaten und die Standardisierung bzw. die wissenschaftliche Forschung generell nicht direkt fördert, zählen der Austausch zwischen aktuell durchgeführten fremdfinanzierten Projekten in diesen Bereichen ebenso zu ihren Zielen wie die Koordinierung zusätzlicher Maßnahmen, um die Finanzierung durch institutionelle, regionale, nationale und internationale Mittelgeber zu ermöglichen, die für die Umsetzung der aus den kooperativ angelegten Diskussionen hervorgehenden Lösungen erforderlich sind. Die Motivation für diese Anstrengungen liefert dabei die grundlegende These, dass einzelne Projekte oder Mittelgeber nur einen Bruchteil der notwendigen, innovativen und vielversprechenden Forschungsaufgaben bewältigen können. Der produktivste Ansatz besteht demnach darin, möglichst viele Partner zusammenzubringen und ihnen damit die für eine effiziente Zusammenarbeit notwendige Finanzierung zu ermöglichen.

Fazit

Die internationale Forschungsgemeinde erlebt gegenwärtig eine Medienrevolution, deren Ausmaße sich mit den tiefgreifenden Veränderungen der Printveröffentlichungen und Briefnetzwerke zu Zeiten Melanchthons vor fünf Jahrhunderten vergleichen lässt, diese jedoch hinsichtlich ihrer Schnelllebigkeit noch um ein Vielfaches übersteigt. Die digitale Revolution bietet Lösungsansätze, um die heutigen wissenschaftlichen Herausforderungen als Folge der frühmodernen Kommunikationsrevolution zu meistern – insbesondere das Problem, Millionen von Briefen, die damals in ganz Europa und darüber hinaus frei verstreut wurden, wieder zu einem Ganzen zusammenzufügen. Die digitale Technologie ist jedoch weit mehr als nur ein Suchwerkzeug oder eine Reihe von Analysetools. In Form einer gemeinsamen Plattform könnte sie Forschern auf der ganzen Welt neue Möglichkeiten für den multilateralen Austausch und die interdisziplinäre Zusammenarbeit bieten. Ebenso wie die frühmoderne Medienrevolution mit der Gelehrtenrepublik eine neue virtuelle Gemeinschaft schuf, könnten kooperativ angelegte Untersuchungen dieses historischen Phänomens die Herausbildung einer neuen internationalen Forschungsgemeinschaft konsolidieren mit dem Ziel, die Errungenschaften der Werte und Arbeitsweisen der alten zu sichern und zu verbreiten. Als Instrument bietet sich hierbei eine Plattform an, auf der jede noch so kleine Zusatzinformation zur Verfügung gestellt und wertgeschätzt werden kann. Schließlich sollte sich die internationale und interdisziplinäre Forschung auf diesem Gebiet der Aufgabe widmen, unser gegenwärtiges Verständnis dieser frühen Form einer transnationalen, wissensbasierten Zivilgesellschaft neu zu definieren sowie diese der allgemeinen Öffentlichkeit durch eindrucksvolle Darstellungen näher zu bringen, das öffentliche Engagement für die Wertschätzung mühevoller Arbeit dieser Art aufrechtzuerhalten und damit eine wissenschaftliche Ethik zu stärken und transnationale Identitäten in unserer heutigen schnellebigen und unruhigen Zeit zu formen.

Stefan Rhein

Briefe als Selbstzeugnisse. Annäherungen an Philipp Melanchthon*

Grüße und Glückwünsche zum Jubiläum der Melanchthon-Forschungsstelle aus Wittenberg zu überbringen, erscheint nur auf den ersten Blick nahe liegend. Denn Wittenberg, die Stadt, in der Philipp Melanchthon die langste Zeit seines Lebens verbracht hat, nämlich von 1518 bis 1560 – mit diesen 42 Jahren ist Melanchthon übrigens der Reformator, der länger als alle anderen Reformatoren (Luther, Bugenhagen, Jonas, Cruciger etc.) am Ort des reformatorischen Geschehens lebte und an diesem Geschehen aktiv gestaltend teilnahm –, trotz dieser langen Lebenszeit in ihren Stadtmauern besitzt Wittenberg ein komplexes, ja kompliziertes Verhältnis zu Melanchthon, im 16. Jahrhundert nicht weniger als in der Gegenwart.[1]

Dort, in Wittenberg, steht Melanchthons Haus bis heute, grundsteingelegt am 11. April 1536, 6 Uhr früh, wie das Haushoroskop präzis mitteilt, eines der Zeugnisse für die Affinität und Beschäftigung des Hausherrn und seines Umfelds mit Astronomie und Astrologie.[2] Doch als musealen Gedenkort entdeckten ihn nach einigen kleinen Vorspielen im 18. und 19. Jahrhundert erst die DDR-Geschichtspolitiker, die der Lutherhalle einen progressiven Ort humanistischen Erbes entgegenstellen wollten und deshalb in dem im Jahr 1967 als „Melanchthon-Memorial-Museum" eröffneten Haus viel von Renaissance, vom neuen Weltbild und von der Wittenberger Universitätsgeschichte erzählten, die Reformation und ihre theologischen Implikationen indessen geflissentlich aussparten. Melanchthon in die Vorgeschichte des sozialistischen Humanismus gestellt? Dass dies nicht gut gehen konnte, erkannten auch die Genossen, wie

* Die Form des öffentlichen Abendvortrags (19. September 2013) wurde beibehalten. Der Text wurde lediglich überarbeitet und mit Anmerkungen ergänzt. Für vielfältige Hilfestellungen danke ich den Kolleginnen und Kollegen der Melanchthon-Forschungsstelle Heidelberg, insbesondere Christine Mundhenk und Matthias Dall'Asta.

1 Ausführlich Stefan Rhein: *Wittenberg und Melanchthon. Eine Geschichte des Erinnerns und Vergessens*, in: *Institutionen und Formen gelehrter Bildung um 1550. Die Leucorea zur Zeit des späten Melanchthon*, hg. von Matthias Asche, Heiner Lück, Manfred Rudersdorf und Markus Wriedt, Leipzig 2014 (im Druck).

2 Vgl. Ernst Kroker: *Nativitäten und Konstellationen aus der Reformationszeit*, in: *Schriften des Vereins für die Geschichte Leipzig* 6 (1900), S. 1–33, hier: S. 16. Zu Melanchthons Horoskopdeutungen vgl. Claudia Brosseder: *Im Bann der Sterne. Caspar Peucer, Philipp Melanchthon und andere Wittenberger Astrologen*, Berlin 2004.

die Wittenberger Zeitung „Freiheit" 1960 in ihrer Wochenendbeilage zum Festwochenende des 400. Todestages Melanchthons kritisch anmerkte: Melanchthon habe sich nur um das höhere Schulwesen gekümmert und die allgemeine Volksbildung vernachlässigt. Soll man es im Nachhinein bedauern, dass die sozialistischen Geschichtspolitiker so wenig Lektüreerfahrung mit Melanchthon hatten und nicht den „Unterricht der Visitatoren" mit seinen Schulempfehlungen, nicht Melanchthons Empfehlungsschreiben für die Errichtung von Stadtschulen und für die Berufung guter Lehrer, nicht seine Plädoyers für eine öffentliche Bildung und nicht seine Fibeln für den Anfängerunterricht kannten?[3] Eindrucksvoll sichtbar ist Melanchthon in Wittenberg bis heute auf dem Marktplatz, mit dem Denkmal von Friedrich Drake, das 1860, zum 300. Todestag, grundsteingelegt und fünf Jahre später eingeweiht werden konnte. So einvernehmlich heute die beiden Reformatoren hier Seite an Seite zu stehen scheinen, so umstritten war damals der Standort Melanchthons. Luther nimmt seit 1821 die Mitte des Marktplatzes ein, als erster Bürgerlicher und Zivilist eines öffentlichen Denkmals in Deutschland für würdig befunden. Die Diskussion entbrannte, ob Melanchthon die monumentale Einzigartigkeit Luthers nicht störe – „eine Versündigung an Luthers Größe", so ein Kommentar von Julius Schnorr von Carolsfeld im „Christlichen Kunstblatt für Kirche, Schule und Haus" vom 1. Oktober 1859 – und ob sein Platz nicht eher der abgelegene Schulhof oder der rückwärtige Kirchplatz sei. Hier zeigen sich die Forschungsdebatten rund um Melanchthon wie in einem Brennglas gebündelt: Melanchthon neben oder hinter Luther; Melanchthon, der Humanist oder der Reformator; Melanchthon, der ‚homo politicus' oder der zurückgezogene Intellektuelle. Dass Melanchthon seinen Platz schlussendlich auf dem Marktplatz fand, könnte als vorläufiges Fazit fachwissenschaftlicher Diskurse verstanden werden, also in dem Sinne: Melanchthon besitzt ein eigenständiges Profil neben Luther, die Reformation ist nicht das Werk eines Einzelnen, sondern eines Wittenberger Teamworks, das Luther selbst einmal als „Schola Witebergensis" titulierte;[4] Melanchthons Werk und Wirkung sind nicht ausschließlich entweder mit Schule oder mit Kirche zu verrechnen, Melanchthon ist vielmehr als „Praeceptor Germaniae" *und* als Verfasser der

3 Zu Melanchthons pädagogischen Haltungen (auch in aktueller Perspektive) vgl. Wilhelm Schwendemann: *Christentum und Humanismus*, in: *450 Jahre Reformation in Baden. Bildung und Sozialgestaltung des Protestantismus. Festgabe für Prof. Dr. Christoph Schneider-Harpprecht*, hg. von Wilhelm Schwendemann, Berlin 2007, S. 38–61, und Heinz Scheible: *Melanchthons Bildungsprogramm*, in: ders.: *Melanchthon und die Reformation. Forschungsbeiträge*, hg. von Gerhard May und Rolf Decot, Mainz 1996, S. 99–114. Zur Melanchthon-Rezeption in der DDR vgl. Siegfried Bräuer: *Das Melanchthonjubiläum 1960 in Wittenberg und Halle*, in: *Luther-Jahrbuch* 64 (1997), S. 87–126.

4 WATR 4, S. 674, Z. 4 Nr. 5126.

Confessio Augustana zu würdigen; und: Melanchthon war der Sprecher und Botschafter der Wittenberger Reformation auf Reichstagen und Religionsgesprächen, war also Akteur auf politischer Bühne, während Luther in Folge der Reichsacht auf das heimische Sachsen beschränkt war.[5] Ist also Melanchthon auf dem Wittenberger Marktplatz die stein- und metallgewordene Bestätigung dieser Forschungsperspektiven und -einsichten und damit Ausdruck einer Neubewertung von Leben, Werk und Wirkung Melanchthons? Leider nein, denn die Entscheidung für den Wittenberger Marktplatz als Denkmalort fiel vor allem aus ganz praktischen Erwägungen: Die Lichtverhältnisse der Alternativstandorte waren zu ungünstig, so dass am Ende nur der Marktplatz blieb.[6]

Ohne Diskussion verlief hingegen die Entscheidung im April 1560, Melanchthon in der Schlosskirche zu beerdigen, in gleicher Grabgestaltung wie für den 14 Jahre zuvor gestorbenen Luther. In den Sarg wurden einige Schriftstücke gelegt, z. B. eine biografische Würdigung durch die Universität, in der Melanchthon als „ein übertrefflicher gelerter man, holdselig, auffrichtig, Gottfürchtig und heilig“ gepriesen wurde, der die „Warheit himmlischer Leer 30 gantze jar bestendiglich verfochten, auff öffentlichen Reichstagen, und sonst auch für sich selbs, wie solchs seine Schriften, die öffentlich im Druck ausgegangen sein, zeugen“[7]. Erwähnung fanden in der Leichenrede von Melanchthons Kollegen und Schüler, dem Gräzisten Veit Örtel, auch die innerprotestantischen Streitigkeiten, die Melanchthons letzte Lebensjahre mehr als verdüsterten, ihn zu einem bitterem Schlussstrich kurz vor seinem Tod mit der Erwartung, endlich von der „Raserei der Theologen“, der „rabies theologorum“, befreit zu werden, nötigten und das Bild seiner Persönlichkeit in der Rezeption

[5] Zu den protestantischen Melanchthonbildern (in Auseinandersetzung mit den Auffassungen von Luthers Theologie) vgl. Christof Gestrich: *Zur Rezeption Melanchthons und Luthers im 19. und 20. Jahrhundert* (Link 1). Zu den Rezeptionsweisen des Melanchthonjubiläums 1997 (Ökumene, Bildung, Politik, Europa) vgl. Stefan Rhein: *„Zum Gespräch geboren“. Erinnerungen an das Melanchthonjubiläum 1997*, in: *Dona Melanchthoniana. Festgabe für Heinz Scheible*, hg. von Johanna Loehr, Stuttgart-Bad Cannstatt 2001, S. 313–324, und des Melanchthonjubiläums 2010 (Bildung, Ökumene, Philosophie) vgl. ders.: *Reformation und Bildung. Das Melanchthonjahr 2010 im Rückblick*, in: *Pastoraltheologie* 100 (2011), S. 462–480, und ders.: *Melanchthon 2010: Von Bretten nach Wittenberg*, in: *Jahrbuch für badische Kirchen- und Religionsgeschichte* 5 (2011), S. 237–254.

[6] Zum Wittenberger Melanchthon-Denkmal vgl. Otto Kammer: *Das Melanchthondenkmal in Wittenberg. Planung und Errichtung. Geschichte und Gegenwart*, Wittenberg 1999, und ders.: *Reformationsdenkmäler des 19. und 20. Jahrhunderts. Eine Bestandsaufnahme*, Leipzig 2004, S. 173.

[7] Vgl. mit zeitgenössischer deutscher Übersetzung Matthäus Faber: *Kurzgefaßte Historische Nachricht von der Schloß- und Academischen Stiffts-Kirche zu Aller-Heiligen in Wittenberg*, Wittenberg 1730, S. 220–222.

negativ und polemisch einfärbten – bis hin zum Wutanfall des orthodoxen Lutheraners Leonhard Hutter, der in einer Vorlesung an der Leucorea das Porträt Melanchthons von der Wand riss und darauf herum trampelte (dabei kann offen bleiben, ob sich die Szene tatsächlich so abspielte, sie wurde zumindest in Wittenberg so kolportiert und niemals dementiert).[8]

Es wurde gefährlich, Anhänger Melanchthons zu sein, nicht nur für die Karriere, wie die 1574 und 1591 entlassenen Professoren zu spüren bekamen, sondern auch für Leib und Leben, wie es etwa der Schwiegersohn Melanchthons, Caspar Peucer, in 12-jähriger Kerkerhaft leidvoll erfahren musste. Die Wirkungsgeschichte Melanchthons beginnt in diesen Jahren auseinander zu driften: Der Theologe wird diskreditiert, wird als „Leisetreter" und Verräter am wahren Luthertum gebrandmarkt und wird vergessen, so dass sich im anschließenden 17. Jahrhundert Wittenberg als fast melanchthonfreie Zone präsentiert. Kenneth Appold resümiert: „Ein solches Verschwinden Melanchthons von der Bildfläche gleicht schon fast einer absichtlichen Ausradierung [...]. Für den naiven Wittenberger Studenten, der Mitte des 17. Jahrhunderts sein Theologiestudium beginnt und Richtlinien in den Studienführern seiner Zeit zu finden meint, gibt es fast keine Anzeichen dafür, dass es einmal einen Mann namens Philipp Melanchthon gegeben hat, und schon gar nicht, dass dieser Philipp Melanchthon mit am meisten dafür verantwortlich ist, dass es in Wittenberg überhaupt ein theologisches Studium gibt."[9] Der Humanist, der Lehrbuchautor Melanchthons behält in den artistischen Fächergrenzen allerdings noch seine Autorität, seine Griechisch-Grammatik beispielsweise bleibt als Lehrbuch bis Anfang des 18. Jahrhunderts im Gebrauch, doch schwindet sein Einfluss etwa in den naturwissenschaftlichen, aber auch in den philosophischen und philologischen Disziplinen rasch in Folge neuer Methoden und Lehrbücher.[10]

[8] Vgl. Theodor Mahlmann: *Die Bezeichnung Melanchthons als Praeceptor Germaniae auf ihre Herkunft geprüft. Auch ein Beitrag zum Melanchthon-Jahr*, in: *Melanchthonbild und Melanchthonrezeption in der lutherischen Orthodoxie und im Pietismus*, hg. von Udo Sträter, Wittenberg 1999, S. 135–222, hier: S. 164–174. Die Genealogie des negativen Melanchthonbildes wird ausführlich dargelegt von Beate Kobler: *Die Entstehung des negativen Melanchthonbildes. Protestantische Melanchthonkritik bis 1560*, Tübingen 2014.

[9] Kenneth G. Appold: *Das Melanchthonbild bei Abraham Calov (1612–1686)*; in: *Melanchthonbild* (wie Anm. 8) S. 81–91, hier: S. 82.

[10] Asaph Ben-Tov: *Lutheran Humanists and Greek Antiquity. Melanchthonian Scholarship between Universal History and Pedagogy*, Leiden – Boston 2009 nimmt zu Recht Melanchthon als Ausgangspunkt seiner Darstellung der Beschäftigung mit griechischer Sprache und Geschichte im Luthertum. Zur unterschiedlichen Rezeption Melanchthons in humanistischen vs. theologischen Kontexten vgl. die Hinweise bei Ulrike Ludwig: *Zwischen Philippismus und orthodoxem Luthertum. Der kursächsische Reformprozess*

Das komplexe Verhältnis Wittenbergs zu Melanchthon mag damit zumindest exemplarisch angedeutet sein – und dies ist auch heute nicht verwunderlich, da sich Wittenberg mehr denn je als ‚Lutherstadt' versteht, gerade auch im Vorfeld des großen Reformationsjubiläums 2017. Doch auch Melanchthon fremdelte mit seiner neuen Umgebung, die für ihn nicht zur Heimat wurde. So sehr er sich mit ihrer Geschichte wissenschaftlich beschäftigte – Melanchthon verfasste 1556 die erste Stadtgeschichte Wittenbergs und schrieb die Grabinschriften der Askanier säuberlich ab und konnte sie so überliefern, bevor die Wittenberger Franziskanerkirche 1544 abgerissen wurde[11] –, die Stadt blieb ihm emotional fern, erschien ihm vor allem gesundheitsgefährdend wegen des Klimas – „In dieser schrecklichen Gegend haben wir einen Frühling, der dem Winter ähnelt"[12] – und wegen des schlechten Weines – „Ich spüre, dass mein Magen sehr unter den dünnen, trüben und unreinen Weinen, die wir hier haben, leidet. Die daraus entstehenden Verdauungsprobleme machen mich schlaflos. Wenn ich woanders wäre, hätte ich eine bessere Hoffnung für mein Leben. Aber ich hänge hier fest, wie du weißt, an den Kaukasus gekettet."[13] Diesem Briefzitat vom 23. November 1539 lässt sich eine Klage Melanchthons vom Februar 1527 beigesellen; er lebe ein unglückliches Leben „heimatlos fern von zu Hause, fern von den Freunden und den Verwandten" inmitten eines zerstrittenen Wittenberg.[14] ‚Patria' wird Wittenberg nur ab Herbst 1546 bis in die erste Hälfte 1547 hinein, als im Schmalkaldischen Krieg die Stadt immer stärker bedroht wurde und ihre Belagerung und Zerstörung fürchten musste. Die Erfahrung der heranziehenden Katastrophe und des drohenden Verlustes verleiht dem Wittenberg Melanchthons einen bisher unbekannten Gefühlswert, wenn er in Briefen schreibt: „Ich empfinde großen Schmerz wegen der Heimat, denn so nenne ich wahrhaft diese Gegend."[15] Oder: „Diese Region halte ich nicht weniger für meine Heimat als jene, die mich bei der Geburt aufgenommen hat."[16] Doch nach dem Ende der Gefahr und dem Abzug der kaiserlichen Truppen im Frühjahr 1547

und das Melanchthonbild in Kursachsen zwischen 1576 und 1580, in: *Philipp Melanchthon. Lehrer Deutschlands, Reformator Europas*, hg. von Irene Dingel und Armin Kohnle, Leipzig 2011, S. 99–111, hier: S. 111.

11 Vgl. Nikolaus Müller: *Die Funde in den Turmknäufen der Stadtkirche zu Wittenberg*, Magdeburg 1912, S. 12–15, und Georg Hirschfeld: *Geschichte der Sächsisch-Ascanischen Kurfürsten (1180–1422) – ihre Grabstätten in der ehemaligen Franciscaner-Kirche zu Wittenberg* […], Berlin 1884, S. 5 und S. 144–150.

12 Vgl. Wilhelm Meyer: *Die Göttinger Nachschrift der Postille Melanchthons*, in: *Nachrichten von der Königl. Gesellschaft der Wissenschaften zu Göttingen*, Göttingen 1895, S. 13–68, hier: S. 36.

13 MBW 2314.7.

14 MBW 527, Z. 33.

15 Vgl. CR 6, Sp. 317 (= MBW 4495), 13.12.1546.

16 Vgl. CR 6, Sp. 287 (= MBW 4458), 23.11.1546.

und mit zunehmendem Alter taucht Melanchthons Heimatgefühl wieder in die Bilder seiner kurpfälzischen Kindheit und Jugend ein.[17]

Hierfür kann in eindrucksvoller Weise ein Brief Melanchthons vom 1. Januar 1560 stehen, mit dem wir Wittenberg endgültig verlassen und endlich ankommen wollen: bei Melanchthons Briefen und in Heidelberg. Melanchthon schrieb am Neujahrstag seines letzten Lebensjahres an Nikolaus Cisner, einen pfälzischen Gelehrten aus Mosbach, mit Melanchthon durch einen Wittenberger Studienaufenthalt bekannt und zu jener Zeit Rechtsprofessor an der Heidelberger Universität: „Ich gestehe, dass ich sowohl nach meiner Heimat als auch nach meinem Bruder ein großes Verlangen empfinde. Oft stelle ich mir seufzend eure Berge und Burgen vor, von denen ich glaube, dass sie zuerst unter Kaiser Valentinian an den Ufern des Neckars auf euren Bergen errichtet worden sind, und ich wünsche mir, mich mit Dir und den anderen Gelehrten zu unterhalten, deren Gelehrsamkeit und aufrechte Gesinnung ich schätze. Meine Sehnsucht wird durch die Wut meiner Feinde gesteigert, vor denen ich weit weg fliehen möchte."[18]

Für Melanchthon ist Heidelberg also weit mehr Heimat als Wittenberg, auch wenn er hier am Neckar nur drei Studienjahre verbrachte, gleichwohl die Beziehungen erstaunlich vielfältig waren.[19] Hier in Heidelberg wurde Melanchthons Vater Georg geboren, der später seinen ältesten Sohn nach dem Landesherrn, Pfalzgraf Philipp dem Aufrichtigen, nannte. Von einem Heidelberger Erlebnis, von dem er mit sechs Jahren vor Ort hörte, erzählte Melanchthon später in einer Vorlesung: Bischof Dalberg sei just an diesem Tag in einem Heidelberger Bordell die Treppe zum Weinkeller heruntergefallen und habe sich das Genick gebrochen. Melanchthons Vorlesungen müssen allein schon solcher Anekdoten wegen ziemlich abwechslungsreich gewesen sein. Hier in Heidelberg lebte er bei dem Theologieprofessor Pallas Spangel, einem ehrwürdigen Ordinarius, der regelmäßig die kanonischen Horen las, bei der Lesung sich aber gern durch andere Überlegungen ablenken ließ und dann den

[17] Zur komplexen Beziehung Melanchthons zu Wittenberg und seinem Heimatgefühl, das untrennbar mit Bildern und Personen seiner süddeutschen Kindheit verknüpft war, vgl. ausführlich Stefan Rhein: *„Wittenberg, Kleinstadt gewiss, nahe am eisigen Pol". Philipp Melanchthon und Wittenberg*, in: *Philipp Melanchthon. „Grenzüberschreitungen" – Lebenskreise eines Reformators*, hg. von Hanna Kasparick, Wittenberg 2010, S. 7–40.

[18] CR 9, Sp. 1021 Nr. 6900 (= MBW 9181). Zu Cisner vgl. MBW 11, S. 288.

[19] Die folgenden Informationen zu Melanchthons Heidelberger Zeit werden ausführlich vorgestellt von Veit Probst: *Melanchthons Studienjahre in Heidelberg*, in: *Mannheimer Geschichtsblätter* NF 4 (1997), S. 83–105. Vgl. zuletzt Heinz Scheible: *Philipp Melanchthon und Heidelberg. Eine lebenslange Liebe*, in: *Heidelberg und die Kurpfalz*, hg. von Christoph Strohm, Leipzig 2013 (Orte der Reformation 6), S. 30–33.

jungen Studenten fragte: „Philipp, wo bin ich?“ Und Melanchthon fährt in seiner Erzählung fort: „Ich pflegte mit größter Aufmerksamkeit aufzupassen und konnte ihm meist die Stelle angeben, wo im Psalm weiterzumachen war.“[20] Nur fünf Tage vor seinem Tod erinnerte sich Melanchthon nochmals an seinen Heidelberger Gastgeber: Als hochrangige Gäste aus Pommern bei Spangel waren, habe er als junger Famulus den Mundschenk gegeben, so Melanchthon in einem Brief, der übrigens von Heinz Scheible erstmals aus dem Autograph vollständig ediert wurde.[21] Im Haus Spangels lernte Melanchthon auch den elsässischen Humanisten Jakob Wimpfeling kennen, der einige lateinische Verse des jungen Studenten publizierte, der erste nachlesbare Auftritt des damals 12-jährigen Melanchthon. Hier in Heidelberg legte er das Bakkalaureat ab und erlebte den scholastischen Lehrbetrieb, über den er sich später recht despektierlich ausließ. Dagegen setzte der junge Melanchthon die Lektüre antiker Dichter und zeitgenössischer Neulateiner und auch eigene griechische Studien, offensichtlich in einem Kreis gleichgesinnter Kommilitonen. Wir wissen davon aus einer Vorrede Melanchthons des Jahres 1541 zu einer Basler Werkausgabe: „Ich wurde dann als Junge auf die Universität [Heidelberg] geschickt, wo den jungen Leuten nichts öffentlich gelehrt wurde als geschwätzige Dialektik und ein wenig Physik. Weil ich aber gelernt hatte, Verse zu schmieden, begann ich mit jugendlicher Begeisterung, Dichter zu lesen, und ergänzte dies, so wie es die Sache verlangt, mit der Lektüre von Geschichten und Mythen. Diese Beschäftigung führte mich allmählich zu den antiken Autoren. Da ich ihnen die Wörter entnahm und gleichwohl zum Stil niemand uns Ratschläge gab und wir jungen Studenten alles ohne rechte Wahl lasen, ja vor allem die modernen Texte, wie die des Polizian oder ähnliches, so nahm mein Stil doch gleichsam Farbe an und gab allerdings eher die harten und harschen Schriftsteller als den Reiz und den Glanz der Alten wider.“[22] In Heidelberg unternahm Melanchthon seine ersten astronomischen Studien, und zwar bei dem heute unbekannten Cunradus Helvetius, und in Heidelberg begannen oft lebenslange Freundschaften wie etwa mit Erhard Schnepf, Johann Schwebel und Johannes Brenz.

Heidelberg ist also nicht ohne Spuren im Leben Melanchthons geblieben, ja die Stadt am Neckar ist Teil seiner Heimat.[23] Gerade die Briefe des alten Melanchthon sind voller Erinnerungen an Kindheit und Jugend und eröffnen den

20 Vgl. Otto Waltz: *Dicta Melanthonis*, in: *Zeitschrift für Kirchengeschichte* 4 (1880), S. 324–333, hier: S. 330.

21 MBW 9296, vgl. Heinz Scheible: *Melanchthons Abschiedsbrief an seinen Schüler Jakob Runge. Eine Neuerwerbung der Badischen Landesbibliothek*, in: *Bibliothek und Wissenschaft* 23 (1989), S. 268–290. Vgl. auch MBW 2169.

22 MBW 2780, Z. 11–19.

23 So resümiert auch Veit Probst (wie Anm. 19): „Heidelberg ist für ihn [sc. Melanchthon] immer Teil seiner Patria, seiner Heimat, geblieben.“

Blick auf das, was Heimat im Seelenhaushalt Melanchthons konstituiert. Es sind die Landschaft (die Berge, die Ufer des Neckar), die Menschen (Verwandte, gelehrte Freunde) und die historische Tradition (Kastelle, lateinische Inschriften), die zusammen das Mosaik seiner Heimat bilden, in das wir die oberrheinische Lebensart mit hinein nehmen dürfen, da, so Melanchthon in einem Brief aus Bonn, wo er sich über die stinkende Unterkunft und das miserable Essen beschwert, dort am Oberrhein fast schon französische Standards im Essen und Trinken herrschen.[24] Die Melanchthon-Forschungsstelle in Heidelberg und nicht in Wittenberg (oder gar in Bonn): Die Gründer haben vor 50 Jahren also ganz im Sinne Melanchthons gehandelt.

Die bisher wiedergegebenen Melanchthon-Zitate stammen fast ausschließlich aus seinen Briefen. Die Frage nach Melanchthons Heimat, nach seinem Verständnis von Heimat wie auch nach seinen emotionalen Bindungen ließe sich im Übrigen ohne den Briefwechsel überhaupt nicht beantworten. Vor der Arbeit der Melanchthon-Forschungsstelle konnte man Melanchthons Briefcorpus in den zehn ersten Bänden des Corpus Reformatorum nachlesen, die zwischen 1834 und 1842 erschienen. Sie sind das Werk Karl Gottlieb Bretschneiders (1776–1848), der seit 1816 als Generalsuperintendent in Gotha amtierte und quasi nebenbei zum ersten wissenschaftlichen Editor von Melanchthon-Schriften wurde. Über 7000 Briefe ermittelte er, genau: 7111 Nummern, in die er allerdings auch andere Textsorten wie Vorlesungsankündigungen mit einbezog. Er arbeitete ihre unterschiedlichen Überlieferungen auf, datierte sie und edierte den Text, allerdings ohne das Handwerkzeug wissenschaftlicher Textkritik. Die Mängel sind offensichtlich: Die Textgestalt ist häufig sehr fehlerhaft, die Datierungen sind sehr oft falsch und viele Briefe fehlen. Heute – durch die Arbeit der Melanchthon-Forschungsstelle – umfasst das Briefcorpus Melanchthons ca. 9780 Nummern, eine Steigerung um über 37 %, und nunmehr erstmals in eine präzise Chronologie gestellt.[25]

24 MBW 3275.

25 Zur Geschichte der Briefeditionen und der Melanchthon-Forschungsstelle vgl. Heinz Scheible: *Überlieferung und Editionen der Briefe Melanchthons*, in: ders.: *Melanchthon und die Reformation* (wie Anm. 3), S. 1–27 und Christine Mundhenk: *Melanchthons Briefwechsel*, in: *Die Forschungsvorhaben der Heidelberger Akademie der Wissenschaften*, hg. von Volker Sellin, Eike Wolgast und Sebastian Zwies, Heidelberg 2009, S. 155–161. Aus der persönlichen Sicht eines Mitarbeiters der Melanchthon-Forschungsstelle Walter Thüringer: *Die Melanchthon-Forschungsstelle Heidelberg. Gründung, Entwicklung, Ertrag*, in: *Dona Melanchthoniana* (wie Anm. 5), S. 521–536. Zu Bretschneider vgl. Axel Lange: *Von der fortschreitenden Freiheit eines Christenmenschen. Glaube und moderne Welt bei Karl Gottlieb Bretschneider*, Frankfurt am Main u. a. 1994.

Melanchthon gehört in die Reihe der großen Briefschreiber; sein erhaltenes Briefœuvre überragt das der anderen Wittenberger Reformatoren beträchtlich. So überliefert z. B. die Weimarana Luthers Briefwechsel mit nur ca. 3600 Einzelstücken. Der erste Brief Melanchthons, den wir heute noch lesen können, stammt aus dem Jahr 1514, als der damals 17-Jährige einen einleitenden Brief zu den *Epistolae virorum clarorum*, der Briefsammlung zur Verteidigung Reuchlins, verfasste, den letzten Brief schrieb Melanchthon vier Tage vor seinem Tod, am 15. April 1560. Dazwischen liegen 46 Jahre meist täglichen Briefeschreibens, zumeist am frühen Morgen, bevor der Lehrbetrieb um 6:00 Uhr im Sommer (und 7:00 Uhr im Winter) begann, übrigens auch am Sonntag, da Melanchthon regelmäßig vor allem für die ausländischen Studenten um 6 Uhr früh Sonntagsvorlesungen vor dem Gottesdienst hielt.[26] Dies sei heute schon der 10. Brief, so Melanchthon z. B. am 8. März 1543[27] oder am 23. Februar 1544[28], und deutet damit ein Tagespensum an, das allerdings wohl nicht alltäglich war. Vom 1. September 1547 sind immerhin 9 Briefe (MBW 4867–4875) überliefert. Mit dem Schreiben der Briefe begann der Tag in aller Herrgottsfrüh; denn Melanchthon litt an Schlafstörungen, schlief schwer ein – mit zunehmendem Alter nur mit Hilfe schwerer Weine – und wachte sehr früh auf, bisweilen sogar bereits um 1:00 Uhr, wie er berichtete, als er einmal ans Krankenbett Luthers gerufen wurde: Er sei da bereits schon wieder wach gewesen.[29]

Wie viele Briefe Melanchthon tatsächlich schrieb, ist nicht bekannt. Er hat seine Briefe nicht selbst geordnet, hat weder die eigenen noch die empfangenen gesammelt, registriert oder gar abgeschrieben, wie es damals mancher Humanist zur Pflege seines Nachruhms tat. Eine solche Form der Selbstinszenierung war ihm fremd, wie auch die Konstruktion der Memoria durch eine überlieferte Handbibliothek, identifizierbar vielleicht durch einen einheitlichen Bucheinband oder durch ein Buchverzeichnis oder durch schön gestaltete Ex-Libris. Ganz im Gegenteil, Melanchthons verstreuter Buchbesitz stellt bis heute einen

26 Zu den Sonntagsvorlesungen Melanchthons vgl. Stefan Michel: *Die Sonntagsvorlesungen Philipp Melanchthons. Vom akademischen Vortrag zum homiletischen Hilfsmittel*, in: *Philipp Melanchthon* (wie Anm. 10), S. 177–190.

27 MBW 3189. Von ihnen sind nur zwei überliefert (MBW 3189 f).

28 MBW 3464. Von ihnen sind drei überliefert (MBW 3462–3464).

29 Vgl. Stefan Rhein: *Philipp Melanchthon als Hausarzt*, in: *Pharmazie in Geschichte und Gegenwart. Festgabe für Wolf-Dieter Müller-Jahnke*, hg. von Christoph Friedrich und Joachim Telle, Stuttgart 2009, S. 363–376, hier: S. 363. Von den quälenden Schlafstörungen berichtet auch der erste Biograph Melanchthons, Joachim Camerarius: *Das Leben Philipp Melanchthons*, übersetzt von Volker Werner mit einer Einführung und Anmerkungen versehen von Heinz Scheible, Leipzig 2010 (Schriften der Stiftung Luthergedenkstätten in Sachsen-Anhalt 12), S. 71 f.

bedauernswerten Torso dar.[30] So war Melanchthon auch kein Agent seiner eigenen Bedeutsamkeit, indem er Briefe von sich herausgab oder ihre Veröffentlichung betrieb. Das unterscheidet ihn von der bei Humanisten nicht seltenen Kultur der Selbstinszenierung durch Briefsammlungen, wie etwa bei Erasmus von Rotterdam, der zahlreiche Briefeditionen (die *Epistolae familiares*) durch seine Schüler und Mitarbeiter publizieren ließ, oder bei Konrad Celtis, der seine Briefe selbst sammelte und sie nach den Jahren nach der Dichterkrönung ordnete. Hier sind die publizierten Briefe Zeugnisse und Zeugen der demonstrativen Positionierung ihres Schreibers in der humanistischen Intellektuellen-Avantgarde und belegen als specimina eruditionis die Zugehörigkeit zur Gruppe der Humanisten.[31]

Eine ähnliche Zurückhaltung lässt sich übrigens auch bei der Publikation der Gedichte Melanchthons beobachten: Die noch zu seinen Lebzeiten geplante Ausgabe der *Philippi Melanthonis Epigrammatum libri tres* von Hildebrand Grathusius aus dem Jahr 1560 versuchte Melanchthon sogar zu verhindern[32], und Petrus Vincentius notierte in der Vorrede seiner maßgeblichen Edition der Gedichte Melanchthons von 1563, dass Melanchthon selbst seine Gedichte niemals aufbewahrt und gesammelt habe und sie auch niemals „ad ostentationem“, also zur prahlerischen Zur-Schaustellung, zur ostentativen Inszenierung seiner selbst, verfasst habe.[33] So setzt auch die Überlieferungs- und Editionsgeschichte der Briefe Melanchthons erst nach seinem Tod ein, und zwar im Jahr 1565: mit der *Farrago epistolarum D. Philippi Melanchthonis* des Johannes Manlius mit 400 Briefen und ebenfalls aus diesem Jahr durch das Konkurrenzwerk von Caspar Peucer *Epistolae selectiores aliquot Philippi Melanthonis* mit rund 140

30 Vgl. Stefan Rhein: *Melanchthons Bücherschrank*, in: *Buch und Reformation. Beiträge zur Buch- und Bibliotheksgeschichte Mitteldeutschlands im 16. Jahrhundert*, hg. von Enno Bünz, Thomas Fuchs und Stefan Rhein, Leipzig 2014, S. 213–239.

31 Zur Funktion des Briefes in der sozialen Praxis der Humanisten vgl. Harald Müller: *Habit und Habitus. Mönche und Humanisten im Dialog*, Tübingen 2006, S. 69–72. Zu den humanistischen Briefsammlungen vgl. einführend Matthias Dall'Asta: *Einleitung*, in: *Johannes Reuchlin: Briefwechsel* 1. Leseausgabe von Adalbert Weh, Stuttgart – Bad Cannstatt 2000, S. 13–28, hier: S. 19–24. Zur Konstruktion einer idealen Autobiografie durch humanistische Briefsammlungen vgl. Rolf Köhn: *Autobiographie und Selbststilisierung in Briefsammlungen des lateinischen Mittelalters: Peter von Blois und Francesco Petrarca*, in: *Individuum und Individualität im Mittelalter*, hg. von Jan A. Aertsen und Andreas Speer, Berlin – New York 1996, S. 683–703.

32 CR 9, Sp. 939 (= MBW 9085): „Te oro, ut dissuadeas editionem.“ Zur Ausgabe des Grathusius vgl. Stefan Rhein: *Philologie und Dichtung. Melanchthons griechische Gedichte*, Diss. Heidelberg 1987, S. 56f. Zu den Dichtungen Melanchthons vgl. ausführlich Thorsten Fuchs: *Philipp Melanchthon als neulateinischer Dichter in der Zeit der Reformation*, Tübingen 2008.

33 Zur Ausgabe des Vincentius und seinem Vorwort vgl. Rhein: *Philologie und Dichtung* (wie Anm. 32), S. 58–60.

Briefen. Zuvor hatten bereits Handschriftensammler und -abschreiber ihr Augenmerk auf die Briefe des schon zu Lebzeiten weithin berühmten Melanchthon gelegt, so dass der Briefwechsel Melanchthons recht einseitig auf uns gekommen ist: Er besteht zu fast 85 % aus Briefen Melanchthons, während die vielen Briefpartner den Rest unter sich ausmachen.[34]

Der Briefeschreiber Melanchthon entwickelte im Laufe seines Lebens ein beeindruckendes Netzwerk, das von Briefpartnern in weit über 500 Städten gebildet wurde, aus England (z. B. London, Cambridge, Canterbury), Belgien (z. B. Brüssel, Gent) bis Rumänien (z. B. Oradea, Sibiu/Hermannstadt), aus Frankreich (z. B. Nantes, Toulouse), Italien (z. B. Florenz, Mantua, Rom, Turin, Venedig) bis Lettland (Riga), ja sogar bis Istanbul.[35] Das Gros der Briefpartner lebte in Deutschland und dort in allen Regionen, von Konstanz bis Flensburg, von Aachen bis Zwickau. Insgesamt 1195 unterschiedliche Empfänger gehören zu diesem über Deutschland hinaus reichenden europäischen epistolaren Netzwerk Melanchthons. MBW hat hier übrigens eine völlig neue Forschungsperspektive eröffnet, die explizit die Beziehungen und Wirkungen Melanchthons in Europa untersucht. Die Präsenz Melanchthons in den verschiedenen europäischen Ländern wurde zuvor nur in Ansätzen und nur in wenigen Detailstudien erörtert, etwa zu Übersetzungen von Melanchthons Werken in die jeweilige Volkssprache oder zu Wittenberger Studienaufenthalten ausländischer Studenten.[36] Doch der Briefwechsel benennt die Kommunikationswege, die jeweiligen ausländischen Rezeptionsorte der Wittenberger Reformation und das personelle, reformationsaffine Netzwerk in den verschiedenen Ländern. So gehörte das Themenfeld „Melanchthon – Praeceptor Europae“ 1997 beim großen Jubiläum zum 500. Geburtstag Melanchthons zu den wichtigsten Rezeptionssträngen innerhalb und außerhalb der Wissenschaft und erweiterte die bis dato gängigen, vor allem sich um „Bildung“ und „Ökumene“ rankenden Jubiläumsüberschriften.[37] Zahlreiche Tagungsbände erschienen seit der ersten Tagung zu

[34] Zu den hand- und abschriftlichen Überlieferungen vgl. Scheible: *Überlieferung und Editionen* (wie Anm. 25), S. 1–27, hier: S. 2–4. 7915 Briefnummern haben Melanchthon zum Autor.

[35] Die Lebens- und Aufenthaltsorte der Briefpartner sind leicht zugänglich über MBW 10, S. 23–256; vgl. auch die Übersichtskarte („Melanchthons Briefwechsel“) in: Heinz Scheible: *Philipp Melanchthon. Eine Gestalt der Reformationszeit*, hg. von Landesbildstelle Baden und Melanchthonhaus Bretten, Karlsruhe 1995.

[36] Exemplarisch Carl S. Meyer: *Melanchthon's influence on English Thought in the Sixteenth Century*, in: *Bibliothèque de la Revue d'Histoire Ecclésiastique* 44 (1967), S. 163–185, und Simo Heininen: *Die finnischen Studenten in Wittenberg 1531–1552*, Helsinki 1980.

[37] Vgl. Rhein: *Erinnerungen an das Melanchthonjubiläum 1997* (wie Anm. 5). Eine internationale Wanderausstellung des Melanchthonhauses Bretten „Philipp Melanchthon – Briefe für Europa“ machte dieses Thema einer breiten Öffentlichkeit bekannt, nicht nur

„Melanchthon in Nordeuropa“ in Wittenberg 1993, und eine Wittenberger Jubiläumstagung zum 450. Todestag Melanchthons 2010 erweiterte programmatisch den Blick auf den „Praeceptor Germaniae“ um die europäische Perspektive: „Philipp Melanchthon: Lehrer Deutschlands, Reformator Europas“. In ihrem Vorwort formulieren die beiden Herausgeber, Irene Dingel und Armin Kohnle, den zentralen Stellenwert von MBW für ihre Forschungsperspektive: Dass „Melanchthons europäische Wirkung diejenige Luthers bei weitem überstieg“, werde häufig zu wenig wahrgenommen: „Die Tagung wollte deshalb versuchen, an dieser Stelle nicht nur zur wissenschaftlichen Sensibilisierung beizutragen, sondern auch bestehende Lücken aufzuarbeiten, zumal der kontinuierliche und erfolgreiche Fortschritt der an der Heidelberger Akademie der Wissenschaften angesiedelten Edition des Briefwechsels Melanchthons dazu inzwischen beste Grundlagen bietet.“[38] Ein Beitrag dieser Tagung zur ‚europäischen Dimension der Empfehlungsschreiben Melanchthons‘ belegt schon im Titel die herausgehobene Bedeutung des Briefcorpus[39], aber auch die Studie zu ‚Wissenstransfer und persönliche Kommunikationsbeziehungen zwischen Melanchthon und dem Königreich England‘ steigt mit Informationen, direkt aus MBW entnommen, ein: Das Ortsregister verzeichne vier Orte im Königreich England, Cambridge, Canterbury, Hereford und London, die insgesamt 60 Mal im Briefcorpus vorkommen. Der Autor lernt durch das MBW-Personenregister bislang neun englische Korrespondenzpartner kennen (von Robert Barnes bis Nicholas Heath) mit insges. 53 Briefen an und von Melanchthon; außerdem würden noch 18 zusätzliche zeitgenössische Engländer im Briefwechsel erwähnt. Mit diesen in den MBW-Registern kommod aufbereiteten Informationen kann sich der Autor also nun ans Werk machen und bleibt dabei ganz in den Grenzen des bisherigen MBW gefangen: Da das Personenverzeichnis mit den Biogrammen des MBW bislang nur bis „K“ gelangt ist, kommen in seinen Aufzählungen und Ausführungen auch vorrangig die englischen Akteure A-K zu Wort. Wie wollte man eindrücklicher illustrieren, dass Melanchthon-Forschung vom Fortschritt von MBW abhängt?[40]

in Deutschland, sondern auf seinen Stationen auch in Ungarn, Italien, der Slowakei und Frankreich: *Briefe für Europa. Internationale Wanderausstellung zum 500. Geburtstag Philipp Melanchthons*, Karlsruhe 1997 (ungarisch 1999; italienisch 2000; slowakisch 2000; französisch 2000).

38 Vorwort zu: *Philipp Melanchthon* (wie Anm. 10), S. 10.

39 So der Beitrag von Marion Bechtold: *Zwischen Humanismus und Reformation. Die europäische Dimension der Empfehlungsschreiben Philipp Melanchthons*, in: *Philipp Melanchthon* (wie Anm. 10), S. 291–301. Vgl. auch den Beitrag der Verfasserin in diesem Band.

40 Johannes Wischmeyer: *Übersetzung und Kontaktaufnahme. Wissenstransfer und persönliche Kommunikationsbeziehungen zwischen Melanchthon und dem Königreich England*, in: *Philipp Melanchthon* (wie Anm. 10), S. 303–314, hier: S. 303f Anm. 3.

Das Stichwort „Register" will ich aufgreifen und noch eine weitere Zahl nennen, die andeuten will, wie reizvoll und vielfältig die Lektüre von Melanchthons Briefwechsel ist und in wie viele Themen und Kontexte sie blicken lässt: Aus ihrem Datenbestand haben mir die Kollegen von der Melanchthon-Forschungsstelle ganz aktuell die Zahl der Eigennamen mitgeteilt: 7505 Namen von historischen und zeitgenössischen Personen kommen im Briefwechsel vor, alle zusammen ein beeindruckendes Mosaikbild der Bildungstiefe und der Kommunikationsbreite Melanchthons.

Melanchthon blieb also mit und in seinen Briefen im Gespräch mit vielen und lebte mit und in diesen Beziehungen eine Einsicht, die er für das Proprium des Mensch-Seins hielt: „Nati sumus ad mutuam communicationem"/„Wir sind zum wechselseitigen Gespräch geboren." Und er führt den Gedanken in seiner programmatischen Schrift „Über die notwendige Verbindung der Schulen mit dem Amt des Evangeliums" aus dem Jahr 1543 fort: „Weshalb das? Etwa, um nur Liebesgeschichten vorzulesen, auf Gastmählern zu wetteifern oder um darüber zu reden, wie man mit Verträgen durch Kauf, Verkauf usw. am besten Geld scheffeln kann? Nein! Die Menschen sollen einander über Gott und die Aufgaben der Ethik unterrichten. Das wechselseitige Gespräch möge in guter Gesinnung erfolgen, d. h. es soll eine wirklich angenehme Auseinandersetzung über diese grundlegenden Dinge sein."[41] Die Kommunikation per Brief ist wechselseitiges Gespräch, zeigt Mensch-Sein im Austausch von Ich und Du. Der Brief ist in diesem Sinne nicht nur Instrument, sondern steht für die dialogische Existenz des Menschen. Dabei kommt dem Brief für Melanchthon ganz persönlich eine wesentliche, existenzielle Bedeutung zu, da in ihm er sich öffnete und tiefe Einblicke in sein Seelenleben gewährte. Wenn ihn Sorgen und Trauer ergriffen, mied Melanchthon den direkten Kontakt mit Menschen und zog sich in die Einsamkeit zurück: „Aber mich hatte plötzlich Trauer ergriffen, so dass ich lieber die Einsamkeit als das Zusammensein mit Menschen suchte", so Melanchthon in einem Brief an Veit Dietrich.[42] Luther hingegen riet bei Depressionen zu Geselligkeit; Melanchthons Sich-Abkapseln war ihm fremd. So schreibt Anton Lauterbach 1538 in seinem Tagebuch: „Die Unverschämtheit des Sabinus regte Melanchthon so sehr auf, dass er keinen Trost an sich heran ließ, sondern jeden Umgang mied. Deshalb sprach Luther voll Mitgefühl viel mit Doktor Cruziger, Zoch und Milich über dessen Elend und Traurigkeit und dass er in seiner Niedergeschlagenheit die Einsamkeit liebe, obgleich er doch das Gespräch mit Menschen suchen müsste: ‚Frißet im sein hertz.' Ich aber, so sagte er [sc. Luther], erdulde oft größte Anfechtungen und Trauer; dann aber

41 Vgl. die Übersetzung in: *Melanchthon Deutsch.* Bd. 2, hg. von Michael Beyer u. a., Leipzig ²2011, S. 25–42, hier: 35 f. (Übersetzung: Michael Beyer und Günther Wartenberg).

42 MBW 2787, Z. 6 f.

suche ich das Gespräch mit Menschen, weil nämlich häufig mich sogar die geringste Magd getröstet hat."[43] Melanchthon hingegen fand Trost und Gemeinschaft vor allem im brieflichen Austausch mit Gleichgesinnten und Freunden im Geist; hier in der Situation des einsamen Schreibens konnte er zugleich allein und im Dialog, bei sich und mit dem Anderen sein. So sind Briefe gerade bei Melanchthon ein „privilegiertes Medium schriftlicher Selbstmitteilung"[44] und werden zu Selbstzeugnissen im Sinne der Definition von Benigna von Krusenstjern: Selbstzeugnisse als „Selbstthematisierung durch ein explizites Selbst".[45]

Dass die Briefe Melanchthons im dialogischen Miteinander, im alltäglichen Austausch ihren Sitz haben, ist auch an ihrer sprachlichen Gestalt ablesbar. Denn Melanchthons Briefstil ist fast durchweg ganz der Situation verpflichtet: zumeist ein rasches Schreiben, das ohne das Ziselieren der Texte nach Art der sprach- und stilgewaltigen Humanisten auskommt. Mag uns heute dieser Umstand die Briefe Melanchthons zu einem gut lesbaren und verständlichen Texterlebnis werden lassen, so erschien das Fehlen der rhetorischen Feile für die am Ideal Ciceros geschulten Zeitgenossen als Defizit. Erasmus urteilte in seinem *Ciceronianus* von 1528 in einer Mischung aus Lob und Tadel: „Sein [sc. Melanchthons] Talent wäre schlechthin unüberbietbar, wenn er sich ausschließlich den Musen gewidmet hätte. So aber hat er ciceronianische Ehren nie wirklich angestrebt – er verließ sich auf seine natürliche Begabung und gab sich nicht sehr viel Mühe, kunstvoll und sorgfältig zu schreiben –, und wenn er es getan hätte, so bin ich nicht sicher, ob es ihm nicht doch an Ausdauer gefehlt hätte. Für die Stegreifrede ist er wie geschaffen. Jetzt hat er andere Interessen und scheint seine literarischen Ambitionen weitgehend aufgegeben zu haben."[46] Erasmus setzt hier das „studium eloquentiae" der „dictio extemporalis" entgegen und benennt damit eine Schreib- und Redepraxis des Okkasionellen, die im Falle Melanchthons bei Deklamationen, Briefen bis hin zu Gedichten dominiert.[47]

43 WATR 3, 592f. Nr. 3754. Vgl. auch Martin H. Jung: *Frömmigkeit und Theologie bei Philipp Melanchthon. Das Gebet im Leben und in der Lehre des Reformators*, Tübingen 1998, S. 179 mit Anm. 782 und S. 210: „Seine Gebetsfrömmigkeit hatte subjektivistische und individualistische Züge, wie er ohnehin zum Einzelgängertum neigte und den Rückzug in die Einsamkeit liebte."

44 Vgl. Sabine Schmolinsky: *Sich schreiben in der Welt des Mittelalters. Begriffe und Konturen einer mediavistischen Selbstzeugnisforschung*, Bochum 2012, S. 86.

45 Benigna von Krusenstjern: *Was sind Selbstzeugnisse?*, in: *Historische Anthropologie* 2 (1994), S. 137–148.

46 Übersetzung aus: Erasmus von Rotterdam: *Ausgewählte Schriften.* Bd. 7, hg. von Werner Welzig, Darmstadt 1972, S. 283. Zu Melanchthons rhetorischer Theorie und Praxis vgl. z. B. Peter Walter: *Melanchthon und die Tradition der „studia humanitatis"*, in: *Zeitschrift für Kirchengeschichte* 110 (1999), S. 191–208.

47 Zur Kategorie des Okkasionellen in der Dichtung Melanchthons vgl. Rhein: *Philologie und Dichtung* (wie Anm. 32), S. 16f.

Nicht die Eleganz des hyperbolischen Ausdrucks ist demnach Melanchthons Stilideal, sondern die Klarheit der Wortsetzung und -fügung als adäquate sprachliche Umsetzung der Gedankenführung, also das Ideal des klaren, verständlichen und deutlichen Sprechens und Schreibens, wie es Melanchthon z. B. in seinem Quintilian-Kommentar ausführt: „Da das höchste Lob beim Sprechen [sc. und Schreiben] die Klarheit („perspicuitas") inne hat, soll insbesondere die Fülle eigentlicher Rede vorherrschen, die die Dinge ohne Zweideutigkeit einprägsam ausdrückt. Man muss beim Sprechen [sc. und Schreiben] Fremdheit meiden, und nie sollen wir uns die Freizügigkeit zu neuartiger Sprache erlauben, die in den Schulen ohne Maß im Gebrauch ist."[48] In seinem Widmungsbrief an den englischen König Heinrich VIII. zur neu bearbeiteten Loci-Ausgabe von 1535 unterstreicht Melanchthon sein Bemühen um Sachgemäßheit und Klarheit („Caeterum dedi operam, ut sermo esset perspicuus"[49]), ein Darstellungsgestus, den Joachim Camerarius in der von ihm verfassten ersten Melanchthonbiographie, erschienen 1566, bei seinem Helden als durchgängiges Charakteristikum identifiziert: „Philipp aber verzichtete darauf, gleichsam mit nichtssagenden Worten zu lärmen, führte seine Rede nicht von ihrem eigentlichen Vorsatz ab und flocht auch nichts nicht Dazugehöriges in sie ein, sondern hielt den Fluss seiner Rede gleichsam zwischen ihren Ufern gefangen. Diese Art der Rede ist durchsichtig bei den Erörterungen, in ausreichendem Maß geschmückt und inhaltsreich bei den Erzählungen, geistreich, dabei jedoch nicht weich oder kraftlos in der Beweisführung, verzichtet aber auf deklamatorische Überfülle, sondern ist stattdessen mutig und beseelt, von treffender Kürze und sticht mit solchen Stacheln, die verwunden, wenn sie eindringen, nicht aber beunruhigen, wenn sie nur flüchtig streifen. In ihr ist nichts aufgesetzt, nichts schief, nichts unpassend, kein vordergründiges Haschen nach Verschiedenartigkeit gleichsam beim Malen der Farben und kein Schwulst, kurz: alles ist einfach und angemessen."[50]

Den einfachen Sprech- und Schreibduktus hat auch Melanchthon bei sich identifiziert, mit Bedauern und einer kräftigen Portion Selbst- und Zeitkritik, wenn er in einer autobiographischen Reflexion im bereits erwähnten Vorwort zu einer Werkausgabe im Jahr 1541 die Ursachen dafür in der übergroßen Belastung durch die staatlichen und kirchlichen Konflikte seiner Zeit diagnostiziert.[51] Doch Melanchthon kann seinen Briefstil auch selbstbewusst rechtfertigen,

48 CR 13, Sp. 462: „Itaque cum summam laudem in dicendo habeat perspicuitas, in primis adsit copia proprii sermonis, qui res sine ambiguitate signate exprimat. Fugienda est in sermone peregrinitas, et illam licentiam gignendi novum sermonem nullo modo permittamus nobis, qua in scholis immodice utuntur."

49 MBW 1555, Z. 139f.

50 Vgl. Camerarius: *Das Leben Philipp Melanchthons* (wie Anm. 29), S. 81.

51 MBW 2780, Z. 44–46.

wenn er an den Nürnberger evangelischen Prediger Dominicus Schleupner schreibt: „Du kennst meine Haltung und Gesinnung Dir gegenüber. Deshalb bedarf es auch nicht mehr Worte, mit denen ich mein Schweigen entschuldigen müsste. Denn ich schreibe in der Regel an meine Freunde nur über wirklich notwendige Angelegenheiten.“[52]

„Perspicuitas“/Klarheit: Das bedeutet für Melanchthon neben der präzisen Wortwahl insbesondere die Klarheit und Durchsichtigkeit der Gedankenführung.[53] Das lehren Rhetorik und Dialektik, Fächer, denen Melanchthon in seinen Vorlesungen besondere Aufmerksamkeit widmete. 1553 las er über die praktischen Anwendungen der Regeln zum rhetorischen Aufbau und zu den logischen Argumentationsverfahren, die als Kollegabschrift unter dem Titel *Dispositiones rhetoricae* überliefert sind. Hier werden auch verschiedene Briefgenera und Briefinhalte behandelt – als Vorbilder für die Briefe der Studenten. So nimmt es nicht Wunder, dass auch der Brieftyp „Ad patrem epistola“ behandelt wird und zwar unter der Zweckangabe, den Vater zur weiteren Finanzierung des Studiums zu überzeugen. Der argumentative Aufwand ist beachtlich, wird aber präzis nach den verschiedenen Argumentations- und Rhetorikstrategien aufgedröselt, bis hin zu Autoritätszitat und Vergleichen (z. B. mit dem Weinberg, der auch erst nach großen Ausgaben süße Früchte trägt).[54] Dargelegt wird übrigens auch der ideale Aufbau eines Trostbriefs an den Studenten, dem vom Vater der Unterhalt verweigert wird; auch hier wendet Melanchthon das Arsenal der rhetorischen und logischen Überzeugungsmittel an, um am Ende des stichwortartigen Aufbaus zu der Aufforderung als tröstlichem Ergebnis zu kommen, der arme Student dürfe nicht dem berechtigten Schmerz nachgeben.[55] Alltagspraxis und Brieflehre kommen hier zusammen und zeigen eindrucksvoll Melanchthon als einen ‚Praeceptor epistolarum‘, der sein Denk- und Schreibideal der klaren Gedankenführung und der präzisen Wortwahl zur didaktischen Anwendung bringt.

Wenn Okkasionalität zu den zentralen Parametern von Melanchthons Schreiben zählt, dann gilt dies im Besonderen für sein Briefschreiben. Denn hier kommt zur Situation des Gesprächs mit einem entfernten Adressaten noch eine ganz praktische, unmittelbare Situation hinzu: Melanchthon schrieb seine Briefe häufig unter dem zeitlichen Druck, dass ein Briefbote zu einer bestimmten

52 „Et morem meum et studium animi erga te mei nosti. Quare nihil opus est longiore oratione qua silentium excusem. Nec enim fere nisi necessaria de caussa ad amicos scribo“ (MBW 267, Z. 3–5, 9.3.1523).

53 Zur perspicuitas als wichtigste rhetorische virtus vgl. Olaf Berwald: *Philipp Melanchthons Sicht der Rhetorik*, Wiesbaden 1994, S. 34f.

54 *Supplementa Melanchthoniana: Philologische Schriften*, hg. von Hanns Zwicker, Leipzig 1911, Nr. XLVIII.

55 Zwicker (wie Anm. 54), Nr. CIX.

Stadt aufbrechen oder weiterreisen musste und Melanchthon die Möglichkeit nutzen wollte, an die dortigen Briefpartner Briefe zu schreiben und mitzugeben. So kamen nicht selten Boten mit Briefen an Melanchthon nach Wittenberg, die von ihren Auftraggebern auch den Auftrag erhalten hatten, nur wieder mit einer Antwort heimzukehren. Da warteten also ungeduldige Boten, bis endlich die Antwort aufgesetzt war. Boten wurden gelegentlich auch zum Essen bei Melanchthons eingeladen, wobei sich ein Bote aus Gotha besonders hervortat: Er aß kräftig und leerte zwei Kannen.[56] Mancher Brief, so Melanchthon immer wieder, geriet etwas kürzer, nur weil der Bote drängte.[57] Bisweilen musste Melanchthon auch noch am allerfrühesten Morgen schreiben,[58] um rechtzeitig vor der Abreise des Boten mit dem Briefpensum fertig zu sein. Wenn ein Bote des Landgrafen Philipp von Hessen anklopfte, dann konnte dies auch um 11 Uhr nachts sein, der überdies die Antwort in Form einer Denkschrift zum Problem einer kriegerischen Auseinandersetzung um Wurzen umgehend verlangte: ergo, es schloss sich nahtlos Nachtarbeit an.[59] Neben der Zuverlässigkeit der Boten war übrigens ihre Entlohnung das größte Problem: Häufig wird in den Briefen vermerkt, dass der Bote ausreichend bezahlt sei, denn offensichtlich gab es Versuche, nicht nur beim Absender, sondern auch beim Empfänger des Briefes zu kassieren. Am zuverlässigsten waren natürlich feste Briefboten, etwa der Bote Andreas, der den Briefverkehr zwischen Nürnberg und Wittenberg betrieb,[60] oder Ambrosius Scherff, der zwischen Dänemark und Wittenberg nicht nur Briefe, sondern auch hohe Geldbeträge transportierte.[61]

Der Blick auf Melanchthon ist häufig von Luther verstellt. Die Wirkungsgeschichte Melanchthons verläuft durchweg im Schatten des großen Reformators, sei es auf Bildern, Münzen und Medaillen, sei es insbesondere bei den öffentlichen Feierlichkeiten. Eine eigene Signatur erhält Melanchthon dabei nur selten, und wenn, dann oft nur in lokalen Erinnerungskulturen, etwa in Bretten, der Geburtsstadt, oder in Nürnberg, wo bis heute die Erinnerung an die Schulgründung

[56] MBW 3801, Z. 9 f.

[57] Auf Reisen konnte es passieren, dass Papiermangel die Länge und Zahl der Briefe bestimmte, so etwa auf Burg Runkel und in Altzella, vgl. MBW 3286 und 5132.

[58] Z. B. am 9. Februar 1543 schon ab 2 Uhr früh, vgl. MBW 3161.

[59] Vgl. MBW 2934–2938 (8./9. April 1542).

[60] Vgl. MBW 4087, 4140, 4259, 4291, 4601, 4986, 5030, 5077, 5294, 5571, 5621, 5672, 5779, 5783, 5824, 6007 (Wittenberg – Coburg), 6141 („Andreolus"), 6360, 6422 (Coburg – Wittenberg), 6668, 7002, 7293, 7295 (CR 8, Sp. 350 Nr. 5669: „Senescimus et nos et noster Nuncius Andreas"), 7402, 7650, 7711, 7852, 7918, 7947, 8053, 8175, 8258, 9152, 9285. Der Bote Andreas, der nach Melanchthons erhaltenem Briefwechsel von Dezember 1545 bis April 1560 den Briefverkehr zwischen Nürnberg und Wittenberg aufrecht erhielt, transportierte offensichtlich Briefe auch nach Straßburg (MBW 6488, 6504, 6528).

[61] Vgl. MBW 6038, 6193, 6420, 7037, 7354, 7529, 7533, 7851, 7903, 7972, 8417.

Melanchthons von 1526 wachgehalten wird. Auch die Wissenschaft kannte oft nur zwei Perspektiven: Entweder wird die Übereinstimmung oder zumindest Nähe mit Luther herausgearbeitet, oder die Differenzen beider Theologien stehen im Vordergrund, „wobei", so Wolfgang Matz in seiner Einführung zur Forschungssituation über den Freiheitsbegriff Melanchthons, „die Abweichungen der Theologie Melanchthons von Luthers Theologie als Verderbnis von Luthers reformatorischer Erkenntnis interpretiert werden".[62] Es ist bezeichnend, dass in dem erstmals 2005 erschienenen Luther-Handbuch, in dem Artikel zur Beziehung Luthers und Melanchthons, die Spannbreite von Leugnung bis Verurteilung der Differenzen benannt und zugleich in der Einsicht der Vielgestaltigkeit der Reformation aufgehoben wird. Was nun das Eigengewicht Melanchthons betrifft, so wird kraftvoll festgestellt und dabei eine berechtigte Reverenz an die Arbeit der Melanchthon-Forschungsstelle formuliert: „Heute gilt mit Recht: Entscheidend ist, was in den Quellen steht. Und gerade hier, im Bereich der Quellen, ist die Basis, gerade was Melanchthon anbelangt, in den letzten Jahrzehnten deutlich breiter geworden. Das Verdienst hierfür gebührt vor allem der Melanchthonforschungsstelle in Heidelberg und ihrer Edition des Melanchthon-Briefwechsels (MBW). Hierdurch angeregte Versuche, Melanchthon unabhängig von Luther zu würdigen, haben sich inzwischen als fruchtbar erwiesen."[63]

Auch die Persönlichkeit Melanchthons wurde im Übrigen meist nur im Spiegel Luthers gesehen. Ein Urteil wie der unausrottbare „Leisetreter", das Luther mit seiner polemischen Spitze so niemals äußerte, wird auch in der Endlosschleife nicht wahrer.

Die Gegenstrategie, Melanchthon durch eine vermeintliche Freundschaft mit Luther aufzuwerten, kam bisweilen in der Jubiläumskultur des 19. Jahrhunderts zum Tragen, ging und geht gleichwohl ebenfalls an der Quellenlage vorbei.[64] Denn ohne hier auf das komplexe Verhältnis der beiden Reformatoren eingehen zu können, sei nur auf einen oft übersehenen biographischen Text hingewiesen: Die letzten Lebenstage Melanchthons wurden von den Wittenberger Professoren

62 Wolfgang Matz: *Der befreite Mensch. Die Willenslehre in der Theologie Philipp Melanchthons*, Göttingen 2001, S. 12.

63 Christian Peters, in: *Luther Handbuch*, hg. von Albrecht Beutel, Tübingen 2005 (^{2}2010), S. 162. Peters fährt warnend fort: „Allerdings sind sie nicht ganz unproblematisch. Man gerät hier nämlich in Gefahr, ‚Melanchthon seine historische Größe zu nehmen'. Die aber bestand ‚eben darin [...], der große Zweite neben einem größeren Ersten zu sein'" (so Peters nach Martin Brecht).

64 Vgl. Wolfgang Flügel: *Das „stark verblasste Bild wieder etwas näher bringen". Melanchthonjubiläen im Mutterland der Reformation*, in: *Philipp Melanchthon. Zur populären Rezeption des Reformators*, hg. von Stefan Rhein und Martin Treu, Leipzig 2015 [im Druck].

minutiös in einem publizierten *Kurtze[n] Bericht, wie der Ehrwirdig, unser lieber Vater und Praeceptor, Philippus Melanchthon, sein Leben hie auff Erden geendet und ganz Christlich beschlossen hat* dokumentiert, Gebete, Gespräche, Träume, Mahlzeiten und vieles mehr, doch ein Name kommt in Melanchthons Erinnerungen und letzten Gesprächen kein einziges Mal vor: Martin Luther. Hingegen illustriert der *Kurtze Bericht* die tiefe Freundschaft Melanchthons zu Joachim Camerarius, die in einem berührenden Abschied des todkranken Melanchthons von Camerarius, von seinem „Lebensfreund", wie ihn Heinz Scheible völlig zu Recht nannte[65], aufscheint: „Mi domine Joachime, wir sind nu bey viertzig jaren gute freunde mit einander gewesen, und hat einer den andern lieb gehabt nicht umb genies [sc. Gewinns] willen, sondern aus freiem hertzen, und sind beide Schulmeister und trewe gesellen gewesen, ein jeder an seinem ort, und hoffe zu Gott, unser arbeit sol nicht vergeblich gewest sein, sondern viel nutz geschafft haben; ist es Gottes wille, das ich sterbe, so wollen wir unsere freundschafft im zukünfftigen leben weiter mit einander unverruckt halten."[66]

Diese Freundschaft lässt sich heute noch an dem Briefwechsel der beiden ablesen, der in 38 Jahren – seit 1522 – über 670 erhaltene Briefe umfasst, gleichwohl noch sehr viel intensiver gewesen sein muss, da viele Briefe nicht überliefert sind. Auch in diesem Fall überwiegen die erhaltenen Briefe aus der Feder Melanchthons. In diesem Briefwechsel öffnet sich der Einzelgänger Melanchthon in eindrucksvoller Weise und pflegt den Dialog per Brief mit einem Menschen, der ihm seit dem ersten Kontakt 1519 bis zum Tod – zunächst als Schüler und als Kollege und bald auch als vertrauter Freund – eng verbunden war. Hier treffen sich natürlich immer auch zwei Philologen, die sich über ihre Lektüre oder die Interpretation antiker Autoren austauschen; sie schicken sich ihre neuesten Werke oder gern auch eigene Gedichte zu.[67] Ihr gegenseitiges Vertrauen geht sogar so weit, dass Melanchthon für Camerarius dessen Berufung von Tübingen nach Leipzig aushandelt, und zwar mit folgender abgestimmter Verhandlungsposition gegenüber der Universitätsverwaltung: Übernahme der Umzugskosten; eine Wohnung ist zu stellen; Gehaltszulage, wenn

[65] So Heinz Scheible in seiner Einführung zur Übersetzung der Melanchthon-Biographie des Camerarius (wie Anm. 29), S. 21: „Kein Mensch vermutlich kannte Melanchthon besser als sein Lebensfreund Joachim Camerarius." Zu Camerarius vgl. auch MBW 11, S. 253–257.

[66] Vgl. *Philipp Melanchthons letzte Lebenstage, Heimgang und Bestattung nach den gleichzeitigen Berichten der Wittenberger Professoren*, hg. von Nikolaus Müller, Leipzig 1910, S. 67f. (das letzte Gespräch der beiden Freunde datiert vom 16. April 1560).

[67] Um den Verkauf einer Gedichtpublikation des Camerarius anzukurbeln, will Melanchthon sogar eine Vorlesung darüber anbieten: „Valde autem te oro, ut typographo dicas, ut hunc puerum cum exemplis quadringentis aut quingentis mttat, quae vendi statim posse arbitror. Significabo enim me mox interpretaturum esse et ero hortator scholasticis, ut emant." (MBW 3806, Z. 21–24).

ein eigenes Haus erworben wird; keine Abgaben an den Landesherrn; nur geringe Wein- und Biersteuer an die Stadt. Melanchthon fährt als Bevollmächtigter des Camerarius zu den Verhandlungen nach Leipzig, hält den Freund über alle Schritte brieflich auf dem Laufenden und erreicht die gewünschte Vereinbarung.[68] Auch das Thema ‚Geld' wird von den beiden nicht ausgespart: Einmal rät Melanchthon seinem Freund von einer Geldanlage am Hof ab[69] und ist ihm für finanzielle Unterstützung dankbar – so z. B. in den Wirren des Schmalkaldischen Krieges.[70]

Die beiden Freunde sind ein Herz und eine Seele – so lobt übrigens Melanchthon 1553 ihr Verhältnis in einem griechischen hexametrischen Vierzeiler an Joachim Camerarius Junior[71] –, ihre Vertrautheit können auch Missverständnisse und Kritik nicht nachhaltig erschüttern, etwa wenn Camerarius seinem Freund Umfallen beim Widerstandsrecht vorwirft[72] oder sich Melanchthon gegen Camerarius wegen allzu großer Nachgiebigkeit verteidigen muss[73] oder sich Camerarius von Melanchthon verletzt fühlt[74] oder sie uneins bei der Beurteilung einer Schrift von Bugenhagen sind, die Melanchthon offenkundig als Werk eines senilen Mannes einschätzt.[75] Neben dem kollegialen Austausch zeigen sich die Briefe als autobiographische Quellen, als aussagekräftige Selbstzeugnisse. Zum Thema wird Alltägliches, unter anderem Krankheiten, die sich beide in steter Regelmäßigkeit erzählen. So klagt Melanchthon über Schlaflosigkeit, Arbeitsüberlastung, langwierige Koliken, eine Fußverletzung, den Abgang von Harnsteinen, Hüftschmerzen, Verdauungsschwierigkeiten (durch allzu jungen Wein), eine schwere Handverletzung (als Folge eines Kutschenunfalls auf der Reise nach Regensburg, doch war die Behandlung durch einen Barbier nicht recht erfolgreich, starke Schmerzen blieben und die Verletzung führte zu einer erzwungenen Änderung von Melanchthons Handschrift), Hautausschlag, altersschwache Augen, Steißbeinprellung[76], während Camerarius von einer Hals-

[68] Vgl. MBW 2775, 2782, 2785, 2786, 2787, 2789, 2794, 2795.

[69] MBW 1446, 1473, 1489, 1494.

[70] MBW 4498.

[71] „Zwei Körper sind wir, aber eine einträchtige Seele in Gott, ich selbst und dein rechtschaffener Vater", so beginnen die Verse in deutscher Übersetzung, vgl. Rhein: *Philologie und Dichtung* (wie Anm. 32), S. 279–285.

[72] MBW 1120.

[73] MBW 2232.

[74] MBW 1240.

[75] MBW 4895.

[76] Starke Schmerzen (MBW 3009, 3026), Schlafstörungen (MBW 696, 2314, 3784), Koliken (MBW 610), Fußverletzung (MBW 5475), Harnstein (MBW 5673, 7230, 7550, 8427), Hüftschmerzen (MBW 1824), Verdauungsschwierigkeiten (MBW 2314), Handverletzung (MBW 2672, 2692), Hautausschlag (MBW 3598), Steißbeinprellung (MBW 8658).

entzündung, Schlaflosigkeit, geschwollenen Lippen, Augenleiden und einem kranken Bein berichtet.[77] Klagen über die angegriffene Gesundheit durchziehen die Briefe beider, doch schickt Melanchthon auch Heilmittel an seinen Freund, z. B. Salben, oder berichtet von der Therapie eigener Krankheiten, z. B. von hypochondrischen Schmerzen, die im Medizindiskurs des 16. Jahrhunderts keineswegs einen eingebildeten Kranken charakterisieren, sondern eine Vielzahl von somatischen Krankheitsbildern umfassen, lokalisiert in den Hypochondrien, im Oberbauch, vor allem Krämpfe und Blähungen.[78] Bei seiner Selbsttherapie präferiert er heimische Kräuter, keine exotischen, so Melanchthon selbst mit programmatischem Anspruch, zumal er sich mit Botanik und heimischer Kräutermedizin intensiv beschäftigte und damit nicht nur sich, sondern übrigens auch Luther und andere behandelte.[79] Der Briefwechsel mit Camerarius zeigt darüber hinaus noch weitere, meist unbekannte Seiten Melanchthons, z. B. sein reiches Traumleben, das er in vielen Briefen seinem Freund erzählte und ausdeutete, wie überhaupt er weit intensiver und sensibler als Luther auf die Sprache und Botschaft der Träume hörte.[80] So findet sich die erste Erwähnung eines Traumes im Briefwechsel Melanchthons – an fast 100 Stellen kommt diese Thematik vor – in einem Brief an Camerarius vom 1. Juli 1526; sein Traum, Luther werde eine Tochter bekommen, sei allerdings nicht eingetreten, denn dem Ehepaar sei ein Junge geboren worden.[81] Auch träumte Melanchthon zu politischen und kriegerischen Ereignissen, zu Erfolg oder Misserfolg von Reichstagen – und Camerarius berichtete Melanchthon auch selbst von eigenen Träumen. Melanchthons Träume wurden an Luthers Tisch diskutiert und sogar gezeichnet, doch zogen sie offensichtlich auch Spott auf sich, wie Melanchthon sich brieflich gegenüber Camerarius beklagte: „Was werden [die Spötter] erst sagen, wenn sie erfahren, dass ich manchmal auch aus den Linien der Hände zu lesen und angenehme und gut klingende Entwicklungen zu prophezeien pflege?

77 Vgl. Krankheit (MBW 5086), Halsentzündung (MBW 2975), geschwollene Lippen (MBW 3862), Augenleiden (MBW 3499), krankes Bein (MBW 1167, vgl. 2692, 2924), Steinleiden (MBW 7550).

78 MBW 1698, Z. 42–47. Zu den hypochondrischen Krankheiten vgl. Esther Fischer-Homberger: *Hypochondrie. Melancholie bis Neurose: Krankheiten und Zustandsbilder*, Bern u. a. 1970.

79 Vgl. ausführlich Rhein: *Philipp Melanchthon als Hausarzt* (wie Anm. 29). Ein Rezept gegen Magenschmerzen schickt Melanchthon an Caspar Aquila, ein Pulver aus gestoßenem Hühnermagen, Ingwer und Magenwurz, einzunehmen vor dem Essen „so vil als man auff eyn messer pflegt zu fassen" (MBW 618, Z. 28).

80 Vgl. ausführlich Siegfried Bräuer: *„… einige aber sind Natürliche, andere Göttliche, wieder andere Teuflische." Melanchthon und die Träume*, in: ders.: *Spottgedichte, Träume und Polemik in den frühen Jahren der Reformation. Abhandlungen und Aufsätze*, hg. von Hans-Jürgen Goertz und Eike Wolgast, Leipzig 2000, S. 223–254.

81 MBW 472, Z. 8–10.

Ich weiß wohl, wie sehr bereits meine Träume teils missbilligt, teils verspottet werden, obwohl andere Leute sogar im Wachzustand noch viel ungereimtere und nichtigere Träumereien erzählen. Ich bitte Dich, lass Dich von diesen Geschichten nicht beeindrucken."[82] Melanchthon als Träumer und gar als Chiromantiker? Es mag kein stärkeres Gegenbild gegen das überkommene Bild vom schulmeisterlichen Rationalisten und strengen Dogmatiker geben! Gerade der Briefwechsel erweitert – darauf wies Matthias Dall'Asta in einem Vortrag zu Recht hin – unser tradiertes Bild von Melanchthon um unerwartete Farben, hier z. B. um die Kenntnis divinatorischer Praktiken Melanchthons.[83]

Melanchthon trat in seinen Briefen dem Lebensfreund Camerarius in oft schonungsloser Offenheit entgegen und ließ ihn an seinen Ängsten, Albträumen, Hoffnungen und Gefühlen teilhaben. Gerade Krisenzeiten führten zu einem verdichteten brieflichen Austausch, so vor allem die Ehekrise der ältesten Melanchthon-Tochter Anna. Wenn Luther gerade bei dieser für Melanchthon so peinigenden Familienkatastrophe seinem Kollegen therapeutische Gespräche im Wittenberger Freundes- und Bekanntenkreis anriet, dann stillte dieser sein Bedürfnis nach Aussprache im engen Briefaustausch mit Camerarius. Alle Etappen des Rosenkriegs teilte Melanchthon mit zunehmender Verzweiflung dem Freund mit bis hin zum Scheidungswillen des Schwiegersohnes Sabinus, so dass Melanchthon sogar seine Tochter zurücknehmen wollte und die Enkelschar schon aufgeteilt werden sollte. Nächtelanges Zermartern über die Situation und über die eigene Schuld am Unglück der Tochter, Tränen, Albträume, melancholische Erinnerungen an Kinderszenen, praktische Probleme wie die Auswahl einer Magd oder eines Kindermädchens als Unterstützung für Anna: Das gesamte Gefühlsspektrum von Wut, Verzweiflung bis tiefe Resignation findet Sprache in den Briefen Melanchthons an Camerarius.[84]

Doch nicht nur in Briefen an Camerarius gibt es Selbstzeugnisse. Am 27. Oktober 1554 schreibt Melanchthon an Georg Fabricius, Rektor der Fürstenschule St. Afra in Meißen.[85] Der Anlass des Briefes ist für Melanchthon beruflicher Alltag, die Empfehlung eines Schülers, nämlich von Matthias Schiller,

82 MBW 1706, Z. 23–27.

83 Vgl. Matthias Dall'Asta: *Der Graeculus und das Irrationale. Divinatorische Praktiken im Briefwechsel Philipp Melanchthons* (Vortragsmanuskript, Sixteenth Century Society & Conference Genf, 28.5.2009).

84 Briefe Melanchthons an Camerarius mit Bezug zur Ehe-Tragödie Annas: MBW 3380, 3384a, 3387, 3416, 3436, 3459, 3468, 3518, 3561, 3566, 3578, 3582, 3588, 3598, 3605, 3747, 4650, 4778. Vgl. auch Jung: *Frömmigkeit und Theologie* (wie Anm. 43), S. 176–185 („Trostsuche im Gebet: Die Ehekrise der Tochter Anna 1537–1547") und ders.: *Philipp Melanchthon und seine Zeit*, Göttingen 2010, S. 95–98 („die größte Krise seines langen Lebens").

85 MBW 7315; zur Biographie des Fabricius vgl. MBW 12, S. 40f.

eines aus dem bayerischen Kelheim stammenden Waisen, der ein von Nürnberger Gönnern finanziertes Studium in Wittenberg erfolgreich absolviert hat; er soll künftig die Söhne des sächsischen herzoglichen Rats Georg von Komerstadt unterrichten.[86] Solche Empfehlungsschreiben stellen sicherlich die häufigste Briefgattung im Briefschaffen Melanchthons dar, die bisweilen so überhand nahmen, dass Melanchthon über den hohen Zeitaufwand heftig klagte.[87] An diesem Tag, einem Mittwoch, ist die Konzentration Melanchthons indessen nicht ungeteilt, denn seine Gedanken gehen weit in die Kindheit zurück. Der 27. Oktober ist nämlich der Todestag seines Vaters, der 46 Jahre zuvor gestorben war. Den 57-jährigen Melanchthon packen die Bilder vom sterbenden Vater, über dessen Tod er heute bereits lange nachgedacht hat. Ein Bild drängt sich vor, das letzte Gespräch seines Vaters mit seinem damals 11-jährigen Erstgeborenen, zwei Tage vor seinem Tod. Die Szene tritt ihm plastisch vor Augen, er hört die letzten Worte seines Vaters wieder und schreibt sie in seinem Brief nieder. Und er sieht sich selbst, wie er Abschied nimmt und wie er, um nicht Augenzeuge des Todes seines Vaters zu werden, das Haus verlassen muss – unter Tränen.[88] Wie tiefgehend und prägend der Tod des Vaters für Melanchthon war, lässt sich auch an weiteren brieflichen Erwähnungen festhalten bis hin zu den letzten Lebenstagen Melanchthons, als er auf dem Sterbebett die gleichen Gebete wie sein sterbender Vater betete, während das Gedächtnis an die Mutter sich weit weniger eingeprägt hat. Das Kind, weinend, verzweifelt, verlassen, allein, das wird für Melanchthon gleichsam zur autobiographischen Urszene, wenn er das Motiv der Tränen in seinem Brief an Fabricius fortschreibt und alle seine späteren Tränen in den folgenden Gefährdungen des Staates und der Kirche assoziiert. Dann helfe ihm nur noch das Vertrauen auf Gott, das Gebet.

So wird das Gebet Teil einer lebenslangen, intensiven Frömmigkeitspraxis, die auch in Melanchthons Briefschreiben ihren Niederschlag findet. Melanchthons Briefe enthalten über 5500 Gebete oder gebetsähnliche Texte, die mit den Jahren immer häufiger und länger werden und damit eine gesteigerte persönliche Gebetspraxis belegen. Auch hier hat die Edition von Melanchthons Briefwechsel

86 Vgl. auch MBW 7155 mit Datierungsbegründung.

87 MBW 3048, Z. 18f: „Non credas, quantum mihi temporis in scholasticorum negotiis, quibus literae dandae sunt, pereat."

88 CR 8, Sp. 367 Nr. 5680 (= MBW 7315). Den Briefschreiber Luther hat Johannes Schilling mit eindringlichen Worten (und zugleich mit vielfältigen Blicken auf die Briefkultur des 16. Jahrhunderts) in einer vergleichbar existentiellen Situation vorgestellt, nämlich beim Briefschreiben am 5.6.1530, als Luther die Nachricht vom Tod seines Vaters erfuhr, vgl. Johannes Schilling: *Evangelische Existenz. Leben und Glauben in Luthers Briefen*, in: *Martin Luther – Biographie und Theologie*, hg. von Dietrich Korsch und Volker Leppin, Tübingen 2010, S. 287–303.

übrigens einen neuen Blick auf Melanchthon und seine Frömmigkeitspraxis eröffnet und die Quellengrundlage für die Einsicht gelegt, dass von keinem Reformator so viele Gebete überliefert sind wie von Melanchthon.[89]

Auch in seine Deklamationen, Vorträge und Festreden hat Melanchthon eine Vielzahl an Gebeten eingeflochten und sie häufig damit beendet. So bittet er um die Bewahrung der tugendhaften und frommen Studien, wünscht ihnen langwährenden Frieden und hofft darauf, dass die Wissenschaften auch fernerhin verteidigt und gefördert werden. Das wünsche ich aus ganzem Herzen nicht nur heute der Melanchthon-Forschungsstelle und ihren Mitarbeiterinnen und Mitarbeitern und danke im Namen aller Melanchthon-Freunde und -Forscher weltweit auch den Förderern in der festen Hoffnung, dass sie diesen tugendhaften, die internationale Melanchthonforschung seit 50 Jahren wie kein zweites Vorhaben befruchtenden Studien weiter gewogen bleiben.

Linkverzeichnis

Link 1 = http://edoc.hu-berlin.de/humboldt-vl/melanchton/HTML/Gestrich.html

[89] Vgl. dazu die einschlägigen Arbeiten von Jung: *Frömmigkeit und Theologie* (wie Anm. 43), S. 94–113 („Persönliche Gebete in Briefen") und *Ich rufe zu dir. Gebete des Reformators Philipp Melanchthon*, hg. von dems., Frankfurt am Main ^{4}2010.

Christine Mundhenk

Zwischen Würdigung und Kritik. Melanchthons Äußerungen über den alten Luther

Luther und Melanchthon, Melanchthon und Luther, Melanchthon neben Luther, Melanchthon gegen Luther[1]: Viele Aspekte der Beziehung zwischen den beiden wichtigsten, aber so unterschiedlich agierenden Wittenberger Reformatoren sind in zahlreichen Untersuchungen behandelt worden. An dieser Stelle soll es nicht um Differenzen ihrer Lehrmeinungen gehen, die zu Konflikten zwischen beiden geführt haben, sondern darum, wie Melanchthon hervorbrechende Konflikte erlebt und in seinen Briefen geschildert und verarbeitet hat. Stets wird er als der Besonnene, Zurückhaltende beschrieben, der sich klaglos hinter Martin Luther einreihte; wer sich so intensiv mit Melanchthons Briefen befasst wie wir Editoren, stößt jedoch auf etliche Stellen, an denen Melanchthon Luthers Verhalten kommentiert und seine Sicht der Dinge schildert – manchmal explizit, manchmal muss man auf die feinen Töne achten, die in den Briefen mitschwingen. Dass Melanchthon Luthers Verhalten in Briefen an Dritte meistens nur sehr dezent kritisierte, dürfte mehrere Ursachen haben: Zum einen war er immer auf Verständigung bedacht und stellte eigene Empfindlichkeiten um der Sache willen zurück; zum anderen wurden Briefe im 16. Jahrhundert oft nicht nur vom Empfänger gelesen (das Briefgeheimnis gibt es erst seit dem späten 17. Jahrhundert), sondern neugierige Boten oder Freunde der Adressaten lasen durchaus mit oder bekamen die Briefe vom Empfänger vorgelesen, so dass es ratsam war, seine Worte genau abzuwägen.

1 *Luther und Melanchthon. Referate und Berichte des Zweiten Internationalen Kongresses für Lutherforschung Münster, 8.–13. August 1960*, hg. von Vilmos Vaita, Göttingen 1961. – Wilhelm H. Neuser: *Luther und Melanchthon, Einheit im Gegensatz. Ein Beitrag zum Melanchthon-Jubiläum 1960*, München 1961. – Erwin Mülhaupt: *Luther und Melanchthon. Die Geschichte einer Freundschaft*, in: *Luther* 33 (1962), S. 1–17. – Heinz Scheible: *Luther und Melanchthon*. Erstmals erschienen 1984, auch in: ders.: *Melanchthon und die Reformation. Forschungsbeiträge*, hg. von Gerhard May und Rolf Decot, Mainz 1996, S. 139–152. – Timothy J. Wengert: *Melanchthon and Luther/ Luther and Melanchthon*, in: *Lutherjahrbuch* 66 (1999), S. 55–88. – Martin Brecht: *Melanchthon und Luther oder: Samsons Kinnbacke*, in: *Der Theologe Melanchthon*, hg. von Günter Frank, Stuttgart 2000, S. 83–101. – Heinz Scheible: *Melanchthon neben Luther*. Erstmals erschienen 1995, auch in: ders.: *Melanchthon und die Reformation. Forschungsbeiträge*, hg. von Gerhard May und Rolf Decot, Mainz 1996, S. 153–170. – Bengt Hägglund: *Melanchthon versus Luther: The contemporary struggle*, in: *Concordia theological quarterly* 44 (1980), S. 123–133. – Die Liste der Titel, die die beiden in Beziehung zueinander setzen, ließe sich noch um etliche Stücke erweitern.

Eine besonders konfliktgeladene und kritische Phase der Beziehung zwischen Melanchthon und Luther waren die Jahre 1543–1545, Luthers letzte Lebensjahre. Die Briefe dieser Jahre haben wir erst vor kurzem ediert; sie zeigen sehr deutlich, wie Melanchthon den oft schwierigen Umgang mit dem alten Luther für sich und andere erträglich zu gestalten versucht hat.

25 Jahre hatten Luther und Melanchthon gemeinsam in Wittenberg verbracht. In dieser Zeit hatte sich ihr Verhältnis verändert. Nicht nur der Altersabstand zwischen beiden war relativ geringer geworden, auch ihre Rollen hatten sich gewandelt. Melanchthon war nicht mehr der „kleine Grieche", als den ihn Luther nach seiner Ankunft in Wittenberg bezeichnet hatte,[2] sondern war derjenige, der die evangelischen Interessen auf Reichstagen und in Religionsgesprächen vertreten hatte. Hatte er 1530 in Augsburg noch die ständige Rückversicherung und Bestätigung Luthers gebraucht, war er seit den späten 30er Jahren der Wortführer der evangelischen Seite, der die unterschiedlichen Positionen zu einen versuchte und bei dem die Fäden zusammenliefen. Mit Luthers Temperament hatte er sich arrangiert, auch wenn er bisweilen unter seinen Launen litt und oft über Luthers Heftigkeit klagte. Dass bestimmte Charaktereigenschaften sich im Alter verstärken, wusste Melanchthon und schrieb 1544 an seinen engen Freund Joachim Camerarius: „Ich habe oft gesagt, dass ich das Alter seiner [d. h. Luthers] sehr leidenschaftlichen Natur fürchte."[3] Seine Befürchtungen hatten sich bewahrheitet; in den neueren Luther-Biographien ist von „Unduldsamkeit des Alters"[4], „ungezügelter Aggressivität"[5] und „Letzte[r] Wut"[6] die Rede. Der Eindruck vom Luther der Jahre 1543 bis 1545, den man aus Melanchthons Briefen gewinnt, ist der eines leicht reizbaren, aufbrausenden und unberechenbaren Mannes, der mit seiner Streitsucht viele vor den Kopf stieß.

In den Jahren 1543–1545 fand Melanchthon mehrfach Anlass, Luthers Verhalten zu thematisieren und Luther zu kritisieren, denn es gab mehrere Konflikte, die ihren Widerhall in Melanchthons Briefen finden. Weil sie sich überlagerten, herrschte in dieser Zeit in Wittenberg eine hochexplosive Stimmung, unter der Melanchthon sehr litt. Das Hauptthema ist der neu entfachte Abendmahlsstreit; er kommt zum Ausdruck in Luthers Brief an die Evangelischen in Italien, Luthers Schmähungen gegen die Schweizer und in seiner Kritik an der

2 Luther an Johannes Lang, 18.12.1519: „Superat iste Graeculus me quoque in ipsa theologia" (WAB 1, S. 596–598 Nr. 232, Z. 10).

3 MBW 3450.1: „Πολλάκις δὲ ἔλεξα φοβεῖσθαι με γῆρας αὐτοῦ φύσεως οὔσης ἄγαν ἐμπαθοῦς."

4 Heinz Schilling: *Martin Luther. Rebell in einer Zeit des Umbruchs*, München 2012, S. 526.

5 Ebd., S. 544.

6 Volker Leppin: *Martin Luther*, Darmstadt 2006, S. 340.

Kölner Reformation[7]. Daneben belastete ein weiterer Kampf Luthers die Stimmung in Wittenberg: In mehreren Predigten kanzelte er die Juristen wegen der heimlichen Verlöbnisse ab, da das kirchliche Recht sie gelten ließ, während Luther sie zum Schutz der Gewissen verboten haben wollte.[8]

Im November 1542 hatten die Evangelischen in Venedig, Vicenza und Treviso nach Wittenberg geschrieben, die offene Abendmahlsfrage angesprochen und Luther gebeten, seine Lehre nochmals klar darzulegen. Dabei hatten sie auch Martin Bucer erwähnt. Der Brief der Italiener war über Veit Dietrich in Nürnberg an Luther weitergeleitet worden, so dass sich das Echo in den Briefen zwischen Melanchthon und Dietrich findet. Am 25. Januar 1543 schreibt Melanchthon nach Nürnberg und kritisiert die Zustellung des Briefes. Dabei benennt er auch das Reizwort, auf das Luther reagieren musste: „Der Brief aus Italien hat Luther verärgert, weil er den Abendmahlsstreit erwähnt. Ich wollte, Du hättest mich um Rat gefragt, als Du ihn schicktest."[9] Dietrich scheint auf eine Antwort an die Italiener gedrängt zu haben; im März schreibt Melanchthon ihm: „Wir werden den Venezianern noch antworten. Aber bisher haben mich andere Arbeiten gehindert, und ich habe umso mehr gezögert, weil dort der Abendmahlsstreit erwähnt wird; wenn Luther sich damit beschäftigt, gibt es neue Kämpfe. […] Außerdem wird in dem Brief Bucer erwähnt, den Luther keinesfalls als Vermittler akzeptieren kann, so dass er, wie in einem Streit, schließlich zu hart antwortet; das möchte ich nicht."[10] Im April reiste Melanchthon nach Bonn, ohne ein Antwortschreiben verfasst zu haben. Luther selbst schrieb es im Juni 1543 und holte darin zu einem Schlag gegen die Zürcher aus:

7 Hermann von Wied, Erzbischof von Köln [Vff. Martin Bucer und Melanchthon]: *Einfaltigs bedencken, warauff ein christliche, in dem wort gottes gegrünte reformation […] anzurichten seye*. Bonn, Laurenz von der Mülen, 1543 (VD16, K 1734): *Martin Bucers Deutsche Schriften* Bd. 11/1, Gütersloh 1999, S. 147–432.

8 Vgl. Gerhard Ebeling: *Luthers Seelsorge an seinen Briefen dargestellt*, Tübingen 1997, S. 124–142, bes. 131–136. – Besonders brisant war dieses Thema auch für Melanchthons Verhältnis zu Luther, weil sich Melanchthons Sohn Philipp d. J. im Dezember 1543 ohne Wissen der Eltern mit Margaretha Kuffner verlobt hatte. Obwohl Melanchthon der Eheschließung zugestimmt hätte, bestand seine Frau Katharina auf der Auflösung der Verlobung; vgl. Stefan Rhein: *Katharina Melanchthon, geb. Krapp. Ein Wittenberger Frauenschicksal der Reformationszeit*, in: *700 Jahre Wittenberg. Stadt – Universität – Reformation*, hg. von Stefan Oehmig, Weimar 1995, S. 511.

9 MBW 3152.2: „Literae Italicae Luthero stomachum moverunt, quod faciunt mentionem rixae περὶ δείπνου κυριακοῦ. Et vellem te in illis mittendis meo usum esse consilio."

10 MBW 3197.6: „Venetis rescribemus. Sed profecto hactenus aliae me operae impedierunt, et eo magis contatus sum, quia ibi fit mentio controversiae de coena domini, quam si attinget Lutherus, erunt nova certamina. […] Et fit in literis mentio mei παραστάτου, quem ipse διαιτητὴν ferre nullo modo potest, eoque, ut in contentione, durius postea respondet, quod nollem."

„In der Schweiz, besonders in Zürich und Umgebung, harren Feinde des Sakraments aus und benutzen profanen Wein und Brot, wobei sie Leib und Blut Christi außen vor lassen; Männer, die durchaus in allen Sprachen gebildet sind, aber von einem Geist berauscht, der uns völlig fremd ist, deren schlechter Einfluss zu vermeiden ist."[11] Als Melanchthon aus Bonn zurückkehrte, machte er Dietrich erneut Vorhaltungen: „In meiner Abwesenheit hast Du Luther einen Brief an die venezianischen Prediger abgenötigt, in dem er vielleicht zu heftig über das Abendmahl geantwortet hat. Um diesen Anstoß zu vermeiden, wollte ich selbst antworten. Ich möchte, dass du in solchen Angelegenheiten in Zukunft umsichtiger bist."[12] Und einen Monat später: „Was wegen des Briefes nach Italien passiert ist, habe ich befürchtet. Ich wusste, dass Luther rauer schreiben würde, als er empfindet. War es denn nötig, die Transsubstantiation zuzugestehen, die die Quelle allgemeinen Götzenwahns ist? [...] Weil Luthers Antwort weit verbreitet wird, wird diese Äußerung, wenn sie zu den Schweizern gelangt, neue Kämpfe entfachen. Das hätte ich nicht gewollt."[13] Die Briefe zeigen, wie gut Melanchthon Luther kannte und seine Reaktionen voraussehen konnte: All seine Befürchtungen trafen ein; sein Versuch, die Angelegenheit zu steuern, war gründlich misslungen. Deswegen kritisiert er nicht nur Luthers derbe Wortwahl und sein Beharren auf der Transsubstantiationslehre, die ein wichtiger Streitpunkt mit den Schweizern war. Er wirft Veit Dietrich vor, den Brief ohne Rücksprache mit Melanchthon weitergeleitet und Luther obendrein zu einer Antwort gedrängt zu haben. Hier ist deutlich zu erkennen, dass Melanchthon versuchte, Luther gegen brisante Anfragen abzuschirmen. So wollte er unnötige Aufregung allerseits verhindern oder wenigstens entschärfen.

Wie leicht Luther sich zu unnötiger Polemik hinreißen ließ, ist am nächsten Fall zu erkennen: Der Zürcher Drucker Christoph Froschauer hatte ein Exemplar der gerade gedruckten lateinischen Bibelübersetzung an Luther geschickt. Am 31. August 1543 – die Aufregung über Luthers Äußerungen über die Schweizer im Brief an die Italiener hatte sich noch nicht gelegt – schickte

[11] WAB 10, S. 328–333 Nr. 3885, Z. 76–79: „Sed in Helvetia perseverant praesertim Tigurini et vicini hostes Sacramenti et utuntur profano pane et vino, excluso corpore et sanguine Christi: eruditi sane viri in omnibus linguis, sed spiritu alieno a nobis, ebrii, quorum contagium vitendum est."

[12] MBW 3312.2: „Me absente extorsisti a Luthero epistolam ad Venetos concionatores, in qua ille fortassis φορτικώτερον respondit περὶ δείπνου κυριακοῦ. Hunc scopulum ut vitaremus, fueram ipse responsurus. Quare in talibus negociis velim te deinceps circumspectiorem esse."

[13] MBW 3356.2.1–2: „Illud ipsum de literis Italicis, quod accidit, metuebam. Sciebam horridius scripturum Lutherum, quam sentit. Quid enim opus fuit largiri etiam transsubstantiationem, quae est fons idolomaniarum non vulgarium? [...] Cum autem late spargantur responsa Lutheri, perlata illa sententiola in Helvetios accendet nova certamina. Id nollem fieri."

Luther Froschauer ein Dankschreiben, in dem er ihm gleichzeitig untersagte, weitere Werke der „falschen verfurischen Prediger“ zu schicken, „mit welchen ich, nach die kirchen Gottes, keine gemeynschafft haben kan“.[14] Diese neuen Schmähungen der Zürcher Theologen schlugen hohe Wellen: Als erster meldete sich Martin Bucer bei Melanchthon; der kannte Luthers Brief bis dahin gar nicht und versuchte in seiner Antwort, die Angelegenheit herunterzuspielen: „Du kennst den Vers über Achilles: ‚Ein leidenschaftlicher Mann beschuldigt leicht auch einen Unschuldigen‘. Solchen Ungestüm hat auch unser [Luther] oft; wenn wir sie übergehen, erreichen wir mehr, als wenn wir heftigen Widerstand leisten.“[15] Luthers Schmähungen mit Schweigen zu übergehen, empfiehlt Melanchthon vorsorglich auch Heinrich Bullinger, dem er im März 1544 schreibt: „Dasselbe bitte ich Dich [zu tun], falls aus unseren Gegenden von irgendwelchen Leuten irgendwelche ungehobelten Briefe geschrieben werden“, und er beschwört die Übereinstimmung, die Verbundenheit und den Zusammenhalt mit den Schweizern: „Dennoch wollen wir Übrige den Konsens und die Geistesverwandtschaft untereinander pflegen und nicht zulassen, dass unsere Kirchen weiter auseinandergerissen werden.“[16] Indem Melanchthon „wir Übrige“ „irgendwelchen Leuten“ (womit natürlich Luther gemeint ist) gegenüberstellt, betont er seine guten Verbindungen zu den Schweizern und grenzt sich gleichzeitig von Luther ab. Doch die Bemühungen, die Schweizer zu besänftigen und eine Eskalation des Konflikts zu verhindern, scheitern. Nur einen Monat später schreibt Johannes Calvin, Bullinger habe sich bei ihm darüber beklagt, dass Luther alle Zürcher heftig verletzt habe; auch er selbst vermisse in Luthers Brief die Menschlichkeit. Er bittet Melanchthon um Vermittlung: „Ich flehe Dich an: Halte Luther, so weit Du kannst, zurück, oder vielmehr halte ihn auf, damit er seiner Leidenschaft gegen jene Kirche nicht nachgibt! [...] Tritt also mit Deiner großen Umsicht als Vermittler dazwischen, damit Du ihn [Luther] etwas besänftigst.“[17] Im Juni 1544 schickte Melanchthon diesen Brief an Joachim Camerarius weiter und schrieb dazu: „Wenn er den Brief Luthers an die Zürcher erwähnt, beklagt er sich nicht zu Unrecht. Aber ich habe im März an Bullinger geschrieben und versucht, den Affront zu heilen.“[18] Im selben

14 WAB 10, S. 384–388 Nr. 3980, hier S. 387.

15 MBW 3364.1: „Meministi autem versum de Achille: ‚Δεινὸς ἀνὴρ τάχα κεν καὶ ἀναίτιον αἰτιόῳτο‘. Similes impetus et noster multos habet, quibus dissimulandis plus proficimus quam duriter repugnando.“

16 MBW 3487.3: „Idem te oro de epistolis, si quae scribuntur ex his regionibus horridiores ab aliquibus. Nos tamen reliqui foveamus consensum et animorum coniunctionem inter nos nec magis divelli nostras ecclesias sinamus.“

17 MBW 3531.3: „Obsecro te: Quantum potes, retine vel potius inhibe dominum Martinum, ne suae vehementiae adversus illam ecclesiam indulgeat! [...] Tu ergo pro singulari tua prudentia te medium interpone, ut illum paulo placatiorem reddas.“

Monat schrieb Heinrich Bullinger einen langen und aufgeregten Brief, in dem er sich ausgiebig über Luthers Brief empört und Melanchthon die Folgen von Luthers Schmähungen vor Augen hält: „Es tut uns sehr leid, dass ein so großer Mann völlig außer sich so sehr gegen Unschuldige tobt und damit sich selbst in schändlichster Weise entehrt. [...] Unter uns wird auch das Urteilsvermögen der anderen klugen Männer bei Euch angezweifelt, wenn derjenige, der bei Euch an erster Stelle steht, so böswillig über uns urteilt. Denn wenn auch die anderen Klugen und die Kirchenvorsteher in Sachsen so gegen uns gesonnen sind, wie es Luther offensichtlich ist, wer sieht dann nicht, mit was für Ärger für die Kirchen, mit welchem Schmerz und Schaden für die guten und aufrichtigen Menschen dieses Geschwür einmal aufbrechen wird? Wenn sie so weitermachen, werden wir gezwungen sein, unsere und unserer Kirchen Unschuld, Wahrhaftigkeit und Integrität zu beschützen."[19] Auch er beschwört Melanchthon, besänftigend auf Luther einzuwirken. Melanchthon war in einer schwierigen Situation: Er wusste genau, dass Luther sich mit seinen groben Beleidigungen ins Unrecht gesetzt hatte, dass die Schweizer zu Recht verletzt und aufgebracht waren und dass der Zusammenhalt im evangelischen Lager aufs Äußerste gefährdet war. Er merkte, dass seine Möglichkeiten zur Deeskalation erschöpft waren – und gab auf. Er kündigte Bullinger Luthers *Kurzes Bekenntnis vom heiligen Sakrament*[20] an und schrieb resignierend: „Nie hat [Luther] diese Sache mit größerer Leidenschaft betrieben. Ich gebe es also auf, Frieden zwischen den Kirchen zu erhoffen. [...] Ich habe Deinen Brief oder vielmehr Deine Klage gelesen, [...] in dem Du mir, der ich empfohlen habe, einiges zu ertragen, antwortest. Aber diese Erneuerung des Krieges verhindert, dass ich jetzt etwas über Mäßigung schreibe."[21]

18 MBW 3588.2: „Quod mentionem facit epistolae Lutheri ad Tigurinos missae, non iniusta querela est. Sed ego ad Bullingerum mense Martio scripsi et sanare offensionem studui."

19 MBW 3596.3–4: „[D]olet nobis non mediocriter virum tantum sibi ipsi ereptum furere sic contra immerentes et semetipsum dedecorare turpissime. [...] Dubitatur autem inter nos et de aliorum apud vos eruditorum iuditio, cum is, qui primatum apud vos obtinet, de nobis tam maligne iudicat. Quod si alii quoque eruditi et ecclesiarum praesides per Saxoniam eo in nos animo fuerint, quo constat affectum esse Lutherum, quis non intelligat, quanto cum ecclesiarum scandalo, quanto cum bonorum et simplicium hominum dolore ac detrimento hoc ulcus aliquando erupturum sit? Nam si isti ita perrexerint, cogemur tandem nostram et nostrarum ecclesiarum innocentiam, veritatem integritatemque tueri."

20 Luther: *Kurtz bekentnis [...] vom heiligen sacrament*. Wittenberg, Hans Lufft, September 1544 (Benzing/Claus Nr. 3458; VD16, L 5422): WA 54, S. 119–167.

21 MBW 3671: „Nunquam maiore impetu hanc causam egit. Desino igitur sperare ecclesiarum pacem. [...] Legi tuam epistolam seu querelam potius, [...] in qua mihi, qui fueram hortator ad quaedam dissimulanda, respondes. Sed haec nova belli instauratio impedit, ne quid de moderatione nunc scribam."

War Melanchthon in diesen Konflikt nur hineingezogen worden, sah er sich wenig später selbst Luthers Kritik ausgesetzt. Im Sommer 1544 gelangte die *Kölner Reformation*, eine evangelische Kirchenordnung, die Melanchthon gemeinsam mit Martin Bucer im Auftrag des Kölner Erzbischofs Hermann von Wied erarbeitet hatte,[22] nach Wittenberg. Der darin enthaltene Abschnitt über das Abendmahl stammte von Bucer, war aber von Melanchthon gebilligt und mit getragen worden. Melanchthon berichtet Anfang August 1544, dass er die *Kölner Reformation* gemeinsam mit Luther, Johannes Bugenhagen und Gregor Brück gelesen habe und alle drei sie gelobt hätten.[23] Heftige Kritik an mehreren Artikeln, unter anderem am Abendmahlsartikel, kam etwas später allerdings von Luthers Freund, dem Naumburger Bischof Nikolaus von Amsdorf. Melanchthon berichtet Veit Dietrich: „Amsdorf hat eine harte Kritik an der *Kölner Reformation* hierher geschickt, die Luther sogar noch milde erscheint, und ich habe das Signal zu einem neuen Gefecht gehört. Wenn Luther anfängt, über diese Sache schmählich zu reden, werde ich weggehen."[24] Obwohl die Kritik hauptsächlich gegen Martin Bucer gerichtet war, den Luther nicht mochte, fühlte Melanchthon sich mit getroffen und schrieb an Joachim Camerarius: „Endlich muss ich auch an mich denken."[25] Dass er es für möglich hielt, aus Wittenberg wegzugehen oder gar vertrieben zu werden, wie er anderswo äußerte, zeigt, wie verzweifelt Melanchthon seine Situation empfand.[26] An Wolfgang Musculus schrieb er: „[Luther] donnert gegen diejenigen, die über das Zeichen des Leibes und Blutes Christi anders reden als er selbst, und bisweilen greift er auch mich an. Was aus mir wird, weiß ich nicht; vielleicht muss ich in meinem Alter bald noch ins Exil."[27] Bei Camerarius beklagte er sich: „Jetzt entstehen neue Verdächtigungen in [Luthers] Geist, die Amsdorfs Kritik hervorgerufen hat. Er ist hauptsächlich deswegen zu ihm gereist, um über mich zu beratschlagen. […] Ich höre, dass er morgen [Caspar] Cruciger und mich zu sich rufen und uns nach unseren Ansichten ausfragen wird. Vielleicht wird er

22 Wie Anm. 7.

23 MBW 3631.1: „Laudata est haec senis Coloniensis confessio […] a Luthero, a pastore ecclesiae nostrae, a Pontano. Legimus enim fere ante mensem."

24 MBW 3646.2: „Misit huc Amsdorfius censuram Coloniensis reformationis acerbam, quae tamen Luthero mitis videtur, et classicum novi certaminis iam audivi. Si ceperit noster Pericles de ea re contumeliose dicere, discedam."

25 MBW 3652.1: „tandem etiam mihi consulam."

26 Neuser (wie Anm. 1), S. 5, benennt nur drei Auseinandersetzungen, in denen Melanchthons Trennung von Luther durch seinen Weggang aus Wittenberg überhaupt zur Diskussion stand: den Cordatus-Streit 1536, den Schenkschen Streit 1537 und Luthers Beanstandung der *Kölner Reformation* 1544.

27 MBW 3658.2: „Tonat adversus eos, qui περὶ συμβόλων σώματος καὶ αἵματος Χριστοῦ aliter loquuntur, quam ipse loquitur, ac me quoque interdum arripit. Itaque, de me quid sit futurum, nescio. Fortassis in hac senecta brevi mihi exulandum erit."

sich zufrieden stellen lassen. Sollte ich ihn aber nicht besänftigen können, werde ich geradewegs von hier weggehen."[28] Auch sein Bruder Georg Schwartzerdt empfahl den kampflosen Rückzug.[29] Im September erschien Luthers *Kurzes Bekenntnis vom heiligen Sakrament*[30], in dem Melanchthon zwar nicht – was er befürchtet hatte – persönlich angegriffen wurde, das aber den Streit mit den Schweizern weiter anheizte. An Camerarius schrieb Melanchthon: „Ich nehme an, bei Euch kursiert Luthers Buch, dessen Lektüre auch Deine Sorgen vergrößern wird."[31] Im Oktober 1544 gab es ein Gespräch, über das Melanchthon dem Friedrich Myconius berichtet: „Ich habe Luther gesagt, dass ich immer die Synekdoche verteidigt habe, dass Christus wahrhaft anwesend ist, wenn Brot und Wein genommen werden [...] Ich glaube, er ist zufrieden."[32] Offenbar war Luther zufrieden; verschiedentlich wurde darauf hingewiesen, dass Luther Melanchthon gegenüber durchaus tolerant war und seine abweichende Abendmahlsauffassung bewusst geduldet hat.[33] Die Spannung in Wittenberg muss so groß gewesen sein, dass sich sogar die Fürsten einschalteten: Landgraf Philipp von Hessen schrieb an Melanchthon, Kurfürst Johann Friedrich von Sachsen schickte seinen Kanzler Gregor Brück nach Wittenberg, der jedoch nur noch berichten konnte: „Philippus hatt mir gesagt, es sei nichts bsonderes. [...] So vormerck ich auch vom Philippo nit anders, dan das er und Martinus gantz gute freund sein."[34] Der Streit mit den Schweizern ging jedoch weiter.

In den sechzehn Monaten von Januar 1544 bis April 1545 verwendet Melanchthon für Luther auffallend oft einen Decknamen: Perikles. Warum Perikles? Wie kommt Melanchthon darauf, Luther mit dem griechischen Staatsmann zu vergleichen? Welche Eigenschaften sah er, die ihn dazu veranlassten, Perikles als Decknamen, ja sogar als Metapher für Luther zu verwenden?

28 MBW 3668: „Nunc novae suspiciones [...] in unius Periclis animo nascuntur, quas quidem Citei episcopi censura excitavit. Ad hunc praecipue eo profectus est, ut de me deliberaretur. [...] Sed audio vocaturum me et Crucigerum ac sciscitaturum nostras sententias. Fortassis satisfieri sibi patietur. Sed si non placabo, recta hinc discedam."

29 Vgl. MBW 3691.4, 3695.3, 3705.2.

30 Wie Anm. 20.

31 MBW 3700.2: „Arbitror istic iam circumferri τὸν Περικλέους λόγον, cuius lectio etiam sollicitudines tuas augebit."

32 MBW 3705.2: „Ego Luthero dixi me semper defendisse synecdochen, cum panis et vinum sumuntur adesse Christum vere [...] Arbitror ei satisfactum." Vgl. auch Theodor Diestelmann: *Die letzte Unterredung Luthers mit Melanchthon über den Abendmahlsstreit*, Göttingen 1874, S. 282f.

33 Mülhaupt (wie Anm. 1), S. 3 und 14; Neuser (wie Anm. 1), S. 34–36; Siegfried Wiedenhofer: *Reformatorische Identität und ökumenischer Dialog. Die Bedeutung des Verhältnisses von Luther und Melanchthon*, in: *Dona Melanchthoniana. Festgabe für Heinz Scheible zum 70. Geburtstag*, hg. von Johanna Loehr, Stuttgart-Bad Cannstatt 2001, ²2005, S. 492f; Scheible: *Luther und Melanchthon* (wie Anm. 1), S. 150f.

34 MBW 3707.

Der Blick in die vorhandenen Schlüssel zu Melanchthons Briefen[35] hilft kaum weiter: Außer der Feststellung, dass Luther gemeint ist, bieten sie keine näheren Erklärungen. Daher müssen wir uns dem Periklesbild auf anderem Wege nähern.

Die Urteile, die über Perikles gefällt wurden, unterscheiden sich stark; das gilt für die antiken Historiker und Autoren genauso wie für die modernen. Die einen sehen in ihm einen Kriegstreiber aus Eigeninteresse[36], anderen gilt er als „eine kraftvolle Macht [...], die nicht nur die eigene Zeit wesentlich prägte, sondern auch zukünftige Jahrhunderte“[37]. Um den Vergleich Luthers mit dieser „bedeutende[n], aber auch umstrittene[n] Gestalt“[38] nachvollziehen und einordnen zu können, ist es nötig, das Bild nachzuzeichnen, das Melanchthon in seinen Werken und Briefen von Perikles entwarf.

Melanchthon hebt je nach Zusammenhang unterschiedliche Seiten des Atheners hervor: Perikles erscheint als großer Staatsmann, wenn Melanchthon an Michael Meienburg schreibt: „Wir hören, dass Du dort als einziger mit höchstem Lob [Nordhausen] mit Deinen Schultern und Deiner Tugend unterstützt, genauso wie allein Perikles die Stadt Athen oder Fabius Rom durch Rat und Geistesgröße in schwierigsten Zeiten regiert hat“.[39] Oder an Christian Brück über dessen Vater Gregor: „Sooft ich ihn ansehe, glaube ich einen von jenen alten Heroen zu sehen, die wegen ihrer Weisheit, Gelehrsamkeit, Beredsamkeit, politischer Bildung, ihrer Charakterstärke und ihres Benehmens im Staat an erster Stelle standen; wir lesen, dass in Rom Laelius, Crassus oder Cicero, in Athen Perikles und einige andere so gewesen sein sollen“.[40] Melanchthon stellt Perikles hier als Politiker dar, der aufgrund seiner hervorragenden Charaktereigenschaften ein Vorbild für alle politisch Tätigen ist.

35 *Clavis allegoricorum nominum*, in: CR 10, Sp. 317–324; Jacob Thomasius: *Clavis in Epistolas Philippi Melanchthonis*, in: Christian Thomasius: *Historia sapientiae et stultitiae*, Halle an der Saale 1693, S. 1–23.

36 Aristophanes: *Pax* 605–611; Gustav Adolf Lehmann: *Perikles. Staatsmann und Stratege im klassischen Athen*, München 2008, S. 259 Anm. 10.

37 Donald Kagan: *Perikles. Die Geburt der Demokratie*, Stuttgart 1992, S. 7; zu den unterschiedlichen Beurteilungen durch antike Autoren vgl. Lehmann (wie Anm. 36), S. 13–29.

38 Lehmann (wie Anm. 36), S. 29.

39 MBW 591.2: „Te unum audimus istic summa cum laude rempublicam tuis humeris tuaque virtute sustinere, non aliter atque aut Athenas unus Pericles aut urbem Romanam Fabius consilio, magnitudine animi difficillimis temporibus gubernavit.“

40 MBW 1890.10: „Ego quidem, quoties eum intueor, videre mihi aliquem ex veteribus illis heroicis viris videor, qui propter sapientiam, doctrinam, eloquentiam, scientiam politicam, morum gravitatem atque elegantiam in republica primas tenuerunt, qualem Romae Laelium aut Crassum aut Ciceronem, Athenis Periclem et quosdam alios fuisse legimus.“

An anderen Stellen geht es Melanchthon nicht um ein solches Gesamtbild, sondern nur um einzelne Aspekte. Eine Eigenschaft, die Melanchthon erwähnt, ist die „Periclea dissimulatio“[41], das Aussitzen von Widrigkeiten und Missstimmungen. Diese Technik der Zurückhaltung, des geduldigen, bisweilen auch dickfelligen Über-sich-ergehen-Lassens von Beschimpfungen und Vorwürfen jeglicher Art, die Plutarch in seiner Perikles-Biographie erwähnt,[42] hat er selbst zu seiner Hauptmethode der Konfliktbewältigung gemacht und empfiehlt sie – z. T. unter Berufung auf Perikles – auch anderen[43]: „Es gibt einen alten Ausspruch des Perikles, der viele Schwierigkeit durch Abwarten überstanden hat: ‚Kommt Zeit, kommt Rat‘“.[44]

Die „dissimulatio“, die große Selbstbeherrschung erfordert, lässt Ungerechtigkeiten ertragen, um die Sache, für die man arbeitet, nicht zu gefährden. Sie ist allerdings, das weiß auch Melanchthon genau, kein Allheilmittel. In bestimmten Fällen sind Widerspruch und klare Stellungnahmen vonnöten. Aber die „dissimulatio“ hat Melanchthon oft dabei geholfen, Luthers Launen zu ertragen.

Melanchthon schätzte an Perikles nicht nur, dass er einzuschätzen wusste, wann Schweigen goldrichtig war, sondern auch, dass er seine Worte kunstvoll und überzeugend einzusetzen verstand: er rühmte seine „excellen[s] faculta[s] dicendi“[45], „inimitabil[is] eloquentia“[46], „grandiloquentia“[47]. Alle drei Reden, die Thukydides von Perikles überliefert, hat Melanchthon ins Lateinische übersetzt[48], so dass er urteilen konnte: „Eine große Zierde ist eine reiche und strahlende Beredsamkeit, die die guten Dinge nicht nur richtig und einleuchtend auslegen, sondern auch vergrößern, erheben und schmücken kann, wie es Perikles, Platon oder Cicero konnten.“[49] Und im *Encomium eloquentiae* von 1523 hört man ihn seufzen: „Ich wünschte mir die Wortgewalt des Perikles, während ich mich abmühe, die dumme Jugend auf den Weg zurückzuholen“.[50] Rheto-

41 MBW 3409.2.

42 Plutarch: *Perikles* 2, 5.

43 MBW 2193, 2514, 3207, 3364.1, 3409.2, 3619.2, 3940, 4093.2, 4270.2 u. ö.

44 MBW 5905.1: „Vetus dictum est Periclis, qui multas difficultates vicit contando, *Tempus est sapientissimus consiliarius*“ (CR 7, Sp. 660 Nr. 4792).

45 MBW 7349.

46 Melanchthon: *De studio doctrinae Paulinae*, 1520: CR 11, Sp. 34.

47 Melanchthon: *De Ludovico Bavaro*, 1558: CR 12, Sp. 289. Der Begriff ‚grandiloquentia‘ kann sowohl positiv für eine hervorragende Beherrschung der Rhetorik als auch negativ im Sinne von ‚Prahlerei‘ und ‚Großsprecherei‘ verwendet werden; daher muss der jeweilige Zusammenhang bei der Deutung berücksichtigt werden.

48 CR 17, Sp. 1039–1053.

49 MBW 3993.2.3: „Magnum omnino decus est eloquentia uberior et splendidior, quae res bonas non solum recte et perspicue exponere, sed etiam augere, attollere et ornare potest, qualis vel Periclea vis vel Platonica vel Ciceroniana fuit.“

rische Gewitter hat Perikles losgelassen und seine Zuhörer tief und nachhaltig beeindruckt; das weiß Melanchthon aus Ps-Lukian[51], den er ebenfalls ins Lateinische übersetzte, aus Aristophanes[52] und aus Quintilian[53]: „ἀστραπὰς καὶ βροντὰς", „ἤστραπτ' ἐβρόντα", „fulgere ac tonare" heißt es dort in Verbindung mit Perikles, und Melanchthon übernimmt dieses Bild: „Pericles orator tonans, fulgurans"[54], „ut Pericles tonat et fulminat"[55] oder „Pericleis fulminibus verborum"[56].

Aber Melanchthon weiß auch, dass große Tugenden leicht entarten können. „Wie sind den hohen, weisen leuten – Saul, Pericli, Demostheni, Pompeio und andern viel tausenden – yhre scheinbarliche [=leuchtend, ansehnlich] furnemen so ubel geradten!"[57] Dieses Umschlagen vom Positiven ins Negative stellt Melanchthon in folgenden Fällen fest: 1. Perikles' ‚audacia': Mut und Kühnheit werden durch zu großen Erfolg zu Vermessenheit, übersteigertem Selbstbewusstsein und ‚caeca ambitio', blinder Ruhmsucht; Melanchthon illustriert diese Eigenschaft an der Episode, in der Perikles zu Beginn des Peloponnesischen Krieges den Seeleuten, die eine Sonnenfinsternis als schlechtes Vorzeichen für ihren Kriegszug deuten, die Furcht nimmt, indem er dem Steuermann als Modell einer Finsternis seinen Mantel kurzzeitig über die Augen legt. Dass Perikles die astronomischen Erkenntnisse, die er bei Anaxagoras erworben hatte, in aufklärerischer Weise an seine Seeleute weitergibt, deutet der für Astrologie empfängliche Melanchthon als Missachtung der göttlichen Zeichen, die durch den verheerenden Ausgang des Krieges bitter bestraft wurde.[58] 2. Als extreme Ausformung der Geschäftigkeit (sedulitas) beobachtet Melanchthon an Perikles die Vielgeschäftigkeit (πολυπραγμοσύνη), die sich gerne in Angelegenheiten anderer einmischt und Unnötiges ins Werk setzt. Er definiert sie folgendermaßen: „Πολυπραγμοσύνη est vitium, quo homo tentat multa sine vocatione, et sine necessaria caussa: Richtet unruhe an, macht gewirr, wil viel zu schaffen haben,

50 CR 11, Sp. 51: „Atque hic mihi vel Pericleam vim optarim, dum stultam iuventutem in viam revocare contendo."

51 Melanchthon: *Encomium Demosthenis ex Luciano iam primum versum et aeditum*. Hagenau, Johann Setzer Erben, 1533 (VD16, L 2984): CR 17, Sp. 999–1018.

52 Aristophanes: *Acharnenses* 530f.

53 Quintilian: *Institutio oratoria* 2, 16, 19.

54 Melanchthon: *De Paulo apostolo*, 1543: CR 11, Sp. 619.

55 Melanchthon: *De calumnia Osiandri*, 1553: CR 12, Sp. 7.

56 MBW 7600: CR 8, Sp. 549.

57 Melanchthon: *Heubtartikel Christlicher Lere*, hg. von Ralf Jenett und Johannes Schilling, Leipzig 2002, S. 153.

58 MBW 3978.1.1: „Opinor autem multos esse, qui laudent hoc iudicium Periclis, sed nimis tristes poenas universa Graecia huius audacissimi iudicii dedit." – Melanchthon: *Initia doctrinae physicae*: „Sed Pericles ipse satis tristes poenas dedit contemptae divinae admonitionis" (CR 13, Sp. 249).

und es ist ihm wenig befohlen."[59] Dass Perikles den Peloponnesischen Krieg begonnen hat, war unnötig und resultierte aus seiner ‚πολυπραγμοσύνη'. 3. Beharrlichkeit (pertinacia) ist wichtig, um Ziele zu erreichen und sich nicht durch Misserfolge entmutigen zu lassen. Ihre Kehrseite ist der Starrsinn, der unnachgiebig an der eigenen Meinung festhält und Meinungen anderer nicht zulässt. 4. Zorn (ira) ist eine der sieben Hauptsünden. Er führt zu unkontrollierten Handlungen und Worten. Beide Eigenschaften zusammenfassend schreibt Melanchthon: „Der Starrsinnige, d. h. Harte, der nicht auf Leute hört, die ihn zu Recht ermahnen, sondern seinem Zorn nachgibt, stürzt sich und andere ins Verderben, so wie der Starrsinn des Perikles und des Demosthenes für ganz Griechenland verderblich war".[60] 5. Die hoch gelobte rhetorische Gewandtheit (eloquentia) verkommt zu Großsprecherei, Prahlerei und Wortgeklingel (grandiloquentia).

Melanchthon sieht in Perikles einerseits den großen Politiker, der viel für Athen geleistet hat, wirft ihm aber auch vor, seine Politik sei schließlich mehr gegen die eigenen Bürger als gegen die äußeren Feinde gerichtet gewesen[61] und er habe den Peloponnesischen Krieg, der das Ende der Athener Demokratie brachte und ganz Griechenland destabilisierte, unnötig vom Zaun gebrochen. Um sein ambivalentes Periklesbild kurz und knapp zu beschreiben, greift Melanchthon auf eine Formulierung des Aristophanes zurück: Perikles verfügte über eine großartige Beredsamkeit, die aber letztendlich Griechenland in Unordnung stürzte: „tonans eloquentia, ut in Comoediis dictum est, Graeciam miscuit."[62]

Welche Züge dieses Periklesbildes findet Melanchthon nun an Luther wieder?

1. Zuallererst die Beredsamkeit. Die hatte Melanchthon Luther schon in seinem Kommentar zu Luthers bekannter Tischkritzelei bescheinigt: „Res et verba Philippus" usw. Während Luther darin für sich selbst nur die Inhalte, nicht aber die Worte beanspruchte, korrigierte Melanchthon diese Einschätzung dahingehend, dass Luther auch die Worte, d. h. Beredsamkeit, zuzusprechen seien.[63] Angesichts der Juristenschelte und der Ausfälle gegen die Schweizer verwendet Melanchthon für Luther genau die Verben, mit denen Aristophanes Perikles' Wortgewalt beschrieben hatte: „Tonat",[64] „rursus tonare coepit"[65] und

59 Melanchthon: *Postilla (Historica de S. Gallo; item de Demosthene)*: CR 25, Sp. 671.

60 Melanchthon: *Enarratio in Ecclesiasten*: „Pervicax, id est, durus, qui non audit recte monentes, sed suae iracundiae morem gerit, perdit sese et alios. Sicut Periclis et Demosthenis pertinacia fuit exitiosa toti Graeciae" (CR 14, Sp. 126).

61 CR 24, Sp. 360; CR 25, Sp. 310.

62 MBW 3241.1.

63 WATR 3, S. 460f Nr. 3619.

64 Siehe Anm. 27.

einmal sogar griechisch: „βροντᾷ καὶ ἀστράπτει“[66]. Luther schleudert seine Blitze und Donner gegen die Juristen und die Schweizer. Zugespitzt formuliert Melanchthon an Camerarius: „Am Tag meiner Ankunft hat unser Perikles hier eine Predigt gehalten, in der er nicht mit der Würde eines Perikles, sondern mit der Freimütigkeit eines Kleon die Juristen beschimpft hat.“[67] Kleon war, laut Aristoteles, der erste, der auf der Rednertribüne herumschrie und schimpfte.[68] Die Pointe in Melanchthons Satz liegt in der doppelten Nennung des Perikles; die sich in Schimpfereien erschöpfende Wortgewalt Luthers wird der erhabenen Redekunst des Perikles gegenübergestellt. Camerarius hat in seiner Edition der Briefe leider die Pointe verdorben, denn er kaschierte die Bezeichnung „Pericles noster“, indem er den Perikles einfach wegließ und Luther nur „noster“ nannte.[69] Dass Luthers Abkanzelungen der Juristen in Melanchthons Augen kaum noch etwas mit seiner früheren Predigtkunst gemeinsam haben, lässt sich auch aus einem etwas späteren Brief an Martin Seidemann herauslesen: Melanchthon zählt dort die Fähigkeiten eines guten Predigers auf und schließt: „Ich erinnere mich, Luther früher so [predigen] gehört zu haben.“[70] Luther als guter Prediger gehört also der Vergangenheit an.

2. Über Luthers Zorn (ira) hat Melanchthon sich schon 1530 beklagt, und in diesen letzten Jahren klagt er wieder bitter über seine Reizbarkeit und seinen Zorn. Im August 1544 schreibt er an Camerarius: „Ich weiß, dass er vor ungeheurem Zorn brennt.“[71] Luthers leidenschaftliches, ungezügeltes Temperament spricht Melanchthon sogar in seiner Lebensbeschreibung Luthers an, die 1546 Luthers Werkausgabe als Vorrede vorangestellt wurde. Über Luther als Studienanfänger schreibt er: „Nachdem er die Süße der Wissenschaften probiert hatte, ging er, von Natur aus vor Lernbegierde brennend, an die Universität als Quelle aller Bildung. Und sein großer Intellekt hätte alle Künste der Reihe nach aufnehmen können, wenn er nur geeignete Lehrer gefunden hätte; vielleicht hätten die sanfteren Studien der wahren Philosophie und die Pflege der Sprachbildung dazu beigetragen, seine heftige Natur zu mildern.“[72] Der damalige Stand der

65 MBW 3667: „Scripsi tibi per Milichium de nostro Pericle, qui rursus tonare coepit vehementissime περὶ δείπνου κυριακοῦ.“

66 MBW 3652: „Omisso igitur bello, quod adversus νομοφύλακας moverat, nunc βροντᾷ καὶ ἀστράπτει κατὰ ῾Ελβετίων, interdum me quoque arripiens.“

67 MBW 3136.2: „Quo die adveni, hic noster Pericles concionem habuit, in qua οὐ κατὰ τὴν Περικλέους σεμνότητα, ἀλλὰ κατὰ τὴν Κλέωνος παρρησίαν ἐλοιδόρησε τούς νομοφύλακας.“

68 Aristoteles: *Der Staat der Athener* 28, übersetzt und hg. von Martin Dreher, Stuttgart 1993, S. 59.

69 In fünf von sechs an ihn gerichteten Briefen hat Camerarius die Bezeichnung „Pericles“ für Luther gestrichen oder verallgemeinernd umschrieben.

70 MBW 3727.1.3: „Talem memini me audire olim Lutherum.“

71 MBW 3668: „Hoc scio, ardere eum ingenti ira.“

Wissenschaften und ungeeignete Lehrer haben also verhindert, dass Luther sein Temperament in den Griff bekommen hat. Implizit deutet Melanchthon hier den Gegensatz zu sich selbst an; auch ihm bescheinigt – von der Forschung weitgehend unbeachtet – sein Freund und Biograph Joachim Camerarius einen Überfluss an gelber Galle, also ein cholerisches Temperament,[73] doch hatte er offenbar Lehrer, die ihm halfen, seine Affekte zu zügeln, und ihn zu einem Meister der Selbstbeherrschung machten, der immer die Sache in den Vordergrund und seine Person hintanstellte stellte.

3. ‚Πολυπραγμοσύνη', durch die ein Mensch unberufen und ohne Grund vieles anzettelt: Die Konflikte des Jahres 1544 und 1545 waren aus Melanchthons Sicht komplett unnötig, von Luther grundlos und mutwillig angezettelt. Melanchthon spricht vom „Krieg, den er gegen die Juristen begonnen hat"[74], und sagt: „Jetzt zettelt unser Perikles neue Privatkriege an"[75], an anderer Stelle: „Und jetzt hat Luther begonnen, in seinen Predigten neue Kriege zu verursachen."[76] Perikles hatte mit dem innergriechischen Bruderkrieg sein eigenes Lebenswerk vernichtet und der glanzvollen athenischen Demokratie den Todesstoß versetzt. Mit dem Bild des Perikles kritisiert Melanchthon, dass Luther rücksichtslos und eigensinnig die Auseinandersetzung mit den Schweizern angeheizt habe. Er sieht die Gefahr, dass eine Eskalation des Abendmahlsstreites das mühsam zusammengehaltene evangelische Lager nachhaltig spalten und dadurch gegen Angriffe von außen schwächen könnte.

Ambivalent wie das Periklesbild ist auch das Bild Luthers, das Melanchthon seinen Briefpartnern vermittelt. Es weist auf die konkreten Gefahren hin, denen sein Werk durch die im Alter stark ausgeprägten Affekte ausgesetzt ist, und zeigt die Sorge, dass Luthers großes Lebenswerk in der sich abzeichnenden Auseinandersetzung ein ähnliches Schicksal erwarten könnte wie die Langen Mauern Athens: Das Bollwerk, das Athen den Zugang zum Meer sicherte und

72 MBW 4277.4: „Degustata igitur literarum dulcedine, natura flagrans cupiditate discendi appetit Academiam, tanquam fontem omnium doctrinarum. Et omnes artes ordine percipere tanta vis ingenii potuisset, si doctores idoneos invenisset, et fortassis ad leniendam vehementiam naturae mitiora studia verae Philosophiae, et cura formandae orationis profuissent. Sed incidit Erfordiae in eius aetatis Dialecticen satis spinosam, quam cum sagacitate ingenii praeceptionum causas et fontes melius quam ceteri perspiceret, cito arripuit" (CR 6, Sp. 157).

73 *Ioachimi Camerarii De vita Philippi Melanchthonis narratio*, hg. von Ge[org] Theodor Strobel, Halle an der Saale 1777, S. 58 und 60 (§ 17); Joachim Camerarius: *Das Leben Philipp Melanchthons*, übersetzt von Volker Werner mit einer Einführung und Anmerkungen versehen von Heinz Scheible, Leipzig 2010 (Schriften der Stiftung Luthergedenkstätten in Sachsen-Anhalt 12), S. 72 und 74.

74 MBW 3652: „Omisso igitur bello, quod adversus νομοφύλακας moverat, […]"

75 MBW 3658: „Nunc domestica bella nova ciet noster Pericles."

76 MBW 3653.2: „Et iam movere bellum in concionibus Lutherus cepit."

das fest mit der Person des Perikles verbunden war, wurde am Ende des Peloponnesischen Krieges geschleift. Aber gleichzeitig ruft es auch die großartigen Leistungen und Verdienste des großen Reformators ins Gedächtnis; und sie haben die Jahrhunderte überdauert.

Franz Brendle

Karl V. und Melanchthon

Als die *Confessio Augustana* am 25. Juni nachmittags im Kapitelsaal des bischöflichen Palastes, wo der Kaiser wohnte, von dem kursächsischen Kanzler Christian Beyer mit lauter Stimme deutsch verlesen wurde, so dass die Menschenmenge im Hof ihn verstehen konnte, war der Autor nicht dabei.[1] Mit dem Schwäbisch Haller Reformator Johannes Brenz saß er in der Herberge und schrieb Briefe. Dabei war ihnen die Bedeutung des Ereignisses wohl bewusst: Melanchthons eigenem Bericht nach weinten sie gemeinsam, während das Bekenntnis verlesen wurde.

Die historische Begegnung zwischen Kaiser Karl V. und Melanchthon, analog derjenigen Luthers auf dem Wormser Reichstag 1521, hat 1530 nicht stattgefunden.[2] Dennoch wurde auch für Melanchthon der altgläubig bleibende Kaiser bis zu seiner Abdankung ein Fixpunkt, an dem sich sein reichspolitisches Denken zu orientieren hatte.[3] Man kann sagen: Das Verhältnis Karls zu den deutschen Protestanten war auch ein Verhältnis Karls V. zu Melanchthon.[4] Entscheidend dafür wurde, dass die causa Lutheri auf den Reichstagen des 16. Jahrhunderts zu einem festen Bestandteil der Verhandlungen avancierte.[5]

An vier zentralen Punkten soll im Folgenden das Verhältnis Philipp Melanchthons zu Kaiser und Reich dargestellt werden, wie es in seinem Briefwechsel zum Ausdruck kommt.

[1] Heinz Scheible: *Melanchthon. Eine Biographie*, München 1997, S. 109.

[2] Vgl. dazu *Der Wormser Reichstag 1521. Reichspolitik und Luthersache*, hg. von Fritz Reuter, Worms 1977.

[3] Zu Karl V. siehe Alfred Kohler: *Karl V. 1500–1558. Eine Biographie*, München 1999; Luise Schorn-Schütte: *Karl V. Kaiser zwischen Mittelalter und Neuzeit*, München 2000; *Karl V. 1500–1558. Neue Perspektiven seiner Herrschaft in Europa und Übersee*, hg. von Alfred Kohler u. a., Wien 2002.

[4] Horst Rabe: *Karl V. und die deutschen Protestanten. Wege, Ziele und Grenzen der kaiserlichen Religionspolitik*, in: *Karl V. Politik und politisches System*, hg. von Horst Rabe, Konstanz 1996, S. 317–345; Horst Rabe: *Abschied vom Ketzerrecht? Zur Religionspolitik Karls V.*, in: *Reformation und Recht. Festgabe für Gottfried Seebaß zum 65. Geburtstag*, hg. von Irene Dingel u. a., Gütersloh 2002, S. 40–57.

[5] Armin Kohnle und Eike Wolgast: *Reichstage der Reformationszeit*, in: *TRE* 28 (1997), S. 457–470; Armin Kohnle: *Reichstag und Reformation. Kaiserliche und ständische Religionspolitik von den Anfängen der Causa Lutheri bis zum Nürnberger Religionsfrieden*, Gütersloh 2001.

1. Dem Augsburger Reichstag und der Obrigkeits- und Widerstandslehre Melanchthons
2. Den Religionsverhandlungen von Regensburg
3. Dem Schmalkaldischen Krieg und dem Geharnischten Reichstag von Augsburg
4. Dem Verständnis Melanchthons von Staat, Reich und Kaisertum

1. Der Augsburger Reichstag 1530

Als Kaiser Karl V. 1530 einen Reichstag nach Augsburg einberief, stand das evangelische Lager unter dem Eindruck einer drohenden Spaltung.[6] Melanchthons Unbehagen darüber wurde noch verstärkt, als er von den Kriegsplänen Landgraf Philipps von Hessen erfuhr.[7] Dieser plante, den aus seinem Territorium vertriebenen Herzog Ulrich von Württemberg in sein Land zurückzuführen, um der Reformation in Südwestdeutschland Bahn zu brechen.[8] Nicht nur dass der Württemberger eine problematische Fürstenpersönlichkeit war[9] – insbesondere richtete sich das Vorhaben gegen das Haus Habsburg, das seit 1520 das Herzogtum Württemberg innehatte.[10] Melanchthon bezeichnete die hessi-

6 Zum Augsburger Reichstag 1530 vgl. *Vermittlungsversuche auf dem Augsburger Reichstag 1530*, hg. von Rolf Decot, Stuttgart 1989; Herbert Immenkötter: *Um die Einheit im Glauben. Die Unionsverhandlungen des Augsburger Reichstages im August und September 1530*, Münster 1973.

7 Zu Philipp von Hessen vgl. Volker Press: *Landgraf Philipp der Großmütige von Hessen*, in: *Protestanten. Von Martin Luther bis Dietrich Bonhoeffer*, hg. von Klaus Scholder und Dieter Kleinmann, Frankfurt am Main [2]1992, S. 60–77; Gabriele Haug-Moritz: *Reich und Konfessionsdissens im Reformationszeitalter. Überlegungen zur Reichskonfessionspolitik Landgraf Philipps des Großmütigen von Hessen*, in: *Hessisches Jahrbuch für Landesgeschichte* 46 (1996), S. 137–159; Walter Heinemeyer: *Philipp der Großmütige und die Reformation in Hessen. Gesammelte Aufsätze zur hessischen Reformationsgeschichte*, hg. von Hans-Peter Lachmann, Marburg 1997; *Landgraf Philipp der Großmütige 1504–1567. Hessen im Zentrum der Reform, Begleitband zu einer Ausstellung des Landes Hessen*, hg. von Ursula Braasch-Schwersmann u. a., Marburg – Neustadt an der Aisch 2004; *Reformation und Landesherrschaft. Vorträge des Kongresses anlässlich des 500. Geburtstages des Landgrafen Philipp des Großmütigen von Hessen vom 10. bis 13. November 2004 in Marburg*, hg. von Inge Auerbach, Marburg 2005.

8 Zur württembergischen Problematik Franz Brendle: *Dynastie, Reich und Reformation. Die württembergischen Herzöge Ulrich und Christoph, die Habsburger und Frankreich*, Stuttgart 1998.

9 Zur Person Ulrichs vgl. Volker Press: *Herzog Ulrich (1498–1550)*, in: *900 Jahre Haus Württemberg. Leben und Leistung für Land und Volk*, hg. von Robert Uhland, Stuttgart [3]1985, S. 110–135; Franz Brendle: *Herzog Ulrich – ein verkannter Reformationsfürst*, in: *Reformationsgeschichte Württembergs in Porträts*, hg. von Siegfried Hermle, Holzgerlingen 1999, S. 199–225.

10 Vgl. Franz Brendle: *Württemberg unter habsburgischer Herrschaft*, in: *Kaiser Ferdi-*

schen Pläne als wahnsinnig und war sich darüber einig mit der Reichsstadt Nürnberg, deren einflussreicher Verwaltungschef Lazarus Spengler in Denkschriften einen aktiven Widerstand gegen die kaiserliche Obrigkeit entschieden ablehnte.[11]

Die Position Sachsens zu dieser Frage war weniger eindeutig, da einige der sächsischen Räte durchaus wohlwollend den Plänen des hessischen Landgrafen gegenüberstanden und ihrem Kurfürsten zu einer Unterstützung rieten. Melanchthon lehnte in einem Gutachten ein solches Unterfangen jedoch entschieden ab.[12] Seine Argumente lauteten: Das Widerstandsrecht gegen den Kaiser wird allein mit juristischen Argumenten behauptet; allerdings wird nicht zwischen aktivem und passivem Widerstand unterschieden, wobei letzterer erlaubt ist. Vielmehr gebietet das göttliche Recht den Gehorsam und steht damit im Widerspruch zu solchen Überlegungen. Zudem darf niemand Richter in eigener Sache sein. Auch das Argument, dass der Kaiser die Wahlkapitulation gebrochen habe, ist nach Melanchthon nicht stichhaltig. Summa summarum: Der Widerstand gegen den Kaiser ist verboten, außerdem ist er höchst unzweckmäßig, denn er führt zur Anarchie im Gemeinwesen. Deshalb kam Melanchthon auch nicht umhin, die Auffassung der Zwinglianer zu kritisieren und gegen deren Haltung im Bauernkrieg, gegen Zwingli, gegen Bucer, gegen Straßburg und gegen Landgraf Philipp von Hessen zu polemisieren. Bereits in einem Gutachten von 1523, kurze Zeit nach Luthers Obrigkeitsschrift, votierte Melanchthon gegen einen Kampf.[13] Die wenigen wahren Christen würden lieber leiden, als sich von anderen verteidigen lassen.[14] Ob ein Christ andere verteidigen dürfe, lässt er offen; wenn er aber ein Fürst sei, müsse er es.

In diesem Zusammenhang steht ein geheimer Brief Melanchthons an Albrecht von Brandenburg, den Erzbischof von Mainz.[15] Darin bietet Melanchthon die Erhaltung und Wiederherstellung der bischöflichen Kirchengewalt gegen das Zugeständnis von Laienkelch, Priesterehe und evangelischer Messe an, um einen drohenden Krieg zu vermeiden. Ein Krieg würde nur den in Straßburg verborgenen Irrlehren nützen, und vielleicht würde Landgraf Philipp von Hessen die Führung übernehmen und mit den Schweizern gemeinsame Sache machen.[16] Um dies zu verhindern, fordert Melanchthon sogar ein Zusammengehen der Katholiken mit den Lutheranern.

nand I. Aspekte eines Herrscherlebens, hg. von Martina Fuchs und Alfred Kohler, Münster 2003, S. 177–190.

11 Scheible: *Melanchthon* (wie Anm. 1), S. 106.

12 MBW 872.

13 MBW 264.

14 Vgl. auch Scheible: *Melanchthon* (wie Anm. 1), S. 101.

15 MBW 921.

16 Das Verhältnis Philipps zu den Schweizern bei René Hauswirth: *Landgraf Philipp von Hessen und Zwingli. Voraussetzungen und Geschichte der politischen Beziehungen zwischen Hessen, Konstanz, Ulrich von Württemberg und reformierten Eidgenossen 1526–1531*, Tübingen – Basel 1968.

Dazu ist es nicht gekommen. Vielmehr konnte Melanchthon als großen Erfolg den Beitritt des Landgrafen zur Confessio Augustana feiern.[17] Kurze Zeit später folgte dann die berühmte Torgauer Wende unter dem Einfluss der sächsischen Räte, dass nach natürlichem Recht, das vom Evangelium nicht aufgehoben werde, die Notwehr erlaubt sei.[18] Dies führte in den folgenden Jahren zu einer sehr viel offensiver ausgerichteten Politik der protestierenden Stände[19], die sich auch immer wieder in ihrer Opposition gegen das Haus Habsburg mit der Krone Frankreich trafen.[20] Der Zusammenschluss der protestierenden Stände zum Schmalkaldischen Bund,[21] der Widerstand gegen die Königswahl Ferdinands I. und die Bündnispläne mit Frankreich führten jedoch nicht dazu, dass Melanchthon seine Haltung zu Kaiser und Reich grundsätzlich geändert hätte. Vielmehr konnte er in diesem Ordnungsrahmen sogar habsburgische Reichspolitik verteidigen, wenn er etwa seinen Kurfürsten darauf hinwies, dass eine Wahl „vivente imperatore" durchaus nichts Ungewöhnliches sei.[22]

Von Anfang an litt das Verhältnis zwischen Frankreich und den deutschen Protestanten einerseits an den Annäherungen Frankreichs an das Osmanische Reich, welche den gemeinsamen Glaubenskrieg desavouierten;[23] andererseits

17 Leif Grane: *Die Confessio Augustana*, Göttingen [6]2006.

18 *Das Widerstandsrecht als Problem der deutschen Protestanten 1523–1546*, hg. von Heinz Scheible, Gütersloh 1969; Eike Wolgast: *Die Wittenberger Theologie und die Politik der evangelischen Stände. Studien zu Luthers Gutachten in politischen Fragen*, Gütersloh 1977; Eike Wolgast: *Die Religionsfrage als Problem des Widerstandsrechts im 16. Jahrhundert*, Heidelberg 1980; Diethelm Böttcher: *Ungehorsam oder Widerstand? Zum Fortleben des mittelalterlichen Widerstandsrechtes in der Reformationszeit*, Berlin 1991.

19 Franz Brendle: *Um Erhalt und Ausbreitung des Evangeliums. Die Reformationskriege der deutschen Protestanten*, in: *Religionskriege im Alten Reich und in Alteuropa*, hg. von Franz Brendle und Anton Schindling, Münster [2]2010, S. 71–92.

20 Alfred Kohler: *Antihabsburgische Politik in der Epoche Karls V. Die reichsständische Opposition gegen die Wahl Ferdinands I. zum Römischen König und gegen die Anerkennung seines Königtums (1524–1534)*, Göttingen 1982; Albrecht Pius Luttenberger: *Glaubenseinheit und Reichsfriede. Konzeptionen und Wege konfessionsneutraler Reichspolitik 1530–1552 (Kurpfalz, Jülich, Kurbrandenburg)*, Göttingen 1982; Franz Brendle: *Karl V. und die reichsständische Opposition*, in: *Karl V. Neue Perspektiven* (wie Anm. 3), S. 691–705; Franz Brendle: *Kaiser Karl V., König Ferdinand I. und die deutschen Reichsstände*, in: *Konfessionalisierung in West- und Osteuropa in der frühen Neuzeit. Deutsch-russische wissenschaftliche Konferenz vom 14.–16. November 2000*, hg. von Andrei J. Prokopjev, St. Petersburg 2004, S. 64–77.

21 Gabriele Haug-Moritz: *Der Schmalkaldische Bund 1530–1541/42. Eine Studie zu den genossenschaftlichen Strukturelementen der politischen Ordnung des Heiligen Römischen Reiches Deutscher Nation*, Leinfelden-Echterdingen 2002.

22 Scheible: *Melanchthon* (wie Anm. 1), S. 118.

23 Winfried Schulze: *Reich und Türkengefahr im späten 16. Jahrhundert. Studien zu den politischen und gesellschaftlichen Auswirkungen einer äußeren Bedrohung*, München

an der rücksichtslosen Verfolgung der französischen Protestanten durch König Franz I.[24] Gegen beide Vorwürfe setzte sich Franz I. in seiner berühmten Flugschrift an die deutschen Fürsten aus dem Jahr 1535 zur Wehr.[25] Den Vorwurf, mit den Türken gemeinsame Sache zu machen, wies er entschieden zurück. Die Verfolgung der Protestanten deklarierte er als Bestrafung von Aufrührern.[26] Die Entschuldigung des französischen Königs wäre in den Ohren der deutschen Protestanten wohl ziemlich wirkungslos verklungen, wenn nicht andere Maßnahmen neue Hoffnung genährt hätten, nämlich die Einladung Melanchthons zu einem Religionsgespräch nach Paris.[27]

Der große Name Melanchthons sollte die Kluft überdecken, die durch die Politik des französischen Königs zwischen den deutschen Protestanten und Franz I. aufgerissen worden war. Melanchthon selbst war wohl lange hin- und hergerissen, trotzdem war er nach einigem Zögern bereit, die Reise nach Frankreich anzutreten – nicht, weil er sich von seinem Kommen großen Nutzen für die evangelische Sache versprach, sondern um für seinen Glauben zu zeugen und womöglich den König milder gegen die französischen Glaubensverwandten zu stimmen. Melanchthon ist nicht nach Paris gekommen. In Frankreich widersetzte sich die Sorbonne einem Kolloquium mit dem berühmten Lutheraner – in Deutschland war es der Kurfürst von Sachsen, der ihm aus politischer Rücksicht auf den Kaiser, aber auch aus Furcht vor zu großen Zugeständnissen an die Erasmianer in Paris die Reise verbot: „Zudem ist nicht zu vermuten, daß den Franzosen ernst sey des Evangeliums halben, sondern weil sie die Wankelmütigkeit bei dem Philippo spüren, daß sie werden anhalten, ihn weiter auszulernen, und darnach seine Unbeständigkeit auszubreiten, und ihn zu verunglimpfen. So ist auch wohl abzunehmen, daß die Leute, die die Sache fördern, mehr Erasmisch denn Evangelisch seien."[28] Indirekt hat hier wohl auch das Bekenntnis zu Kaiser und Reich die ausschlaggebende Rolle gespielt.

1978; Márta Fata: *Ungarn, das Reich der Stephanskrone, im Zeitalter der Reformation und Konfessionalisierung. Multiethnizität, Land und Konfession 1500 bis 1700*, hg. von Franz Brendle und Anton Schindling, Münster 2000.

24 Karl Josef Seidel: *Frankreich und die deutschen Protestanten. Die Bemühungen um eine religiöse Konkordie und die französische Bündnispolitik in den Jahren 1534/35*, Münster 1970; Franz Brendle: *Les relations franco-allemandes au temps de la Réforme*, in: *Les Annales de l'Académie d'Alsace* 66 (2000), S. 17–32; Franz Brendle: *„Bündnis versus Bekenntnis". Philipp der Großmütige von Hessen, die deutschen Protestanten und Frankreich im Zeitalter der Reformation*, in: *Historisches Jahrbuch* 122 (2002), S. 87–109.

25 Abgedruckt in: CR 2, Sp. 828–835 Nr. 1247.

26 Ebd.

27 Brendle: *„Bündnis versus Bekenntnis"* (wie Anm. 24).

28 Kf. Johann Friedrich von Sachsen an seinen Kanzler Brück, 19. August 1535; zitiert nach: CR 2, Sp. 907–910 Nr. 1304.

Doch nicht nur die politische Rücksicht kommt im Verhältnis Melanchthons zu Karl V. immer wieder zum Ausdruck. Philipp Melanchthon pflegte auch ein enges Verhältnis zu Räten und Vertrauten Kaiser Karls V. In einem Fall nutzte Melanchthon diese Verbindungen für seine politischen und religiösen Belange. So vermittelte ihm der kaiserliche Sekretär Alfonso de Valdés den Kontakt zum päpstlichen Legaten Lorenzo Campeggio,[29] dem Melanchthon während der Vorbereitung der *Confutatio* einen mahnenden Brief schreibt, weil er Campeggio für einen katholischen Kriegstreiber hält.[30] Auch zu dem kaiserlichen Prediger Gil Lopéz de Bejar, einem Franziskaner, nahm er Verbindung auf, um mit ihm während des Reichstags 1530 über die Rechtfertigung zu diskutieren.[31] Aufschlussreich ist der Brief an Campeggio deshalb, weil Melanchthon darin die Bedingungen für eine Übereinkunft mit der alten Kirche nennt:[32] Laienkelch, Priesterehe sowie Dispens der Mönche und Nonnen. Aber auch Karl V. pflegte bisweilen einen vertrauensvollen Umgang mit Philipp Melanchthon. 1541 fuhr Melanchthon zum Reichstag nach Regensburg, wo das vertagte Religionsgespräch fortgesetzt werden sollte. Unterwegs stürzte der Wagen der Wittenberger um, wobei sich Melanchthon die rechte Hand verletzte. Als sich die Ärzte in Regensburg nicht einig wurden, ob es eine Verstauchung oder ein Bruch war, schickte Kaiser Karl V. bereitwillig seinen Leibarzt, um Melanchthon zu untersuchen.[33]

2. Die Religionsverhandlungen von Regensburg

In erster Linie blieb Melanchthon für den Kaiser ob seiner Kompromissfähigkeit allerdings der begehrte Verhandlungspartner, dem man oft jedoch sicher eine größere Nachgiebigkeit nachsagte, als sie tatsächlich vorhanden war. Bei allem Entgegenkommen und bei aller Rücksichtnahme auf den Kaiser blieb sich Melanchthon auch immer bewusst, dass der Kaiser im gegnerischen Lager stand. So warnt er 1538 Veit Dietrich in Nürnberg davor, Karl V. für keinen Feind zu halten.[34] Vielmehr wisse er, dass Karl mit König Franz I. von Frankreich ein Bündnis gegen die deutschen Protestanten anstrebe, wobei vom Kon-

29 Zu Campeggio siehe Gerhard Müller: *Die römische Kurie und die Reformation 1523–1534. Kirche und Politik während des Pontifikates Clemens' VII.*, Gütersloh 1969; Klaus Jaitner: *Campeggi*, in: *LThK* 2, ^{3}2009, Sp. 914–916.

30 Scheible: *Melanchthon* (wie Anm. 1), S. 110. Dazu auch *Confessio Augustana und Confutatio. Der Augsburger Reichstag 1530 und die Einheit der Kirche*, hg. von Erwin Iserloh, Münster 1980.

31 Scheible: *Melanchthon* (wie Anm. 1), S. 110.

32 MBW 953.

33 Scheible: *Melanchthon* (wie Anm. 1), S. 132.

34 MBW 1997.

zil nicht die Rede sei. Böse Vorahnungen beschäftigten Melanchthon auch im Vorfeld der Religionsgespräche von Worms und Regensburg 1540/41.[35] Eine Himmelserscheinung mit Kaiser Karl V., einem Löwen und Luther lässt Melanchthon dort Kämpfe erwarten. Die Vorzeichen sollten nicht trügen. Trotz zeitweiliger Annäherungen blieb letztlich doch in wichtigen Fragen der Dissens übrig – eine Einigung war trotz aller Bemühungen, auch Melanchthons, wieder einmal ausgeblieben.[36]

Im Zuge der stockenden Verhandlungen wurden auch Vorwürfe gegen Philipp Melanchthon laut, die sein Bild am Kaiserhof schwer verdüsterten. Melanchthon, so räumte er selbst ein, wurde von beiden Seiten bezichtigt, eine Einigung zu verhindern. Deshalb wandte sich Melanchthon in einem Brief vom 19. Mai 1541 direkt an den Kaiser, um sich gegen die gegen ihn erhobenen Beschuldigungen zu verteidigen.[37] Insbesondere wehrte er sich gegen den Vorwurf, keine eigenständige Meinung zu vertreten, sondern gleichsam eine Marionette Luthers, der anderen evangelischen Geistlichen sowie des französischen Gesandten Antoine Morelet du Musseau zu sein. Dagegen beteuert Melanchthon, er selbst habe von Luther, der selbst das Konkordienwerk fördern würde, überhaupt keine Instruktion, sondern nur eine allgemeine von Kurfürst Johann Friedrich von Sachsen. Mit den anderen Predigern stehe er zwar im Austausch, votiere aber stets in eigener Verantwortung. Stattdessen betont Melanchthon sein jahrelanges Bemühen um Beilegung der Streitigkeiten und um die wahre Lehre. An einzelnen Eckpunkten seiner Lehre wolle er aber nicht rütteln lassen. Melanchthon deutet die Verleumdungen als Versuch zu seiner Entfernung und bittet um Entlassung. Dazu kam es zwar nicht, doch kamen die Gespräche sehr bald zum Erliegen.

In der Vorrede zu den Akten des Regensburger Konvents gibt Melanchthon wieder den altgläubigen Gegnern, nicht dem Kaiser die Schuld am Scheitern.[38] Während der Kaiser Redefreiheit und Disputationsmöglichkeiten gewährt habe, sei bei den „Papisten" keinerlei Verständigungsbereitschaft vorhanden gewesen. Anders als diese wollte Kaiser Karl V. den Bürgerkrieg in Deutschland nämlich vermeiden, und weil Synoden von den „Papisten" verhindert wurden, berief der Kaiser Religionsgespräche ein. Melanchthon dankt Karl V. ausdrücklich für die gewährte Redefreiheit, die durch die edierten Schriftstücke dokumentiert würde. Doch trotz Türkengefahr sei der Preis für die Einheit zu hoch gewesen.

35 MBW 2510.

36 *Akten der deutschen Reichsreligionsgespräche im 16. Jahrhundert*, Bd. 3: *Das Regensburger Religionsgespräch (1541)*, 2 Tlbde., hg. von Klaus Ganzer, Göttingen 2007; Athina Lexutt: *Rechtfertigung im Gespräch. Das Rechtfertigungsverständnis in den Religionsgesprächen von Hagenau, Worms und Regensburg 1540/41*, Göttingen 1996.

37 MBW 2700.

38 MBW 2865.

Gerade das Junktim zwischen Türkenhilfe und religiösen Zugeständnissen, das die protestierenden Stände auf den Reichstagen durchsetzen wollten, hielt Melanchthon für falsch und bezeichnete die Friedenspolitik der protestierenden Stände gegenüber Kaiser Karl V. deshalb als unaufrichtig.[39] Melanchthon erklärte vielmehr, warum er den Entschluss des Herzogs Moritz von Sachsen, seine Pflichten gegen den Kaiser zu erfüllen und die Türkenhilfe nicht von einem innerdeutschen Frieden abhängig zu machen, gutheiße.[40] Die Sorge vor einem möglichen Einsatz der Machtmittel gegen die evangelischen Stände sei unchristlich, und es sei absurd, aus Furcht vor König Ferdinand Deutschland nicht gegen die Türken verteidigen zu wollen. Der Widerstand mancher Fürsten und Reichsstädte sei durch ihre Eigensucht motiviert – letztlich könne er nur für sie beten.

3. Der Schmalkaldische Krieg und der Geharnischte Reichstag von Augsburg

Lange Zeit war Melanchthon davon überzeugt, dass der Kaiser im Reich keinen Krieg herbeiführen wolle.[41] Dies korrespondiert mit einer zumindest unterschwelligen Kritik an der Politik der protestantischen Reichsstände. Diese Sichtweise änderte sich jedoch beinahe schlagartig, als der Schmalkaldische Krieg dann 1546 tatsächlich ausbrach.[42] Jetzt hält Melanchthon die Ziele der evangelischen Fürsten überwiegend für gottgefällig. Der Krieg des Antiochus[43] – so nennt er den Kaiser – richte sich trotz anderer Vorwände gegen das Evangelium.[44] Deshalb ist die Verteidigung richtig. Zwar würden die Ansichten über die Ursachen dieses Krieges und die Sympathien weit auseinander gehen.[45] Er, Melanchthon, bete jedoch vor allem um einen gnädigen Ausgang. Und obwohl

[39] MBW 3480.

[40] MBW 3484.

[41] MBW 4184.

[42] Zum Schmalkaldischen Krieg Georg Schmidt und Siegrid Westphal: *Der Schmalkaldische Krieg*, in: *TRE* 30 (1999), S. 228–231; Gabriele Haug-Moritz: *Der Schmalkaldische Krieg (1546/47) – ein kaiserlicher Religionskrieg*, in: *Religionskriege* (wie Anm. 19), S. 93–105.

[43] Gemeint ist damit der Seleukidenherrscher Antiochus IV. Epiphanes (regierte 175–164 v. Chr.), der gegen das biblische Volk der Juden vorging, den Jahwekult verbot und den heidnischen, hellenistischen Herrscherkult in Jerusalem einführte. Gegen Antiochus richtete sich der Aufstand der Makkabäer, der noch einmal zur Entstehung eines selbständigen jüdischen Staates führte. Vgl. Heinz Heinen: *Antiochos IV. Epiphanes*, in: *LThK* 1 ^{3}2009, Sp. 772 f. Antiochus Epiphanes taucht als historisches Beispiel immer wieder bei Melanchthon auf; neu ist, dass Kaiser Karl V. hier mit ihm identifiziert wird.

[44] MBW 4305.

[45] MBW 4323.

die Fürsten des Schmalkaldischen Bundes, namentlich Kurfürst Johann Friedrich und Landgraf Philipp, nicht frei von Schuld seien, wünsche er, dass sie wegen ihrer Verdienste um die evangelische Lehre und die Studien nicht zugrunde gingen. Vielmehr hoffe und baue er darauf, dass Gott die evangelischen Gemeinden in den Städten erhalte. Und selbst wenn der Kaiser den Sieg davon tragen würde, so würde er damit in Reich und Kirche nur größere Spaltungen verursachen. Melanchthon ist sich also in seinem Gottvertrauen sicher, dass der Krieg nicht zum Untergang der evangelischen Kirchen führen wird, glaubt aber letztlich nicht an einen Sieg der Schmalkaldischen Bundesverwandten.

Doch selbst in diesem Zusammenhang wird wieder einmal die Rücksichtnahme auf den Kaiser deutlich. Denn für ihn ist nicht Karl, sondern Papst Paul III. derjenige, der hinter dieser militärischen Auseinandersetzung steht. Zu bedauern ist für Melanchthon nur, dass sich Karl vom Papst zum Krieg hat anstiften lassen.[46] Auch im Rückblick bleibt Melanchthon bei dieser Ansicht: Für ihn stand der Papst als der eigentliche Anstifter dieses Krieges fest. Karl V. war letztlich nur derjenige, der den Wünschen des Antichrists nachkam. Auch über die Ursachen und Ziele dieses Krieges ist sich Melanchthon sehr sicher. Die von Karl vorgebrachte Erklärung, er wolle lediglich die beiden Landfriedensbrecher bestrafen, findet bei Melanchthon keinerlei Glauben. Er durchschaut die Absicht des Kaisers, damit die eigentlichen Kriegsgründe zu dissimulieren.[47] Er sieht Kaiser Karl V. und König Ferdinand im Religionskrieg gegen die Protestanten. Seiner Ansicht nach ging es Karl V. vor allem darum, die beiden Führer des Schmalkaldischen Bundes, Kurfürst Johann Friedrich von Sachsen und Landgraf Philipp von Hessen auszuschalten, um dann einen beliebigen Religionsvergleich schließen zu können. Deswegen beurteilt Melanchthon auch die Versuche, Kaiser Karl zum Frieden zu bewegen, sehr skeptisch.[48] Vielmehr betet er um Gottes Führung bei der bevorstehenden Kriegsentscheidung und um Schutz vor der spanischen Grausamkeit.[49]

Melanchthon unterstützte die Fürsten des Schmalkaldischen Bundes publizistisch durch seine Vorrede zu Luthers „Warnung an seine lieben Deutschen".[50] Hier werden die genannten Argumente noch einmal dezidiert aufgegriffen und genannt: Die Mitwirkung des Papstes zeigt, dass der Zweck die Beseitigung der Reformation ist. Dass die Bestrafung von Rechtsbrechern beabsichtigt wird, ist

46 MBW 4353.

47 Zur Dissimulation der Kriegsgründe vgl. Franz Brendle: *Der Religionskrieg und seine Dissimulation: Die „Verteidigung des wahren Glaubens" im Reich des konfessionellen Zeitalters*, in: *Krieg und Christentum. Religiöse Gewalttheorien in der Kriegserfahrung des Westens*, hg. von Andreas Holzem, Paderborn u. a. 2009, S. 457–469.

48 MBW 4524.

49 MBW 4699.

50 MBW 4319.

dagegen ein Vorwand. Das eigentliche Ziel ist vielmehr die Beseitigung der evangelischen Lehre. Deshalb ist der Verteidigungsfall gegeben, Gegenwehr ist erlaubt, weil das Evangelium die natürlichen Gesetze nicht aufhebt, an die auch die Obrigkeit gebunden ist. Dieser Aufruf sollte ihm später noch vom Kaiser zum Vorwurf gemacht werden.

Als der Kaiser auf Kursachsen marschierte, ließ er seinem Kurfürsten Anfang Februar 1547 einen eindringlichen Mahnbrief zukommen.[51] Dieser Brief wurde zu einer Zeit verfasst, als noch eine gewisse Hoffnung auf Verständigung zwischen den Gegnern bestand. Doch schon zu dieser Zeit hatte sich für Melanchthon der Krieg wie gewöhnlich als eine Strafe für beide Teile erwiesen, obwohl sich der Schmalkaldische Bund seiner Ansicht nach zu Recht gegen den Kaiser wehrte. Melanchthon betrachtet das gegenwärtige Elend daher nicht als schicksalhaft, sondern als selbstverschuldete Strafe. Die Fürsten des Schmalkaldischen Bundes hätten allerdings den Fehler begangen, durch ihre unnötig aggressive Politik den Gegnern, besonders Kaiser Karl V., die Gelegenheit zu geben, mit ihnen auch die Wahrheit zu vernichten, indem die Trienter Konzilsbeschlüsse durchgesetzt würden. Andererseits hofft Melanchthon zu diesem Zeitpunkt noch auf die Gnade des Kaisers, die er etwa in der Milde nach dem Sieg gegenüber König Franz I. von Frankreich nach der Schlacht von Pavia 1525 bewiesen habe.[52] Andererseits war sich Melanchthon sehr wohl bewusst, dass der Kaiser andernorts einen grausamen Fanatismus an den Tag legte, wenn es um die Bestrafung der Protestanten ging. Insbesondere die Hinrichtung einer Adligen mitsamt ihren zwei Töchtern in den Niederlanden, die aufgrund ihres evangelischen Bekenntnisses verbrannt wurden, stand Melanchthon dabei vor Augen.[53]

Eine andere Frage stellte sich für Melanchthon nach dem Sieg des neuen Kurfürsten Moritz.[54] Wo sollte er seinen Aufenthaltsort nehmen? Er blieb in Wittenberg, denn nach dem Schmalkaldischen Krieg braucht der neue Kurfürst Moritz Rat, um die evangelische Religion in seinem Territorium gegen die Forderungen des Kaisers zu erhalten.[55] Melanchthon schien ihm dafür mehr als

[51] MBW 4582.

[52] MBW 4750.

[53] MBW 3849.

[54] Zu Moritz von Sachsen vgl. Karl-Heinz Blaschke: *Moritz von Sachsen. Ein Reformationsfürst der zweiten Generation*, Göttingen u. a. 1983; Manfred Rudersdorf: *Moritz von Sachsen. Zur Typologie eines deutschen Reichsfürsten zwischen Renaissance und Reformation*, in: *Hof und Hofkultur unter Moritz von Sachsen (1521–1553)*, hg. von André Thieme und Jochen Vötsch, Beucha 2004, S. 15–39; Manfred Rudersdorf: *Herzog und Kurfürst Moritz von Sachsen (1541/47–1553)*, in: *Die Herrscher Sachsens. Markgrafen, Kurfürsten, Könige 1089–1918*, hg. von Frank-Lothar Kroll, München 2004, S. 90–109, 329–331; Brendle: *Reformationskriege* (wie Anm. 19).

[55] Vgl. dazu Scheible: *Melanchthon* (wie Anm. 1), S. 176–182.

geeignet. Doch musste er ihn zunächst gegen die Anschuldigungen verteidigen, die Kaiser Karl V. nach seinem Sieg gegen Melanchthon vorbrachte.

Schon bevor der Reichstag von Augsburg 1548 zusammentrat, drangen vage Umrisse der kaiserlichen Pläne an die Öffentlichkeit.[56] Vom kaiserlichen Religionsgesetz des Interims[57] erfuhr Melanchthon bereits Anfang Januar, zwei Wochen vor dem Reichstag.[58] Ihm wurde auch sehr schnell berichtet, dass Kaiser Karl V. und König Ferdinand ihm zürnten. Melanchthon wunderte sich, dass er mehr als Martin Bucer und andere betroffen wäre, wo er doch mäßigend gewirkt habe.[59] Doch mehr als seine persönliche Gefährdung quälte ihn das allgemeine Unheil, das über die evangelischen Stände hereingebrochen war. Das Augsburger Interim hielt Melanchthon für eine verschlechterte Neuauflage des Regensburger Buches, das von Johannes Gropper und Martin Bucer verfasst worden war.[60] Melanchthon vermutete zunächst, dass der Gedanke eines Interims nicht von Karl V. stamme, sondern von Kurfürst Joachim II. von Brandenburg, der sich Kompromisse in der Streitfrage seit langem erträume.[61] Melanchthon war sich durchaus bewusst, dass er selbst manche Streitfrage gerne überging. Doch in diesem Fall gingen ihm die Zugeständnisse zu weit.

56 Immer noch unverzichtbar: Horst Rabe: *Reichsbund und Interim. Die Verfassungs- und Religionspolitik Karls V. und der Reichstag von Augsburg 1547–48*, Köln – Wien 1971; Volker Press: *Die Bundespläne Kaiser Karls V. und die Reichsverfassung*, in: *Das römisch-deutsche Reich im politischen System Karls V.*, hg. von Heinrich Lutz, München – Wien 1982, S. 55–106.

57 Horst Rabe: *Zur Entstehung des Augsburger Interims*, in: *Archiv für Reformationsgeschichte* 94 (2003), S. 6–104; *Das Interim 1548/50. Herrschaftskrise und Glaubenskonflikt*, hg. von Luise Schorn-Schütte, Heidelberg 2005; *Politik und Bekenntnis. Die Reaktionen auf das Interim von 1548*, hg. von Irene Dingel und Günter Wartenberg, Leipzig 2006; Anja Moritz: *Interim und Apokalypse*, Tübingen 2009.

58 Vgl. auch Günther Wartenberg: *Philipp Melanchthon und die sächsisch-albertinische Interimspolitik*, in: *Lutherjahrbuch* 55 (1988), S. 60–80; Johannes Hermann: *Theologische Selbstbehauptung und Politik: das Interim 1548 bis 1549*, in: *Philipp Melanchthon als Politiker zwischen Reich, Reichsständen und Konfessionsparteien. Tagungsband der Wissenschaftlichen Tagung aus Anlass des 500. Geburtstages Philipp Melanchthons 16. bis 18. 04. 1997*, hg. von Günther Wartenberg und Matthias Zentner, Wittenberg 1998, S. 167–182.

59 Zu Bucer und dem Interim vgl. Werner Bellardi: *Bucer und das Interim*, in: *Horizons européens de la Réforme en Alsace. Das Elsass und die Reformation im Europa des XVI. Jahrhunderts: mélanges offerts à Jean Rott pour son 65e anniversaire,* hg. von Marijn de Kroon und Marc Lienhard, Straßburg 1980, S. 267–311.

60 MBW 5127.

61 MBW 5078. Kurbrandenburg hatte die via media, einen mittleren Weg zwischen alter Kirche und evangelischem Kirchenwesen eingeschlagen. Vgl. dazu: Manfred Rudersdorf und Anton Schindling: *Kurbrandenburg*, in: *Die Territorien des Reichs im Zeitalter der Reformation und Konfessionalisierung. Land und Konfession 1500–1650, Bd. 2: Der Nordosten*, hg. von Anton Schindling und Walter Ziegler, Münster [2]1991, S. 34–66.

Und so pochte er darauf, dass bei der Frage der Annahme des Interims wichtige Grundsätze nicht aufgegeben werden dürften. Diese Position der strikten Ablehnung behielt er auch in der Folgezeit unbeirrt bei.

Melanchthon selbst wurde auf dem Reichstag Gegenstand der Verhandlungen zwischen Kaiser Karl V. und Kurfürst Moritz von Sachsen. Das Vertrauen, das der Kaiser lange Jahre in Melanchthon gesetzt hatte, schien aufgebraucht. Der Kaiser verlangte von seinem neuen Verbündeten, dass er Melanchthon aus seiner Herrschaft verweisen solle.[62] Zwei Gründe wurden vom Kaiser dafür genannt: Zum einen würde Melanchthon auf seinem „bößen giftigen Gemüth gestraks verharren und allerhand wider das Interim [...] furnehmen".[63] Zum andern gehöre er zu „den fürnehmsten Lärmenblasern, so die verschienen Entpörung und Aufruhr mit ihren giftigen aufrührischen Schriften nicht wenig [...] erregt und gestärkt haben, der Rebellion noch verwandt, und bei uns nicht ausgesühnet ist".[64] Aufstachelung der Fürsten zum Schmalkaldischen Krieg und Widerstand gegen die kaiserliche Religionspolitik des Interims, das waren also die Punkte, die Karl V. zu seinem Vorstoß bei Moritz von Sachsen bewegt hatten. Der neue Kurfürst Moritz hielt jedoch an Melanchthon fest. Der Fürstenaufstand gegen Karl V.[65] und der Augsburger Religionsfriede haben dann letztlich auch die Position Melanchthons wieder sicherer gemacht.[66] Die Wahl Ferdinands zum Kaiser bestärkte ihn dann in seiner Hoffnung, dass dadurch der Friede sicherer werde.[67]

62 CR 7, Sp. 126–128 Nr. 4340.

63 Zitiert nach ebd.

64 Zitiert nach ebd.

65 Karl Erich Born: *Moritz von Sachsen und die Fürstenverschwörung gegen Karl V.*, in: *Historische Zeitschrift* 191 (1960), S. 21–69; Hermann Weber: *Le Traité de Chambord (1552)*, in: *Charles-Quint, le Rhin et la France. Actes des Journées d'études de Strasbourg (2–3 mars 1973)*, Straßburg 1973, S. 81–94; Jean Daniel Pariset: *Les relations entre la France et l'Allemagne au milieu du XVIe siècle. Humanisme, réforme et diplomatie, d'après des documents inédits*, Straßburg 1981; Brendle, *Reformationskriege* (wie Anm. 19).

66 Zum Augsburger Religionsfrieden vgl. Axel Gotthard: *Der Augsburger Religionsfrieden*, Münster 2004; *Als Frieden möglich war. 450 Jahre Augsburger Religionsfrieden*, hg. von Carl A. Hoffmann u. a., Regensburg 2005; *Hahn und Kreuz. 450 Jahre Parität in Ravensburg*, hg. von Andreas Schmauder, Konstanz 2005; *Der Augsburger Religionsfriede 1555. Ein Epochenereignis und seine regionale Verankerung*, hg. von Wolfgang Wüst, Augsburg 2005; Martin Heckel: *Politischer Friede und geistliche Freiheit im Ringen um die Wahrheit. Zur Historiographie des Augsburger Religionsfriedens von 1555*, in: *Historische Zeitschrift* 282 (2006), S. 391–425; *Der Augsburger Religionsfrieden 1555*, hg. von Heinz Schilling und Heribert Smolinsky, Münster 2007.

67 Zu Ferdinand I. vgl. Bernhard Sicken: *Ferdinand I. (1556–1564)*, in: *Die Kaiser der Neuzeit 1519–1918. Heiliges Römisches Reich, Österreich, Deutschland*, hg. von Anton Schindling und Walter Ziegler, München 1990, S. 55–77; Ernst Laubach: *Ferdi-*

4. Melanchthon, das Reich und der Kaiser

Das Verhältnis von Karl V. und Melanchthon war lange Zeit von Sympathie und Respekt zueinander geprägt. Melanchthon hat Kaiser Karl V. nie abgesprochen, guten Willens zu sein, er sah ihn aber auch unter dem Einfluss der „Papisten“ stehen, die den Kaiser falsch beraten würden.[68] Wenn Melanchthon einmal Karl V. mit dem römischen Kaiser Mark Aurel verglich, so zeugt das durchaus von einem über den Konfessionsdissens hinausgehenden Respekt. Mark Aurel war allerdings nicht nur das Idealbild eines Philosophen auf dem Kaiserthron, sondern auch derjenige, der gleichzeitig die Christen verfolgte.[69] Letztlich hat Melanchthon in seinem politischen Denken Kaiser und Reich nicht ernstlich in Frage gestellt, zumal er die letzte Hoffnung auf eine Hinwendung Karls V. zur Reformation wohl nie vollständig aufgegeben hat. In einem Gutachten für Fürst Georg von Dessau vom 23. November 1546 erörterte Melanchthon die Frage, ob der Kaiser in den Kirchengebeten genannt werden dürfe.[70] Melanchthon betont dabei die Wichtigkeit des Gebets für sich und für andere, aber auch für Kirche und Staat. Dabei seien allerdings Sachen und Personen zu unterscheiden. Es ist für die Institution, für die frommen und für die irrenden Amtsträger zu beten, jedoch gegen die eindeutig Gottlosen. Ein solches Urteil dürfe jedoch nicht voreilig gefällt werden. Im Zweifelsfalle solle man Besserungsfähigkeit annehmen. So auch bei Kaiser Karl.

Ist Melanchthon also ein unverbesserlicher Optimist, was Karl V. angeht? Wohl eher einer derjenigen, die sehr realistisch erkannten, dass auch der ideale evangelische Staat auf das Funktionieren innerhalb des Reichsverbandes angewiesen war. Bei all seinem Eintreten für das evangelische Bekenntnis blieb Philipp Melanchthon doch dem politischen Handlungsrahmen von Kaiser und Reich verhaftet. Trotz aller Gefahren, die vom entschieden katholischen Kaiser drohten, wollte Melanchthon das Heilige Römische Reich deutscher Nation, das letzte, das es nach Daniels Weissagung in dieser Welt geben würde, keinesfalls zerstören. Dennoch sind endzeitliche Gedanken Melanchthon nicht fremd. So sieht er in den fortwährenden Kriegen Karls V. mit Franz I. endzeit-

nand I. als Kaiser. Politik und Herrscherauffassung des Nachfolgers Karls V., Münster 2001; *Kaiser Ferdinand I. Aspekte eines Herrscherlebens*, hg. von Martina Fuchs und Alfred Kohler, Münster 2003; Alfred Kohler: *Ferdinand I. 1503–1564. Fürst, König und Kaiser*, München 2003; *Kaiser Ferdinand I. 1503–1564. Das Werden der Habsburgermonarchie*, hg. von Wilfried Seipel, Wien 2003.

68 MBW 2718.

69 Claudia Horst: *Marc Aurel. Philosophie und politische Macht zur Zeit der Zweiten Sophistik*, Stuttgart 2013.

70 MBW 4461.

liche Strafen.[71] Durch die Türken schließlich sieht Melanchthon die Gog- und Magog-Prophezeiung in Erfüllung gehen, ist sich aber auch sicher, dass keine fünfte Monarchie entstehen wird.[72] Dies ließ ihn 1537 sogar davon träumen, der Kaiser werde die Türken bekriegen, in Nicäa ein Konzil abhalten und die griechische mit der lateinischen Kirche unieren – was im Sinne der evangelischen Selbstbehauptung zu dieser Zeit wohl eher ein Alptraum für ihn gewesen sein muss.[73] Ihm selbst bleibt in einer solchen Situation nur eines zu tun: Um die Erhaltung der Kirche und für die Fürsten zu beten und seine Pflicht zu tun.

So sehr er den zeitgenössischen Vorstellungen von Kaiser und Reich verhaftet blieb – die ideale Staatsform war für Melanchthon eine andere. Diese kommt prägnant in der Widmungsvorrede eines Buches vom 5. August 1537 zum Ausdruck, das von der Reichsstadt Nürnberg gefördert wurde.[74] Darin weist Melanchthon darauf hin, dass eine Stadt durch Wissenschaft und Kunst mehr Bedeutung erlange als durch Macht und Reichtum. Herausragendes Beispiel dafür sei Nürnberg, das sich stets der Machtpolitik enthalten habe. Als beste Staatsform preist Melanchthon die Aristokratie, die auch in einer Monarchie als Korrektiv wirken müsse, denn sie entspricht nach Aristoteles und Platon der proportionalen Gerechtigkeit, stellt also die Mitte zwischen Monarchie und Demokratie dar.

Melanchthon findet seinen idealen Staat in Nürnberg verwirklicht, einer Stadt, in der Mechanik, Mathematik und Astronomie blühen. Nürnberg komme darin den besten Universitäten gleich, habe seinen Ruhm letztlich aber allein Gott zu verdanken. Die Nürnberger sollten ihre Aristokratie zu erhalten suchen; denn die Städte würden in dem drohenden Umsturz das Bollwerk für das übrige Deutschland sein.[75] Insgesamt hält Melanchthon die Nürnberger Aristokratie trotz aller Mängel für besser als die Fürstenherrschaften. Was er spezifisch darunter verstand, legte er unter Bezugnahme auf den 1543 ausgebrochenen Krieg zwischen König Franz I. von Frankreich und Kaiser Karl dar. In diesem Zusammenhang preist Melanchthon solche Gemeinwesen glücklich, die wie Nassau eine maßvolle Regierung und geordnete Kirchengemeinden haben.[76]

Schließlich bleibt die wichtige Frage, ob der Respekt Melanchthons lediglich dem Amt und der Würde des Kaisertums oder auch der Person Karls V. geschuldet ist. Vieles spricht für letzteres, denn zeitlebens bezeugt Melanchthon

71 MBW 3370. Zu den Auseinandersetzungen zwischen Karl V. und Franz I. vgl. Rainer Babel: *Deutschland und Frankreich im Zeichen der habsburgischen Universalmonarchie 1500 bis 1648*, Darmstadt 2005.

72 MBW 3148.

73 MBW 1968.

74 MBW 1927. Vgl. auch Scheible: *Melanchthon* (wie Anm. 1), S. 93.

75 MBW 3270.

76 MBW 3263.

seine Hochachtung vor der Größe und der Ernsthaftigkeit Kaiser Karls V., die dieser für das große kirchliche Anliegen aufgebracht habe. Und als ihm 1559 zugetragen wurde, dass Kaiser Ferdinand in Prag einem antilutherischen Schauspiel beigewohnt habe, vermerkte er gegenüber Fürst Joachim von Anhalt[77]: Bei all seiner Gegnerschaft zu den deutschen Protestanten – so etwas hätte Karl V. wohl nie getan.

77 MBW 8834.

Torsten Woitkowitz

Die Freundschaft von Melanchthon und Joachim Camerarius im Spiegel von dessen Korrespondenz mit Christoph von Karlowitz

„Eine Freundschaft wie in Stein gemeißelt: Melanchthon und Joachim Camerarius". So lautete das ursprünglich gewünschte Thema für meinen Tagungsbeitrag. Hinsichtlich der genannten Freundschaft wissen alle, die sich etwas näher mit Melanchthon beschäftigt haben, dass Camerarius sein engster Freund war. Bei dem vom Meißel bearbeiteten Stein könnte man im übertragenen Sinn an das dicke Buch von rund 600 Briefen Melanchthons an Camerarius denken, die der Leipziger Gelehrte zusammen mit einigen Briefen Melanchthons an andere Adressaten, zwei eigenen Briefen und Briefen des Druckers neun Jahre nach dem Tod des Wittenberger Freundes publiziert hat.[1] Auch an die 1566 von Camerarius veröffentlichte Melanchthon-Biographie[2] ist zu denken. Bei näherer Betrachtung stellen beide Publikationen in der Tat zwei außerordentliche Denkmäler dar, die Camerarius seiner schon von Zeitgenossen als bemerkenswert empfundenen Freundschaft errichtet hat.

Es gibt bereits Aufsätze, die Auskunft geben über diese Freundschaft, über den Beginn der Bekanntschaft mit einem griechischen Gedicht Melanchthons an Camerarius im Jahr 1519, das freundschaftliche Miteinander ab 1521 in Wittenberg und den späteren vielfachen fruchtbaren Austausch beider Persönlichkeiten.[3]

1 *Liber continens continua serie Epistolas Philippi Melanchthonis scriptas annis XXXVIII. ad Ioach. Camerar. Pabep. ...* hg. von Joachim Camerarius, Leipzig, Ernst Voegelin, 1569 (VD16, M 3553 und ZV 21686).

2 Joachim Camerarius: *De Philippi Melanchthonis ortu, totius vitae curriculo et morte, implicata rerum memorabilium temporis illius hominumque mentione atque iudicio ...*, Leipzig, Ernst Voegelin, 1566 (VD16, C 502); benutzt wird: *Ioachimi Camerarii De vita Philippi Melanchthonis narratio*, hg. von Ge[org] Theodor Strobel, Halle an der Saale 1777; Joachim Camerarius: *Das Leben Philipp Melanchthons*, übersetzt von Volker Werner mit einer Einführung und Anmerkungen versehen von Heinz Scheible, Leipzig 2010 (Schriften der Stiftung Luthergedenkstätten in Sachsen-Anhalt 12). Diese Übersetzung folgt in ihrer Abschnittsgliederung der Paragrapheneinteilung der Ausgabe von Strobel.

3 Torsten Woitkowitz: *Die Freundschaft zwischen Philipp Melanchthon und Joachim Camerarius*, in: *Philipp Melanchthon und Leipzig: Beiträge und Katalog zur Ausstellung*, hg. von Günther Wartenberg und Christian Winter in Zusammenarbeit mit Rainer Behrends, Leipzig 1997, S. 29–39; Hans-Peter Hasse: *Die Beziehungen Philipp Melanchthons nach Leipzig 1550 bis 1560*, in: Ebd., S. 51–64.

Nähern wir uns nun dieser Freundschaft über einen Bereich meiner eigenen Forschungen, über den Briefwechsel zwischen Joachim Camerarius und Christoph von Karlowitz [4] gemäß dem Tagungsthema „Möglichkeiten der Nutzung der Briefkultur des 16. Jahrhunderts". In 11 Briefen an Christoph von Karlowitz geht Camerarius auf Melanchthon ein. In welchen Zusammenhängen das geschieht, was sich daraus auf das Verhältnis von Camerarius und Melanchthon ableiten lässt und was auf die Beziehung beider Freunde zu Karlowitz, dem wollen wir im Folgenden nachgehen. Zunächst seien beide Briefpartner kurz vorgestellt.[5]

Joachim Camerarius wurde im Jahre 1500 in Bamberg als Sohn einer Patrizierfamilie geboren. Er studierte in Leipzig, Erfurt und schließlich in Wittenberg, wo er in Melanchthons Haus lebte und die reformatorische Theologie in sich aufgenommen hat. Nach Lehrtätigkeiten in Wittenberg, Nürnberg und Tübingen übernahm er 1541 die Professur für Griechisch und Latein in Leipzig, wo er 1574 starb. Er war ein Universalgelehrter und galt als der in seiner Zeit beste Kenner des Griechischen. Zahlreich sind seine Editionen, Übersetzungen, Kommentare und übrigen Werke. Camerarius war überdies in schulorganisatorischen und religionspolitischen Angelegenheiten tätig und pflegte wie Melanchthon einen ausgedehnten Briefwechsel.

Der dem meißnischen Adel entstammende Christoph von Karlowitz wurde 1507 auf dem Rittergut Hermsdorf bei Dresden geboren. Während seines Studiums an der Leipziger Universität, wo er wie zuvor Camerarius zu den Studenten des Griechischprofessors Petrus Mosellanus gehörte, schloss er Freundschaft mit seinem Kommilitonen Julius Pflug. Nach anschließenden Studienreisen, die Karlowitz auch zu Erasmus von Rotterdam führten, trat er in die Dienste Herzog Georgs von Sachsen und Kardinal Albrechts von Magdeburg. Von Herzog Heinrich von Sachsen, der 1539 die Reformation im Herzogtum einführte, wurde Karlowitz seiner herzoglichen Dienste enthoben. Nachdem dieser sich offenbar aufgeschlossen gegenüber dem evangelischen Glauben gezeigt hat, wurde er 1541 von Herzog Moritz von Sachsen wieder unter die Räte aufgenommen. Ab 1544 diente Karlowitz auch als kaiserlicher Rat Karl dem V. sowie seinen drei Nachfolgern. Karlowitz starb 1578. Er übte seine Tätigkeit als Hofrat mit großem Pflichtgefühl aus und mit so großer Ergebenheit, dass er gegenüber Kritikern der Politik seines Landesherrn zum Teil wenig Nachsicht zeigte.[6] Geprägt durch den erasmischen Reformhumanismus konnte er sich die Macht-

4 Vgl. Torsten Woitkowitz: *Die Briefe von Joachim Camerarius d. Ä. an Christoph von Karlowitz bis zum Jahr 1553. Edition, Übersetzung und Kommentar*, Diss. Leipzig 2000, Stuttgart 2003 (Quellen und Forschungen zur sächsischen Geschichte 24).

5 Zu beiden Biogrammen vgl. ebd., S. 32–46 bzw. 49–59.

6 Vgl. ebd., Nr. 15, Nr. 34.

steigerung seiner Landesherren nur in Anlehnung an das habsburgische Kaiserhaus vorstellen. So hatte er wesentlichen Anteil daran, dass Herzog Moritz auf kaiserlicher Seite in den Schmalkaldischen Krieg eingetreten ist. Für Moritz in seiner zweigleisigen Politik einerseits zur Behauptung seiner Stellung als evangelischer Reichsfürst und andererseits zur Bewahrung seiner Treue gegenüber dem Kaiser war der habsburgfreundliche Karlowitz der geeignete Verbindungsmann zu König und Kaiser.[7] Der Politiker stand mit vielen gelehrten Persönlichkeiten seiner Zeit in Kontakt, so auch mit Melanchthon.[8] Dieser widmete ihm 1545 seine Ausgabe der Rede des Lykurg gegen Leokrates.[9]

Aus dem Briefwechsel zwischen Christoph von Karlowitz und Joachim Camerarius konnten 103 bereits im 16. Jahrhundert gedruckte Briefe aufgefunden werden,[10] davon 94 in den von den Söhnen des Camerarius besorgten Briefausgaben.[11] Hierbei handelt es sich aber nur um die Briefe des Camerarius. Die Brieforiginale sowie die Gegenbriefe des Christoph von Karlowitz sind verschollen. Die Korrespondenz zwischen beiden Persönlichkeiten erstreckt sich nach der Überlieferung von 1526 bis 1573, das ist fast ein halbes Jahrhundert. Es ist anzunehmen, wie in bestimmten Fällen bei der Camerarius-Korrespondenz nachweislich,[12] dass in den alten Briefdrucken, so auch in den folgenden Jahrhunderten nicht unüblich, z. T. kleine, manchmal auch größere Eingriffe in den Brieftext vorgenommen worden sind. Vielleicht ist in den Briefen an Karlowitz hier und da auch etwas weggeblieben, aber es ist wohl kaum etwas hinzugedichtet worden.

Wenn wir die Erwähnungen Melanchthons in den Briefen von Camerarius an Karlowitz unter dem Aspekt der Freundschaft betrachten, ist zunächst noch zu

[7] Vgl. auch passim *Politische Korrespondenz des Herzogs und Kurfürsten Moritz von Sachsen*, Bd. 1–2, hg. von Erich Brandenburg, Nachdruck Berlin 1982 f; Bd. 3–4, bearb. von Johannes Herrmann und Günther Wartenberg, Bd. 5–6, bearb. von denselben und Christian Winter, Berlin 1978–2006.

[8] Vgl. Christian Winter: *Philipp Melanchthon und die albertinischen Räte. Ihr Einfluß auf die kursächsische Politik nach 1547*, in: *Philipp Melanchthon als Politiker zwischen Reich, Reichsständen und Konfessionsparteien. Tagungsband der Wissenschaftlichen Tagung aus Anlaß des 500. Geburtstags Philipp Melanchthons 16. bis 18.04. 1997*, hg. im Auftrag der Stiftung „LEUCOREA" von Günther Wartenberg und Matthias Zentner unter Mitwirkung von Markus Hein, Wittenberg 1998 (Themata Leucoreana), S. 199–224, bes. S. 204.

[9] MBW 3993.

[10] Vgl. Woitkowitz: *Briefe* (wie Anm. 4), S. 27–29, 76, 299 f.

[11] *Ioachimi Camerarii Bapenbergensis Epistolarum familiarum libri VI. Nunc primum post ipsius obitum ... a filiis editi*, Frankfurt am Main, Andreas Wechel Erben, 1583 (VD16, C 413); *Ioachimi Camerarii Pabepergensis Epistolarum libri quinque posteriores ... Nunc primum a filiis ... collectae et editae*, Frankfurt am Main, Peter Fischer, 1595 (VD16, C 412).

[12] Vgl. Woitkowitz: *Briefe* (wie Anm. 4), S. 29 Anm. 81, S. 32 Anm. 91.

klären, was Freundschaft überhaupt für Camerarius bedeutet hat. Freundschaft war eines seiner großen Lebensthemen und spielte für ihn eine eminent wichtige Rolle. Dies kommt in vielen seiner Briefe zum Ausdruck, dies bezeugen seine Bemühungen um die Veröffentlichung von Werken und Briefen seiner Freunde, schließlich die Abfassung von Biographien über seine engsten Gefährten, Freundschaft stellt für Camerarius ein mögliches Heilmittel für die Gebrechen seines streitsüchtigen und kriegerischen Jahrhunderts dar.[13] Und so scheint Camerarius in seiner *Vita Melanchthonis* neben der Würdigung der Lebensleistung seines Freundes für die Wissenschaft, für die Religion und für das Heil des Staates die Absicht zu verfolgen, Melanchthon als Prototyp eines Freundes darzustellen und ihre gemeinsame Freundschaft als vorbildliches Muster für eine Freundschaft schlechthin zu präsentieren. In der Vorrede zur zweiten Hälfte der Biographie seines Freundes, angesiedelt kurz vor der Schilderung des Schmalkaldischen Krieges, der für Camerarius den Tiefpunkt seines Jahrhunderts bildet, weist Camerarius ausdrücklich auf den staatspolitischen Nutzen der Freundschaft hin: Freundschaft zwischen Fürsten fördere das Wohl eines jeden und den Frieden.[14] In verschiedenen Schriftzeugnissen finden sich Äußerungen des Gelehrten über das Wesen der Freundschaft. Ich möchte hier nur auf einige Stellen in der Melanchthonbiographie eingehen. In der ersten Vorrede gibt Camerarius Hinweise zu einer Charakteristik der Freundschaft. Als Definition lässt sich ableiten: Freundschaft ist eine sehr enge, beständige Beziehung zwischen Menschen, aus der ein großer wechselseitiger Nutzen entspringt.[15] Ein Merkmal der Freundschaft sind unter anderem ehrenvolle Erwähnungen des Freundes in Gesprächen mit Dritten.[16] In einem großen Exkurs

[13] Vgl. ebd., S. 28f Anm. 81, 59f Anm. 191; Gerlinde Huber-Rebenich: *Officium amicitiae: Beobachtungen zu den Kriterien der von Joachim Camerarius herausgegebenen Hessus-Korrespondenz*, in: *Mentis Amore ligati. Lateinische Freundschaftsdichtung und Dichterfreundschaft in Mittelalter und Neuzeit. Festschrift für Reinhard Düchting zum 65. Geburtstag*, hg. von Boris Körkel, Tino Licht und Jolanta Wientlocha, Heidelberg 2001, S. 145–156.

[14] Vgl. *De vita Philippi Melanchthonis narratio* (wie Anm. 2), S. 227 § 66 (= *Das Leben Philipp Melanchthons* [wie Anm. 2], S. 177): „Post cultum quidem religiosae pietatis et venerationem Dei aeterni et doctrinae veritatisque coelestis studium, nihil magis neque certius non solum tentationem prohibiturum, sed metum quoque malorum ademturum esse omnium, quam consententium animorum illustriss. ordinis vestri sinceraeque amicitiae necessitudinem, et mutuae voluntatis officia, in procuranda communi vtilitate, et caritate patriae praeponenda coniunctioni, propinquitati societatique humanae uniuersae. Haec affectio et istud propositum atque studium non poterit non simul vera propriaque commoda singulorum complecti. Vnde etiam optima spes excitabitur, futurum vt sceleratae audaciae violentae aggressiones, et dissolutae vitae turpitudo coherceatur, et ad grauitatem disciplinae veteris mores reuocentur."

[15] Ebd., S. XV (= S. 33): „fructum capere vtrumque constantissimi in vera amicitia vsus, honestissimum simul atque iucundissimum".

[16] Ebd.: „sermones honorificae inprimis mentionis".

führt Camerarius die Merkmale seiner Freundschaft mit Melanchthon weiter aus:[17] Dazu gehören vor allem: ein außerordentliches Gefühl der Liebe,[18] Ähnlichkeit bzw. Gleichheit der Studien und Bestrebungen,[19] familiärer Umgang,[20] etwa gleiches Lebensalter,[21] Übereinstimmung in den wichtigsten Dingen,[22] Rat und Hilfe in schwieriger Zeit in persönlichen Angelegenheiten,[23] Trost im Schmerz,[24] vergnügliche Entspannung,[25] Gemeinsamkeit in allen Plänen und Angelegenheiten.[26] Die Grundlage einer Freundschaft besteht in einer Vorbildhaftigkeit des anderen. Für Camerarius waren das bei Melanchthon dessen besondere Eigenschaften: Frömmigkeit, Freundlichkeit, Tüchtigkeit, Weisheit, Freigebigkeit, Beständigkeit, Treue und Gelehrsamkeit.[27] Spezielle Merkmale der Freundschaft beider Personen sind die von Melanchthon in vielen Briefen gebrauchte Anrede „Bruder“ oder dessen liebevolle Umarmungen bei der Begrüßung.[28] An mehreren Stellen der *Vita Melanchthonis* gibt Camerarius Beispiele, die Freundschaft im allgemeinen und seine mit Melanchthon im besonderen illustrieren.[29]

Was schreibt nun Camerarius über seinen Freund an Christoph von Karlowitz? Gehen wir chronologisch vor.

1. In einem nicht überlieferten Brief aus dem Jahr 1526 hatte Karlowitz, wie es scheint, Camerarius angefragt, was Melanchthon in einer Karlowitz betreffenden Angelegenheit inzwischen erreicht hat. Camerarius entschuldigt nun in seinem Brief vom 10. Oktober 1526 aus Nürnberg[30] den Umstand, dass Melanchthon offensichtlich noch nichts erreicht hat, mit der Mitteilung, dass dieser alles getan hat, was möglich war, worüber Karlowitz auch brieflich informiert

17 § 23.

18 Ebd., S. 84: „mirificum summi amoris sensum“.

19 Ebd.: „ex similitudine studiorum voluntatumque“; Ebd., S. 85: „studia […] eadem communiaque“.

20 Ebd., S. 84: „familiaritatis […] vsu“.

21 Ebd.: „par propemodum aetas“.

22 Ebd., S. 85: „de maximis rebus consensio“.

23 Ebd.: „consilium auxiliumque difficili tempore rerum priuatarum“.

24 Ebd.: „consolatio […] doloris“.

25 Ebd.: „oblectationis quies“.

26 Ebd.: „consiliorum rerumque omnium […] societas“.

27 Ebd., S. 84: „Pietas enim illius et humanitas, virtus, sapientia, liberalitas, constantia, fides, doctrina, amoris causa fuit.“

28 Ebd., S. XV (= S. 33).

29 Vgl. ebd., S. 103 f § 32 (Hilfe, Sorge um den Freund), S. 105 § 32 (persönliche Mitteilung, Hilfe, Trost), S. 121 § 38 (persönliche Anteilnahme), S. 184 f § 55 (persönliche Begegnungen), S. 214 f § 63 (Trost), S. 250 § 72 (Sorge um die Belange des Freundes), S. 314 § 95 (Sorge um den Freund), S. 350 § 107 (Trost), S. 360 § 111 (Trost) (= S. 100 f, 101, 111 f, 148, 168, 191, 232, 254, 260).

30 Woitkowitz: *Briefe* (wie Anm. 4), S. 80 Nr. 1.3.

worden ist, und worüber Melanchthon, wenn er zu Besuch kommt, möglicherweise mehr berichten wird, wobei Melanchthons Besuch sich krankheitshalber verzögern könnte. In diesem Brief haben wir ein Beispiel für das wohlwollende Reden über den Freund und dessen Verteidigung gegen den möglichen Vorwurf etwaiger Säumigkeit.

2. In einem am 22. Mai 1547 aus Würzburg kurz nach Ende des Schmalkaldischen Krieges in das kaiserliche Feldlager vor Wittenberg geschriebenen Brief[31] haben wir ein Beispiel, wie Camerarius gegenüber Karlowitz seine Sorge über den bedrohten Freund kund tut und wie er versucht, ihm Verteidigung und Hilfe in der Bedrängnis zukommen zu lassen. Auf diesen Brief werden wir am Ende noch einmal zurückkommen: „[…] Man sagt, dass Du vor manchen Mächtigen geäußert hättest, dass ein derartiger Brief von einem sehr angesehenen Bürger einer Stadt an mich – denn Du erwähntest freilich meinen Namen – geschrieben worden sei, aus welchem Brief leicht erkannt werden könne, dass jene Stadt mit abgeneigtem Sinn vor Euerem Herrn stünde. Aus welchem Grund Du das getan hast, weiß ich nicht. Ich glaube freilich gewiss nicht, aus der Absicht, mir zu schaden. Zunächst aber überlasse ich es Dir zu erwägen, wie sehr das dem Anstand widerspricht, eine Ärgernis erregende Erwähnung eines Privatbriefes zu machen. Als dann – Du wirst es sicherlich ertragen, dass ich aufrichtig spreche – einen Feind auch so zu schädigen, dass Du Dich nicht einmal der Schändung eines Freundes enthältst, ist wirklich Ausdruck eines der eigenen Leidenschaft überaus frönenden Sinnes. […] Am Anfang (*des Krieges*) hat einer geschrieben, den sowohl Du als auch alle Gebildeten und Guten wegen seiner höchsten Frömmigkeit und Tüchtigkeit lieben sollten. Er beweinte unseren Schicksalswechsel und beklagte bei mir den Untergang des Vaterlandes und das Verderben der schönen Künste und Wissenschaften. Es wurde das erwähnt, was damals, wie ein Gerücht verbreitete, schmählich und schimpflich ausgeführt wurde. Wer imstande ist, das in schlechter Weise auszulegen, ist, um es äußerst gelinde zu sagen, allzu hitzig in dieser so großen Traurigkeit aller Dinge. […] ich glaube, dass es sehr wenig Deine Sache gewesen ist, mich anzugeben […] Denn es wurde derartiges geäußert, was in diesem höchst argwöhnischen und böswilligen Jahrhundert leicht sowohl mich in Hass stürzen als auch anderen schaden könnte. Und so wäre es vielmehr notwendig gewesen, dass Deine Klugheit für mich sorgt und Deine Freundschaft mich schützt, zumal da ich freilich gerade von Dir immer Verteidigung erwartet und ebenso auch Deinen herausragenden Eifer erfahren habe. […] Ich bitte Dich, überall denen mit Deinem Schutz zu helfen, die sich um die Frömmigkeit und die Wissenschaften bemühen und die durch diese Stürme notwendigerweise elend aufgejagt und geplagt werden. Vor allem vertraue ich Dir das Wohl, die Würde

31 Ebd., S. 164–181 Nr. 15.

und das Glück unseres wichtigsten Mannes an. Sooft ich an ihn denke, werde ich fassungslos vor Beunruhigung und Angst. Aber ich glaube fest, dass Christus ihn beschützen wird. [...]"

3. In einem gleichfalls sehr langen Brief vom 9. Februar 1551 aus Leipzig, den ich in meiner Dissertation noch dem Jahr 1554 zugeordnet und deswegen nicht ediert habe,[32] bringt Camerarius unter anderem sein Unverständnis über die Belagerung Madgeburgs durch Kurfürst Moritz und die Unterstützung dieses Vorgehens durch Karlowitz zum Ausdruck. Dann heißt es in einem neuen Absatz: „Was unseren Alkuin anbelangt, wenn auch die Sache nicht so ausführlich behandelt worden ist, wie Du wolltest, kommt mir darüber jedoch in den Sinn, was der Sklave bei Plautus betreffs der winzig geschriebenen Buchstaben sagt: „Diese sind groß genug für den, der gute Augen hat."[33] Wer nämlich

32 Vgl. ebd., S. 299 Nr. 38, gedruckt in *Ioachimi Camerarii Bapenbergensis Epistolarum familiarum libri VI* (wie Anm. 11), S. 42–46; Regest: [Leipzig,] 9. Februar [1551] Camerarius(C.) an Karlowitz(K.) [in Augsburg] (S. 42f) [1] C. beglückwünscht K.' Entschluss zum Aufbau einer Freundschaft mit C.' Freund [Hieronymus Wolf]. Sie wird zum gegenseitigen Nutzen sein. C. verspricht, diese zu befördern. [2] C. ist nicht in der Lage, auf andere Weise zwei bestimmten Personen [Johannes Hommel und Georg Joachim Rheticus] zu helfen. Er ist froh, dass er zu den diesbezüglichen universitären Amtsgeschäften nicht hinzugezogen wird. [3] Auf K.' Wunsch schickt C. sogar zwei Prophezeiungen. Sie werden K. nur nützen, wenn er sich nach ihnen richtet. (S. 43f) [4] C. wollte nicht K.' politischen Einsatz [für die Belagerung Magdeburgs] tadeln, sondern gab nur seinem Schmerz Ausdruck über die von der Schlechtigkeit der Menschen hervorgerufenen Schicksalsschläge sowie über die Verstrickung von ihm geschätzter Personen [Kf. Moritz und Karlowitz] in diesen Entscheidungskampf. Die Ursachen kennt C. zum Glück nicht. Er bittet Gott um einen guten Ausgang. [5] Verteidigung einer Stellungnahme Melanchthons [zum Konzil], die sich K. ausführlicher gewünscht hätte. (S. 44f) [6] Nach Demosthenes zerstören den Staat nicht einzelne verbrecherische Machenschaften, sondern Bildungsmangel, Zwietracht und die Vorrangstellung von Sonderinteressen gegenüber der Sorge um das Gemeinwohl. C. schickt K. seine Übersetzung der dritten Philippischen Rede des Demosthenes. K. hat jetzt auch die Übersetzung von [Hieronymus] Wolf [Basel, Johannes Oporinus, 1550]. [7] Solange eine Partei unterdrückt oder gekauft wird, ist die Schutzherrschaft der anderen gegen den Staat. Für die Niederlage im Krieg macht man nicht sich selbst, sondern die eigenen Soldaten oder sogar die Herzöge verantwortlich. Diese Ignoranz führt in die Katastrophe. Besser als die gewählte Herrschaft [Kaiser Karls V.] zu ertragen, scheint dennoch die auf Erklärungen der Guten und Liebhaber des Vaterlandes wiedergewonnene [evangelische] Freiheit [in Kursachsen], die allerdings Meinungsäußerungen nur mit Vorsicht erlaubt. [8] C. schrieb über die Bergwerksangelegenheit, um K. zu informieren. [9] Das Übrige überlässt C. K.' Wohlwollen. (S. 45f) [10] K.' sprachliche Bedenken gegenüber dem eigenhändigen lateinischen Anfang seines Briefes sind unbegründet. [11] C. nimmt K.' Forderung an, ihn bei Fehlverhalten nicht mehr anzuklagen, damit ihr Briefkontakt erhalten bleibt und er sich dafür in jeder Sache für sich oder seine Freunde zu jeder Zeit an K. wenden kann. [12] Wo Franz [Kram], der durch Leipzig kam, sich jetzt aufhält, weiß C. nicht.

33 Plautus: *Bacchides* 992.

nachdenkt, wird wahrnehmen können, dass in diesen Ausführungen vieles ausreichend dargelegt worden ist. Was auch immer aber dazu gesagt wird, es wird nicht nur keinen Nutzen, sondern sogar außerordentlichen Schaden bringen, wenn es nicht dahin gebracht wird, dass eine Übereinstimmung der Stände herrscht, wobei ich fürchte, dass dafür längst der Weg versperrt ist."[34] Wir erfahren, wie Camerarius seinen Freund Melanchthon, den er hier – kein anderer kann zutreffender gemeint sein – in Anlehnung an den höchsten theologischen Ratgeber Karls des Großen als Alkuin bezeichnet, in einer religionspolitischen Tätigkeit unterstützt. Camerarius verteidigt eine Schrift Melanchthons, wohl dessen Gutachten über das Trienter Konzil,[35] wie es nach sprachlichen Anklängen scheint.[36] Camerarius zeigt seine Übereinstimmung mit Melanchthon, indem er nachdrücklich darauf hinweist, dass eine Einigung aller evangelischen Stände erforderlich ist. Diese wird dann im selben Jahr mit der von Melanchthon verfassten *Repetitio Confessionis Augustanae* (*Confessio Saxonica*) angestrebt.[37]

4. Im Brief vom 10. Januar 1552 schreibt Camerarius aus Leipzig,[38] dass bei ihm gerade „unser wichtigster Mann, der beste und sozusagen nachgiebigste" zu Gast ist.[39] Mit dem Adjektiv „nachgiebig" soll Karlowitz wohl signalisiert werden, dass es sich hier um Melanchthons Zwischenhalt auf der Reise zum

[34] *Ioachimi Camerarii Bapenbergensis Epistolarum familiarum libri VI* (wie Anm. 11), S. 44 = Nr. 20a § 5: „Ad Alcuinum nostrum quod attinet, etsi res tam copiose tractata non est quam velles, tamen mihi de his in mentem venit, quod ait seruulus Plautinus de literis minutis, qui satis videat illi illas grandes esse. Qui enim cogitare voluerit, is demonstrata esse satis multa oratione ista animadvertere poterit. Quicquid autem dicatur in hoc genere, non modo vtilitatem nullam, sed etiam singulare detrimentum allaturum est, nisi hoc perficiatur, vt sit aliqua ordinum consensio, cui vereor ne iampridem via interclusa sit."

[35] CR 7, Sp. 736–739 Nr. 4852 = MBW 5865 und *Politische Korrespondenz des Herzogs und Kurfürsten Moritz von Sachsen* 5 (wie Anm. 7), Nr. 44 Anm.

[36] Vgl. CR 7, Sp. 739 Nr. 4852 (vgl. *Politische Korrespondenz des Herzogs und Kurfürsten Moritz von Sachsen* 5 (wie Anm. 7), S. 111 Nr. 44): „[...] de communicatione [...] Et mihi videtur hoc in genere dici posse, non alios articulos nos velle defendere, quam qui publice in Ecclesiis Misnicis communi consensu nunc docentur. [...] Et si princeps vellet [...] protestationem proponere, utile esset [...] quod non velit de aliis rebus respondere, nisi de doctrina communi suarum Ecclesiarum [...]"

[37] Vgl. *De vita Philippi Melanchthonis narratio* (wie Anm. 2), S. 296–298 § 90 (= *Das Leben Philipp Melanchthons* [wie Anm. 2], S. 220 f); Günther Wartenberg: *Die „Confessio Saxonica" als Bekenntnis evangelischer Reichsstände*. In: *Recht und Reich im Zeitalter der Reformation: Festschrift für Horst Rabe*, hg. von Christine Roll, Frankfurt am Main u. a. 1996, S. 275–294.

[38] Torsten Woitkowitz: *Die Briefe von Joachim Camerarius d. Ä. an Christoph von Karlowitz* (wie Anm. 4), S. 233–237 Nr. 22.

[39] Ebd., § 4: „Erat hoc tempore apud nos noster summus vir optimus et, ut ita loquar, obsequiosissimus."

Trienter Konzil handelt. Als kleinen Hilfsdienst leitet Camerarius eine Nachricht Melanchthons an Karlowitz bezüglich der Entsendung eines Boten weiter.[40] Auch übermittelt er Melanchthons Grüße.[41]

5. Im Brief vom 22. Januar 1552[42] heißt es: „Neulich ist Philipp von hier abgereist (gemeint ist von Leipzig Richtung Trient zum Konzil). Wenn das doch heilsam für das Reich wäre. Je weniger er sich freilich in acht nimmt und Vorsorge trifft, desto größeren Respekt scheint er von den anderen zu verdienen."[43] Hier macht Camerarius wieder über Melanchthon eine ehrenvolle Bemerkung. Er erwähnt den Besuch des Freundes und verleiht einem übereinstimmenden Wunsch[44] Ausdruck.

6. Im Brief vom 20. Februar 1554 schreibt Camerarius: „Sei gegrüßt! Die Trauerrede, über die ich neulich gesprochen habe, die bei unserem besten Herrn Wolfgang Meurer zu finden war, bemühte ich mich, an Dich zu schicken. Ich habe sie auch Valentin Wagner, einem frommen und gebildeten Mann, weitergegeben, der aus Siebenbürgen nach einer langen und gefährlichen Reise hier angekommen ist, um mit Philipp Melanchthon über wichtige Angelegenheiten zu sprechen. Er scheint mir ein auserlesener Mann zu sein. Aus manchen Deiner Reden zweifelte ich freilich, ob Du da wärst. Deswegen habe ich jenem über eine Bekanntschaft mit Dir ziemlich wenig versprochen. Bei nächster Gelegenheit wird Dir das zugeschickt werden, von dem Du wünschtest, dass es von mir vollendet wird. Es ist nämlich bereits zusammengestellt worden. Meine übernommenen Mühen konnten jetzt aber wegen meiner Pflichten gegenüber Philipp nicht geordnet werden, der jetzt da war, als er diesen seinen Freund Valentin Wagner begleitet hat. Leb wohl. Leipzig, den 20. Februar."[45]

40 Ebd.: „De adolescente, qui mitteretur ad Tyrolensem amicum tuum, narrabat idem iam esse quendam a se istuc iussum proficisci, sed non potuisse fieri, ut perveniret ad te eo tempore, quo datae sunt litterae tuae."

41 Ebd., § 7: „Meus hospes te salutat perquam officiose."

42 Ebd., S. 238–241 Nr. 23.

43 Ebd., § 3: „Philippus nuper hinc discessit, utinam hoc rei publicae salutare sit. Ipse quidem quo minus sibi cavet aut prospicit, eo maiorem respectum aliorum mereri videtur." Zu beiden Briefen vgl. *De vita Philippi Melanchthonis narratio* (wie Anm. 2) S. 304–306 § 92 (= *Das Leben Philipp Melanchthons* [wie Anm. 2], S. 226f; S. 226 muss es statt „schon zum dritten Mal als Gesandter" „jetzt als dritter Gesandter" heißen).

44 Vgl. *De vita Philippi Melanchthonis narratio* (wie Anm. 2), S. 309 § 92 (= *Das Leben Philipp Melanchthons* [wie Anm. 2], S. 229).

45 *Ioachimi Camerarii Pabepergensis Epistolarum libri quinque posteriores* (wie Anm. 11), S. 14: „S. D. Orationem funebrem, de qua nuper dixi, repertam apud summum nostrum D. Bolgangum Meurerum, studui ad te mittere. Dedi autem hanc homini pio et erudito Coronaeo, qui ex Transyluania, itinere longo ac periculoso, aduenit, vt cum Philippo Melanch. certis de negotiis colloqueretur. Mihi vir egregius visus est. Dubitabam quidem, vtrum istic adesses, de sermonibus quibusdam tuis. Ideo de tua humanitate parcius

Camerarius stellt hier Melanchthons Unterstützung für den Kronstädter Pfarrer Valentin Wagner heraus und schreibt von seiner Betreuung des Besuchs aus Wittenberg.

In drei Briefen aus Leipzig aus dem Jahr 1557 hebt Camerarius Melanchthons neuerliches Engagement in Einigungsverhandlungen im Rahmen des zweiten Wormser Religionsgespräches hervor.

7. Im Brief vom 24. August heißt es: „Mein Pferd habe ich nämlich meinem Sohn (Philipp) gegeben, den ich Caspar (gemeint ist Caspar Peucer), dem Reitgefährten von Philipp Melanchthon, zugesellt habe, der zu dem beschlossenen Gespräch nach Worms aufgebrochen ist. Er ist vor sieben Tagen von hier losgezogen.“[46]

8. Im Brief vom 13. September 1557 schreibt Camerarius nach der Mitteilung über seine gute Rückkehr vom Besuch bei Karlowitz in dessen böhmischen Schloss Rothenhaus: „Ich habe auch Briefe gefunden, sowohl von Philipp Melanchthon als auch ganz besonders von anderen. Über das beabsichtigte Gespräch konnte bisher nichts mitgeteilt werden.“[47]

9. Am 25. Dezember 1557 schreibt Camerarius: „Philipp Melanchthon ist vor vier Tagen von hier weggegangen, von Worms nach Hause zurückkehrend, wobei er selbst gesund und wohlbehalten war, weil nach Beschaffenheit der Umstände die Lage so ist, dass man wohl von einem günstigen Ausgang jener Verhandlungen ausgehen kann.“[48] Auffällig ist, dass Camerarius mit keiner

illi promisi. Quae confici a me voluisti, proxima occasione transmittentur, iam enim collecta sunt. Nunc disponi non potuerunt occupata opera mea officiis erga Philippum, qui modo prosecutus Coronaeum amicum hunc suum, aderat. Vale. Lipsiae 10. Calend. Martii.“ Zur Datierung vgl. MBW 7084, zur Trauerrede vgl. Woitkowitz: *Die Briefe von Joachim Camerarius d. Ä. an Christoph von Karlowitz* (wie Anm. 4), S. 275–284 Nr. 33, zu den Inschriften vgl. den Brief von Camerarius an Karlowitz vom 30. März 1554: *Ioachimi Camerarii Pabepergensis Epistolarum libri quinque posteriores* (wie Anm. 11), S. 31 f.

46 *Ioachimi Camerarii Pabepergensis Epistolarum libri quinque posteriores* (wie Anm. 11), S. 29: „[…] De benignitate erga me tua et promtissimo studio sciebam me non frustrari opinionem meam. Atque ego iam plane ἄνιππος sum, meum enim equum tradidi filio, quem adiunxi Caspari equestri comiti Philippi Melanchthonis proficiscentis ad decretum colloquium in Vangiones, qui hinc discessit nudius octauus. […]“ Vgl. *De vita Philippi Melanchthonis narratio* (wie Anm. 2), § 106 S. 344 (= *Das Leben Philipp Melanchthons* [wie Anm. 2], S. 250).

47 *Ioachimi Camerarii Pabepergensis Epistolarum libri quinque posteriores* (wie Anm. 11), S. 25: „[…] Reuersi huc sumus vsi satis prospera fortuna itineris, Christo gratia. Reperi autem literas, cum Philippi Mel. tum aliorum. De colloquio instituto nihil adhuc potuit significari. De expugnato oppido Sanquintino […]“ Vgl. MBW 8318 (auch 8323?).

48 *Ioachimi Camerarii Pabepergensis Epistolarum libri quinque posteriores* (wie Anm. 11), S. 31: „[…] Phil. Mel. nudius quintus hinc discessit, reuertens domum e Vangionibus saluus ipse et incolumis, quod pro re nata eiusmodi est, vt actionum illarum euentus

Silbe seinen Blitzbesuch bei Melanchthon in Heidelberg erwähnt, als gerade das Wormser Kolloquium unterbrochen war, um seinem Freund schonend die Nachricht vom Tod seiner Frau zu überbringen.[49]

10. Teilhabe am Familienleben des anderen ist gleichfalls ein Zeichen von Freundschaft. Eine Einladung zu einer Hochzeit ist eine besonders gute Gelegenheit. Das weiß auch Camerarius. Doch die Hochzeit seiner Tochter Magdalena mit dem in erster Ehe geschiedenen Mathematiker, Astronomen und Kartographen Johannes Hommel ist ein besonderer Fall.[50] Im Brief vom 9. Juni 1558 heißt es: „Sei gegrüßt! Wir waren sehr beschäftigt wegen der Vorbereitung einer Hochzeit, unser Hommel kam gestern an. Auch wenn ich durcheinander und verwirrt bin in meinen Plänen infolge der ganzen Sache, weil Ansichten der Freunde und der Verwandtschaft meinem Willen und Urteil zuwider liefen, habe ich aufgehört, gleichsam wider den Stachel zu löcken und durch vergebliches Widersetzen mich und andere fertig zu machen. Ringsumher tönen vortreffliche Stimmen von Ehre, Tüchtigkeit und Frömmigkeit. Wie aber der alte Lakydes gesagt haben soll, das eine ist die Philosophie, das andere die Lebenspraxis. Das jedoch, was mir überlassen wurde, habe ich getan, dass ich niemandem außerhalb der Stadt die Beschwernis einer Einladung auferlege, nicht einmal unserem Besten, der Philipp heißt. Der Tag der Hochzeit ist für den 13. dieses Monats festgesetzt. Ich bitte den Sohn Gottes, den Retter des Menschengeschlechts, dass er wolle, dass diese Verbindung glücklich verläuft. […]“[51]

11. In einem Brief vom 1. Mai 1567 aus Nürnberg, sieben Jahre nach Melanchthons Tod, macht Camerarius noch einmal eine Achtung gebietende Bemerkung über seinen Freund. Georg Dasch, ein anderer Freund von Camerarius, ist in die Wirren der Grumbachschen Händel geraten und sitzt nun im Gefängnis.

fortunatus existimari posse videatur. […]“ Vgl. *De vita Philippi Melanchthonis narratio* (wie Anm. 2), S. 353 § 108 (= *Das Leben Philipp Melanchthons* [wie Anm. 2], S. 256).

49 Vgl. *De vita Philippi Melanchthonis narratio* (wie Anm. 2), S. 350–352 § 107 (= *Das Leben Philipp Melanchthons* [wie Anm. 2], S. 254 f).

50 Vgl. Torsten Woitkowitz: *Der Landvermesser, Kartograph, Astronom und Mechaniker Johannes Humelius (1518–1562) und die Leipziger Universität um die Mitte des 16. Jahrhunderts*, in: *Sudhoffs Archiv* 92 (2008), S. 71, 75.

51 *Ioachimi Camerarii Pabepergensis Epistolarum libri quinque posteriores* (wie Anm. 11), S. 33: „S. D. Eramus negotiosi apparandis nuptiis, et Homilius noster heri aduenit. Etsi ego perturbatus confususque rationibus meis de tota re, cum voluntati et iudicio meo, amicorum et familiarium sententiae refragarentur, desii quasi calces stimulo impingere et frustra aduersando me et alios affligere. Praeclarae voces sonant passim honestatis, virtutis, pietatis: sed quemadmodum veterem Lacydem dixisse ferunt, aliter illa dicuntur in disputationibus, et aliter vita degitur. Id tamen, quod mihi relinquebatur, seruaui, ut nemini extra oppidum molestiam inuitationis obiicerem, ne summo quidem nostro, vocato, Philippo. Dies nuptiis dictus est huius mensis 13. Oro filium dei σωτῆρα generis humani, vt hanc coniunctionem feliciter euenire velit. […]“

Camerarius bittet Karlowitz, damals einer der drei kaiserlichen Kommissare bei der Vollstreckung der Reichsacht gegen Gotha, sich für die Freilassung von Dasch einzusetzen, und ein Argument ist, dass Dasch auch „Philipp überaus teuer“[52] war.

Die Erwähnungen Melanchthons in den Briefen des Camerarius an Christoph von Karlowitz zeugen, was nicht anders zu erwarten war, von der Freundschaft von Camerarius und Melanchthon, denn sie entsprechen in ihrer Art Kriterien, die nach Camerarius, wie am Anfang aufgezeigt, eine Freundschaft ausmachen: Wohlwollendes Reden über den Freund gegenüber Dritten, Sorge um den Freund, Verteidigung des Freundes, gegenseitige Hilfe, besonders auch in Notsituationen, familiärer Umgang, übereinstimmendes Streben. Camerarius wählt für Melanchthon in seinen Briefen an Karlowitz auch schmückende oder umschreibende Benennungen wie: „unser Bester, der Philipp heißt“, „einer, den Karlowitz und alle Gebildeten und Guten wegen seiner höchsten Frömmigkeit und Tüchtigkeit lieben sollten“, „unser in Bezug auf Frömmigkeit und Wissenschaften wichtigster Mann“, „unser Alkuin“, „unser wichtigster Mann, der beste und sozusagen nachgiebigste“. In diesen Benennungen wird deutlich, welches hohe Ansehen Melanchthon für Camerarius besessen hat, welche Vorbildhaftigkeit, die für Camerarius eine wichtige Grundlage der Freundschaft bildete. Aus sieben Erwähnungen, die in einem religionspolitischen Zusammenhang stehen (Briefe 3–9), können wir entnehmen, dass eine wichtige Gemeinsamkeit beider Freunde ihr Streben auf dem Gebiet der Religionspolitik darstellte, d. h. das gemeinsame Streben zur Sicherung des evangelischen Bekenntnisses und zugleich die Aufgeschlossenheit, vielleicht doch wieder eine Annäherung oder gar eine Vereinigung der Kirchen erreichen zu können. Dass mit einer Ausnahme aus dem Jahr 1526 die Erwähnungen Melanchthons in den Briefen an Karlowitz zeitlich erst nach dem Schmalkaldischen Krieg einsetzen, zeigt, dass es für Camerarius unter den neuen politischen Verhältnissen erforderlich scheint, Melanchthon in einen engeren Kontakt zu Karlowitz zu bringen bzw. einem nunmehrigen engeren Kontakt beider Personen Rechnung zu tragen, der sich, wie die meisten Erwähnungen zeigen, eben vor allem auf religionspolitischem Gebiet erstreckte.

Melanchthons Aktivitäten auf diesem Gebiet sind bekannt. Auch Karlowitz war auf diesem Feld eine überaus interessierte und engagierte Persönlichkeit. Welche Bedeutung für ihn dabei die beiden Freunde besaßen, bezeugt sein

[52] *Ioachimi Camerarii Bapenbergensis Epistolarum familiarum libri VI* (wie Anm. 11), S. 92: „[...] Et meus discipulus, et Philippo inprimis carus, et rebus aduersis meis omni officio mihi praesto fuit, et cognoui ipsum virum honestum et bonum. [...]“ Zu Georg Dasch vgl. MBW 11: Personen A-E, bearbeitet von Heinz Scheible, unter Mitwirkung von Corinna Schneider, Stuttgart-Bad Cannstatt 2003, S. 338; Torsten Woitkowitz: *Briefe* (wie Anm. 4), S. 180 Anm. 22.

Vorschlag, zur Vorbereitung des Trienter Konzils ein Kolloquium zwischen maßvollen Vertretern der evangelischen und der katholischen Seite durchzuführen und damit auf evangelischer Seite neben Georg von Anhalt als weitere Teilnehmer Melanchthon und Camerarius zu beauftragen.[53] Es gibt ein weiteres eindrucksvolles Beispiel:

In seiner *Vita Melanchthonis* würdigt Camerarius mit namentlicher Nennung in kleinen Exkursen und Bemerkungen zahlreiche Personen, die seiner Meinung nach eine bestimmte Rolle in Melanchthons Leben gespielt haben.[54] Als einzigen der albertinischen Hofräte, mit denen Melanchthon zu tun hatte, ehrt er Christoph von Karlowitz mit einer Nennung,[55] wobei er ihn aus den sich durch Klugheit und Treue auszeichnenden Männern heraushebt, die am Zustandekommen des Passauer Vertrages zur Beendigung des Fürstenkrieges 1552 mitgewirkt haben. In Bezug auf Melanchthon schreibt Camerarius über Karlowitz (meine Übersetzung folgt der lateinischen Satzkonstruktion): „An ihm, der das Studium der humanistischen Wissenschaften selbst während der Staatsgeschäfte ganz beständig beibehält und eifrig betreibt, könnte nicht nur die unglaubliche Sorgfalt beim Schützen des Lebens von Philipp Melanchthon und dem Abwenden von Gefahren, die ihm, wie oben erwähnt, bereitet worden sind, wortreich gerühmt werden, sondern auch seine Geschicklichkeit und ganz besonders die damals nötige Raffiniertheit, als er in schwieriger Zeit den Dienst wahrer Freundschaft erwies und die Schuld an verdientem Wohlwollen in dankbarer Erinnerung[56] abtrug." Karlowitz wird hier als Beschützer von Melanchthon gewürdigt und dies besonders aufgrund von *calliditas* ‚Raffiniertheit, listige Klugheit'. *Calliditas* ist eine Eigenschaft, die im Wortgebrauch bei Camerarius im Unterschied zu *prudentia* ‚Klugheit' einen negativen Beigeschmack hat.[57]

53 Vgl. *Politische Korrespondenz des Herzogs und Kurfürsten Moritz von Sachsen* 5 (wie Anm. 7), Nr. 44. Vgl. hierzu auch Winter: *Philipp* (wie Anm. 8), S. 215; Torsten Woitkowitz: *Joachim Camerarius und die Räte des Herzogs und Kurfürsten Moritz von Sachsen*, in: *Joachim Camerarius*, hg. Rainer Kößling und Günther Wartenberg, Tübingen 2003 (Leipziger Studien zur Klassischen Philologie 1), S. 76; oben Brief 3.

54 Vgl. die Einführung in *Das Leben Philipp Melanchthons* (wie Anm. 2), S. 27–29.

55 *De vita Philippi Melanchthonis narratio* (wie Anm. 2), S. 310 § 93: „Est autem in istis consultationibus D. Mauritius cum aliorum prudentia ac fide praestantium virorum vsus opera, tum, vt antea saepe, Christophori inprimis Carolouicii ex nobilitate Misnica equestris ordinis praecipui, et a puero optimis disciplinis ac artibus praeclare instituti et egregie exculti, et in Reipubl. maximis grauissimisque negotiis cum summa laude versati. Cuius ipsius quoque retinentis atque vrgentis studium bonarum literarum ac humanitatis inter Reipublicae curas constantissime, praedicari posset copiose in protegendo caput Philippi Melanchthonis, et ab hoc pericula, quae ei, vt supra indicatum est, creabantur, propulsando, incredibilis non modo diligentia sed solertia quoque et necessaria tunc calliditas, praestantis tempore difficili amicitiae verae officium, et persoluentis beneuolentiae meritae memoria animi grati debitum."

56 Vgl. Anm. 9.

So schreibt er auch gleichsam entschuldigend, *calliditas*, die „damals", „in schwieriger Zeit" nötig war. Blättert man in der *Vita Melanchthonis* zurück und sucht die Stellen, an denen Camerarius von der Lebensgefahr für Melanchthon schreibt, stößt man stets auf das Jahr 1548 mit den Bemühungen des Kaisers um die Einführung des Augsburger Interims.[58] Was hat damals Karlowitz für den von Kaiser und König als politischen Widersacher betrachteten Melanchthon getan? Ich sehe hier einen Hinweis darauf, dass der im April 1548 an Karlowitz geschriebene, Aufsehen erregende Brief Melanchthons[59] von dem Politiker nicht nur zur Beförderung der Wiederherstellung der Glaubenseinheit, sondern auch zum Schutz Melanchthons erstrebt und von vornherein zur möglichen Bekanntmachung bestimmt war.[60] Die wohldurchdachte Gliederung des

57 Die Wörter *calliditas*, *callidus* und *callide* werden von Camerarius vor allem im Zusammenhang mit Staats- und Religionsangelegenheiten gebraucht: calliditas: *De vita Philippi Melanchthonis narratio* (wie Anm. 2), S. 273 § 81 (2), S. 310 § 93, S. 375 § 116 (= *Das Leben Philipp Melanchthons* [wie Anm. 2], S. 204 f, 230, 269); callidus: *De vita Philippi Melanchthonis narratio* (wie Anm. 2), S. 61 § 17, S. 155 § 48, S. 182 § 55 (= *Das Leben Philipp Melanchthons* [wie Anm. 2], S. 75, 132, 147); callide: *De vita Philippi Melanchthonis narratio* (wie Anm. 2), S. 134 § 42, S. 195 § 57, S. 212 § 63, S. 286 § 86 (= *Das Leben Philipp Melanchthons* [wie Anm. 2], S. 118, 155, 167, 214). Die von Camerarius so charakterisierten Personen oder Handlungen werden von ihm überwiegend negativ bewertet. Vgl. auch Camerarius' Ausführungen zur von Gegnern vorgebrachten Bezeichnung Melanchthons als veterator ‚alter' ‚Fuchs, Schlaukopf' in *De vita Philippi Melanchthonis narratio* (wie Anm. 2), S. 375 § 116 (= *Das Leben Philipp Melanchthons* [wie Anm. 2], S. 269).

58 Vgl. *De vita Philippi Melanchthonis narratio* (wie Anm. 2), S. 264–266, 267–269 § 78 (= *Das Leben Philipp Melanchthons* [wie Anm. 2], S. 199 f, 201 f).

59 CR 6, Sp. 879–885 Nr. 4212 = MBW 5139. Vgl. hierzu: Heinz Scheible: *Melanchthons Brief an Carlowitz*, in: *Archiv für Reformationsgeschichte* 57 (1966), S. 102–130; Hans Kurig: *Philipp Melanchthon über sich und Martin Luther: was schrieb Melanchthon im April 1548 an Christoph von Karlowitz*, in: *Lutherjahrbuch* 67 (2000), S. 51–60; Timothy J. Wengert: *„Not by Nature Philoneikos": Philip Melanchthon's Initial Reactions to the Augsburg Interim*, in: *Politik und Bekenntnis: die Reaktionen auf das Interim von 1548*, hg. von Irene Dingel und Günther Wartenberg, Leipzig 2006 (Leucorea-Studien 8), S. 33–49.

60 Scheible: *Melanchthons Brief* (wie Anm. 59), S. 128 f hat dies bereits mit aller Vorsicht als eine Möglichkeit erwogen und einige Argumente dafür angeführt. Auch Herrmann erwog den offiziellen Charakter dieses Briefes, Kurig geht davon aus, vgl. Johannes Herrmann: *Augsburg – Leipzig – Passau: das Leipziger Interim nach Akten des Landeshauptarchivs Dresden 1547–1552*, Diss. Leipzig 1962, S. 42; Kurig: *Philipp* (wie Anm. 59), S. 51. Hingewiesen sei auch darauf, dass Melanchthon in seinem um den 24./25. April 1548 aus Altzella an Camerarius geschriebenen Brief eine Andeutung über eine ihm abverlangte persönliche Stellungnahme zu den Einigungsbemühungen macht und erklärt, wie diese verstanden werden soll (CR 6, Sp. 878 Nr. 4216 = MBW 5138.4): „Si mihi privatim meo periculo, et meo loco dicenda esset sententia, etamsi video mihi valde irasci τὸν αὐτοκράτορα, tamen simpliciter et Socratico more re-

Briefes mit der Würdigung des guten Willens des Kaisers in der Mitte legt nahe, dass Melanchthon sich dieser Sache bewusst war. Karlowitz, ein weiterer Rat und Kurfürst Moritz hatten einige Wochen zuvor mündlich bereits Melanchthon vor König und Kaiser verteidigt und die vom Kaiser verlangte Auslieferung ihres besten Theologen vorerst abwenden können,[61] sie vermochten aber nicht den Zorn des Kaisers zu stillen, der Melanchthon auch widersätzlichen Verhaltens im Schmalkaldischen Krieg bezichtigte. Durch Karlowitz' Brief wurde Melanchthon angehalten, sich nun im Antwortbrief selbst zu verteidigen und seine Position zu einem Ausgleich im Religionsstreit darzulegen.[62] Welchen Erfolg die Verbreitung dieses Briefes auf altgläubiger Seite hatte, zeigt unter anderem ein nach dem Augsburger Reichstag von Georg Witzel an Julius Pflug geschickter Brief, worin Witzel schrieb, dass der Brief Melanchthons an Karlowitz die erhoffte Einmütigkeit im Glauben zum großen Teil versprochen hat.[63] Der Zorn des Kaisers konnte vorübergehend gedämpft werden.[64] Welches Ansehen Melanchthons Beschützer damals im altgläubigen Lager genoss, wird daran deutlich, dass Witzel den Politiker in dem Brief an Julius Pflug als „unseren Karlowitz" bezeichnete.[65] Doch die stark erhoffte Änderung des Interims zu Gunsten der Evangelischen hat wie die anderen Gutachten Melanchthons auch

sponderem, me non assentiri his sophismatibus." „Wenn von mir persönlich in meiner Gefahr und an meinem Ort meine Meinung geäußert werden müsste, auch wenn ich sehe, dass mir der Kaiser sehr zürnt, würde ich dennoch einfach und auf sokratische Weise antworten, dass ich mit diesen Sophismen nicht übereinstimme." Hier bezieht sich Melanchthon wohl auf den an ihn gerichteten Brief von Karlowitz und seine diesbezügliche, mit dialogischen Elementen versehene Antwort. Bemerkenswerterweise spricht Melanchthon Karlowitz am Ende der langen Anrede mit „Patrono suo colendo" „seinem verehrungswürdigen Schutzherren" an. Zur damaligen Bedrohungsangst Melanchthons vgl. auch *Politische Korrespondenz des Herzogs und Kurfürsten Moritz von Sachsen* 3 (wie Anm. 7), S. 782 Nr. 1064 und Scheible: *Melanchthons Brief* (wie Anm. 59), S. 124f.

61 Nach Mitte März 1548, vgl. *Politische Korrespondenz des Herzogs und Kurfürsten Moritz von Sachsen* 3 (wie Anm. 7), S. 755–757 Nr. 1030.

62 Vgl. CR 6, Sp. 879f Nr. 4217 = MBW 5139.1: „Cum [...] adiunxeris adhortationem, ut consilia instituta de concordia Ecclesiarum meo loco adiuvem [...] Totum enim me tibi aperio." Vgl. auch die Gedanken des kurfürstlichen Rates Georg von Komerstadt zu Melanchthons Brief an Karlowitz (*Politische Korrespondenz des Herzogs und Kurfürsten Moritz von Sachsen* 3 [wie Anm. 7], S. 796 Nr. 1076) und zur Stärkung der Wirksamkeit der kurfürstlichen Theologen in den Religionsverhandlungen (ebd., S. 776 Nr. 1055, S. 792 Nr. 1072).

63 Julius Pflug, *Correspondance*, hg. von J[acques] V. Pollet, Bd. 3: *L' épiscopat I: 1548-Juillet 1553*. Leiden 1979, S. 106, 22f, Nr. 381): „[...] praesertim Epistola Melanthonis ad Carleuicum nostrum vnanimitatem speratam magna ex parte pollicente." In diesem Brief werden weitere Gutachten Melanchthons angeführt.

64 Vgl. Scheible: *Melanchthons Brief* (wie Anm. 59), S. 130.

65 Vgl. Anm. 63.

dieser Brief nicht zu erreichen vermocht,[66] vielmehr hat er ungewollt durch die enthaltenen kritischen Äußerungen gegenüber Luther für große Aufregung auf evangelischer Seite gesorgt und zum Anwachsen der innerprotestantischen Spannungen beigetragen.[67]

Wenn Karlowitz Melanchthons persönliches Schreiben gegen den Willen Melanchthons verbreitet hätte, hätte dies gewiss zum Bruch zwischen dem in dieser Hinsicht äußerst feinfühligen[68] Camerarius und Karlowitz geführt, was nicht geschah. Vielmehr hatte Camerarius erst ein knappes Jahr zuvor am Ende des Schmalkaldischen Krieges in dem bereits erwähnten langen Brief in das Feldlager vor Wittenberg Karlowitz den Schutz Melanchthons ans Herz gelegt (Brief 2).[69]

Damit kommen wir zur zusammenfassenden Betrachtung über die Freundschaft von Philipp Melanchthon und Joachim Camerarius im Spiegel von dessen Korrespondenz mit Christoph von Karlowitz. Entsprechend den Merkmalen einer Freundschaft nach der *Vita Melanchthonis* sind deutlich Hinweise auf die Freundschaft zwischen Camerarius und Melanchthon zu erkennen. Dabei ragt unter den mit einer Ausnahme nach dem Schmalkaldischen Krieg einsetzenden 11 brieflichen Erwähnungen Melanchthons der Aspekt einer Gemeinsamkeit beider Freunde in ihrem Streben in religionspolitischen Angelegenheiten heraus. Dies erklärt sich wohl aus dem besonderen Interesse des Christoph von

66 Vgl. Camerarius im Brief vom 25. Juni 1548 an Hieronymus Baumgartner, *Ioachimi Camerarii Bapenbergensis Epistolarum familiarum libri VI* (wie Anm. 11), S. 240: „De concordia, vt video, spes nulla [...]"

67 Vgl. Camerarius' Äußerung in einem Brief an Melanchthon vom 17. Juni 1549 (vgl. MBW 5534.1) mit Bezug auf Melanchthons maßvoll geschriebene Antwort auf Karlowitz' Brief: „Tu tum respon*sionem* .. moderate .. ad Καρολόμητιν .. nunc etiam tantas turbellas dare moleste fero. ἀλλὰ τὸ γεγενομένον οὐκέτι ἄῤῥεκτόν ἐστι." „Dass Deine Antwort jetzt noch so große Verstörungen hervorruft, trage ich schwer. Aber das Geschehene ist nicht mehr ungetan zu machen." An dieser Stelle möchte ich Frau Dr. Mundhenk aus der Melanchthonforschungsstelle in Heidelberg herzlich für die Zusendung der Briefkopie danken, deren Original ausgerechnet an dieser Stelle zwei Löcher aufweist.

68 Vgl. Torsten Woitkowitz: *Die Briefe von Joachim Camerarius d. Ä. an Christoph von Karlowitz* (wie Anm. 4), Nr. 15.1–3; Huber-Rebenich: *Officium* (wie Anm. 13), S. 149.

69 Unter den genannten Voraussetzungen fällt es schwer, Herrmanns scharfsinniger, doch einseitiger Auffassung zu folgen, wonach Karlowitz, unzufrieden mit den ersten, für den Kurfürsten angefertigten Gutachten Melanchthons zum Interim, beabsichtigt habe, Melanchthon mit einem Drohbrief zur Annahme des Augsburger Interims zu bewegen, und dann die im nachgiebigen Ton, doch bestimmt geschriebene Ablehnung Melanchthons vor der Öffentlichkeit des Augsburger Reichstags zu einer Zustimmung des Interims gestempelt habe, um durch diesen „diplomatischen Schachzug" den geschädigten Ruf seines Herrn vor dem kaiserlichen Hof wieder aufzubessern. Vgl. Herrmann: *Augsburg* (wie Anm. 60), S. 40–42.

Karlowitz an dieser Problematik, dem Camerarius in seinen Briefen zu entsprechen sucht. In zwei Briefen (Brief 2 und 3) wirbt Camerarius um Schutz bzw. Unterstützung für Melanchthon. Vielleicht bemüht sich Camerarius durch die Nennungen von Melanchthon nach 1547 zugleich, in seine Freundschaft mit Karlowitz seinen besten Freund Melanchthon als möglichen dritten im Bunde stärker mit hineinzunehmen bzw. beide Persönlichkeiten stärker miteinander zu verbinden.[70] Doch steht dem der merkwürdige Befund entgegen, dass Melanchthon zwar bis kurz vor seinen Tod mit Karlowitz in losem Kontakt blieb,[71] Karlowitz aber im überlieferten Teil des Briefwechsels zwischen Camerarius und Melanchthon[72] ab 1552 im Gegensatz zu häufigeren früheren Erwähnungen nicht mehr genannt wird. So bleibt als Erklärung für die späteren Nennungen Melanchthons in der Camerarius-Karlowitz-Korrespondenz vielleicht vor allem auch der Freundschaftsdienst gegenüber Melanchthon im Sinne einer ehrenvollen Nennung gegenüber Dritten.

70 Melanchthon hat durch manche Buchempfehlung und Nachrichtenübermittlung, wie aus Briefen hervorgeht (vgl. unter Anm. 72), vielleicht auch selbst eine Annäherung an Karlowitz gesucht.

71 Von Melanchthon an Karlowitz haben sich nur zwei Briefe erhalten: MBW 3993 (Widmungsbrief) und 6449. Von Karlowitz an Melanchthon ist nur ein Brief überliefert: MBW 6449. Zu weiteren Kontakten ab 1552 vgl. MBW 6917, 6973, 7266, 7486, 7653, 7990, 8636, 9212.

72 Erhalten haben sich von Melanchthon an Camerarius zwölf Briefe, in denen Karlowitz erwähnt wird: MBW 473, 2263, 3537, 3768, 3914, 3968, 3994, 4092, 5651, 5682, 5715, 6247, davon acht aus der Zeit vor dem Schmalkaldischen Krieg und vier aus den Jahren danach bis 1551. Von Camerarius an Melanchthon sind drei Briefe überliefert, in denen Karlowitz erwähnt wird: MBW 337, 3389, 5534.

Wilhelm Kühlmann

Der Briefschreiber Melanchthon als Leser und Vermittler der antiken und zeitgenössischen Literatur

Wer sich auf das weitläufige, von Heinz Scheible und seinen Mitstreitern so exzellent erschlossene literarische Gelände des Briefschreibers Melanchthon wagt,[1] hat es mit einem Textcorpus zu tun, das tausendfach zusammenhängt mit seinen Vorlesungen, Editionen, Deklamationen, Gutachten, Lehrschriften und Traktaten sowie den wechselnden Herausforderungen des Philologen, Pädagogen, Exegeten und Theologen, des Schul-, Kirchen- und Reichspolitikers, ja insgesamt der auch postum weiterhin normstiftenden Bezugsfigur des von ihm und dem Straßburger Johannes Sturm begründeten humanistischen Schul- und Bildungssystems.[2] Zwar kannte Melanchthon gewiss die beispielsweise von Erasmus von Rotterdam kodifizierten und differenzierten Briefgenera (etwa das des Empfehlungsbriefs)[3] und konnte er seinen Stilgestus nach Gegenständen und Adressaten durchaus modifizieren, auch manche Schreiben, vor allem die ungemein wichtigen epistolarischen Vorreden zu kleinen Traktaten anwachsen lassen, doch was den heutigen Leser immer erneut in den Bann zieht, sind der dichte Sachgehalt und der enge Anlass- und präzise Gegenstandsbezug der

[1] Verwendet werden nachstehende Abkürzungen: Killy/Kühlmann = *Killy Literaturlexikon. Autoren und Werke des deutschsprachigen Kulturraumes*. 2., vollständig überarbeitete Auflage, hg. von Wilhelm Kühlmann in Verbindung mit Achim Aurnhammer, Jürgen Egyptien, Karina Kellermann, Steffen Martus und Reimund B. Sdzuj, Bd. 1–12 und 13 (Register), Berlin – New York bzw. Boston 2008–2012. – VL 16 = *Frühe Neuzeit in Deutschland 1520–1620. Literaturwissenschaftliches Verfasserlexikon*, hg. von Wilhelm Kühlmann, Jan-Dirk Müller, Michael Schilling, Johann Anselm Steiger und Friedrich Vollhardt, Bd. 1 ff, Berlin – Boston 2011 ff. – HL = *Humanistische Lyrik des 16. Jahrhunderts. Lateinisch und deutsch*, [...] ausgewählt, übersetzt, erläutert und hg. von Wilhelm Kühlmann, Robert Seidel und Hermann Wiegand, Frankfurt am Main 1997 (Bibliothek der Frühen Neuzeit 5).

[2] Aus der Fülle der einschlägigen, kaum noch überschaubaren, oft auch nur repetierenden Literatur sei hervorgehoben der konzise Überblick von Heinz Scheible: *Melanchthons Bildungsprogramm*, in: *Lebenslehren und Weltentwürfe im Übergang vom Mittelalter zur Neuzeit* [...], hg. von Hartmut Boockmann, Bernd Moeller und Karl Stackmann, Göttingen 1989 (Abhandlungen der Akademie der Wissenschaften, Philologisch-historische Klasse, Dritte Folge, Nr. 179), S. 233–248.

[3] Vgl. Erasmus von Rotterdam: *‚De Conscribendis Epistolis'. Anleitung zum Briefschreiben* (Auswahl), übersetzt, eingeleitet und mit Anmerkungen versehen von Kurt Smolak, Darmstadt 1989 (Ausgewählte Schriften, Bd. 8), zum Empfehlungsbrief S. 210–225.

Briefe, zugleich aber die Art, wie sich gleichsam mikrologisch auch in den Briefen die manchmal höchst prekäre Assimilation der antiken Textwelten an eine christlich-biblische Lebenslehre vollzieht. Dies umso fesselnder, als der Briefschreiber literarischer Selbstdarstellung und stilistischem Manierismus, der gegenstandslosen und eitlen Demonstration des eigenen sprachlichen „ingenium[s]“, skeptisch gegenüber stand[4] und sich offenbar in vielen Schreiben, gerade an vertraute Freunde wie Joachim Camerarius, nicht scheute, ohne Rücksicht auf Formalitäten der Briefrhetorik literarisch-gelehrte, theologische und politische Anliegen, Themen, Kommentare und Nachrichten in eine bisweilen kontrastreiche Koexistenz zu rücken.

Meinem Thema gemäß entwerfe ich hier keine Korrespondenzprofile, sondern stelle experimentell die Frage, was sich ergibt, wenn wir quer durch die Epistelmasse Art, Funktion, Zwecke und Kontexte der literarischen Kontakte und Reminiszenzen, also Melanchthons hier greifbaren Lektüreerfahrungen, Assoziationswege, Aneignungsmotive, Bewertungen und Empfehlungen verfolgen. Dass dies in diesem Beitrag nur punktuell und exemplarisch geschehen kann, bedarf wohl keiner Begründung.

Sinnvoll erscheint es, hier vor allem dem Gräzisten Melanchthon[5] gerecht zu werden, indem wir zunächst einen Blick auf epistolarische Spuren von Sophokles und Euripides[6] werfen, deren Synkrisis Melanchthon aus Quintilian (inst. 10,1,67 f.) geläufig war und die er im Gesamtwerk immer wieder zitierte,

[4] So im Zusammenhang seines gemäßigten Ciceronianismus zur stilistischen Imitatio die Empfehlung: „Non igitur discedamus a Ciceronis aetate, a qua si uerba, Phrasin, et figuras sumemus, oratio erit plana, aequabilis et perspicua, nihil habebit ambiguum, aut ambiciose affectatum, quo uitium non solum in oratione offendit, sed etiam prodit ingenij vanitatem.“ Zit. nach Philipp Melanchthon: *‚Elementa rhetorices‘. Grundbegriffe der Rhetorik. Mit den Briefen Senecas, Plinius' d. J. und den „Gegensätzlichen Briefen“ Giovanni Picos della Mirandola und Franz Burchards*, hg., übersetzt und kommentiert von Volkhard Wels, Berlin 2001 (Bibliothek seltener Texte in Studienausgaben 7), S. 286/288.

[5] Dazu zusammenfassend und im Überblick Stefan Rhein: *Melanchthon als Gräzist*, in: *Werk und Rezeption Philipp Melanchthons in Universität und Schule bis ins 18. Jahrhundert. Tagung anlässlich seines 500. Geburtstages an der Universität Leipzig*, hg. von Günther Wartenberg unter Mitarbeit von Markus Hein, Leipzig 1999 (Herbergen der Christenheit, Sonderbd. 2), S. 53–69.

[6] Ausführlich zur Sophokles-Rezeption bei Melanchthon (auch manches zu Euripides quer durch die diversen Editionen und Vorworte) bei Anastasia Daskarolis: *Die Wiedergeburt des Sophokles aus dem Geist des Humanismus. Studien zur Sophokles-Rezeption in Deutschland vom Beginn des 16. bis zur Mitte des 17. Jahrhunderts*, Tübingen 2000 (Frühe Neuzeit 35), bes. S. 67–112; Bernd Roling: *Exemplarische Erkenntnis. Erziehung durch Literatur im Werk Philipp Melanchthons*, in: *Das Theater des Mittelalters und der Frühen Neuzeit als Ort und Medium sozialer und symbolischer Kommunikation*, hg. von Christel Meier u. a., Münster 2004, S. 289–365.

in Vorlesungen behandelte und dafür ins Lateinische übersetzte, Grundlage für die großen lateinischen Werkcorpora der beiden Tragiker, die später von Veit Örtel von Windsheim (1501–1570) bzw. von dem zeitweise hier in Heidelberg lehrenden Gräzisten Wilhelm Xylander (1532–1576) herausgegeben wurden.[7] Grundsätzlich lassen sich im Briefcorpus programmatische Briefvorreden, die im Sinne einer pragmatischen Vorredenpoetik die in Deutschland offenkundige Lücke systematischer Theoriebildungen füllten, unterscheiden von eher situationsgebundenen, oftmals eher privaten Briefzitaten und intertextuellen Referenzen. Zum ersteren Genus gehört, im Anschluss an eine frühe Terenzausgabe von 1516 (MBW 7, an Paul Geraeander), zum Beispiel die entschieden adhortative Leservorrede der Terenzausgabe von 1545 (MBW 3782),[8] die wegen ihrer grundsätzlichen Distinktionen oft nachgedruckt wurde. Solche Briefvorreden akzentuierten den kulturpolitischen Nutzen und moralischen wie pädagogischen Applikationswert der edierten Texte zur literarischen Absicherung oder Modellierung von Handlungsanweisungen und Gesinnungsdispositionen des gedachten Lesepublikums, insbesondere der Studierenden. Zwar widmete sich Melanchthon an dieser Stelle überwiegend den Phasen und Gattungen des antiken Komödienschaffens, gewiss auch im Gedanken an das Schuldrama, doch gibt er überraschenderweise in sehr persönlicher Betroffenheit den Blick frei auch auf seine Lektüre der Tragiker. Allerdings kommen nicht literaturhistorische oder strukturelle Einordnungen zur Sprache, sondern zunächst die ganz persönliche Faszination, ja Erschütterung eines Lesers, der sich imaginativ, in szenischer Phantasie auf Einzelbilder und affektbewegende wie auch affektbewegte Handlungshöhepunkte konzentriert. Wohl als Erster in Deutschland paraphrasierte Melanchthon die moderne Semantik des *Phobos*-Begriffs der Aristotelischen Katharsistheorie, wenn er berichtet, wie er bei der Lektüre von Sophokles und Euripides „am ganzen Körper erschaudere" (ein abgewandeltes Cicero-Zitat aus *De divinatione*) und dass es jedermann seelisch „niederschlagen" müsse bei jener Szene der Euripideischen *Phoenissae*, in der sich Iokaste nach dem Tode ihrer beiden Söhne Polyneikes und Eteokles selbst das Schwert in die Brust stößt (MBW 3782, Z. 16–24):

7 Zur Textgeschichte und Melanchthons Übersetzungen siehe Johanna Loehr: *Melanchthons Übersetzungen griechischer Dichtung*, in: *Die Musen im Reformationszeitalter*, hg. von Walther Ludwig im Auftrag der Luthergedenkstätten in Sachsen-Anhalt, Leipzig 2001 (Schriften der Stiftung Luthergedenkstätten in Sachsen-Anhalt 1), S. 209–245, zu Euripides bes. S. 225–237; zu Örtel von Windsheim siehe den Artikel von Christine Mundhenk, in: VL 16 (wie Anm. 1), Bd. 4 (im Druck); zu Xylander Volker Hartmann, in: Killy/Kühlmann (wie Anm. 1), Bd. 12 (2011), S. 604f.

8 Beide Vorreden sind mit deutschen Übersetzungen abgedruckt und gewürdigt in David E. R. George: *Deutsche Tragödientheorien vom Mittelalter bis zu Lessing. Texte und Kommentare*, München 1972, S. 49–54.

Ego ipse sepe »toto corpore cohorresco« legens tantum, non etiam intuens ut in theatro agentes, Sophoclis aut Euripidis tragoedias. Nec vero quisquam tam ferreus est, qui sine animi consternatione legat fratrum Thebanorum certamen et matris Iocastae exitum, quae diremptura prelium cum tardius venisset, ex alterius filii vulnere ensem extrahit et hoc ipso ense, qui filii cruore madebat, miserrima mater sese transfigit. Postea se mediam inter filios abiicit brachia spargens, quasi in utriusque complexu moritura. Quid hac imagine lugubrius cogitari potest?

(Übersetzung: Ich für meine Person schaudere am ganzen Körper, wenn ich nur die Tragödien des Sophokles und Euripides lese, auch wenn ich sie nicht wie auf der Bühne im Theater ansehe. Aber niemand ist so aus Eisen, dass er ohne innere Betroffenheit den Streit der Thebanischen Brüder und den Tod der Iokaste lesen könnte, die, als sie zur Schlichtung des Kampfes zu spät kam, aus der Wunde des einen Sohnes das Schwert herauszieht und sich mit eben diesem Schwert, das vom Blut des Sohnes triefte, als erbarmungswürdige Mutter selbst durchbohrt. Danach stürzte sie sich mitten unter ihre Söhne, die Arme ausbreitend, wie noch im Tode in beider Umarmung. Was kann Trarigeres erdacht werden als dieses Bild?)

Melanchthon sah in den *Phoenissae* eine „imago vitae aulicae seu politicae“[9] und generell in den altgriechischen Tragödien Zeugnisse einer das Volk und die Gebildeten ergreifenden Theaterkultur, die mit dem Wissen um die rechte „Lebensleitung“ („gubernatio vitae“) und mit dem Konnex von Unglück und triebhaftem Verbrechen zu tun habe. Nur mühsam konnte er jedoch in der hier interessierenden Briefvorrede von der Faszination durch tragische „Bilder“ der Selbstvernichtung überleiten zur Formulierung seines modernen moralpädagogischen Lehr- und Lernprojekts. Er tut dies über eine Pindarreminiszenz (Pyth. 2, 21–24),[10] die an die Bestrafung Ixions in der Unterwelt gemahnt, und über die hier reichlich unvermittelte Inserierung des aus Vergils epischer Katabasis entnommenen, hier leicht abgewandelten Verses (Aen. 6, 620): „Discite iustitiam moniti et non spernere divos“ (eigentlich „temnere“ statt „spernere“). In diesem berühmten Imperativ eines in der antiken Unterwelt bestraften Übeltäters erblickt er kühn das „tragoediarum omnium praecipuum argumentum“. Dies aber offenbar mit dem Ziel, gleich darauf einen „ewigen Geist“ („aeterna mens“) zu postulieren, der gräuliche Verbrechen in herausragenden Beispielen „immer“ bestrafe, was aber nun in dem Wörtchen „semper“ neue Probleme heraufführt. Die aporetische These, ausgerechnet in den antiken Tragödien göttliche Gerechtigkeit vorgeführt zu bekommen, kann Melanchthon nur in der opaken Hantierung mit Begriffen wie den „unvorhersehbaren Zufällen“ („fortuiti casus“), den „vielen geheimen Ursachen“ („multae arcanae causae“) und

9 So in der Vorrede seiner Übersetzung: CR 18, Sp. 395.

10 Zur Pindarrezeption (auch in den Briefen) siehe Johanna Loehr: *Pindars Begriff der Charis als Resonanzraum für Melanchthons Lektüre der Epinikien*, in: *Dona Melanchthoniana. Festgabe für Heinz Scheible zum 70. Geburtstag*, hg. von Johanna Loehr, Stuttgart-Bad Cannstatt 2001, S. 267–276.

der Beschwörung der antiken Erinnyen so beantworten, dass das gewünschte, eher schlichte protreptische, vor allem abschreckende Fazit gezogen werden kann: der Appell zur (gut aristotelischen) „Mäßigung" („moderatio") sei gerade für junge Leute wichtig, zumal dies von der göttlichen Stimme der Kirche beglaubigt werde. Tragikerlektüre, nach Melanchthon auch nützlich für das Studium der „Eloquenz", vollzog sich, wie der Brief an den Nahtstellen der Argumentation verfolgen lässt, zumeist unter einem pädagogisch-christlichen Systemzwang, der allein kulturelle Rezeption und mentale Assimilation legitimierte (ebd., Z. 24–44):

> Haec igitur agebantur, spectabantur, legebantur, audiebantur a sapientibus et a populo non ut erotica, sed ut doctrina de gubernatione vitae. Eventus isti commonefaciebant homines de causis humanarum calamitatum, quas accersi et cumulari pravis cupiditatibus in his exemplis cernebant. Et sicut Pindarus inquit Ixionem implicitum rotae apud inferos clamitare hanc vocem, quam Vergilius reddidit: »Discite iusticiam moniti et non spernere divos«, ita tragoediarum omnium hoc praecipuum est argumentum. Hanc sententiam volunt omnium animis infigere, esse aliquam mentem aeternam, quae semper atrocia scelera insignibus exemplis punit, moderatis vero et iustis plerunque dat tranquilliorem cursum. Et quanquam hos etiam interdum fortuiti casus opprimunt, sunt enim multae arcanae causae, tamen illa manifesta regula non propterea aboletur, videlicet semper Erinnyas et saevas calamitates comites esse atrocium delictorum. Haec sententia multos ad moderationem flectebat, quae nos quidem magis movere debet, qui scimus eam et ecclesiae clara dei voce saepe traditam esse. Quare tragoediarum lectionem valde utilem adolescentibus esse non dubium est, cum ad commonefaciendos animos de multis vitae officiis et de frenandis immoderatis cupiditatibus, tum vero etiam ad eloquentiam. Summus est enim splendor verborum et gestus maxime incurrentes in oculos ad omnes animorum motus ciendos accommodate.
>
> (Übersetzung: Dies also wurde gespielt, angeschaut, gelesen und gehört von den Gebildeten und vom Volk, nicht als erotische Spektakel, sondern als Lehre zur Lebensleitung. Diese Ereignisse erinnerten die Menschen an die Ursachen menschlicher Unglücksfälle, die, wie an diesen Beispielen zu sehen, durch fehlgeleitete Begierden heraufgeführt und verstärkt werden. Und wie Pindar von Ixion berichtet, dass er, an sein Rad gefesselt, bei den Unterirdischen lauthals diesen Satz gerufen habe, den Vergil wiedergab: „Lernt, genug gewarnt, die Gerechtigkeit und die Götter nicht zu verachten", so ist vor allem dies der vorzügliche Inhalt aller Tragödien. Diese Meinung wollen sie den Herzen aller einpflanzen, dass es nämlich einen ewigen Geist gibt, der schreckliche Verbrechen immer mit herausragenden Beispielen bestraft, denen aber, die sich mäßigen und gerecht sind, meistens einen ziemlich ruhigen Lebenslauf gewährt. Und obwohl auch diese manchmal unvorhergesehene Zufälle bedrängen, denn es gibt viele geheime Ursachen, wird dennoch deshalb jene geheime Regel nicht ungültig, dass nämlich immer die Erinnyen und wildes Unglück schreckliche Verbrechen begleiten. Diese Überzeugung bewegte viele zur Mäßigung, die gerade uns umso mehr bewegen muss, die wir doch wissen, dass dies der Kirche auch durch die klare Stimme Gottes überliefert ist. Deshalb ist zweifellos die Lektüre der Tragödien besonders den jungen Leuten nützlich, sowohl um die Gemüter an viele Lebenspflichten und an die Zügelung unmäßiger Begierden zu mahnen als auch zur Schulung der Beredsamkeit. Herausragend ist nämlich der Glanz der Worte und die Handlungen, die sich besonders dem Zuschauer aufdrängen, um alle Bewegungen der Herzen in richtiger Weise zu erregen.)

Solchen Möglichkeiten einer systematischen Aneignung des antiken Erbes in den Briefvorreden stehen im privaten Briefcorpus überwiegend spontane Lektürereferenzen gegenüber. Auch die Tragödientexte können so immer wieder als Fundus, ja als Steinbruch verallgemeinerbarer ‚Sentenzen' dienen, die als moralische Gemeinplätze im Sinne einer lebensphilosophischen Topologie aufgerufen werden oder in exemplarischer Weise private Bewusstseinslagen oder zeitgeschichtliche Konflikte spiegeln. Als Beispiel mag ein Brief an Joachim Camerarius d. Ä.[11] vom Februar 1542 dienen (MBW 2896). In einer Türkenrede des Freundes entdeckt er die elegante Form des Demosthenes, beklagt vor allem die Trägheit („ignavia") und Uneinigkeit der Adeligen und der Fürsten, ergänzt eine Anspielung des Camerarius durch ein Zitat der Sibyllinischen Orakel bei Pausanias und illuminiert so literarisch, im Blick auf den Reichstag zu Speyer, „ganz das Bild unserer Zeiten". „Die Sophistereien der Fürsten und ihre Trägheit führen zum Untergang des Gemeinwesens." Camerarius hätte, so heißt es, um Melanchthons Ingrimm zu entsprechen, noch viel krasser formulieren sollen. An dieser Stelle weicht der Brieftext einem fünfzeiligen griechischen Gedicht, in dem Melanchthon eine Passage aus Sophokles' *Aias* (1081–1083) mit zwei neuen eigenen (griechischen) Versen kombiniert und nun nicht mehr nur auf die antike Polis bezieht, sondern auf „Gott" und das „Vaterland": „Adscribo in eam versiculos nonnihil mutatos ex Sophocle, pro quibus velim mihi meliores facias." (Z. 21). Sophokles hatte geschrieben, in der Übersetzung von Emil Staiger:[12]

Doch wo die Frechheit und Willkür waltet,
Da, glaube mir, wird eine Stadt dereinst
Aus schönem Lauf jäh in den Abgrund fahren.

Melanchthon hat seinen neuen Fünfzeiler dann auch noch in eine lateinische Fassung transferiert (CR 9, Sp. 542 Nr. 120):

Ubi petulanter facere quod libet licet,
Legumque vox et ira vindicis Dei
Ridentur, ac inane nomen est pudor:
Magno ruet ventis secundis impetu,
Mox in profundum mersa tota civitas.

In ähnlicher Weise war dem Briefschreiber immer wieder auch Euripides zur Hand oder im Gedächtnis, zu dem er neben den Übersetzungen auch mindestens ein Prologgedicht[13] verfasste. 1533 schrieb er an Camerarius, ihm persön-

11 Zu Joachim Camerarius d. Ä. zusammenfassend nun der Artikel von Joachim Hamm in: VL 16 (wie Anm. 1), Bd. 1 (2011), Sp. 425–438.

12 Sophokles: *Die Tragödien*, Frankfurt am Main und Hamburg 1963 (Exempla Classica 81), S. 39.

13 Dazu umfassend (auch zu Euripides) Robert Seidel: ‚*Praeceptor comoedorum*'. *Philipp Melanchthons Schultheaterpädagogik im Spiegel seiner Prologgedichte zur Aufführ-*

lich hätten wundersamerweise immer besonders Euripides' *Phoenissae* gefallen (MBW 1305), und machte an Veit Dietrich seinem Unmut über die durch „illiterata negocia" bewirkten Abhaltungen vom Schreiben mit einem Zitat aus einem Scholion (Menanderzitat) zu Euripides' *Hippolytus* Luft (MBW 2093), das er sofort in scharfem Tonfall amplifizierend in Jamben übersetzte und zu einem kleinen Katalog von üblen Zeitgenossen ausbaute (S. 219, Z. 12–19):

Haec vita gaudet improbis potissimum
Sed assentator omnium primas tenet,
Vivitque longe iucundissime omnium.
Deinde sycophantae proximus est locus:
Audire enim calumnias dulce admodum est.
At tertius conceditur locus invido,
Artes nocendi qui sit astutissimus.

(Übersetzung: Dieses Leben macht Freude vor allem den Böswilligen.
An der Spitze steht der Schmeichler,
der von allen bei weitem am angenehmsten lebt.
Dann kommt der Platz des Verleumders,
denn höchst angenehm ist es, den Ränken zu lauschen.
Der dritte Platz aber gehört dem Neider,
der in der Kunst zu schaden sich durch besonderen Scharfsinn hervortut.)

In einer Briefvorrede zur *Oratio Lycurgi contra Leocratem* (1545; MBW 3993) an Christoph von Carlowitz klagte Melanchthon über die mangelnde Hingabe an das Gemeinwohl, also die zentrale sozialethische Norm des Reformationshumanismus. Dazu zitierte er aus einem Fragment von Euripides' *Erechtheus* (in der Übersetzung von Gustav Adolf Seeck): „Wenn doch Vaterstadt, alle deine Bewohner dich so liebten wie ich! Sorglos könnten wir in dir wohnen und kein Leid könnte dir widerfahren."[14] Dieses Fragment hatte er in der nun lateinisch edierten Lykurgrede gelesen, in der er auch Fragmente des Tyrtaios fand, die er, mit weiter Resonanz im Schmalkaldischen und auch noch im Dreißigjährigen Krieg,[15] ebenso wie die Euripides-Passage in lateinischen Versübersetzungen reproduzierte.[16] Bis zum Lebensende wird Melanchthon, nur

rung antiker Dramen, in: *Werk und Rezeption Philipp Melanchthons* (wie Anm. 5), S. 99–121.

14 Zit. nach Euripides: *Sämtliche Tragödien und Fragmente. Griechisch-deutsch*, Bd. 6, hg. von Gustav Adolf Seeck, Darmstadt 1981, S. 151.

15 Dazu umfassend Wilhelm Kühlmann: *„Vermanung zur Dapfferkeit" (1622), Zincgrefs Heidelberger Kriegsgedicht im Kontinuum der Tyrtaios-Rezeption des 16. bis 19. Jahrhunderts*, in: *Julius Wilhelm Zincgref und der Heidelberger Späthumanismus. Zur Blüte- und Kampfzeit der calvinistischen Kurpfalz*, in Verbindung mit Hermann Wiegand hg. von Wilhelm Kühlmann, Ubstadt-Weiher – Heidelberg u.a. 2011 (Mannheimer historische Schriften 5), S. 165–189.

16 Zu Euripides siehe CR 10, Sp. 592f Nr. 221, zu Tyrtaios ebd. Sp. 667 Nr. 381; abgedruckt mit Hinweisen auf weitere Drucke bei Kühlmann, ebd., S. 178f.

durch die Beschwörung des Gottvertrauens ermutigt, die politischen Zustände immer wieder beklagen, hier, Euripides brieflich kommentierend, in rühmender Erinnerung an die alte athenische Polis, von der leider nur Trümmer übriggeblieben seien (MBW 3782, Z. 102–108):

> Quoties hos versus repetes, optabis aliquanto plures esse, qui haec de se vere praedicent et privatis affectibus communem salutem anteferant. Saepe etiam deplorabis communem generis humani fragilitatem cogitans nunc ne rudera quidem Atticae civitatis monstrari posse, quae olim sapientia et virtute fere omnibus civitatibus toto orbe terrarum antecelluit, qua in cogitatione causas etiam deplorabis, propter quas magna imperia et antea semper eversa sunt et nunc evertuntur.
>
> (Übersetzung: Immer wenn du diese Verse wiederholst, wirst du den Wunsch haben, dass es noch mehr davon gebe, die dies von sich wahrhaftig verkünden und ihren privaten Bestrebungen das Gemeinwohl vorziehen. Auch wirst du oft die allgemeine Gebrechlichkeit des Menschengeschlechtes beklagen bei dem Gedanken, dass nun nicht einmal die Trümmer der Stadt Athen gezeigt werden können, die einst an Bildung und Tüchtigkeit beinah alle Städte auf dem ganzen Erdkreis überragte, und bei diesem Gedanken wirst du auch die Gründe beklagen, deretwegen grosse Reiche auch früher schon umgestürzt wurden und auch jetzt noch umgestürzt werden.)

Die brieflichen Euripidesreferenzen ließen sich weiter verfolgen. Dass Melanchthon 1548, also nach der Niederlage im Schmalkaldischen Krieg, in Euripides *Andromache*, ein tragisches ‚Bild' seiner Kirche fand (MBW 5118, zitiert nach CR 6, Sp. 851 Nr. 4198; an Camerarius), signalisiert erneut die auf zeitgeschichtliche Applikation gerichtete Hermeneutik Melanchthons. Die intertextuelle Referenz vertritt nicht nur hier Meinungen und zeithistorische Diagnosen, die heikel erscheinen und deshalb nicht schriftlich im Brief, sondern nur im persönlichen Gespräch weiter ausgeführt werden können:

> Dices ipsam Andromachen in ea tragoedia imaginem quandam esse Ecclesiae huius temporis. Iam quae deliberationes sint τῶν ἀργόντων brevi res ostendet. Et de hac tota re coram plura.

Im Sinne einer Kombination des sachlichen Wissenstransfers und der Vermittlung ästhetischer Eleganz hat Melanchthon anders als im Schulkanon des 19. Jahrhunderts gerade die Lehrdichtung favorisiert.[17] Nicht nur in Gestalt Hesiods, sondern, dabei den ausgeprägten eigenen astronomisch-astrologischen Interessen folgend,[18] auch in der Hinwendung zu den *Phainomena* des Aratos

[17] Dazu im neuesten Überblick Wilhelm Kühlmann: *Wissen als Poesie. Zu Formen und Funktionen der frühneuzeitlichen Lehrdichtung im deutschen Kulturraum des 16. und 17. Jahrhunderts*, in: Joachim Telle: *Alchemie und Poesie. Deutsche Alchemikerdichtungen des 15. bis 17. Jahrhunderts. Untersuchungen und Texte. Mit Beiträgen von Didier Kahn und Wilhelm Kühlmann. 2 Bde.*, Berlin – Boston 2013, Bd. 1, S. 1–84.

[18] Dazu grundlegend Wilhelm Maurer: *Der junge Melanchthon zwischen Humanismus und Reformation*, 2 Bde., Göttingen 1967, hier Bd. 1, bes. S. 129–161; ferner Volkhard Wels: *Melanchthons Anthropologie zwischen Theologie, Medizin und Astrologie*, in:

von Soloi (ca. 315–240 v. Chr.), die seit Cicero schon mehrfach ins Lateinische übersetzt waren. Melanchthon arbeitete sich zu Beginn seiner Lehrtätigkeit in die Himmelskunde auch durch Aratlektüre ein, behandelte ihn in Vorlesungen sowohl in Tübingen wie auch in Wittenberg (1517 bzw. April 1522) und übersetzte Teile ins Lateinische. Die Vorrede zu einer griechischen Textausgabe (Wittenberg 1521, MBW 196, an Hieronymus Baumgartner) betonte, wegweisend für Urteile und Praktiken des gesamten postreformatorischen Schulhumanismus, ein bleibendes Lernziel, hier mit Berufung auf Horaz (*Ars poetica* 322):

> Arcebat Horatius theatris „versus rerum inopes nugasque", ut vocat, „canoras". Quanto magis in scholis praestandum est, ut eiusmodi scriptores exhibeantur, qui simul linguam et mentem expoliant. Porro mihi praeter sacra a Graecis hominibus φυσιολογία potissimum requirenda videtur, nempe quam illi ita sibi proprie vindicarint, ut quidquid praetera de ea literis proditum extat cum barbarum tum mancum esse adpareat. Proinde in Arato periculum faciemus, qui plane amoenissimam τῆς φυσιολογίας partem carmine persecutus est. Neque necesse habeo operis elegantiam multis praedicare.

> (Übersetzung: Vom Theater hielt Horaz sachlich leere und, wie er sagt, bloß wohlklingende Nichtigkeiten fern. Umso mehr ist in den Schulen dafür zu sorgen, dass solche Schriftsteller vorgelegt werden, die zugleich die Sprache und den Geist ausbilden. Außerdem scheint es mir, dass wir bei den Griechen vor allem die Naturkunde suchen müssen, weil sie sich diese eigentlich zu eigen gemacht haben, so dass alles, was außerdem darüber schriftlich überliefert ist, barbarisch und mangelhaft erscheint. Deshalb werden wir einen Versuch mit Arat machen, der auf äußerst angenehme Weise diesen Teil der Naturkunde in seiner Dichtung verfolgt hat. Denn die Eleganz dieses Werkes mit vielen Worten zu preisen habe ich nicht nötig.)

Dank neuerer Forschungen[19] wissen wir, wie intensiv sich auch Camerarius d. Ä. (1500–1574) nicht nur mit Arat beschäftigte, sondern selber drei in dieser Tradition angesiedelte, Hesiod und Vergil rühmend erwähnende Lehrgedichte in elegischen Distichen schrieb und publizierte (Nürnberg 1535, Basel 1536): *Aeolia* (284 Verse über die Winde), *Phaenomena* (326 Verse) und *Prognostica* (426 Verse). Arats Werk wirkt wie ein Vorspiel zu dem ehrgeizigen astronomisch-astrologischen Lehrepos (*Astronomica*) des uns als Person kaum greifbaren Marcus Manilius, das sich stellenweise entschieden gegen den Atomismus des Lukrez richtete, (Buch 1, bes. V. 483–491), ein sprachlich und sachlich anspruchsvolles Opus, das auch auf das durch seine mythopoetische Erfindungs-

Religion und Naturwissenschaften im 16. und 17. Jahrhundert, hg. von Kaspar von Greyerz, Thomas Kaufmann, Kim Siebenhüner und Roberto Zaugg, Gütersloh 2010 (Schriften des Vereins für Reformationsgeschichte 210), S. 51–85.

19 Walther Ludwig: *Opuscula aliquot elegantissima des Joachim Camerarius und die Tradition des Arat*, in: *Joachim Camerarius*, hg. von Rainer Kößling und Günther Wartenberg, Tübingen 2003, S. 97–132; ders.: *Pontani amatores. Joachim Camerarius und Eobanus Hessus in Nürnberg*, in: *Pontano und Catull*, hg. von Thomas Baier, Tübingen 2003 (NeoLatina 4), S. 11–46.

kraft bemerkenswerte Lehrepos (fünf Bücher) *Urania sive de stellis* (Erstdruck postum Venedig 1505 in der Ausgabe der *Opera*) des namhaften italienischen Humanisten Giovanni Pontano (Pontanus, 1429–1502) einwirkte.

Pontanos *Urania* wurde von Joachim Camerarius d. Ä. in seinen *Phaenomena* als ‚Mitbürger Vergils' gerühmt und nachgeahmt, und wohl in Ergänzung von Arats *Phainomena* empfahl Melanchthon Pontanos *Meteora* (im deutschen Sprachraum zuerst gedruckt Wien 1517) und ließ sie 1524 in Wittenberg mit einer Vorrede drucken, weil auch hier geforderte Einheit von Sachwissen und lexikalischer wie stilistischer Virtuosität zu studieren war und weil er ‚ranzige' ältere Lehrbücher dadurch verdrängen wollte (MBW 365, Z. 1–15):

> Prudenter hic constitutum est, ut hi qui physilogian tradunt pro rancidis commentariis qui paulo ante in scholis regnabant interpretentur preter alios bonos scriptores et Pontani Μετέωρα. Nam antea usque adeo tradebantur omnia insulse, ut nomen etiam ipsum ac titulum Μετέωρα corruperint ac concerpserint. O incredibilem amentiam! Nemo non metauros pronuntiabat, et erant qui a tauris nomen derivabant. Credo, quod in tauros alii, alii in asinos degenerarant, etymologia illa delectatos esse. Maiores temere finxisse Homerum arbitrati sunt Circes poculis quosdam infectos induisse ferarum formas. At nostra aetas vidit multo verissime in bestias plerosque mutatos esse degustata barbara illa et corrupta doctrina. Proinde optarim in physicas scholas ubique explosa tandem barbarie accersi hos Pontani libellos, quando ea est elegantia carminis, ut facile opponi vetustati possit, et res ipsae prudentissime docentur.

> (Übersetzung: Sehr klug ist hier festgestellt, dass die, welche die Naturkunde lehren, anstelle ranziger Lehrbücher, die bis vor kurzem in den Schulen herrschten, außer anderen guten Schriftstellern auch die *Meteora* des Pontanus erläutern. Denn früher wurde alles so geistlos weitergegeben, dass sie sogar den Namen und den Begriff *Meteora* verdorben haben und zerrissen haben. O unglaublicher Wahnsinn! Jeder sprach von den Metaurern, und es gab manche, die den Namen von den Ochsen ableiteten. Ich glaube, weil die einen zu Ochsen, die andern zu Eseln degeneriert sind, haben sie an jener Etymologie ihre Freude gehabt. Die Vorfahren glaubten blindlings daran, dass Homer gedichtet habe, dass manche durch den Trank der Circe die Gestalt von wilden Tieren angenommen haben. Aber unser Zeitalter sieht, dass mit viel größerer Wahrheit die meisten zu Bestien verwandelt worden sind, wenn sie von jener barbarischen und verdorbenen Gelehrsamkeit gekostet haben. Deshalb möchte ich, dass überall endlich die Barbarei vertrieben und zum Unterricht in der Naturkunde diese Büchlein des Pontanus herangezogen werden, weil hier eine solche dichterische Eleganz vorherrscht, dass sie leichthin dem Altertum an die Seite gestellt werden kann und die Sachen selbst höchst klug gelehrt werden.)

In einem Brief an Camerarius vom 29. 6. 1532 (MBW 1261) berichtet Melanchthon von der Lektüre des Pontano nahestehenden neapolitanischen Lehrdichters Lorenzo Bonincontri/Bonincontrinus (*De rebus coelestibus*, Venedig 1526), von dem „die Planetenbewegungen wunderbar beschrieben seien", und auch sonst kann man im Briefcorpus mancherlei Spuren nachgehen, die auf Melanchthons Lektüre anderer Italiener wie zum Beispiel Pietro Bembos hindeuten.[20]

[20] An Georg Sabinus und an Camerarius sandte Melanchthon 1551 Bembos eben er-

Freilich gab es Tabuzonen und strikte Grenzen der von Melanchthon geförderten Antikerezeption, dort nämlich, wo sich heidnische Anthropologie und popularphilosophische Weltbilder christlicher Pädagogik nicht mehr assimilieren ließen, ja verderblich erschienen. Dies gilt für die erotische Dichtung, gilt für gewisse Theoreme des italienischen Neuplatonismus (etwa bei Angelo Poliziano), der für Melanchthon „den Unterschied zwischen Heidentum und Christentum verwischte" (S. Rhein),[21] vor allem aber für den sogenannten Epikureismus, der Melanchthon gewiss auch durch Lukrezlektüre geläufig war. Intensiv und oft auch polemisch wandte sich Melanchthon immer wieder gegen die epikureische Lehre einer vom Götterglauben ‚befreiten', demgemäß areligiösen, dem Zufall überlassenen Welt und eines (meist bewusst missverstandenen) Lustprinzips: nicht nur in seinen moralphilosophischen Schriften als Anhänger des Aristoteles,[22] sondern auch in Briefen und Gedichten.[23] Als bezeichnend für die latente mentale Präsenz der gegenchristlichen Alternative, einer Antike im Vorschein der drohenden Moderne, mag es wohl zu bewerten sein, dass Melanchthon nach Eintreffen der Nachricht über den Tod seiner Tochter Anna (Sabinus) brieflich sogleich beteuerte, im Gegensatz zu Demokrit und Epikur den Glauben an Gottes Fürsorge und das ewige Leben festzuhalten (MBW 4673; CR 6, Sp. 459 Nr. 3805). War das nicht mehr selbstverständlich? Eine dezidierte Ablehnung von Demokrit und Epikur findet sich auch in einem Brief an Jakob Milichius (MBW 4633, CR 6, Sp. 435f Nr. 3780), und noch 1550 erinnerte er sich an eine vor „32 Jahren" in Leipzig gehaltene (nicht überlieferte) Rede, in welcher er die Lehre („dogma") Epikurs widerlegt habe (MBW 5885, CR 7, Sp. 622f.; an J. Camerarius). Wo es um das Verhältnis

schienene „Geschichte Venedigs" (*Rerum Venetarum historiae libri XII.* Venedig 1551); siehe MBW, Regest Nr. 6238 bzw. 6247. Zu Sabinus' Kontakten mit Bembo, greifbar in Briefgedichten als Teil ihrer Korrespondenz, siehe HL (wie Anm. 1), S. 512–525 mit den Kommentaren S. 1255–1262.

21 Dazu Rhein: *Melanchthon als Gräzist* (wie Anm. 5), S. 62f.; umfassend und materialreich ders.: *‚Italia magistra orbis terrarum'. Melanchthon und der italienische Humanismus*, in: *Humanismus und Wittenberger Reformation* [...], hg. von Michael Meyer und Günther Wartenberg unter Mitwirkung von Hans-Peter Hasse, Leipzig 1996, S. 367–388; zur platonistischen Überformung der aristotelischen Anthropologie bei Melanchthon nun wichtig Sascha Salatowsky: *De Anima. Die Rezeption der aristotelischen Psychologie im 16. und 17. Jahrhundert*, Amsterdam/Philadelphia 2006 (Bochumer Studien zur Philosophie 43), bes. S. 91–128.

22 Vgl. das Kapitel „Quid sentiendum est de Epicuri opinione, qui defendit voluptatem esse finem hominis?" in: *Philosophiae moralis Epitome* (1546), abgedruckt in: *Melanchthons Werke, III. Band, Humanistische Schriften*, hg. von Richard Nürnberger, Gütersloh ^{2}1969, 167–172.

23 Exemplarisch Gedichte in CR 10, Sp. 538 Nr. 112 („In Ethica") mit den Anfangsversen: „Non enim volucres sine mente ruentes/Hanc mundi formam progenuere formam"; so wörtlich auch ebd. Sp. 611 Nr. 258.

Gottes zur Welt ging wie in den naturphilosophischen *Initia doctrinae Physicae* (Erstdruck Wittenberg 1549),[24] erschienen Melanchthon die Systeme der alten (und auch neuen) Epikureer und Stoiker als „kyklopischer Wahnsinn", als „monströse Meinungen", als „somnia" und „deliramenta".

Sinnvoll erschien es Melanchthon und seinen Anhängern demgemäß, das formal hochgeschätzte poetische Erbe der alten Welt inhaltlich durch christliche Überlieferungen zu ergänzen oder gar zu ersetzen, in Gestalt der massenhaft anschwellenden Bibelpoesie diversen Zuschnitts oder auch im Rückgriff auf altchristliche Hymnen[25] oder die Versdichtungen des Prudentius, zu dessen Märtyrerhymnen (Ausgabe Leipzig 1538) er eine Versvorrede verfasste.[26] Großenteils hielt sich an Melanchthons Ziele in dieser Hinsicht die im Briefcorpus auftretende illustre Reihe deutscher Gelehrtendichter, fast alle direkt oder indirekt einst Schüler Melanchthons, und für den Literaturwissenschaftler ist es ein Genuss und Gewinn, in dem nun herangewachsenen Brieffundus auf der Basis genauer Korrespondenzprofile unter anderen die Kontakte Melanchthons mit literarischen Größen wie Eobanus Hessus, Johannes Stigel,[27] Georg Sabinus, Georg Fabricius, Adam Siber, Johannes Maior[28] oder den zuletzt in Heidelberg

[24] Dazu und zum Folgenden Walther Ludwig: *Art und Zweck der Lehrmethode Melanchthons. Beobachtungen anlässlich der ersten Übersetzung seiner Initia doctrinae physicae*, in: *Lehren und Lernen im Zeitalter der Reformation, Methoden und Funktionen*, hg. von Gerlinde Huber-Rebenich, Tübingen 2012 (Spätmittelalter, Humanismus, Reformation 68), S. 91–113, hier 108.

[25] So etwa in großen, noch kaum erforschten Sammlungen von Georg Fabricius, dem Jenaer Arztphilologen Andreas Ellinger oder dem in Meißen lehrenden Adam Siber; dazu nun maßgeblich im Überblick und mit den Literaturhinweisen die Artikel von Hermann Wiegand (VL 16, wie Anm. 1, Bd. 2, Sp. 272–218) bzw. Siegmar Döpp (ebd. Sp. 199–207); zu Siber Wilhelm Kühlmann in: Killy/Kühlmann (wie Anm. 1), Bd. 11 (2011), S. 1 f.

[26] Siehe den Druck in MBW 1976; zur Prudentius-Rezeption in größerem Zusammenhang Wilhelm Kühlmann: *Poeten und Puritaner. Christliche und pagane Poesie im deutschen Humanismus – mit einem Exkurs zur Prudentius-Rezeption in Deutschland*, zuerst 1993, abgedruckt in: ders.: *Vom Humanismus zur Spätaufklärung. Ästhetische und kulturgeschichtliche Dimensionen der frühneuzeitlichen Lyrik und Verspublizistik in Deutschland*, hg. von Joachim Telle, Friedrich Vollhardt und Hermann Wiegand, Tübingen 2006, S. 57–83.

[27] Zu den hier und im Folgenden genannten Dichtern und anderen Melanchthon-Schülern verweise ich pauschal auf die neueren Artikel in VL 16 bzw. Killy/Kühlmann (wie Anm. 1), die zweisprachigen Texteditionen mit Bio-Bibliographie und Kommentaren in HL (wie Anm. 1) sowie den Sammelband von Heinz Scheible (Hg.): *Melanchthon in seinen Schülern*, Wiesbaden 1997 (Wolfenbütteler Forschungen 73), hier hilfreich zu Stigel der Beitrag von Stefan Rhein, S. 31–50.

[28] Zu Majors aggressivem Melanchthonianismus siehe Wilhelm Kühlmann: *Lyrik als Waffe. Zum literarischen Profil des Kryptocalvinismus in Kursachsen. Der „Poet" Johannes Major (1533–1600)*, zuerst 1992, abgedruckt in Kühlmann (2006, wie Anm. 26).

wirkenden Jakob Micyllus [29] oder Petrus Lotichius Secundus weiter zu verfolgen, von vielen heute unbekannteren Figuren wie (zum Exempel) Zacharias Orth in Pommern[30] oder Pantaleon Candidus in der Pfalz[31] ganz abgesehen. Nur selten war dieses Poetennetzwerk von Spannungen getrübt wie zeitweise Melanchthons Verhältnis zu seinem Schwiegersohn Georg Sabinus (1508–1560).[32] In größte Verlegenheit um der modernen Poesie willen geriet Melanchthon allerdings, als der hochbegabte Graubündner Melanchthon-Schüler Simon Lemnius (1511–1550) 1538 in Wittenberg eine harsche Epigrammsammlung nach dem Muster Martials erscheinen ließ, in der er Albrecht von Brandenburg pries, Luther und manche Wittenberger aber mit Spott überzog. Trotz aller Beteuerung des Gegenteils spricht viel dafür, dass sowohl Melanchthon als auch Sabinus von diesem Werk wussten, ja dass der ungenannte geheimnisvolle Mann, der Lemnius nach seiner Relegation von der Universität warnte und so zur rechtzeitigen Flucht aus der Stadt verhalf, Melanchthon oder einer seiner engen Vertrauten gewesen ist.[33] Die Zeiten eines Martials waren vorbei. Melanchthon

29 Zum Verhältnis Melanchthon-Micyllus siehe Robert Seidel: *Gelehrte Freundschaft – Die ‚Epistola ad Philippum Melanchthonem'* [Abdruck auch in HL, wie Anm. 1, S. 360–375], in: *Daphnis* 19 (1990), S. 567–633; neuerdings zu Micyllus weiterführend ders.: *Jacob Micyllus in Heidelberg – Programm und Leistung eines humanistischen Philologen in kurpfälzischen Diensten*, in: *Die Wittelsbacher und die Kurpfalz in der Neuzeit. Zwischen Reformation und Revolution*, hg. von Wilhelm Kreutz, Wilhelm Kühlmann und Hermann Wiegand, Regensburg 2013, S. 333–359.

30 Zur Protektion, die Melanchthon und Camerarius Orth angedeihen ließen (mit Hinweisen auf die Korrespondenz) siehe Wilhelm Kühlmann: *Zum Profil des postreformatorischen Humanismus in Pommern. Zacharias Orth (ca. 1535–1579) und sein Lobgedicht auf Stralsund*, zuerst 1994, abgedruckt in Kühlmann (2006, wie Anm. 26), S. 287–307.

31 Von ihm (laut Personenregister) kein Briefzeugnis in MWB, doch andernorts deutliches briefliches Bekenntnis des Calvinisten zu Melanchthon als seinem Wittenberger Lehrer, dessen *Loci Theologici* er in Gedichte umschrieb; dazu Wilhelm Kühlmann: *‚Eruditio' und ‚Pietas': Das literarische Lebenswerk des Zweibrücker Superintendenten Pantaleon Candidus (1540–1608)*, in: *Die Wittelsbacher und die Kurpfalz in der Neuzeit* (wie Anm. 29), S. 315–332.

32 Dies nicht nur wegen der unglücklichen Ehe mit Melanchthons Tochter Anna, sondern manchmal auch wegen literarischer Fragen. So störte es Melanchthon, dass Sabinus eine Schrift Bembos (*De Virgili culice et Terentii fabulis*, Venedig 1530) zum Druck gegeben habe: dazu MBW 1328. Briefgedichte zeigen, dass Bembo mit Sabinus korrespondierte (siehe HL, wie Anm. 1, S. 512–525 mit den Kommentaren).

33 Dazu mit der Edition und Untersuchung der Epigramme umfassend Lothar Mundt: *Lemnius und Luther. Studien und Texte zur Geschichte und Nachwirkung ihres Konflikts (1538/39)*. 2 Bde, Bern u. a. 1983 (Arbeiten zur Mittleren Deutschen Literatur und Sprache 14), hier in Bd. 2 im Quellenanhang die diversen Äußerungen Melanchthons mit Übersetzungen S. 332–339, im Folgenden zitiert hieraus die Briefübersetzung S. 332. Es war übrigens Lessing, der in einer seiner „Rettungen" Lemnius gegen die

verteidigte sich in mehreren Briefen und ließ dabei erkennen, dass er wegen des Skandals „in großer Gefahr sei“ und quasi unter Arrest stehe (MBW 2061, 8. Juli 1538 an Eustachius von Schlieben):

> S. D. Nunquam fui hic in maiori periculo, etsi varii me casus exercuerunt saepe. Sed nunc mirabiliter adversus me quorundam animi incensi propter Lemnium. Suspicantur, me aliquid scisse de editione libelli, cum nullam syllabam viderim antequam typographus eos absolutos edidit. Irascuntur, quod illum non incluserim carceri. Ego fretus conscientia integerrima decrevi omnes casus expectare. Non est novum in dissensionibus civilibus opprimi aliquos iniustis odiis. Itaque hoc tempore non possum ex urbe discedere aut expatiari. Nolo enim praebere occasionem illis, qui mox scriberent ad principem, me fugisse aut circumspectare latebras. Plurimum mea refert hoc tempore, me tales sermones cavere, ut intelligere potestis. Quare obsecro vos, ut boni consulatis, quod non venio isthuc. Heri primum huc atroces literae allatae sunt de inquisitione. Hanc dicerent me fugere, si vel pede extra oppidum progrederer. Expectabo igitur exitum huius fabulae. Scripta non absolvi, impeditus hoc ipso Lemniano negotio, quod me satis exercuit amplius mense. Caetera exponet Magister Andreas. Ego me vobis tanquam patrono literarum et studiosorum commendo. Bene valete. 8 Iulii. Ph. M.

> (Übersetzung von Lothar Mundt: Meinen Gruß! Niemals war ich hier in größerer Gefahr, obgleich mich schon oft mancherlei Vorkommnisse heimgesucht haben. Jetzt aber sind wegen des Lemnius gewisse Leute außerordentlich gegen mich aufgebracht. Man argwöhnt, ich hätte von der Veröffentlichung des Buches etwas gewußt, obwohl ich keine Silbe gesehen habe, bevor der Drucker sie fertig herausbrachte. Sie sind wütend, weil ich ihn nicht ins Gefängnis gesteckt habe. Im Vertrauen auf mein völlig reines Gewissen habe ich beschlossen, alles abzuwarten, was auf mich zukommt. Es ist nichts Neues in bürgerlichen Streitigkeiten, daß bestimmte Menschen mit ungerechtfertigtem Haß bedrängt werden. Daher kann ich zur Zeit nicht von der Stadt weggehen oder ihre Grenze überschreiten. Ich möchte nämlich denen keine Gelegenheit bieten, die sogleich dem Fürsten schreiben würden, ich sei geflohen oder würde mich nach Schlupfwinkeln umsehen. Es ist für mich jetzt sehr wichtig, mich vor solchem Gerede zu hüten, wie Ihr verstehen könnt. Deshalb bitte ich Euch inständig, es mir nicht übel zu vermerken, wenn ich nicht dorthin komme. Gestern sind hier zum erstenmal unheildrohende Briefe bezüglich einer gerichtlichen Untersuchung eingetroffen. Man würde sagen, ich wolle vor dieser fliehen, wenn ich auch nur zu Fuß aus der Stadt ginge. Ich werde also den Ausgang dieser Geschichte abwarten. Behindert durch diesen Lemniusschen Handel, der mich länger als einen Monat ziemlich beschäftigt hat, habe ich die Schrift nicht fertiggestellt. Das übrige wird Magister Andreas darlegen. Ich empfehle mich Euch als einem Patron der Wissenschaft und der Studierenden. Lebt wohl!)

An Veit Dietrich schrieb er, es bestehe die Gefahr, dass man ihn aus Wittenberg wegjage (MBW 2067): „Ego ex aula expecto aliquam procellam, quam deus mitiget. Fortassis excutient me, sed quidquid erit, scribam, ut sciero.“ Luther verfasste ein lateinisches Schmähgedicht gegen den ‚Scheißpoeten‘ Lemnius,[34]

weiterwirkenden Verleumdungen in Schutz nahm; dazu jetzt Michael Multhammer: *Lessings ‚Rettungen‘. Geschichte und Genese eines Denkstils*, Berlin – Boston 2013 (Frühe Neuzeit 183), S. 25–44.

34 Abgedruckt mit Übersetzung bei Mundt, ebd., Bd. 2, S. 317 f (auch in WA, Abt. Tischreden, Bd. 4, Weimar 1916, Nr. 4032): Dysenteria Lutheri in merdipoetam Lemchen.

und Melanchthon ließ brieflich verlauten, er werde es begrüßen, wenn befreundete Federn gegen Lemnius schreiben würden,[35] was sowohl Camerarius in einem Reisegedicht (*Hodoiporike Saxonica Ad Amicos Wittembergenses*, 1538)[36] als auch einer der vertrautesten jüngeren Anhänger, der zuletzt in Jena lehrende Johannes Stigel (1515–1562) zu giftigen Abrechnungen mit Lemnius veranlasste. Gerade am Beispiel des Stigel lässt sich, wie Stefan Rhein gezeigt hat,[37] beobachten, wie freudig und aufmerksam Melanchthon mit dem Adepten korrespondierte, wie er ihn in seiner akademischen Karriere förderte, ihm Aufträge besorgte, seine Poeme besprach, lobte und mit thematischen Anregungen beflügelte. Umgekehrt verteidigte Stigel in Gedichten seinen Mentor gegen Widersacher, obwohl Stigel seit 1548 in Jena wirkte, einem akademischen Umkreis, der Melanchthon keinesfalls immer wohlgesinnt war. Die adhortative Mitwirkung und programmatische Begründung der neuen reformationshumanistischen Dichtung durch Melanchthon lassen sich recht genau auch am Beispiel des mit Melanchthon und Camerarius eng verbundenen Dichters Eobanus Hessus (1488–1540) verfolgen. Zeugnis davon legen nicht nur zahlreiche Briefe und briefliche Erwähnungen ab, sondern auch Anekdoten, die Camerarius in seiner liebevollen Lebensbeschreibung von Eobanus Hessus berichtete, etwa dass Melanchthon Hessus einmal gebeten habe, das denkbar Schändlichste in Versen zu behandeln. Als Hessus zurückfragte, was denn gemeint sei, erfuhr er, dass Melanchthon eine Darstellung der Verleumdung („Calumniae descriptio“) wünschte.[38] Hessus' lateinischer Psalter-Nachdichtung in elegischen Distichen (Erstdruck Marburg 1537)[39] war, wie die zahlreichen Nachdrucke belegen, ein

35 Ebd., S. 336; MBW 2100. Bemerkenswert hier die offenkundige Distanzierung von Tönen des Lutherischen Schmähgedichts, indem Melanchthon schreibt (Z. 14–17): „Contra Lemnium volo te quoque elegiam componere, quae non convicia, sed honestam et gravem obiurgationem contineat.“

36 Dazu Hermann Wiegand: *Hodoeporica. Studien zur neulateinischen Reisedichtung des deutschen Kulturraums im 16. Jahrhundert*, Baden-Baden 1984 (Saecula Spiritalia 12), bes. S. 123–125.

37 Rhein (wie Anm. 27).

38 So in Joachim Camerarius: *Narratio de Helio Eobano Hesso* […], Lateinisch und deutsch. Mit der Übersetzung von Georg Burkard hg. und erläutert von Georg Burkard und Wilhelm Kühlmann, Heidelberg 2003 (Bibliotheca Neolatina 10), S. 90f.

39 Ich stütze mich im Folgenden passagenweise auf meine Studie: *Luthers Psaltervorrede von 1528 als poetologische Urkunde frühneuzeitlicher Lyrik und der lateinische Psalter des Eobanus Hessus*, zuerst 2005, abgedruckt in Kühlmann (2006, wie Anm. 26), S. 44–56; zu Hessus vgl. auch Harry Vredefeld (sub verbo) in Killy/Kühlmann (wie Anm. 1), Bd. 5 (2009), S. 374–379; über die Beziehungen zu Melanchthon Stefan Rhein: *Philipp Melanchthon und Eobanus Hessus*, in: *Erfurt. Geschichte und Gegenwart*, hg. von Ulman Weiß, Weimar 1995, S. 283–295; Monika Rener: ‚*Unica Musarum morientium vita, Philippe*‘ – *Philipp Melanchthon im Spiegel der Dichtungen seines Zeitgenossen Helius Eobanus Hessus*, in Barbara Bauer (Hg.): *Melanchthon und*

ungeheurer Erfolg beschieden, was vor allem damit zusammenhing, dass dieses Werk von Wittenberg aus für die Verwendung in den Schulen empfohlen wurde und schon während seiner Entstehung von einer konzertierten Briefoffensive führender Wittenberger begleitet wurde, unter ihnen Luther und Melanchthon.[40] Luther rühmte Eoban mit merklicher Aversion gegen weltliche Poesie, indem er die göttliche, von Christus selbst bewirkte Inspiration („nec e uulgari Musarum uirtute") des „pium opus" hervorhob. Der Empfehlung an die Jugend („per fideles paedagogos") schloss sich Melanchthon in einem längeren Brief vom 1. 8. 1537 an Hessus an (MBW 1923). In vergleichenden Hinweisen auf analoge geistliche Poesie des außerdeutschen Humanismus meint Melanchthon, die Psalmen nachzudichten sei schwieriger als „novi Hymni" wie Giovanni Pontano zu verfassen (gemeint wohl dessen in Distichen verfaßte Hymnen *De laudibus divinis*, 1457/58) oder poetische Werke mit historischem Inhalt vorzulegen, wie es Girolamo Vida in seiner „Historia Christi" (also dem Epos *Christias*)[41] oder Eoban selbst in seinen *Heroides*[42] getan habe. Eobans Werk widerlege die platonische Dichterkritik und erweise sich in Staat, Kirche und Schule als wegweisend. Es war bezeichnenderweise Melanchthon, der hier darauf hinwies, dass Eobans Dichtung nicht nur dank des bedeutenden geistlichen Gehalts, sondern auch dank der Aneignung der „alten und äußerst schönen Gedichtform" („vetus et pulcherrima carminis forma") zu preisen sei. Freilich trat, so scheint es, in den Drucken ab 1538 die Würdigung der poetisch-ästhetischen Leistung der lateinischen Psalmen (greifbar in poetologischen Wertbegriffen wie ‚facilitas', ‚elegantia', ‚suavitas') gegenüber dem offenkundigen didaktischen Willen zurück, den dogmatischen Gehalt der Gedichte in den beigegebenen Argumenta, den versifizierten Einleitungen und den Marginalien

die Marburger Professoren (1527–1627). 2 Tle/Bde. Marburg 1999, hier Tl/Bd. 2, S. 737–756; zur Psalmdichtung Gerlinde Huber-Rebenich: *Der lateinische Psalter des Eobanus Hessus und das Ideal der ‚docta pietas'*, in: *Die Musen im Reformationszeitalter* (Anm. 7), S. 289–303; Anja Stewing: *Die Psalterübertragung des Eobanus Hessus*, in: *Humanismus in Erfurt*, hg. von Gerlinde Huber-Rebenich und Walther Ludwig, Rudolstadt 2002, S. 195–211.

40 Die Briefe sind abgedruckt in den Beigaben der von mir benutzten Ausgabe Frankfurt 1538: die Vorrede von Veit Dietrich vom 1.2.1538, der Brief von Martin Luther an Hessus (1.8.1537), von Melanchthon an Hessus (ebenfalls 1.8.1537), von Justus Jonas an den Leser (gleichfalls 1.8.1537), gefolgt von einer paränetischen Elegie Spalatins. Schon die gemeinsame Datierung deutet auf die konzertierte Aktion der Wittenberger.

41 Zu Vida im weiteren Kontext nun Ralf Georg Czapla: *Das Bibelepos in der Frühen Neuzeit. Zur deutschen Geschichte einer europäischen Gattung*, Berlin – Boston 2013 (Frühe Neuzeit 165), S. 164–201; zur Vida-Rezeption im Melanchthonkreis S. 167 f.

42 Dazu nun grundlegend Jost Eickmeyer: *Der jesuitische Heroidenbrief. Zur Christianisierung und Kontextualisierung einer antiken Gattung in der Frühen Neuzeit*, Berlin 2012 (Frühe Neuzeit 162), speziell zu Hessus' prä- bzw. postreformatorischen Fassung der *Heroides* S. 151–191.

aus der Feder des Nürnberger Theologen Veit Dietrich im Sinne eines fortlaufenden Kommentars zu vermitteln. Seine Vorrede vom 1. Februar 1538 betont noch einmal den umfassenden Nutzen des Werkes für das protestantische Schulwesen, d.h. den poetischen Unterricht, dies jedoch so, dass der christliche Substitutionscharakter der Psalmelegien, also die notorische Konkurrenz von Ovid und David, nicht unerwähnt bleibt: "Eiusmodi cum sint Ouidiani quoque [gemeint: Eobans elegische Verse, W. K.], quis tamen non malit iuuentutem simul sacra discere, quàm nondum bene confirmatos animos in profanis lusibus versari?"

Wie in der Rezeption antiker Autoren gab es für Melanchthon auch in der Wahrnehmung des zeitgenössischen Schrifttums präzise Grenzen der Akzeptanz, was auch zusammenhängen mag mit dem, was Melanchthon offenherzig in einem Brief an Carlowitz gestand (28.4.1548; MBW, Regest Nr. 5139; CR 6, Sp. 879–884), er neige nämlich von Natur aus zur „Servilität" und sei ein Anhänger von „Disziplin und Ordnung".[43] Muss manches beim Lemnius-Skandal noch fraglich bleiben, ist anderes offensichtlich: Melanchthons harsche Abwehr des spiritualistischen Flügels der Reformation, wie sich exemplarisch zeigen lässt in den brieflichen Zeugnissen von Melanchthons Auseinandersetzung, an der Seite Luthers mit dem großen Sebastian Franck (ca. 1500–1543). In einer 1545, also bald nach Sebastian Francks Tod,[44] publizierten Vorrede zu einem Ehetraktat des Hamburger Pastors Johann Freder beteuerte Luther,[45] er

[43] In einer deutschen Übersetzung von Hans-Rüdiger Schwab: *Philipp Melanchthon. Der Lehrer Deutschlands. Ein biographisches Lesebuch*, München 1997 (dtv-Tb. 2415), S. 208–210.

[44] Ich stützte mich im Folgenden auf meinen neueren Beitrag: *Sebastian Franck – Geistfrömmigkeit und Protest*, in: *Jahrbuch für badische Kirchen- und Religionsgeschichte* 6 (2012), S. 73–89; zu Franck bibliographisch nach wie vor grundlegend Klaus Kaczerowsky: *Sebastian Franck. Bibliographie* [...], Wiesbaden 1976; zum Überblick über Francks Leben und Werk empfehlenswert und im Folgenden besonders benutzt Will-Erich Peuckert: *Sebastian Franck. Ein deutscher Sucher*, München 1943 (trotz mancher Absonderlichkeiten im Materialreichtum unübertroffen); anregend auch zum größeren geistesgeschichtlichen Kontext Horst Weigelt: *Sebastian Franck und die lutherische Reformation*, Gütersloh 1972 (Schriften des Vereins für Reformationsgeschichte 186), Siegfried Wollgast: *Der deutsche Pantheismus im 16. Jahrhundert. Sebastian Franck und seine Wirkungen auf die Entwicklung der pantheistischen Philosophie in Deutschland*, Berlin 1972; ferner Christoph Dejung: *Sebastian Franck*, in: *Bibliotheca Dissidentium* [...], hg. von André Séguenny, Bd. 7, Baden-Baden 1986 (Bibliotheca Bibliographica Aureliana 106), S. 39–119; *Sebastian Franck (1499–1542)*, hg. von Jan-Dirk Müller, Wiesbaden 1993 (Wolfenbütteler Forschungen 56); *Beiträge zum 500. Geburtstag von Sebastian Franck*, hg. von Siegfried Wollgast, Berlin 1999 (Memoria 2); Yvonne Dellsperger: *Lebendige Historien und Erfahrungen. Studien zu Sebastian Francks „Chronica Zeitbuoch vnnd Geschichtbibell" (1531/1536)*, Berlin 2008 (Philologische Studien und Quellen, Heft 207).

habe „bey leben Sebastiani Francken nichts wollen wider jhn schreiben". „Denn ich solch bösen Menschen zu hoch veracht und allzeit gedacht, sein schreiben würde nichts gelten bei allen vernunfftigen, sonderlich bey Christen leuten, und von sich selbst in kurtz untergehen, wie ein Fluch eines zornigen bösen Menschen." Im Folgenden malt Luther sein Feindporträt weiter bildkräftig aus. Franck, das „böse lesterlich maul" wird mit einer „unfletigen Saw" (ebd.) verglichen, und Luther fühlt sich bei ihm erinnert an die „schendlichen fliegen, die bei uns zu weilen in der natürlichen noth auff dem heimlichen gemach wollen in den hindern kriechen, und in derselben Rosen und feinen Blumen sich weiden und jr honig saugen." Auch in seinen Tischreden ließ es Luther an Ausfällen gegen Franck nicht fehlen, und bei dem strengen Lutheraner Cyriacus Spangenberg (1528–1604)[46] wurde später aus Luthers ominöser „Fliege" eine „Arßhummel" (Arschhummel).[47] Luthers These, dass sich Dunkelheiten der Bibel durch gegenseitige Erhellung verschiedener Bibelstellen auflösen würden, kam für Franck nicht in Frage, weil er die biblische Fixierung des Christenglaubens überhaupt in Frage stellte. Mit Paulus im Hintergrund untermauerte Franck seine Anfragen in immer erneuten Formulierungen, vor allem in seinen herausfordernden Meditationen über 280 theologische Thesen, den zuerst 1534, dann 1542 erschienenen *Paradoxa*..[48] Die Schrift ohne den Geist gilt demnach nur als eine „finstere Laterne" (Vorrede der *Paradoxa*), ja Franck zögert nicht, die Monopolstellung der Bibel, also das „äußere Wort", sowohl als unzureichendes Zeichensystem als auch als welthistorische Unmöglichkeit darzustellen.

Melanchthons übel gelaunte Verleumdungen des „bösen leckers" Franck gehören zu seinen ganz schlimmen Äußerungen: „Ist denn der Kirche das Paradoxon, das jener Taugenichts geschrieben hat, zu ertragen möglich?"[49] Melan-

45 Zitiert nach *D. Martin Luthers Werke. Kritische Gesamtausgabe.* 54. Band, Weimar 1928, S. 171–175, dort in der Einleitung (S. 168–171) auch Hinweise auf Äußerungen Luthers gegen Franck in den Tischreden.

46 Zu ihm zusammenfassend Jens Haustein und Wilhelm Kühlmann in: Killy/Kühlmann (wie Anm. 1), Bd. 11 (2011), S. 78–80.

47 C. Spangenberg.: *AdelsSpiegel* [...]. 2. Teile. Schmalkalden 1591, hier 2. Teil (gesonderte Paginierung), Bl. 9r.

48 Titel der Ausgabe von 1542: *Paradoxa ducenta octoginta. Das ist. Zweyhundert und achtzig Wunderreden/und gleich als Räterschafft/auß der H. Schrifft [...] Jtem aler in Gott Philosophirenden Christen rechte Götliche Philosophy/vnd Teütsche Theologey [...] Durch Sebastianum Francken vonn Wörd.* o.O. und Dr., vorliegend in der sprachlich modernisierten Ausgabe von Sebastian Franck: *Paradoxa*. Eingeleitet von W. Lehmann, hg. von Heinrich Ziegler, Jena 1909, hier benutzt in der neueren Edition (mit dem Text von Ziegler), hg. und eingeleitet von Siegfried Wollgast. Berlin ²1995.

49 Melanchthon in seinen Tischgesprächen, hier zitiert nach Peuckert (wie Anm. 44), S. 559.

chthons Briefe zeigen, dass er gerade die Erschütterung des Bibelglaubens bei Franck mit aller Energie zurückwies.[50] Unter Melanchthons Einfluss wurde Franck offiziell 1540 bei dem Konvent protestantischer Theologen in Schmalkalden verurteilt, so dass Franck von den ‚Rechtgläubigen' fortan zum Kreis der verwirrten, ja gemeingefährlichen und hart attackierten „Schwärmer", „Fanatiker" oder auch „Enthusiasten" gezählt werden konnte.[51] In der Tat gab es für Franck keine privilegierte Exegese der Schrift durch kirchlich ordinierte Gelehrte oder Seelsorger und somit auch keinen Kirchenbegriff, der sich organisatorisch, hierarchisch, liturgisch oder zeremoniell sinnfällig fassen und begründen ließe. Die Offenbarung des verborgenen Gottes erscheint als eine zu allen Zeiten und an allen Orten, bei den antiken Heiden, ja sogar bei Juden und Muslimen mögliche Erfahrung des von seiner Umwelt angefochtenen, daher leidenden Subjekts, getragen von einer letzthin sprach- und schriftlosen Frömmigkeit.[52] Eine kurze Lebensstation in Straßburg wurde für Franck zu einer Schlüsselphase seiner literarischen Existenz. Wegen seiner hier publizierten Weltgeschichte, benannt *Chronica, zeytbuch unnd geschicht bybell* (1531), wurde er unter dem Vorwand des Zensurvergehens im Dezember 1531 in den Turm geworfen, dann ausgewiesen, lebte eine Zeitlang als Seifensieder in Esslingen, seit 1534 mit seiner Frau und zwei Kindern in Ulm, wo er sich als Autor, Übersetzer und Buchdrucker durchschlug. Hart bekämpft mit Eingaben und Gutachten an den Rat wurde er hier ausgerechnet von einem früheren Weggefährten, dem örtlichen Hauptpastor Martin Frecht (1494–1556), mit dem er wahrscheinlich schon 1518 in Heidelberg der berühmten Disputation Luthers zugehört hatte und der nun gegen Franck Schützenhilfe bei Martin Bucer und über Philipp Melanchthon auch bei dem Landgrafen Philipp von Hessen suchte und fand. Im Januar 1535 schrieb Melanchthon wegen Franck besorgt an den

50 So in einem langen Brief vom 1.10.1556 an Herzog Barnim von Pommern als Vorrede zu Luthers Tomus septimus omnium operum (1557): MBW, Regest Nr. 7978; CR 8, Sp. 861–865 Nr. 6086. Hier zu Franck (im Blick auf dessen *Paradoxa*) Sp. 863: „At inquiunt, fatendum est, aliqua dicta obscuriora esse, quaedam inter se discrepantia, ut nebulo *Sebastianus Francus* magnum acervum sycophantice cumulavit dictorum[...]. Nihil tam proprie, nihil tam diserte, nihil tam circumspecte dici potest, quod non cavillatione aliqua depravari potest."

51 Zur Nomenklatur siehe die materialreiche Studie von Thomas Kaufmann: *Nahe Fremde. Aspekte der Wahrnehmung der ‚Schwärmer' im frühneuzeitlichen Luthertum*, in: *Interkonfessionalität – Transkonfessionalität – binnenkonfessionelle Pluralität. Neue Forschungen zur Konfessionalisierungsthese*, hg. von Kaspar von Greyerz, Manfred Jakubowski-Thiessen, Thomas Kaufmann und Hartmut Lehmann, Gütersloh 2003 (Schriften des Vereins für Reformationsgeschichte 201), S. 179–241.

52 Zu diesem Aspekt in weiterem Umblick Jan-Dirk Müller: *Buchstabe, Geist, Subjekt: Zu einer frühneuzeitlichen Problemfigur bei Sebastian Franck*, in: *Modern Language Notes* 106 (1991), S. 648–674.

württembergischen Reformator Johannes Brenz[53] und formulierte am 18. Oktober (an Frecht in Ulm) eine Generalberechnung mit dem Denken Francks, der hasserfüllt die Blätter seiner *Weltgeschichte* mit Lügen beschmiert habe. Als fanatische und giftige Stimme des Aufruhrs und der Hetze sei er mit der Macht der Obrigkeit zu „zügeln".[54] In einem längeren, deutsch geschriebenen Widmungsbrief (Mitte Januar 1539) an den Pfalzgrafen Ruprecht von Zweibrücken-Veldenz empfahl er anstelle von Francks Geschichtswerk die *Weltchronik* des in Straßburg wirkenden Humanisten Caspar Hedio (1494–1552) und scheute sich nicht, Franck, den eingefleischten ‚Erasmianer', als „Ungelehrten" zu denunzieren:[55]

> Man tregt sich yetzund mit Sebastian Francken Chronicka, welche billicher möchte eyn schmachbuch dann eyn historia genannt werden. Dann neben den geschichten hat er seine declamationes daran gehenget, lobliche weltliche potestaten schandtlich gelestert und sonst vil on warheyt dabei gschriben, schmucket die anabaptisten, und ist wol zu mercken auß dem gesang, was er für eyn vogel ist. Polibius spricht: „Oculus historiae est veritas." Das achtet Sebastian Franck wenig, sondern macht eyn blinde historien, darein er seine eygne affectus außgossen. Darzu irret er als eyn ongelerter oft in der zeit und in den geschichten. Darumb acht ich für nützlicher, das man disen Urspringensem lese, besonder dieweil nun herr Caspar Hedio treulich die historia bis auff unser zeit gefüret hat.

Das in Franck und anderen „Schwärmern" weiterwirkende Vermächtnis eines Tauler und eines Erasmus von Rotterdam wurde von Melanchthon, auch im Namen und zur Verteidigung der „viri docti" nicht wahrgenommen, jedenfalls nicht legitimiert. Wo es um Melanchthons Rhetorik und Dialektik, Poetik und Poesie, um die Einbürgerung großer Sektoren der antiken Literarkultur im Zeichen der „docta pietas" und damit um das wegweisende Bildungsprofil der intellektuellen Führungsschicht ging, blieb Melanchthon der vom akademisch-protestantischen Gelehrtenbürgertum und von fast allen späthumanistischen

53 MBW 1527.

54 MBW 1648, Z. 11–25: „De Schwenckfeldio et Franco, chronicorum scriptore, placet mihi iudicium tuum. Nam ego utrunque severe cohercendum esse iudico, etsi Schwenckfeldium stultum magis quam improbum esse arbitror; sed hypokrisis apud vulgus nocet. Et habet hic, ut ex Oecolampadio audire memini, nullam ecclesiae formam, hoc est, nulla ministeria probat. Ego vero omnes, qui in nostris ecclesiis de ministeriis publicis parum honorifice sentiunt, dignos odio esse censeo. De Franco quid dicam? Veneni et virulentiae plenus est. Quantum mendacior illevit illis miseris chartis, ubi odio suo morem gerit adversus imperia, reges, homines doctos! Quam multum seditiosarum vocum, quam multa fanatica scribit de illuminationibus anabapsticis *καὶ ἐμβατεύει* in his, quae non vidit! Quare recte facis, quod das operam ut coherceatur. Nos anno superiore rogabamus principem Hessorum, ut scriberet ad senatum vestrum de cohercendo illo Franco."

55 MBW 2138, Z. 222–232; zu Hedio siehe Reinhard Bodenmann und Redaktion in Killy/Kühlmann (wie Anm. 1), Bd. 5 (2009), S. 122f.

Dichtern verehrte Heros,[56] ablesbar in Briefgedichten an ihn und in einer Fülle von Trauerdichtungen nach seinem Tod, auch von denen, die wie Micyllus und Lotichius in Heidelberg mittlerweile im Umkreis des Calvinismus lebten.

[56] Kennzeichnend die (gewiss noch unvollständige) Sammelausgabe mit Gedenkschriften: *Orationes, epitaphia et scripta, quae edita sunt de morte Philippi Melanthonis omnia [...], edita a professoribus Academiae Witebergensius*, Wittenberg 1562; dazu Näheres bei Heinz Scheible: *Anton Hoens Gedichte auf Melanchthon*, in: *Nassauische Annalen* 80 (1969), S. 81–110. Trefflich im weiten Umblick Manfred P. Fleischer: *Melanchthon as Praeceptor of Late-Humanist Poetry*, in: *The Sixteenth Century Journal* 20 (1989), S. 559–580.

Judith Steiniger

Melanchthons Verhältnis zur Basler Geistlichkeit im Spiegel seiner Korrespondenz*

Dass Basel eine alte Kulturstadt ist, davon legt ein im Jahr 2013 erschienenes Buch mit dem Titel *Das Labyrinth der Welt*[1] ein neuerliches Zeugnis ab. Der Autor, Dieter Forte, hat darin eine stimmungsvolle Geschichte von Bildern und Büchern vor dem Hintergrund Basels entworfen, der Stadt, in der er lebt. Indes fällt in dem Buch der Name „Basel" nicht ein einziges Mal,[2] und das Werk scheint auch ohne eigentliche Handlung auszukommen. Dafür ist es reich an lose miteinander verwobenen Geschichten. Sie zeigen die Stadt als ein Gemeinwesen, das aus der Vergangenheit zugewandten und der Zukunft misstrauenden Denkern, Gelehrten und Sammlern, Weisen und Narren besteht, aus gar eigenwilligen Charakteren, die rhetorisch gekonnte Fragen höher schätzen als Antworten mit logischer Argumentation. Auch stellen die Geschichten den Rhein als einen bewegten Erzähler dar und die Brücke über den Strom als eine Kreuzung für Nachrichten, Erzählungen und Berichte, ohne die die Menschen nicht leben konnten.

Warum erwähne ich das? Dieter Forte hat in seinem Buch das Bedürfnis der Menschen nach Geschichten und somit auch die Bedeutung von Geschichte thematisiert. Dies ist unter anderem an einem bekannten Zitat aus den *Historien* des von Cicero als „Vater der Geschichtsschreibung"[3] gerühmten griechischen Schriftstellers Herodot zu erkennen, das Dieter Forte einem Kapitel als Motto vorangestellt hat: „Es ist meine Pflicht, alles wiederzugeben, was erzählt wird."[4] Auch in einem Radiointerview[5] verdeutlichte Dieter Forte, wie sehr wir Menschen Geschichten brauchen. Und er schreibt in seinem Buch: „Erst in der

* Erweiterte Fassung meines am 20. September 2013 gehaltenen Vortrags. Der Heidelberger Akademie der Wissenschaften danke ich für die freundliche Einladung zu der Tagung. Dank für Hinweise gebührt Frau Dr. Alexandra Kess und Herrn Dr. habil. Reinhard Bodenmann, meinen Kollegen an der Heinrich Bullinger-Briefwechseledition (Theologische Fakultät, Universität Zürich).

1 Dieter Forte: *Das Labyrinth der Welt. Ein Buch*, Frankfurt am Main 2013.

2 Siehe Martin Halter: *Rezension zu „Forte, Dieter: Das Labyrinth der Welt"*, in: *Frankfurter Allgemeine Zeitung*, 15. Mai 2013, S. 26 (Link 1).

3 Cicero: *De legibus* 1, 5: „[…] et apud Herodotum, patrem historiae […]".

4 Herodot: *Historien* 7, 152: „[…] ἐγὼ δὲ ὀφείλω λέγειν τὰ λεγόμενα […]".

5 Dieter Forte: *Interview im Kulturjournal des Bayerischen Rundfunks 2, 5. Mai 2013, 18.05 Uhr* (Link 2).

Sprache der Geschichtenerzähler entstehen die Bilder, die die Welt bedeuten, bildet sich die Ordnung der Dinge, denn was unbenannt ist, existiert nicht."[6]

Melanchthon fand für die Notwendigkeit des Austauschs als „anthropologische Konstante"[7] in einer im Jahr 1543 gehaltenen Rede folgende Worte: „Nati sumus ad mutuam sermonis communicationem."[8] Dieser Satz regte das offizielle Motto der Feier des Melanchthon-Jubiläums von 1997 an: „Zum Gespräch geboren."[9]

Austausch und Kommunikation gehören auch zum Thema dieser Tagung, der Briefkultur. Im Zentrum meiner Ausführungen stehen einige ausgewählte Mitteilungen in Briefen von und an Melanchthon, die etwas über sein Verhältnis zur Basler Geistlichkeit aussagen. Dabei stütze ich mich zum einen auf die Edition von Melanchthons Briefwechsel (MBW) und übernehme häufig aus Gründen der Kürze und Prägnanz auch den Wortlaut der Regesten. Zum anderen greife ich auf einige ältere und neuere Studien sowie auf eine von Herrn Rainer Henrich (Universität Basel) angefertigte und mir freundlich zur Verfügung gestellte Teilübersetzung des am 9. Juni 1544 von Oswald Myconius geschriebenen Briefes an Melanchthon (= MBW3580) zurück. Nicht zuletzt beziehe ich mich auf eine grundlegende Untersuchung von Ulrich Gäbler[10], der in seinem Aufsatz über *Melanchthon und die Schweiz* den Bedarf nach inhaltlich weitergehenden Einzelstudien formulierte; und auf dieses Interesse geht die Wahl meines Themas zurück. Wie Gäbler es schon für seinen Beitrag formulierte, so setzt sich auch meine Skizze bescheidene Ziele: Weder kann hier das Thema erschöpfend behandelt werden, noch sind grundlegende neue Erkenntnisse zu erwarten, sondern es findet sich im Folgenden lediglich eine knappe Zusammenstellung einiger ausgewählter Briefpassagen. Zu bedenken ist auch, dass in diesem Rahmen das gewissermaßen „multifaktorielle" Geschehen, das den Briefen zugrunde liegt, vielfach nur gestreift werden kann und nicht Weniges auch ganz unberücksichtigt bleiben muss.

6 Forte: *Das Labyrinth der Welt* (wie Anm. 1), S. 39.

7 Vgl. Wibke Janssen: *„Wir sind zum wechselseitigen Gespräch geboren." Philipp Melanchthon und die Reichsreligionsgespräche von 1540/41*, Göttingen 2009 (Forschungen zur Kirchen- und Dogmengeschichte 98), S. 16.

8 CR 11, Sp. 613.

9 Vgl. dazu Janssen: *„Wir sind zum wechselseitigen Gespräch geboren"* (wie Anm. 7), S. 11 (mit Verweis auf den Aufsatz von Stefan Rhein: *„Zum Gespräch geboren". Erinnerungen an das Melanchthonjubiläum 1997*, in: *Dona Melanchthoniana. Festgabe für Heinz Scheible zum 70. Geburtstag*, hg. von Johanna Loehr, Stuttgart-Bad Cannstatt 2005, S. 313–324).

10 Ulrich Gäbler: *Melanchthon und die Schweiz*, in: *Der Theologe Melanchthon*, hg. von Günter Frank, Stuttgart 2000 (Melanchthon-Schriften der Stadt Bretten 5), S. 227–242.

Im Folgenden werde ich mich auf Melanchthons Beziehungen zu den beiden ersten Vorstehern (Antistites) der Basler Kirche beschränken, auf Johannes Oekolampad (geb. 1482 im kurpfälzischen Weinsberg, gest. 24. November 1531 in Basel) und Oswald Myconius (geb. 1488 in Luzern, gest. 14. Oktober 1552 in Basel). Aufgrund der höheren Anzahl erhalten gebliebener Briefe wird Melanchthons Austausch mit Johannes Oekolampad den Schwerpunkt bilden. Von Melanchthons Briefwechsel mit Oswald Myconius sind sechs Stücke überliefert. Von diesen kann hier nur eines näher betrachtet werden, nämlich der bereits erwähnte Brief von Myconius an Melanchthon vom 9. Juni 1544.

Was Simon Sulzer (geb. 22. September 1508 in Schattenhalb im Haslital, Berner Oberland, gest. 12./22. Juni 1585 in Basel) betrifft, der nach Oswald Myconius ab dem Jahr 1533 als Vorsteher (Antistes) der Basler Kirche tätig war, so ist festzustellen, dass er in Melanchthons Korrespondenz nur zweimal erwähnt wird und dass es einen unmittelbaren Briefaustausch offenbar nicht gegeben hat. Jedoch lernte Simon Sulzer im Frühjahr 1538 bei einem Besuch in Wittenberg Luther und Melanchthon persönlich kennen. Von großem Interesse wäre auch eine Betrachtung von Melanchthons brieflichen Kontakten zu dem Gräzisten und Theologen Simon Grynaeus (geb. 1493 in dem zur Grafschaft Zollern gehörenden Veringendorf, heute Veringenstadt; gest. 1. August 1541 in Basel) gewesen. Von diesem Austausch sind neun Stücke erhalten.[11] Simon Grynaeus, neben Oswald Myconius die „wichtigste ref[ormatorische] Persönlichkeit Basels“[12] nach dem Tode Oekolampads, gehört zwar im engsten Sinne nicht zu den Basler Geistlichen, sehr wohl aber zu der Gruppe der „Pfarrer und Lehrer“, wie es in zeitgenössischen Briefadressen oft heißt. Doch hätte eine Sichtung dieser Briefe den zur Verfügung stehenden Rahmen überschritten. Desgleichen kann hier nicht auf Melanchthons Verhältnis zu Celio Secondo Curione (geb. 1. Mai 1503 in Ciriè bei Turin, gest. 24. November 1569 in Basel) eingegangen werden, der sich seit dem Jahr 1546/1547 in der Stadt am Rhein aufhielt und dort einen Lehrstuhl für Rhetorik innehatte. Curione ist gleichfalls nicht der Geistlichkeit Basels zuzurechnen, betätigte sich aber doch als theologischer Schriftsteller und stand mit Melanchthon in brieflicher Verbindung. Von den gewechselten Briefen sind aus den Jahren 1551, 1552 und 1558 drei Stücke von Curione und eines von Melanchthon erhalten geblieben.[13]

[11] Von Simon Grynaeus sind drei Briefe an Melanchthon überliefert: MBW 587, 1413 und 2010. Von Melanchthon an Grynaeus sind zwei Briefe (MBW 415 und 1545), drei Vorreden (MBW 277, 1176 und 1509) sowie ein Gutachten (MBW 1180) bekannt.

[12] Thomas K. Kuhn: Artikel *„Grynaeus, Simon“*, in: *Historisches Lexikon der Schweiz*, hg. von der Stiftung Historisches Lexikon der Schweiz, Chefredaktor: Marco Jorio, Bd. 5, Basel 2005, S. 776 f.

[13] Siehe dazu Otto Clemen: *Briefe aus Basel an Melanchthon*, in: *Basler Zeitschrift für Geschichte und Altertumskunde* 43 (1944), S. 17–33.

Es sei hier noch angemerkt, dass Melanchthon mit dem Diakon von St. Martin in Basel, Johannes Gast (geb. um 1500, gest. am 26. Juli 1552 in Basel)[14], offenbar nicht korrespondierte; zumindest sind heute keine entsprechenden Zeugnisse bekannt. Johannes Gast, der zwar selbst „überhaupt kein originelles theologisches, historisches oder poetisches Buch geschrieben“[15] hat, bearbeitete, übersetzte und edierte indes viele Nachschriften von Predigten und Vorlesungen Johannes Oekolampads, exzerpierte und publizierte Werke von frühchristlichen Schriftstellern und auch Arbeiten von Zeitgenossen. Und auf diese Weise kamen die Sphären des Wittenberger Professors Melanchthon und des Basler Diakons miteinander in Berührung.[16] Johannes Gast gab nämlich im Jahr 1545[17] Melanchthons Anmerkungen zu den Sonntagsperikopen heraus, die 1544 bei Peter Seitz d. Ä. in Wittenberg erschienen waren,[18] und zwar in einer um Erklärungen von Jodocus Willich vermehrten Ausgabe: *In evangelia, quae usitato more, in diebus Dominicis et Festis proponuntur, Philippi Melanthonis Annotationes, Omnia nun castigatiora et locupletiora. Adiunximus praeterea, doctissimas D. Iodoci Willichii Reselliani in eadem Evangelia expositiones eiusdem argumenti, cum Indice rerum diligentissimo*. In der Vorrede vom 4. Juni 1545, mit der Johannes Gast sich an Peter Scher von Schwarzenburg richtete, teilte er mit, den Drucker Bartholomäus Westheimer oft dazu gedrängt zu haben, das Werk zum Nutzen der Theologiestudenten zu drucken; denn die Basler Buchhändler hätten nur wenige Exemplare davon herbeigeschafft, und diese wären aufgrund des wegen seiner Frömmigkeit und Bildung berühmten Verfassers – „ob autoris tam celebre nomen cum pietatis tum eruditionis“ – rasch ausverkauft gewesen.[19]

14 Siehe J. Klaus Kipf: Artikel *„Gast (Gastius), Johannes“*, in: *Frühe Neuzeit in Deutschland 1520–1620. Literaturwissenschaftliches Verfasserlexikon (VL 16)*, hg. von Wilhelm Kühlmann u. a., Bd. 2, Berlin – Boston 2012, Sp. 535–545.

15 Paul Burckhardt: *Die schriftstellerische Tätigkeit des Johannes Gast*, in: *Basler Zeitschrift für Geschichte und Altertumskunde* 42 (1943), S. 146.

16 Ein indirekter Bezug bestand auch insofern, als Johannes Gasts Neffe Philipp Bächi (Bechi) 1542/1543 in Wittenberg studierte. Ende Februar 1543 wurde er von Melanchthon an Joachim Camerarius in Leipzig empfohlen (MBW 3181.1), wo er sich noch vor dem 23. April 1543 immatrikulierte. Zu Bächi siehe die ausführliche Studie in: *Die Amerbachkorrespondenz*, bearb. und hg. von Alfred Hartmann †, Bd. 7: *Die Briefe aus den Jahren 1548–1550*, aufgrund des von Alfred Hartmann gesammelten Materials bearb. und hg. von Beat Rudolf Jenny, Basel 1973, S. 273–277 (zu Nr. 3179).

17 Das Jahr lässt sich aus dem Datum von Johannes Gasts Widmungsepistel (4. Juni 1545) erschließen. Die Angabe in der Plattform digitalisierter Schweizer Drucke „e-rara“ (Link 3) lautet: „[1545?]“.

18 Siehe MBW 3546 (Melanchthons Vorrede an Georg Helt von April 1544).

19 [Johannes Gast: Widmungsepistel an Peter Scher von Schwarzenburg], in: *In evangelia […] Philippi Melanthonis Annotationes […]*, [Basel, Bartholomäus Westheimer, 1545] (VD16, E 4534), Bl. a2[a-b].

Bevor wir uns den ausgewählten Briefzeugnissen zuwenden, seien hier noch die Ergebnisse von Ulrich Gäblers Studie knapp zusammengefasst. Melanchthon hat das Gebiet der heutigen Schweiz nie betreten. Doch kannte er eine Reihe von in der Schweiz wirkenden Theologen – Ulrich Zwingli, Johannes Calvin, Theodor Beza – aus persönlichen Begegnungen. Zu seinen Mitschülern an der Lateinschule in Pforzheim im Jahre 1508/1509 hatten der aus Zürich stammende und später dort auch tätige Kaspar Megander (geb. 1495 in Zürich, gest. 18. August 1545 ebenda), der spätere Berner Reformator Berchtold Haller (geb. 1492 im württembergischen Aldingen, gest. 25. Februar 1536 in Bern) und Simon Grynaeus gehört. Die Freundschaft zu Johannes Oekolampad begann in Melanchthons Tübinger Studienzeit. Von der Korrespondenz, die Melanchthon mit in der Schweiz lebenden Personen führte, sind mehr als 120 Stücke erhalten geblieben. Mit Johannes Calvin und mit Heinrich Bullinger hat Melanchthon etwa jeweils 25 Briefe gewechselt. Was nun Basel anbetrifft, so sind vierzehn[20] Stücke aus der Korrespondenz mit Oekolampad erhalten, und aus der Basler Zeit des Erasmus von Rotterdam sind noch zehn Briefe vorhanden. Wie Ulrich Gäbler weiter zeigte, verteilen sich die übrigen Briefe (es sind etwa 45 Stücke) auf verschiedene Personen: von dem in Frobens Offizin tätigen Korrektor Sigismund Gelenius über Sebastian Castellio und Celio Secondo Curione bis hin zu dem Berner Laientheologen Eberhard von Rümlang und zum Basler Kirchenhaupt Oswald Myconius. Daraus ergibt sich, dass die Schweizer Beziehungen Melanchthons sich auf die protestantischen Städte Basel, Zürich und Genf konzentrierten und nur wenige Kontakte nach Bern bestanden. Ulrich Gäbler hat außerdem festgehalten, dass sich die Verbindungen zu Zürich erst ab dem Jahr 1535 auf Veranlassung Bullingers hin ergaben, die Beziehungen zu Calvin erst ab 1538. Im Falle Basels verhält es sich anders: „Die besten Briefkontakte zur Stadt am Rheinknie hatte Melanchthon nämlich durch Oekolampad und durch Erasmus."[21] Als aber Johannes Oekolampad im Jahr 1531 und Erasmus im Jahr 1536 gestorben waren, traten Bullinger und Calvin gewissermaßen an deren Stelle.[22] Im Hinblick auf Basel muss noch die große Anzahl der Drucke von Werken aus Melanchthons Feder erwähnt werden. Nur einige wenige Zahlen aus Ulrich Gäblers profunder Untersuchung seien hier angeführt: Bis zum Jahr 1560 stellten 17 Drucker 155 Melanchthon-Drucke her; davon erschien fast ein Drittel schon in den frühen 1520er Jahren, also in den Anfangsjahren der Reformation. Zu seinen Druckern in der Schweiz

[20] Vgl. die Angaben in der Datenbank der MBW-Regesten (Link 4). Es handelt sich um folgende Stücke: Melanchthon an Oekolampad: MBW 59, 278, 292, 311, 326, 340, 345, 370, 775; Oekolampad an Melanchthon: MBW 73a, 429, 686, 766, 812.

[21] Gäbler: *Melanchthon und die Schweiz* (wie Anm. 10), S. 228.

[22] Vgl. Gäbler, ebd., S. 235.

hatte Melanchthon fast gar keinen persönlichen Kontakt. Ulrich Gäbler hat abschließend festgestellt, dass aufgrund dieser Befunde Melanchthons Berührungen mit der Schweiz als punktuell und sporadisch betrachtet werden müssen, dass aber dabei nur die „äußere“ Seite des Themas erfasst wird und inhaltliche Fragen damit noch nicht in den Blick gekommen sind, so etwa die Frage danach, wie sich das Verhältnis zwischen Melanchthon und den ihm persönlich bekannten, in der Schweiz wirkenden Theologen gestaltete. – Außerdem ist die Überlieferungslage zu berücksichtigen. Melanchthon ging mit den an ihn gerichteten Schreiben nicht sehr sorgfältig um. Wie Heinz Scheible es formulierte, lag dem Wittenberger Gelehrten nichts ferner, als eine Registratur anzulegen. Die Briefe warf er weg, oder er verschenkte sie an Autographensammler. Deshalb sind die an ihn gerichteten Mitteilungen zum allergrößten Teil verloren.[23] Das spiegelt sich auch in der Korrespondenz mit Basler Geistlichen und Theologen wider, unter denen es wohl manche gab, die erhaltene Briefe recht sorgfältig aufbewahrten. So sind neun von Melanchthon an Oekolampad gerichtete Briefe erhalten, aber nur fünf Briefe von Oekolampad an Melanchthon;[24] nur drei Briefe von Simon Grynaeus an Melanchthon[25], aber sechs Stücke von Melanchthon an Grynaeus (dabei jedoch auch Vorreden und Gutachten und nur zwei Briefe)[26].

1. Melanchthons Verhältnis zu Johannes Oekolampad

In seinem Aufsatz über „Melanchthon und die Schweiz“[27] ist Ulrich Gäbler ausführlich auf die Beziehung zu Johannes Oekolampad eingegangen. Im Folgenden halte ich mich zum Teil an diese Untersuchung und werde einiges daraus zitieren, zumal dort nicht nur der Briefwechsel, sondern auch theologische Schriften ausgewertet wurden. Die hier folgenden Details über Oekolampads Biographie habe ich verschiedenen Lexikonartikeln und weiterer Literatur entnommen.[28]

23 Siehe Heinz Scheible: *Aus der Arbeit der Heidelberger Akademie der Wissenschaften. Überlieferung und Editionen der Briefe Melanchthons*, in: ders.: *Melanchthon und die Reformation. Forschungsbeiträge*, hg. von Gerhard May und Rolf Decot, Mainz 1996 (Veröffentlichungen des Instituts für Europäische Geschichte Mainz, Abteilung Abendländische Religionsgeschichte, Beiheft 41), S. 2.

24 Siehe oben Anm. 20.

25 Siehe oben Anm. 11.

26 Siehe ebd.

27 Gäbler: *Melanchthon und die Schweiz* (wie Anm. 10).

28 K[arl] R[udolf] Hagenbach: *Johann Oekolampad und Oswald Myconius die Reformatoren Basels. Leben und ausgewählte Schriften*, Elberfeld 1859 (Leben und ausgewählte Schriften der Väter und Begründer der reformirten Kirche, 2. Theil), S. 1–306. – W[ilhelm] Hadorn: Artikel *„Oekolampad“*, in: *Realencyklopädie für protestantische*

Oekolampad war der einzige in der Schweiz tätige Theologe, mit dem Melanchthon wirklich in beständigem Austausch stand.[29] Melanchthon und Oekolampad kannten sich, seit sie in den Jahren 1513/1514 an der Universität Tübingen zu gemeinsamen Hesiod-Studien zusammengetroffen waren. Oekolampad, im Jahr 1482 als Johannes Huszgen in Weinsberg bei Heilbronn geboren, war fünfzehn Jahre älter als Melanchthon. Er hatte in Heidelberg die Humaniora studiert (juristische Studien in Bologna gelten als nicht gesichert[30]) und wurde im Jahr 1503 Magister, um danach, ebenfalls in Heidelberg, Theologie zu studieren. Ab 1506 wirkte er als Erzieher der kurpfälzischen Prinzen in Mainz. Von 1510 bis 1518 war er in Weinsberg als Prediger tätig, nachdem er zum Priester geweiht worden war, doch ließ er sich wegen seiner wissenschaftlichen Interessen wiederholt beurlauben: In Tübingen und Heidelberg beschäftigte er sich mit griechischen, hebräischen und theologischen Studien und lernte Johannes Reuchlin, Melanchthon und Wolfgang Capito kennen; Letzterer wirkte damals im Dienst des Speyerer Bischofs Philipp von Rosenberg als Prädikant in Bruchsal. 1515 wurde Oekolampad von Bischof Christoph Utenheim (und zwar durch Vermittlung des inzwischen zum Basler Münsterpfarrer berufenen und damit dem Bischof unterstellten Wolfgang Capito[31]) als Prediger nach Basel berufen.[32] 1516 arbeitete Oekolampad auf Einladung von Johannes Froben an Erasmus von Rotterdams kritischer Ausgabe des Neuen Testaments mit. Sein Theologiestudium setzte er fort[33] und wurde am 9. September 1518 an der Universität Basel in diesem Fach promoviert. In demselben Jahr war Oekolampad für kurze Zeit als Generalbevollmächtigter des Basler Bischofs in Beichtangelegenheiten, d. h. als Poenitentiar, am Basler Münster tätig. Danach wurde er Domprediger in Augsburg, wo er für Luther eintrat. Um seine Haltung

Theologie und Kirche, begründet von J[ohann] J[akob] Herzog, hg. von Albert Hauck, Bd. 14, Leipzig ³1904, S. 286–299. – Ulrich Gäbler: Artikel „*Oekolampad, Johannes (1482–1531)*“, in: *TRE* 25, S. 29–36. – Olaf Kuhn: Artikel „*Oekolampad, Johannes*“, in: *Historisches Lexikon der Schweiz*, hg. von der Stiftung Historisches Lexikon der Schweiz, Chefredaktor: Marco Jorio, Bd. 9, Basel 2010, S. 381 f. – Artikel „*Oekolampad [Hensgen, Hüsgen, Hausschein], Johannes*“, in: *Martin Bucer, Briefwechsel. Correspondance*, Bd. 8 (April 1532-August 1532), hg. und bearb. von Wolfgang Simon, Berndt Hamm und Reinhold Friedrich in Zusammenarbeit mit Matthieu Arnold und Christian Krieger, Leiden – Boston 2011 (Studies in Medieval and Reformation Traditions 153), S. 399 f.

29 Siehe Gäbler: *Melanchthon und die Schweiz* (wie Anm. 10), S. 237.

30 Siehe den Eintrag: *Oekolampad [Hensgen, Hüsgen, Hausschein], Johannes*, in: *Martin Bucer, Briefwechsel. Correspondance*, Bd. 8 (wie Anm. 28), S. 399 f.

31 Zu Capito siehe Beate Stierle: *Capito als Humanist*, Heidelberg 1974 (Quellen und Forschungen zur Reformationsgeschichte 42), S. 35–37.

32 Siehe Hadorn: Artikel „*Oekolampad*“ (wie Anm. 28), S. 287.

33 Zu den Daten von Oekolampads Theologiestudium in Basel siehe Stierle: *Capito als Humanist* (wie Anm. 31), S. 40 f Anm. 51.

zu prüfen, begab er sich im Jahr 1520 ins Birgittenkloster Altomünster, das er aber aufgrund seines Bekenntnisses zu Luther[34] und daraus folgender Spannungen in der Klostergemeinschaft im Januar 1522 verließ.[35] Er wandte sich nach Mainz (wo Capito Domprädikant war) und weilte dann ab April 1522 einige Zeit als Schlosskaplan bei Franz von Sickingen auf der Ebernburg. Im November 1522 kam Oekolampad nach Basel, wo er als Vikar an der Martinskirche und als Korrektor in der Druckerei von Andreas Cratander tätig war. Er „avancierte zum theol[ogischen] Anführer der noch jungen kirchl[ichen] Reformpartei“[36]. Vom Basler Rat wurde er im Jahr 1523 zum Professor der Theologie ernannt. Im Jahr 1525 wurde er Leutpriester an der Martinskirche. „Damit wuchs Oekolampad in eine Doppelstellung als Lehrer und Prediger hinein.“[37] Infolge seiner Interpretationen der Heiligen Schrift in Vorlesungen und Predigten und durch den Druck seiner Kommentare wurde Oekolampad weithin bekannt und trat, etwa im Streit mit den Wittenberger Gottesgelehrten um das Abendmahl, auch als Kontroverstheologe hervor. Oekolampad verstand das Abendmahl streng symbolisch, stritt an der Seite Ulrich Zwinglis und ließ mehrere Schriften gegen Luther ausgehen. An der Badener Disputation vom 21. Mai bis zum 8. Juni 1526 stellte er sich dem die katholische Seite anführenden Johannes Eck entgegen. Die dort erfolgte Verurteilung der reformierten Lehre blieb jedoch in Basel wirkungslos, denn die Obrigkeit nahm in der Religionsangelegenheit lange eine unentschiedene Haltung ein. An der Reformationsordnung, mit der im Jahr 1529 die Reformation in Basel eingeführt wurde, hatte Oekolampad bedeutenden Anteil. Außerdem erarbeitete er gemeinsam mit Martin Bucer mehrere Ordnungen für reformierte Kirchen in Süddeutschland. Ab dem Jahr 1529 wirkte er bis zu seinem Tod als Antistes der reformierten Kirche von Stadt und Landschaft Basel. Seine von einem hohen Ethos getragenen Vorstellungen und das Ideal von einer stärkeren Trennung von Staat und Kirche ließen sich kaum umsetzen, wirkten aber auf Johannes Calvin ein.[38]

[34] Dieses Bekenntnis zu Luther legte Oekolampad in einer 1521 publizierten Schrift über die Beichte ab. Siehe dazu Gäbler: Artikel *„Oekolampad, Johannes (1482–1531)“* (wie Anm. 28), S. 30, Z. 44–31, Z. 5.

[35] Zu Details siehe M[aurus] G[andershofer]: *Kurzgefaßte Geschichte des Birgitten-Klosters Altomünster in Bayern. Mit Rückblick auf die Geschichte des dortigen Marktfleckens. Nach archivalischen Quellen entworfen*, München 1830, S. 31–34.

[36] Kuhr: Artikel *„Oekolampad, Johannes“* (wie Anm. 28), S. 382.

[37] Hans R. Guggisberg: *Johannes Oekolampad*, in: ders.: *Zusammenhänge in historischer Vielfalt: Humanismus, Spanien, Nordamerika. Eine Aufsatzsammlung*, hg. unter Mitarbeit von Christian Windler, Basel – Frankfurt am Main 1994 (Basler Beiträge zur Geschichtswissenschaft 164), S. 58.

[38] Paraphrase dieser Ausführungen nach Kuhr: Artikel *„Oekolampad, Johannes“* (wie Anm. 28), S. 382.

Die brieflichen Zeugnisse über Melanchthons Beziehung zu Oekolampad hängen zunächst mit Melanchthons wissenschaftlicher Arbeit zusammen. Melanchthon erwähnt Oekolampad erstmals in seinem noch in Tübingen verfassten Nachwort zu der sehr erfolgreich gewordenen griechischen Grammatik von 1518 als einen von mehreren „externarum [...] literarum adsertores“[39], „Beschützern des Studiums der Fremdsprachen“. Er rühmt Oekolampads Gelehrsamkeit im Griechischen und Hebräischen auch ein Jahr später, als er schon Professor in Wittenberg ist, nämlich in der Ende März 1519 geschriebenen Vorrede[40] zu Luthers *Operationes in Psalmos*. Oekolampad wiederum, zu dieser Zeit Domprediger in Augsburg, ermuntert Melanchthon, Wolfgang Capitos Freundschaft zu suchen, wie Melanchthon dann an Capito nach Basel schreibt.[41] In diesem Brief vom 17. Mai 1519 ist zu lesen: „Der berühmte Erasmus, die Zierde nicht nur unserer Tage, sondern schlechthin jeglichen [historischen] Gedächtnisses aller Zeiten, ist für uns [in den theologischen Bestrebungen] ein Wagnis eingegangen. Die Nächsten seid Ihr: [Du,] Wolfgang [Capito], und [Johannes] Oekolampad. Ich glaube, dass auch Luther und Karlstadt einiges erreichen. Diesen folge ich nach, freilich in weitem Abstand. Es fehlt nicht so sehr am Willen, die Angelegenheit zu befördern, als [vielmehr] an günstigen Verhältnissen.“[42] Hier sieht Melanchthon sich in der Nachfolge von Erasmus von Rotterdam, ganz wie Oekolampad, der anfangs zu Erasmus hinneigte, mit dem er an dessen Ausgabe des Neuen Testaments gearbeitet hatte. Aber bald nachdem Oekolampad Ende 1518/Anfang 1519 nach Augsburg gekommen war, wandte er sich Erasmus' „größtem Antipoden“[43], nämlich Luther, zu. Wie Wilhelm Hadorn, ein Biograph Oekolampads, feststellte, haben Luthers Predigten über *Die zehen gepot gottes*[44] und seine *Thesen*, die unter dem Titel *Disputatio D. Martini Luther Theologi, pro declaratione virtutis indulgentiarum* gedruckt wurden,[45] Oekolampad zu dieser Entscheidung bewogen.[46]

39 MBW 17.

40 MBW 47.

41 Siehe Melanchthon an Wolfgang Capito in Basel, 17. Mai 1519 (MBW 57).

42 „Iecit nobis aleam Erasmus ille, decus non huius modo seculi, sed omnis plane memoriae omnium seculorum. Proximi vos estis, Volfgange et Icolampadi. Credo, non nihil Martinus et Carolostadius efficiunt. Hos ego sed longo sequor intervallo. Nec tam deest voluntas maturandi negocii quam fortuna. Sed in domino confido“ (MBW 57.1).

43 Hadorn: Artikel *„Oekolampad“* (wie Anm. 28), S. 288.

44 Martin Luther: *Die zehen gepot gottes. mit einer kurtzen außlegung jrer erfullung und vbertretung*, Nürnberg, Jobst Gutknecht, 1518 (VD16, L 7560 und L 7561; WA 1, S. 247–256).

45 Martin Luther: *Disputatio D. Martini Luther Theologi, pro declaratione virtutis indulgentiarum*, Basel, Adam Petri, 1517 (VD16, L 4457; siehe auch WA 1, S. 231) bzw. *Amore et studio elucidandae veritatis. Hec subscripta disputabuntur Wittenberge presidente R. P. Martino Lutther [...] M. D.XVII* (siehe WA 1, S. 230). – Edition in: WA 1, S. 229–238.

46 Hadorn: Artikel *„Oekolampad“* (wie Anm. 28), S. 288.

Noch in demselben Jahr, am 21. Juli 1519, widmet Melanchthon dem in Augsburg wirkenden Oekolampad seinen berühmt gewordenen Bericht *(Epistola de Lipsica Disputatione)*[47] über die am 27. Juni 1519 in Leipzig abgehaltene Disputation zwischen Karlstadt und Luther auf der einen und Johannes Eck auf der anderen Seite. Melanchthon hat sich darin ausdrücklich um Mäßigung bemüht, wie er an Georg Spalatin schrieb.[48] Zwar war er selbst bei der Disputation nicht zugegen, doch besprach er in der Herberge mit Luther und Karlstadt die zu behandelnden Fragen.[49] Zu Beginn seines Berichts, in der Grußformel, richtet Melanchthon sich explizit an Oekolampad als Theologen. Anschließend legt er ein schönes Zeugnis von ihrer Freundschaft ab. Oekolampad hätte ihm so viele Wohltaten erwiesen, dass er sie mit Rücksicht auf seine Verhältnisse kaum vergelten konnte („neque enim rationes nostrae sinebant aequare beneficium beneficio"), und da nun Oekolampad ihm darin etwas voraus habe, möchte er doch gestatten, dass Melanchthon seinerseits durch seine tiefe Zuneigung über ihn „siege": „Qua parte quandoquidem tu prestas, queso, permitte vincere nos amando."[50] Zwar hätte Aristoteles sehr scharfsinnig über die Vergeltung von Wohltaten gesprochen, aber eben doch nicht ganz korrekt; denn das Ziel ihrer Freundschaft bestehe ja nicht darin, dass Oekolampad Melanchthon eine Wohltat erweise, sondern vielmehr im Geiste Christi als Schöpfer und Urheber ihrer Freundschaft. Die Leipziger Disputation sei unternommen worden, um den Unterschied zwischen der Theologie Christi und derjenigen der aristotelischen Doktoren zu verdeutlichen. Im Anschluss geht Melanchthon auf die einzelnen Themen der Disputation ein: Willensfreiheit, Gewalt des Papstes und der Konzile, Fegefeuer, Ablass und Buße sowie Gnade und die Sündhaftigkeit guter Werke.

Die nächste Nachricht Oekolampads an Melanchthon ist indirekt überliefert. Sie ist in einem Brief Luthers an Georg Spalatin vom 27. Februar 1520 bezeugt: Oekolampad habe sich in einem Brief an Melanchthon als Autor der *Canonici indocti Lutherani*[51] von 1519 zu erkennen gegeben. Johannes Eck

47 MBW 59.

48 Siehe Melanchthon an Georg Spalatin [in Torgau?], Wittenberg, 29. Juli 1519 (MBW 60.1): „Ego de disceptionis eventu epistolam publicavi, breviorem quam oportebat, sed quae utcunque longioribus praelusura sit. Omnia post modestiam habeo; quo minus volui quemquam ledere. Et nos nostra manent tempora."

49 Vgl. Carl Schmidt: *Philipp Melanchthon. Leben und ausgewählte Schriften*, Elberfeld 1861 (Leben und ausgewählte Schriften der Väter und Begründer der lutherischen Kirche, 3. Theil: Philipp Melanchthon), S. 41.

50 MBW 59.1 (Z. 16f).

51 Zu dieser Schrift siehe Ernst Staehelin: *Briefe und Akten zum Leben Oekolampads. Zum vierhundertjährigen Jubiläum der Basler Reformation*, Bd. 1: *1499–1526*, Leipzig 1927 (Quellen und Forschungen zur Reformationsgeschichte 10), S. 108f Nr. 70 (Nachwort zur deutschen Übersetzung von Oekolampads *Canonici indocti Lutherani* [Anfang 1520]).

habe geklagt, keine andere Schrift hätte ihn mehr verletzt.[52] Melanchthon schreibt dann in der Vorrede zu seiner Neuauflage der griechischen Grammatik im Jahr 1520,[53] er hätte seine Grammatik gerne der Vergessenheit anheimgegeben und seinem Unterricht die Lehrbücher des Urbanus von Belluno (Venedig 1503) und von Oekolampad (Basel 1518) zugrunde gelegt, doch habe er sich auf Drängen des Druckers Thomas Anshelm zu dieser Neubearbeitung entschlossen. Ein weiteres Werk Oekolampads, die Schrift über die Beichte mit dem Titel *Quod non sit onerosa Christianis confessio, paradoxon*,[54] erwähnt dann Luther in einem auf der Wartburg geschriebenen Brief an Melanchthon vom 26. Mai 1521[55] und wünscht sich mit Schreiben vom 13. Juli 1521[56] eine Übersetzung davon. Um Bücher und Handschriften geht es auch im nächsten Brief, nämlich in Melanchthons Zeilen an Willibald Pirckheimer in Nürnberg aus der zweiten Hälfte des Monats September 1521: Melanchthon schrieb dreimal an Oekolampad um griechische Kirchenväter für den akademischen Unterricht.[57]

Am 30. November 1521 berichtet Konrad Pellikan aus Basel an Melanchthon, wie begeistert dessen Werke und diejenigen Luthers in Basel aufgenommen werden. Er bedauert, dass Melanchthon die Arbeit an den *Loci communes* noch nicht abgeschlossen hat. Die Basler Franziskaner lesen nur noch Paulus, nicht Duns Scotus. Sie stehen zu Luther und Melanchthon.[58]

Mit dem Jahr 1522 beginnt Oekolampads Annäherung an Zwingli, um dessen Freundschaft er in einem Brief vom 10. Dezember bittet.[59] Zu dieser Zeit wollte die Basler Universität sich der neuen Richtung erwehren. Der Jurist Johann Roman Wonnecker schlug zu Weihnachten 1522 Thesen gegen Luther an. Der bischöfliche Generalvikar des Bistums Konstanz, Johann Fabri (Faber, eigentlich Heigerlin, geb. 1478, gest. 1541), und Zwingli wurden zu einer Disputation in Basel erwartet. Sie kam nicht zustande.[60] Zwingli hatte ein Interesse daran, die erste Disputation auf Zürcher Boden zu veranstalten, und lud seinerseits

52 WAB 1, S. 56f Nr. 261.
53 MBW 116.
54 Johannes Oekolampad: *Quod non sit onerosa Christianis confessio, paradoxon*, Basel, Andreas Cratander, 1521 (VD16, O 391).
55 MBW 141.6.
56 MBW 151.4.
57 MBW 171.3.
58 MBW 182.1.3.
59 Johannes Oekolampad an Ulrich Zwingli, 10. Dezember 1522. Siehe das Regest in: Staehelin: *Briefe und Akten* (wie Anm. 51), S. 200, Nr. 136.
60 Siehe dazu Hagenbach: *Johann Oekolampad und Oswald Myconius* (wie Anm. 28), S. 38.

neben den eidgenössischen Ständen und Bischöfen die Basler Universität dazu ein, die aber fernblieb. Auch die Stände zogen es vor, die Religionsangelegenheit kantonal zu behandeln. Die erste Zürcher Disputation fand trotzdem statt (29. Januar 1523). Dabei wurde die Möglichkeit zu freier Meinungsäußerung zugesichert. Über die strittigen Lehrgegenstände sollte anhand von Beweisen ihrer Schriftgemäßheit entschieden werden. Je nach Ergebnis würde der Rat dann die Pfarrer für ihre künftigen Aufgaben instruieren.[61] Als Zwingli vom Zürcher Rat der Sieg zuerkannt wurde, war damit die Grundlage für sein Reformationswerk auch vonseiten der obersten Staatsgewalt her geschaffen.

Oekolampad wurde durch Zwinglis Erfolg so gestärkt, dass er am 30. August 1523 in einer öffentlichen Disputation vier Sätze aufstellte und sie gegen den Widerstand der Universität verteidigte. Nach den Ausführungen von Karl Rudolf Hagenbach lauten diese Sätze (hier in verkürzter Form): 1. Die Worte Christi sind das Brot des Lebens; alle weltliche Philosophie und menschliche Lehren sind Spreu dagegen. 2. Der Unglaube ist die Hauptursache dafür, dass das Wort Gottes bei Vielen nicht fruchtbar wird. Das wahrhaftigste Evangelium ist die Predigt von der Vergebung der Sünden. 3. Das wahrhaftigste Evangelium ist, dass auch die allergrößten Sünder einen freien Zugang zu Christus haben, und dass es keiner Fürbitter bedarf. 4. Das wahrhaftigste Evangelium ist, dass Gott seinen eingeborenen Sohn für uns in den Tod dahingegeben hat. Wie er ihn hingegeben hat, so hat er mit ihm alles gegeben, denn die, die Christus angehören, sind Herren aller Dinge. Welche Brüder Christi sind, sind durch ihn Priester und Könige und nicht mehr unter, sondern über dem Gesetz, nicht mehr Knechte, sondern Herren, auch über Zeit und Ort, über Speise, Kleider und Werke. Wer das leugnet, versucht, die Freiheit zunichte zu machen, die uns das Blut Christi erworben hat. Daher nennt der Apostel die Lehre derer teuflisch, die Speisen und Ehe verbieten. Dennoch bleiben bei der großen christlichen Freiheit die Gesetze und die Gerechtigkeit der weltlichen Gewalt unverrückt bestehen, und es steht dort am besten, wo Christus in Lehre und Leben regiert.[62]

Erasmus reagierte darauf mit den Worten: „Oecolampadius apud nos triumphat."[63] Was hingegen Melanchthon über Zwingli dachte, teilte er – zumindest

61 Vgl. [Eduard] Güder, R[udolf] Stäh[e]lin und [Emil] Egli: Artikel *„Zwingli, Ulrich (Huldreich), 1484–1531"*, in: *Realencyklopädie für protestantische Theologie und Kirche*, begründet von J[ohann] J[akob] Herzog, hg. von Albert Hauck, Bd. 21, Leipzig ³1908, S. 784.

62 Siehe dazu Hagenbach: *Johann Oekolampad und Oswald Myconius* (wie Anm. 28), S. 47 f.

63 Siehe Ulrich Zwingli an Johannes Oekolampad, 11. Oktober 1523, in: *Huldreich Zwinglis sämtliche Werke*, unter Mitwirkung des Zwingli-Vereins in Zürich hg. von Emil Egli, Georg Finsler und Walther Köhler, Bd. 8 (CR 95), Leipzig 1914, S. 125

nach dem zu urteilen, was überliefert ist – nicht Oekolampad, sondern etwa Michael Hummelberg in Ravensburg mit. Unter dem 16. Juli 1522 verurteilt der Wittenberger Professor die Zürcher Übertretung der Fastengebote als Missverständnis des Evangeliums: Dumm sind diejenigen, die durch solche Beispiele ihren Glauben bekunden wollen. Warum denken sie nicht eher, dass sie die Traditionen als „Elemente der Welt" ohne Verletzung ihres Gewissens auf solche Weise brauchen können, wie sie die Gesetze ihrer Gemeinwesen und die von den Vätern ererbten Sitten anwenden? Doch akzeptiere er Zwinglis differenzierte Betrachtungsweise: „Ich missbillige die Handlung der Zürcher. Denn was bedeutet es schon für die Gerechtigkeit des Geistes, ob man Fleisch oder Fisch isst? Wer seinen Glauben anhand solcher Exempel demonstrieren möchte, ist dumm. Weshalb haben sie nicht eher [still] bei sich gedacht, dass solche Traditionen als Elemente der Welt [vgl. Gal 4, 3] existieren? Diese könnten sie ohne Gewissensnöte anwenden, nämlich genauso, wie sie die Gesetze ihrer Stadt und die Sitten ihrer Väter gebrauchen! Doch tadle ich Zwingli nicht, der die Tat damit entschuldigt hat, dass sie vielleicht nicht von den schlechtesten Leuten begangen wurde und sie [insofern], wie ich sehe, [doch] als Fehler betrachtet [...]."[64] Dies Letztere bezieht sich auf eine Stellungnahme Zwinglis zum sogenannten „Froschauer Wurstessen",[65] bei dem der evangelisch gesinnte Zürcher Buchdrucker Christoph Froschauer d. Ä. mit seinen Gesellen in der vorösterlichen Fastenzeit 1522 das Fastengebot gebrochen hatte. Zwingli bestätigte, dass der Fastenbruch keine Sünde wäre. Dabei war er bestrebt, einerseits öffentliche Unruhen zu vermeiden, andererseits den Zürcher Rat in der Haltung gegenüber dem Bischof zu stützen. Seine auf eine Predigt vom 23. März zurückgehende Stellungnahme gab Zwingli unter dem Titel *Von erkiesen vnd fryheit der spysen (Die freie Wahl der Speisen)*[66] am 16. April 1522 heraus.

Nr. 319, Z. 9f. – Siehe auch Hagenbach: *Johann Oekolampad und Oswald Myconius* (wie Anm. 28), S. 48f.

64 „Tigurinorum factum non probo. Quid enim refert iustitiae spiritus, carnes edas an pisces? Stulti homines qui huiusmodi exemplis declarari volunt fidem. Quor non potius sic apud se cogitabant: traditiones hasce elementa mundi [vgl. Gal 4, 3] esse, quibus citra conscientiae offensionem uti poterant, ut suae urbis legibus, patriis moribus utuntur [...] Quamquam Zwinglium non reprehendo, qui factum fortasse non pessimorum hominum excusavit, errorem, ut video, interpretatus [...]" (MBW 229).

65 Dazu und zum Folgenden siehe die Einleitung zu Ulrich Zwingli: *Die freie Wahl der Speisen*, in: *Huldrych Zwingli. Schriften* Bd. 1, im Auftrag des Zwinglivereins hg. von Thomas Brunnschweiler und Samuel Lutz [...], Zürich 1995, S. 15–17.

66 *Von erkiesen vnd fryheit der spysen. Uon ergernus vñ verboesrung. Ob man gwalt hab die spysen zů etlichen zyten verbieten, meinnung Huldrichi Zwinglij zů Zürich geprediget im. M. D.XXII.Jare*, Zürich, Christoph Froschauer d. Ä., 1522 (VD16, Z 925–927; siehe auch Manfred Vischer: *Bibliographie der Zürcher Druckschriften des 15. und 16. Jahrhunderts. Erarbeitet in der Zentralbibliothek Zürich*, Baden-Baden 1991, S. 40f.

Darin erklärte er auch, dass diejenigen, die das Fastengebot gebrochen hatten, keine übermütigen Gesellen, sondern ehrbare Leute waren.[67]

Unterdessen hat es eine längere Pause im Austausch zwischen Oekolampad und Melanchthon gegeben, wie Melanchthon selbst bezeugt, denn mit einem Schreiben von vor 21. Mai 1523 versichert er Oekolampad seiner trotz des langen Schweigens unveränderten Liebe und lädt ihn zu sich ein.[68]

Ein Dreivierteljahr später kommen im nächsten Stück, das vom 14. Februar 1524 datiert, wieder theologische Fragen zur Sprache. Dieser Brief lässt sich besser verstehen, wenn man in Betracht zieht, dass zu dieser Zeit in Wittenberg die Auseinandersetzung mit Karlstadt bevorstand.[69] In der sogenannten Wittenberger Bewegung hatte Karlstadt in den Jahren 1521/22 während Luthers Aufenthalt auf der Wartburg versucht, die neuen Lehrmeinungen durch Bildersturm und Abschaffung der Messe, durch Einführung des Laienkelchs und durch Erlaubnis der Priesterehe umzusetzen.[70] In dem Brief ermahnt Melanchthon Oekolampad, auch weiterhin das unverfälschte Evangelium zu lehren, und er berührt unter Missbilligung der Zürcher die Frage der Bilder, der Zeremonien und der christlichen Freiheit: „Sie [die Zürcher] nehmen sich allzuviel heraus. Sie haben die Frage der Bilder ohne Not aufgeworfen […] Was nützt es denn, Bilder abzuschaffen, da wir doch das Evangelium bekennen, welches die Gerechtigkeit des Geistes ist? Wir lehren fast alle nur die Gerechtigkeit des Fleisches, das heißt, Zeremonien. Deshalb tue bitte das, was der Würde des Evangeliums entspricht, wenn du etwas um der öffentlichen Ordnung willen vermagst."[71] Von der „iustitia spiritus" hatte Melanchthon bereits in dem erwähnten Brief vom 16. Juli 1522 an Michael Hummelberg gesprochen. Wie wichtig diese Frage nach der Gerechtigkeit des Geistes und nach der des Fleisches nicht nur

Nr. C 30; C 31). – Edition in: *Huldreich Zwinglis sämtliche Werke*. Unter Mitwirkung des Zwingli-Vereins in Zürich hg. von Emil Egli und Georg Finsler, Bd. 1 (CR 88), Berlin 1905, S. 88–136. – Übertragung in heutiges Deutsch: Zwingli: *Die freie Wahl der Speisen* (wie Anm. 65), S. 13–73.

67 Vgl. Zwingli: *Die freie Wahl der Speisen* (wie Anm. 65), S. 21. – Michael Hummelberg antwortete am 16. August 1522 (MBW 232).

68 MBW 278. – Einige Monate später, am 8. September 1523, empfiehlt Melanchthon Oekolampad den nach Basel reisenden Hieronymus Schurff, Jurist und Anhänger Luthers (MBW 292).

69 Siehe dazu Staehelin: *Briefe und Akten* (wie Anm. 51), S. 266f Nr. 183, mit Anm. 1: „In Wittenberg stand man eben vor der Auseinandersetzung mit Karlstadt, Müntzer u. a. […]; darum ist Melanchthon in der Bilderfrage so empfindlich."

70 Vgl. Heiner Lück: Artikel *„Wittenberg"*, in: *TRE* Bd. 36, S. 238.

71 MBW 311: „Nimium sibi passim sumunt. Duregi caussam simulachrorum moverunt praeter necessitatem […] Quid refert statuas abolere, cum evangelium, hoc est iusticiam spiritus profiteamur? Plerique tantum iusticiam carnis, hoc est ceremonias docemus. Quare, si quid potes publicae tranquillitatis caussa ea in re, facias quaeso quod est ex evangelii dignitate."

für Luther, sondern auch für ihn war, zeigt sich in seiner Thesenreihe mit dem Titel *Themata de duplici iustitia*, die er aus Anlass der Wittenberger Unruhen für eine Disputation[72] geschrieben hatte und als Anhang zu den Straßburger Ausgaben seiner *Loci communes* von Dezember 1523 und 1525 drucken ließ.[73]

Auch der folgende Brief Melanchthons an Oekolampad, geschrieben Anfang September 1524, steht in Zusammenhang mit Karlstadt, mit dem Luther am 22. August 1524 im „Schwarzen Bären" in Jena eine letzte Unterredung geführt hatte. Deren Resultat war die Entschlossenheit zur literarischen Auseinandersetzung.[74] In dem Brief drückt Melanchthon seine Sorge um die Zukunft der gefährdeten evangelischen Interessen aus.

Um Bildersturm ging es auch auf dem vom 26. bis 28. Oktober 1523 gehaltenen Religionsgespräch in Zürich, der Zweiten Zürcher Disputation. Dort sollte die Schriftmäßigkeit der Bilder und der Messe erörtert werden, denn kurz zuvor war es in Zürich zu Exzessen gekommen, in deren Verlauf etwa der Schuster Niklaus Hottinger in der Vorstadt Stadelhofen ein großes Kruzifix umgestürzt und das Holz zugunsten der Armen verkauft hatte.[75] Zwingli und Leo Jud verteidigten zwei Thesen, nämlich: 1. Dass die Bilder von Gott in der Heiligen Schrift verboten seien, und 2. Dass die Messe kein Opfer und bisher im Widerspruch mit der Einsetzung Christi unter vielen Missbräuchen gehalten worden sei. Im Ergebnis sprach die Versammlung ihre Zustimmung zu den Thesen Zwinglis und Leo Juds aus, bestand aber zugleich auf einer behutsamen Handlungsweise bei deren Umsetzung.[76]

Am 11. Juni 1524 verleiht Melanchthon in einem Brief an Oekolampad seiner Freude über dessen glücklich verlaufenes Treffen mit Joachim Camerarius Ausdruck,[77] und er wünscht, dass die unter dem Vorwand des Evangeliums wirkenden, gewalttätigen Reformer „bei euch" sich doch an der frommen Gesinnung Oekolampads, mit der dieser das Evangelium schützt, ein Beispiel nähmen: „Evangelio scio patrocinari te religiose; quare nihil est quod adhorter. Utinam tuo se exemplo compararent alii apud vos qui evangelii praetextu τυραννίδα gerunt!"[78]

[72] Am 25. Juli 1522 in Wittenberg.

[73] Siehe dazu etwa Lars Klinnert: *Verheißung und Verantwortung. Die Entwicklung der Naturrechtslehre Philipp Melanchthons zwischen 1521 und 1535*, in: *Kerygma und Dogma. Zeitschrift für theologische Forschung und kirchliche Lehre* 50 (2004), S. 31 und 49f.

[74] Siehe Staehelin: *Briefe und Akten zum Leben* (wie Anm. 51), S. 312f Nr. 214, Anm. 4.

[75] Siehe Güder/Stähelin/Egli: Artikel *„Zwingli, Ulrich (Huldreich), 1484–1531"* (wie Anm. 61), S. 788.

[76] Ebd.

[77] MBW 326.1.

[78] MBW 326.3.

In diesen beiden zuletzt genannten Stücken schwingt leise Kritik mit, nicht an Oekolampad, sondern an gewissen Evangelischen, die auch Erasmus von Rotterdam kritisiert hat, wie aus Melanchthons Brief an Erasmus vom 30. September 1524[79] deutlich wird. Damit sind diejenigen gemeint, die wie Karlstadt in Wittenberg gewaltsam vorgegangen sind und die, um es mit Karl Rudolf Hagenbach zu sagen, „in Absicht auf äußere Kirchengebräuche und Ceremonien alles über *eine* Form spannen wollen, ohne Rücksicht zu nehmen auf die Schwäche und die Verschiedenheit der Gemüther.“[80] In diesem Brief an Erasmus tritt Melanchthon für Oekolampad ein. Er missbilligt es, dass Erasmus auch Oekolampad zu den Übeltätern rechnet.[81] Melanchthon schreibt, er selbst könne aus Gewissensgründen Luthers Lehre nicht verurteilen: „Ego integra conscientia dogmata Lutheri non possum damnare, facturus id etiam fortiter, si cogant sacrae literae; quod sive superstitionem sive stulticiam alii interpretentur, mea nihil refert.“[82] An eben diesem Tag, dem 30. September 1524, beschwert Melanchthon sich bei Oekolampad über dessen Schweigen, denn er möchte wissen, wie der Freund den Unruhen[83] begegnet.[84]

Über Radikale spricht Erasmus von Rotterdam sich in seiner Antwort an Melanchthon vom 10. Dezember 1524[85] aus: Für ihn sind es solche, „qui tumultuantur evangelii titulo“. Gegen den ihn erhobenen Vorwurf der Wankelmütigkeit verweist Erasmus beispielsweise auf die grundlegende Abweichung Oekolampads von Luther, indem Oekolampad keine Gefahr darin sehe, die Messe als Opfer zu bezeichnen, was ja Luther völlig ablehne! In diesem Brief schreibt der niederländische Gelehrte auch, dass er Oekolampad nicht zu „portentis illis“ rechne, jenen Scheusalen, die in Basel Unruhe stifteten oder noch stiften, wie zum Beispiel Karlstadt, der hier sechs Bücher auf Deutsch drucken ließ, in denen er lehrt, dass in der Eucharistie nichts sei außer ein Zeichen des Leibes und des Blutes Christi. Oekolampad hingegen und diejenigen, die ihm ähnlich sind, seien nicht zu ihnen zu zählen, auch wenn es etliches gibt, was man zu Recht an ihnen beklagen könnte. Erasmus führt an, dass Caspar Hedio,

79 MBW 344.

80 Hagenbach: *Johann Oekolampad und Oswald Myconius* (wie Anm. 28), S. 59.

81 Siehe Erasmus von Rotterdam an Melanchthon, 6. September 1524 (MBW 341.5): „Oecolampadius caeteris paulo modestior est, et tamen est ubi in illo quoque desiderem evangelicam synceritatem“.

82 MBW 344.4.

83 Gemeint sind politische Spannungen in der Eidgenossenschaft, möglicherweise in Zusammenhang mit dem am 8. April 1524 auf einer Tagsatzung in Beggenried von den Fünf Orten (Luzern, Uri, Schwyz, Unterwalden und Zug) geschlossenen katholischen Sonderbund; siehe Staehelin: *Briefe und Akten* (wie Anm. 51), S. 318f Nr. 220 mit Anm. 2, wo verwiesen wird auf S. 295, Anm. 4 (zu Nr. 205).

84 MBW 345.

85 MBW 360.

Oekolampad und Konrad Pellikan seinen Vorschlag abgelehnt hätten, dem Kardinal Lorenzo Campeggi Rechenschaft über ihre Lehre abzulegen: „Surdis cecini fabulam."[86] Zudem hätte Oekolampad auf Erasmus' Werk *De libero arbitrio* zu antworten begonnen, noch ehe es erschienen war. Und Oekolampad hätte sich, so Erasmus weiter, durch die Schrift *Exomologesis* verletzt gefühlt; als ob Erasmus darin von Oekolampads Schrift über die Beichte Gebrauch gemacht hätte, obwohl er diese doch gar nicht gelesen hat; ja, als er seine Schrift niederschrieb, dachte er nicht einmal an Oekolampad![87]

Etwa in diese Zeit fällt auch Oekolampads Benutzung von Melanchthons Kommentar zum Römerbrief von 1521/1522.[88] Dies berührt eine Frage, die sich kurze Zeit danach, im Abendmahlsstreit, erneut manifestieren wird, „nämlich inwiefern Worte – oder Elemente – Träger des Heils sein können."[89] In seinem Aufsatz hat Ulrich Gäbler die Gemeinsamkeiten und Unterschiede der Interpretationen Melanchthons und Oekolampads nuanciert dargestellt: Beide Theologen widmeten der Auslegung von Römer 1, 16f.[90] sehr breiten Raum. Dort wird ausgedrückt, dass diejenigen, die dem Wort Gottes glauben, gerettet werden. Im Evangelium werde der wahre Charakter von Gottes Gerechtigkeit erhellt, durch die der Sünder gerechtfertigt werde. Oekolampad zufolge werde im Evangelium ausgedrückt, dass Gottes Gerechtigkeit durch die erlösende Tat Christi nicht auf Werke, sondern auf den Glauben der Menschen zielt. Aus einem Vergleich von Oekolampads betont theologischem Verständnis mit dem Kommentar Melanchthons einerseits und mit den ‚Annotationes' des Erasmus zur Stelle andererseits gehe hervor, dass Oekolampad sich deutlich „im Horizont der Wittenberger Paulusexegese" bewege und insofern eine Lösung von Erasmus und der humanistischen Interpretation vollzogen habe.[91] Unübersehbar

86 MBW 360.3 (Z. 35).

87 MBW 360.8.

88 Luther hatte die Nachschrift „eines wohl 1521 gehaltenen R[ö]m[erbrief]-Kollegs" von Melanchthon dem Nürnberger Verleger Johannes Stuchs übergeben, der sie mit einer Vorrede von Luther an Melanchthon im Oktober 1522 publizierte; siehe *Melanchthons Werke in Auswahl*, Bd. 5: *Römerbrief-Kommentar 1532*, in Verbindung mit Gerhard Ebeling hg. von Rolf Schäfer, Gütersloh 1965, S. 15. Oekolampad benutzte dann vermutlich einen Basler Druck aus dem Folgejahr: *Philippi Melanchthonis in epistolam Pauli ad Romanos unam, et ad Corinth. duas, annotationes.* Basel, Thomas Wolff, 1523 (VD16, M 2448; M 2461); vgl. Gäbler: *Melanchthon und die Schweiz* (wie Anm. 10), S. 237

89 Ulrich Gäbler: *Melanchthon und die Schweiz* (wie Anm. 10), S. 239.

90 Röm 1, 16f: „Denn ich schäme mich des Evangeliums nicht; eine Kraft Gottes ist es zur Rettung für jeden, der glaubt, für die Juden zuerst und auch für die Griechen. Gottes Gerechtigkeit nämlich wird in ihm offenbart, aus Glauben zu Glauben, wie geschrieben steht: ‚Der aus Glauben Gerechte aber wird leben'" (zitiert aus: *Zürcher Bibel 2007*, Zürich 2007, S. 234f).

91 Zitat und Paraphrase aus Gäbler: *Melanchthon und die Schweiz* (wie Anm. 10), S. 238.

sind aber auch die Differenzen, wie Ulrich Gäbler weiter ausführt. So hat „Oekolampad die konsequent rhetorische Interpretation des Römerbriefs durch den Wittenberger Professor, anders als etwa Heinrich Bullinger, nicht nachvollzogen“[92], und er bietet keine Gesamtdisposition. Schwerer wiegt die inhaltliche Differenz, und zwar im Verständnis von „Evangelium“. „Für Melanchthon ist die typisch lutherische Gegenüberstellung von ‚Gesetz‘ und ‚Evangelium‘ ein durchgehendes Thema des Römerbriefes.“[93] Das Evangelium bringt das Leben, das Gesetz aber kann nicht leisten, was es verspricht. Das Evangelium selbst ist eine „Kraft, durch die Gott dem Glaubenden das Heil schenkt“; durch das Hören von Gottes Wort werden die Menschen zu „Gerechten“. Im Unterschied dazu kennt Oekolampad eine Gegenüberstellung von Gesetz und Evangelium nicht. Aber auch Evangelium versteht er anders: Während für Melanchthon die Worte des Evangeliums selbst das Heil mit sich bringen, verweisen sie in den Augen Oekolampads zwar auf die Erlösungstat Christi, können aber nicht selbst das Heil bewirken. Um diese unterschiedlichen Antworten aus den Jahren 1524 und 1525 auf die Frage, inwiefern Worte (oder Elemente) Träger des Heils sein können, ging es dann auch in der bald darauf zwischen Oekolampad und Melanchthon ausbrechenden Kontroverse um das Abendmahl. Sie offenbarte erhebliche theologische Differenzen, die aus der vorausgegangenen Korrespondenz nicht zu erkennen gewesen waren, so dass Ulrich Gäbler den Eindruck gewann, Melanchthon und Oekolampad seien anscheinend von dem Ausmaß ihrer Meinungsverschiedenheiten überrascht worden.[94]

Am 12. Januar 1525 verteidigt Melanchthon Oekolampad gegenüber die Lehre von der leiblichen Gegenwart Christi im Abendmahl.[95] Der Reformationshistoriker Joachim Knaake, der, wenn ich richtig sehe, als erster Forscher den Brief auf das Jahr 1525 datierte, hat die entsprechende Stelle wie folgt übersetzt: „Nicht erst seit kurzer Zeit beschäftigt mich diese Frage vom Abendmahl, und obgleich ich in verschiedener Weise alles erwog, hat mich doch nichts sicherer gedünkt als bei den Worten der evangelischen Geschichte und

92 Gäbler, ebd.

93 Ebd., S. 238f.

94 Zitate und Paraphrase aus Ulrich Gäbler: *Melanchthon und die Schweiz* (wie Anm. 10), S. 238f.

95 MBW 370. – Zum Kontext vgl. Wilhelm H. Neuser: *Die Abendmahlslehre Melanchthons in ihrer geschichtlichen Entwicklung (1519–1530)*, Neukirchen-Vluyn 1968 (Beiträge zur Geschichte und Lehre der Reformierten Kirche 26), S. 242: „[…] Luther dehnt seine berechtigte Ablehnung der Karlstadtschen Lehre auf die der Schweizer aus und sieht nun in diesen Schwärmer. Bei dieser Meinung ist er geblieben. Der wahre Anlaß des Streites, die tropische Deutung der Einsetzungsworte durch Zwingli, veranlaßt durch den Brief des Holländers Hoen, und die seit dem Jahre 1523 massivere Abendmahlslehre auf Luthers Seite, tritt zum Schaden der Reformation in den Hintergrund.“

des Paulus zu bleiben. Daß das Wort ‚ist' tropisch gebraucht wird, macht keinen Eindruck auf mich, und ich zweifle nicht, daß bei der Einsetzung des Heiligen Abendmahls die Jünger Christi natürlichen Leib empfangen haben. Du könntest fragen: Wie denn nach Christi Heimgang? Kehrt sein Leib bei jeder Abendmahlsfeier zurück? Freilich sonderbar und dem gemeinem Verstande zuwider; aber hier zwingt mich Paulus anzunehmen, Christus habe auch auf diese Weise in seiner Gemeinde sein wollen."[96] Melanchthon fährt fort, dass ja auch Paulus ganz schlicht und oft von „corpus" und „sanguis", von Leib und Blut, gesprochen hätte. Auch sei es unredlich, anderen etwas als Gewissheit vorschreiben zu wollen, worüber man selbst Zweifel hege.

Auch in Melanchthons Briefwechsel mit anderen Korrespondenten finden sich von jetzt an Spuren, die Differenzen im Abendmahlsverständnis zumindest andeuten. Zum Beispiel ist dies meines Erachtens daran zu erkennen, dass das Wort „negocium ἐυχαριστίας" Anfang 1525 zum ersten Mal in den Briefen[97] erscheint (in den Briefregesten wiedergegeben als „Abendmahlsstreit").

Wie sehr Oekolampad daran gelegen war, die Freundschaft mit Melanchthon aufrechtzuerhalten, bezeugt sein Brief vom 15. November 1525.[98] Darin kommt eine vorsichtige Bedachtsamkeit zum Ausdruck, trotz dogmatischer Gegensätze die bestehende Freundschaft nicht zu gefährden. Zur letzten Frankfurter Messe schrieb er nicht, weil das Gerücht umging, Melanchthon wäre gestorben. Oekolampad tröstete sich mit dem Gedanken, dass es in diesen verkehrten Zeiten ohnehin besser sei zu sterben, als zu leben: „Consolabar me, eo quod in tam perverso saeculo mori quam vivere satius existimem."[99] Er muss seit drei Jahren mit Vertreibung rechnen. Was sein Buch über die Abendmahlslehre, *De genuina verborum domini expositione* (von September 1525), angehe, so solle Melanchthon Luther und Johannes Bugenhagen erklären, dass es nicht feindlich gemeint sei; vielmehr könnten auch diejenigen, die Freude am Streit haben, das unauflösliche Band der Liebe durch ihre Missgunst nicht auflösen. In Nürnberg verbot man den Verkauf der Schriften Zwinglis und Oekolampads. Es heißt, Melanchthon werde etwas gegen Zwingli schreiben, was auch Oekolampad

96 „Me non nuper, optime Oecolampadi, exercet haec quaestio περὶ εὐχαριστίας. Varieque reputanti omnia nihil tutius adhuc visum est, quam ne discederem a verbis tum historiae evangelicae tum Pauli. Nam τρόποι verbi ‚est' me nihil movent, nec dubito, quin in Christi coena naturale corpus Christi sumpserint discipuli. Dicas: Quid post Christi a nobis discessum? Reditne corpus toties? Ἄτοπον profecto et a comuni sensu valde abhorrens. Sed hic me Paulus cogit, ut sentiam Christum voluisse hoc etiam modo in ecclesia versari" (MBW 370, Z. 2–9). – Deutsche Übersetzung aus: [Joachim Karl Friedrich] Knaake: *Bemerkungen zum Briefwechsel der Reformatoren*, in: *Theologische Studien und Kritiken*, 1900/2, Gotha 1900, S. 277 f.

97 Siehe MBW 371.2 (an Joachim Camerarius in Bamberg, 22. Januar 1522).

98 MBW 429.

99 MBW 429.2.

treffen würde, vor allem in der Abendmahlsangelegenheit. Melanchthon soll die Freunde nicht als Feinde behandeln. Oekolampad appelliert an Melanchthons Einsicht in die *ratio veritatis*, aber auch an seine brüderliche Liebe: „Habebis, scio, veritatis rationem, sed et charitatis non minorem."[100] – Damit bezieht Oekolampad sich auf ein Vorhaben Melanchthons, von dem ihm im Januar 1526 auch Theobald Billicanus aus Nördlingen Mitteilung machen würde. Dieser schrieb, er verstehe Oekolampads Auffassung, das Wort „corpus" für „figura corporis" zu setzen, nicht; falls das gänzlich so gemeint sei, gehe Oekolampad in die Irre. Melanchthon werde in einer Schrift darlegen, was er denkt.[101] – Oekolampad bittet Melanchthon um weitere Freundschaft, denn auch er bekennt sich zu Christus: „Tu vale et ex amicorum albo nos ne exauctores. Nam et nos Christi sumus."[102] Ob „nos" hier als Pluralis modestiae zu lesen ist, oder ob Oekolampad mit diesem Wort auch seine zwinglisch gesinnten Amtskollegen einbezog – beides ist wohl möglich.

Im Jahr 1526 wurde aber der Streit zwischen Luther und den Schweizern heftiger, nachdem Zwingli am 16. November 1524[103] einen fingierten Brief mit seiner Abendmahlsauffassung an den lutherisch gesinnten Reutlinger Prediger Matthäus Alber in 500 Kopien im Geheimen verbreiten und im März 1525 im Druck hatte herausbringen lassen. Die Reutlinger schickten Ende 1525 eine Gesandtschaft nach Wittenberg, „um Luther zu einer Meinungsäußerung zu bewegen".[104] Am 4. Januar 1526 schrieb Luther seine Antwort nieder und stellte eine spätere, ausführliche Widerlegung der Schweizer in Aussicht. Inzwischen waren weitere Schriften Zwinglis, eine Entgegnung Bugenhagens und am 16. September 1525 Oekolampads *De genuina verborum domini expositione* erschienen. Wie Oekolampad selbst gleich zu Beginn sagt, hätten ihn sowohl Freunde als auch Gegner aus einer sich einstellenden Trägheit gerissen und zur Abfassung der Schrift gedrängt.[105] Sie kam kurz danach auch in einer deutschen

[100] MBW 429.3, 5, 6.

[101] Siehe Theobald Billicanus an Johannes Oekolampad, Nördlingen, 16. Januar 1526, in: Staehelin: *Briefe und Akten* (wie Anm. 51), S. 451 f Nr. 326. – Eine solche Schrift Melanchthons ist nicht erschienen; siehe MBW 429, App. Q zu Z. 41 sowie MBW Nr. 430, App. Q zu Z. 13.

[102] MBW 429.8.

[103] Siehe WA 19, 447.

[104] Siehe WA 19, 115 (in den Vorbemerkungen zu Luthers Antwortschreiben an die Christen zu Reutlingen, 4. Januar 1526).

[105] *Ioannis Oecolampadii de genuina Verborum Domini, Hoc est corpus meum, iuxta vetustissimos authores, expositione liber*, [Straßburg, Johann Knobloch d. Ä. 1525] (VD16, O 331), Bl. A2r: „Excitarunt quidem me torpescentem, nihilque tale cogitantem, et amici, et adversarii, et quantum illi blande, tantum hi importune, ut ea quae publicae de Euecharistia [!] pridem asserveram, chartis quoque commendarem." Zum Druckort siehe Ernst Staehelin: *Oekolampad-Bibliographie*, Nieuwkoop ²1963, S. 55 Nr. 113 Anm. b.

Übersetzung von Ludwig Hetzer heraus. In einem am Schluss der Schrift gedruckten Brief forderte Oekolampad die schwäbischen Prediger auf, ihr Urteil über seine Schrift abzugeben.[106] Die Luther zuneigenden schwäbischen Prediger waren entrüstet. Ohne dass Oekolampad vorher mit ihnen verhandelt hätte, wurde der Streit in ihre Gemeinden hineingetragen! Jedoch antworteten sie nicht mit einer Gegenschrift, sondern mit einem Brief, der unter der Anleitung von Johannes Brenz nach zwei Versammlungen in Schwäbisch Hall, dessen Wirkungsstätte, aufgesetzt wurde.[107] Aber ohne ihr Wissen wurde diese Antwort unter dem Titel *Syngramma*[108] Anfang 1526 in Augsburg gedruckt. Auf Anraten Zwinglis, dem Oekolampad die briefliche Antwort der schwäbischen Prediger gesandt hatte, antwortete Oekolampad ungefähr im März 1526, und zwar unter dem Titel *Apologetica [...] De dignitate evcharistiae sermones duo [...] Ad ecclesiastas svevos Antisyngramma.*[109] Das *Syngramma* der schwäbischen Prediger gelangte auch nach Wittenberg. Luther war davon angetan. Die schwäbischen Gelehrten hätten ausführlich und sehr gelehrt gegen Oekolampad und Zwingli geschrieben, teilte er Johannes Agricola mit.[110] Luther wollte nun die Schrift übersetzen, anstatt selbst gegen die Schweizer zu schreiben, doch kam Agricola ihm zuvor. Luther konnte aber dessen Übersetzung ein warnendes Vorwort beifügen. Noch im Jahr 1526 erschien Oekolampads Gegenschrift, die *Billiche antwurt.*[111] Als Luther sie gelesen hatte, schrieb er an Nikolaus Hausmann nach Zwickau (13. September 1526): „Provocatus sum ab Ecolampadio."[112] Oekolampad hatte geschrieben: „Warumb hastu das feür lassen über hand nemen? Warumb hastu allein mit scheldt, schmach, unnd troew worten vil in unrůwe gehalten? Und du syhest mit lachendem mund zů. Also das ein sag von dir außgeet. Du woellst uns lassen auß toben, unnd

106 Oekolampads Brief an die schwäbischen Prediger ist ediert von Staehelin: *Briefe und Akten zum Leben* (wie Anm. 51), S. 370–372, Nr. 261.

107 Vgl. WA 19, S. 448 f.

108 *Syngramma clarissimorum qui Halae Sueorum conuenerunt uirorum, super uerbis Coenae Dominicae, et pium et eruditum, ad Iohannem Oecolampadion, Basiliensem Ecclesiasten*, Augsburg, Simprecht Ruff, 1526 (VD16, B 7884).

109 *Apologetica Ioann. Oecolampadii. De dignitate evcharistiae sermones duo. Ad Theobaldum Billicanum quinam in uerbis Caenae alienum sensum inferant. Ad ecclesiastas svevos Antisyngramma*, Zürich, Christoph Froschauer d. Ä., 1526 (VD16, O 305; siehe auch Manfred Vischer: *Bibliographie der Zürcher Druckschriften* [wie Anm. 66], S. 61, Nr. C 106). – Vgl. WA 19, S. 449.

110 Druck in: WAB 4, S. 33, Nr. 982, Z. 6–8. – Vgl. WA 19, S. 450 f.

111 Johannes Oekolampad: *Billiche antwurt Joan. Ecolampadij, auff D. Martin Luthers bericht, des Sacraments halb: sumpt einem kurtzen begriff auff etlicher Prediger in Schwaben schrifft, die wort des Herren nachtmals antreffend: Jch bit umb verhoer*, Basel, Thomas Wolff, 1526 (VD16, O 296).

112 WAB 4, S. 117, Nr. 1037.

hernachmals uns es auff ein ruck außmachen [mit einem Mal zu Ende bringen]. Ach sihestu uns irrgan, warumb fueretu uns nit widerumb heym, werestu doch das deins feynds esel [vgl. Ex 23, 4] nach dem gesatz gottes schuldig? Wann der recht war geyst gottes dich yetzt zur zeyt nit hett verlassen, unnd wissest du etwas uns zů gůtem dienend, du wurdest es nit verhalten. Wolan ich wünsch dir noch von hertzen, das dir widerkeret werd der Fürstlich, geschlacht [sanftmütige] und freüdreych geyst Christi."[113] Diese Sätze führten Luther zur Abfassung seiner 1527 veröffentlichten Schrift *Das diese wort Christi Das ist mein leib etce. noch fest stehen widder die Schwerm geister.*[114] Spätestens von dieser Zeit an rechnete Luther die Schweizer zu den Schwärmern; das sollte sich auch nicht mehr ändern.[115]

Im September 1526 bat Landgraf Philipp von Hessen Melanchthon um Abfassung einer Schrift gegen Zwingli und Oekolampad: „vergest des Zwingels nit und Oecolampadii nit, last was wider den newen irsall [Irrtum; Häresie] ußgehen; hapt ir was gemacht, ßo schickt mirßs."[116] Diese Mitteilung könnte wohl als ein Vorbote des Marburger Religionsgesprächs von 1529 gedeutet werden, dessen Zustandekommen im Wesentlichen auf das Betreiben des Landgrafen Philipp zurückzuführen ist.[117] Der Landgraf erkannte offenbar schon hier die divergierende Lehre der Zwinglianer als Hinderungsgrund für ein Zusammengehen der der Reformation zuneigenden Stände. Besonders deutlich wurde das im Jahr 1529, als er sich über die unausgesprochene Vereinbarung mit Melanchthon hinwegsetzte, die besagte, dass die Wittenberger Theologen zwar bereit wären, mit Oekolampad zu verhandeln, aber nicht mit Zwingli; doch lud der Landgraf Zwingli nach Marburg ein. Er hatte ein großes Interesse daran, „Zwingli und die Schweizer möglichst lange im protestantischen Gefüge zu halten"[118], wie Gury Schneider-Ludorff es formulierte.

In der Tat wird Oekolampad jetzt in allen folgenden, bis zum Jahr 1529 reichenden Briefzeugnissen in Zusammenhang mit dem Abendmahl erwähnt. Melanchthon klagt im Mai 1527, dass auch die neu erscheinenden Bücher fast nur von diesem Thema handeln.[119] Im Übrigen nimmt die Anzahl der Briefe ab.

113 Oekolampad: *Billiche antwurt* (wie Anm. 111), Abschnitt XX, Bl. D2^{v}. – Siehe auch WA 19, S. 452.

114 *Das diese wort Christi Das ist mein leib etce. noch fest stehen widder die Schwerm geister*, Wittenberg, Michael Lotter, 1527 (VD16, L 4273). – Siehe dazu WA 23, S. 39.

115 Siehe dazu auch Neuser: *Die Abendmahlslehre Melanchthons* (wie Anm. 95), S. 242.

116 MBW 501.6.

117 Siehe dazu Gury Schneider-Ludorff: *Der fürstliche Reformator. Theologische Aspekte im Wirken Philipps von Hessen von der Homberger Synode bis zum Interim*, Leipzig 2006 (Arbeiten zur Kirchen- und Theologiegeschichte 20), S. 166.

118 Ebd., S. 169.

119 MBW 539 (4. Mai 1527).

Was könnten die Gründe dafür gewesen sein? Zu denken wäre an eine Enttäuschung Melanchthons oder an eine absichtliche Zurückhaltung, um dem Streit nicht noch mehr Nahrung zu geben. Möglicherweise ist es aus diesem Grund auch nicht zu einer Niederschrift der oben erwähnten, im Jahr 1525 geplanten Publikation über das Abendmahl gekommen. Melanchthon stand nicht nur mit Luther, sondern auch mit Oekolampad in freundschaftlicher Verbindung. Es wäre zum Bruch mit einem der beiden Freunde gekommen, wenn Melanchthon durch eine eigene Schrift sich in dem Streit exponiert hätte. Seine Auffassung von der Art und Weise der Realpräsenz unterschied sich zwar zu diesem Zeitpunkt bereits von derjenigen Luthers.[120] Doch waren er und Luther über die reale Gegenwart des Leibes und Blutes Christi an sich einig. Dass Melanchthon sich vorsichtig verhielt, geht aus dem nächsten Zeugnis hervor, dem Auszug aus einem Schreiben an Theobald Billicanus, erwähnt in einem Brief von Billicanus an Lazarus Spengler vom 17. März 1527: Billicanus hatte Melanchthon geschrieben, ihm missfalle nicht alles an Oekolampad.[121] Melanchthon antwortete ihm darauf und bat ihn, den Brief zu verbrennen.[122] Im September 1527 gibt Melanchthon Luther den Rat, auf die Schriften Zwinglis und Oekolampads nicht mit einer Widerlegung zu reagieren, sondern ihnen eine positive Darstellung entgegenzusetzen – daraus geht dann Luthers Schrift *Vom abendmal Christi Bekendnis*[123] hervor, erschienen im Jahr 1528.

Am 21. Mai 1528 schrieb Oekolampad einen Brief an Melanchthon,[124] in dem er seine unveränderte Freundschaft bekundete, seine Abendmahlslehre verteidigte und signalisierte, man nähme die Bezeichnung „Schwärmer" mit Gelassenheit auf; aber Melanchthon könnte Luther vielleicht eines Besseren belehren und sich dabei auf Oekolampads Ausführungen stützen. Das nächste erhaltene Schreiben Oekolampads an Melanchthon datiert vom 31. März 1529.[125] Melanchthon befand sich seit dem 13. März in Speyer, denn Kurfürst Johann hatte ihn zum Reichstag mitgenommen.[126] Aus dem Brief ist ersichtlich, dass Melanchthon Oekolampads Briefe unbeantwortet lässt. Oekolampad wünscht, Melanchthon möge sich auf dem Reichstag dafür einsetzen, dass die „Sakra-

[120] Vgl. Eick Sternhagen: *Melanchthons Abendmahlverständnis in seiner geschichtlichen Entwicklung – unter besonderer Berücksichtigung der Confessio Augustana variata von 1540*, Marburg 1996 (Edition Wissenschaft Reihe Theologie 10), S. 19f.

[121] Zu Theobald Billicanus und Oekolampad siehe Gerhard Simon: *Humanismus und Konfession. Theobald Billican, Leben und Werk*, Berlin – New York 1980 (Arbeiten zur Kirchengeschichte 49), S. 99–113.

[122] MBW 529, Z. 19–21.

[123] *Vom abendmal Christi Bekendnis*, Wittenberg, Michael Lotter, 1528 (VD16, L 6986); siehe auch WA 26, S. 241–509.

[124] MBW 686.

[125] MBW 766.

[126] Siehe Heinz Scheible: *Melanchthon. Eine Biographie*, München 1997, S. 103.

mentarier“ nicht verurteilt werden. Die ihnen unterstellten Irrlehren weist er zurück.

Im Umfeld des Speyerer Reichstags bricht Melanchthon sein Schweigen. In seinem vielleicht noch dort, d. h. in Speyer, geschriebenem Brief von vor 25. April 1529[127] drückt er seine Sehnsucht danach aus, dass die gegenwärtigen Zeiten ihrer Freundschaft geneigt wären: „Atque utinam ea essent tempora, ut frui hac nostra amicicia possemus.“ Er gibt Oekolampad zu verstehen, dass nicht sein Wohlwollen („benevolentia“) nachgelassen habe, sondern vielmehr der schreckliche Abendmahlsstreit („horribilis dissensio de coena Domini“) es nicht erlaube, ihr früheres, übliches Wetteifern in gegenseitigen Gefälligkeiten („veterem consuetudinem officiorum, quibus inter nos certare solebamus“) fortzusetzen. (Diese Äußerung stützt die oben erwähnte Vermutung, Melanchthon habe sich bewusst von dem Streit ferngehalten.) Melanchthon positioniert sich wie folgt: Weder möchte er eine neue Lehre vertreten noch als unselbstständiger Parteigänger Luthers angesehen werden. Sein Gewissen ist aber an den Wortlaut der Einsetzungsworte gebunden. Es entspricht der Schrift, dass Christus im Abendmahl wahrhaft gegenwärtig ist. Melanchthon schätzt die Freundschaft einiger Zwinglianer, doch nehmen diese nur eine schauspielartige Vergegenwärtigung des Leibes Christi an. Ein Religionsgespräch wäre zu begrüßen.[128] Dieser Brief wurde auch bald veröffentlicht,[129] und zwar sehr zum Leidwesen Oekolampads, wie dieser später zu verstehen gab.[130]

Auf dem zweiten Reichstag zu Speyer wurden zahlreiche Maßnahmen beschlossen, um reformatorische Bestrebungen zu unterdrücken oder rückgängig zu machen, die auf dem ersten Speyerer Reichstag von 1526 durch die „interpretierbare Verantwortungsformel“[131] legitimiert worden waren. Die Rechtsgrundlage für die reformatorische Umgestaltung des Kirchenwesens wurde durch die Proposition König Ferdinands beseitigt. Die Einführung von Neuerungen sollte bis zu einem Konzil unterbleiben. Gegen das Sakrament gerichtete Lehrmeinungen (dies zielte auf Zwingli ab), die Abschaffung der Messe und die Hinderung am Messbesuch wurden verboten. Von kaiserlicher Seite wurde ein Mandat gegen die Täufer erlassen, die Zensur von Druckerzeugnissen verfügt und die Autorität der katholischen Kirche mittels einer Klausel gestärkt, derzufolge „allein das Evangelium, nach Auslegung der Schrifft, von

127 MBW 775. – Zum Problem von Abfassungsort und Datierung dieses Briefs siehe den Kommentar in MBW Regestenband 1, S. 335, Nr. 775.

128 MBW 775.

129 *Epistola Philippi Melanchthonis ad Iohannem Oecolampadium de coena domini*, Hagenau, Johann Setzer, 1529 (VD16, M 3188); siehe die Angabe im Vorspann zu MBW 775 (Bd. T 3).

130 Siehe MBW 812.2.

131 Schneider-Ludorff: *Der fürstliche Reformator* (wie Anm. 117), S. 167.

der Heiligen Christlichen Kirche approbiert, und angenommen" gepredigt und gelehrt werden durfte. Landgraf Philipp von Hessen, Kurfürst Johann von Sachsen und der lüneburgische Kanzler Johann Forster lehnten es ab, diese einem faktischen Verbot der Reformation gleichkommenden Bestimmungen zu akzeptieren. Wenige Tage später kam es zur Speyerer Protestation gegen die Aufhebung des Reichsabschieds von 1526, die den Bruch zwischen Katholiken und Befürwortern der Reformation „endgültig öffentlich" machte.[132]

Einige Tage später, am 9./10. Mai 1529, äußert Melanchthon in einem Gutachten für Herzog Johann Friedrich von Sachsen[133] Folgendes: Er, Melanchthon, habe sich Landgraf Philipp von Hessen gegenüber bereit erklärt, mit Ockolampad und seinesgleichen über das Abendmahl zu sprechen. Mit Zwingli wird jedoch keine Einigung möglich sein. Denn die Zwinglianer halten sich nicht an Gottes Wort: „Aber es felet inen einen stugk, das sie noch nit wissen, wie schwer ist, fur goth zu stehen ohn gottes wort." Als unparteiische Beobachter könnten an dem Gespräch einige gelehrte Katholiken teilnehmen. Der Landgraf neige zwar wie alle Rationalisten zum Zwinglianismus, aber Melanchthon werde niemals mit den Straßburgern und Zwingli konform gehen.[134] Dieses Gutachten schickte Melanchthon als Beilage zusammen mit einem wiederum wenige Tage später, am 14. Mai 1529, verfassten Brief[135] an Herzog Johann Friedrich von Sachsen ab. In dem Brief teilte Melanchthon seine eigenen Bedenken und diejenigen Luthers gegen ein Gespräch mit, verlieh aber zugleich seiner Befürchtung Ausdruck, dass der Landgraf, dem diese Sache sehr am Herzen liege, sich mehr zu Zwingli hinwenden werde, falls Luther ihm nun zum zweiten Mal ein Gespräch versagen sollte; weshalb er, Melanchthon, vorschlage, dem Landgrafen zu antworten, dass Kurfürst Johann die Genehmigung verweigere. Der Herzog stellte Melanchthons Brief dem Kurfürsten Johann von Sachsen zu, und dieser beschied darauf Melanchthon am 19. Mai 1529, er pflichte den Bedenken bei und billige es, wenn Melanchthon dem Landgrafen Philipp antworte, dass der Kurfürst mit Rücksicht auf die Universität es gegenwärtig nicht erlaube; doch könnten Luther, Melanchthon und andere zu gelegener Zeit mit Oekolampad verhandeln.[136] Nun stellte aber Melanchthon mit einem Schreiben vom 3. Juni 1529 als Zeugnis seines Gewissens eine Abendmahlsschrift in Aussicht.[137] Er bedauert, dass Oekolampad der schweizerischen „Verschwörung" anheimgefallen ist. Damit ist die zwinglische Auf-

132 Zitate und Paraphrase aus Schneider-Ludorff: *Der fürstliche Reformator* (wie Anm. 117), S. 167.

133 MBW 777.

134 Ebd.; vgl. auch MBW 778.

135 MBW 778.

136 MBW 784.

137 MBW 790 (an Johannes Lachmann in Heilbronn).

fassung vom Abendmahl gemeint (wie aus den vorhergehenden Sätzen deutlich wird), die nämlich etwas Neues einführe: „Ich habe nur unter den größten Anfechtungen begriffen, in welchem Ausmaß das zwinglische Dogma mit Fehlern behaftet ist […] In meinen Händen halte ich ein Manuskript, in dem ich nächstens über diese Angelegenheit öffentlich ein Zeugnis von meinem Gewissen ablegen werde. Würden doch nur diejenigen, die nach neuen Dogmen über die Kraft und Natur des Glaubens, die Buße und über andere zur Erbauung dienende Teilgebiete der christlichen Lehre gieren, mit einer Sorgfalt lehren, die der Heftigkeit entspricht, mit der sie auf ihrer Meinung über das Herrenmahl bestehen, für die sie überhaupt keine zuverlässigen Beweisgründe haben. Du weißt, dass ich eine alte Freundschaft zu Oekolampad unterhalte. Doch wünschte ich, er wäre nicht in diese Verschwörung geraten!“[138] Auch ein Gespräch mit Oekolampad werde keine Einigung bringen, schreibt Melanchthon am 22. Juni 1529 an den Landgrafen Philipp von Hessen.[139] Wenn dieser darauf bestehe, sei Melanchthon bereit, doch lehne er den Zwinglianismus entschieden ab. Er wiederholt seine in Speyer vorgetragene Bitte, das Gespräch in einem größeren Kreis (im Beisein von Katholiken) abzuhalten. An den Marburger Theologieprofessor Erhard Schnepf, der in seiner Eigenschaft als Hofprediger den Landgrafen an den Speyerer Reichstag begleitet hatte,[140] schreibt Melanchthon, man müsse sich der Philosophie der Zwinglianer jetzt mehr widersetzen als der Lehre der Sorbonne und der Päpste.[141]

Melanchthons Wunsch nach Beteiligung der Katholiken ist dahingehend zu verstehen, dass die kursächsische Seite ganz offensichtlich andere Ziele verfolgte als der Landgraf. Wie Gury Schneider-Ludorff in ihrer Studie über Philipp von Hessen feststellte, favorisierte Kursachsen nicht einen gegen die Habsburger und die Altgläubigen gerichteten kriegerischen Bund, sondern strebte nach einer Verständigung mit den Katholiken und einer „Ausschaltung der theologisch unerwünschten Schweizer“. Doch entsprach dies nicht dem Interesse des Landgrafen Philipp von Hessen. Dieser agierte ab dieser Zeit sowohl auf politischem als auch auf theologischem Gebiet gegenüber Wittenberg und Kursachsen mit einer vermehrten Eigenständigkeit, die auch in der erwirkten

[138] „Ego non sine maximis tentationibus didici, quantum sit vicii in dogmate Cinglii […] Habeo in manibus scriptum, in quo meae conscientiae testimonium brevi editurus sum ea de re. Utinam tam diligenter docerent ii qui sunt cupidi novorum dogmatum de fidei vi atque natura, de poenitentia deque aliis partibus doctrinae christianae quae ad aedificationem faciunt, quam vehementer urgent suam de coena domini opinionem, cuius nullam omnino habent firmam rationem. Scis mihi veterem cum Oecolampadio amicitiam esse. Sed optarim eum non incidisse in hanc coniurationem“ (ebd).

[139] MBW 802.

[140] Vgl. Volker Leppin: Artikel *„Schnepf, Erhard“*, in: *TRE* 30, S. 234.

[141] MBW 803.

Einberufung des Religionsgesprächs in seine Residenz nach Marburg und in Zwinglis Zusage einer Beteiligung am Gespräch zum Ausdruck kam.[142]

Mit MBW 812 liegt dann ein gewichtiges, ausführliches Zeugnis von Oekolampads Abendmahlsverständnis vor. Das Schreiben stammt von Juli oder August 1529. Oekolampad hat es Melanchthon beim Marburger Religionsgespräch im Herbst 1529 übergeben. Bald erschien dieser Brief auch in gedruckter Form, nämlich in Oekolampads Schrift *Quid de eucharistia veteres, tum Graeci, tum Latini senserint, Dialogus*[143] im Jahr 1530. Oekolampad teilt darin mit, er bemühe sich, die Freundschaft zu Melanchthon unverletzt zu bewahren. Melanchthons Brief über das Abendmahl (MBW 775) sei übereilt veröffentlicht worden. Vor allem wehrt Oekolampad sich gegen den Vorwurf der Neuerung („novum dogma"). Auch er lege die Heilige Schrift und die Kirchenväter korrekt aus. Ein Kolloquium scheine auch ihm angebracht zu sein. Am Ende formuliert er prägnant: „Durch sein [d. h. Christi] Fleisch werden wir auf geistliche Weise [„spiritualiter"] genährt und essen auf mystische Weise [„μυστικῶς"], nur gestehen wir dem Element nicht mehr zu, als angemessen ist."[144]

Die nächsten Zeugnisse stammen vom Marburger Religionsgespräch selbst, das vom 1. bis zum 4. Oktober 1529 im Marburger Schloss stattfand. Die Unterredungen endeten damit, dass die Schweizer die von den Lutheranern am 3. Oktober vorgelegte Unionsformel ablehnten. Deren Kernsatz lautete: „Wir bekennen, dz ausz vermög diser wort: ‚Das ist min lib, dz ist min blůt' der leib und dz blůt Christi warhaftiklich, hoc est: substantive et essentialiter, non autem quantitative vel qualitative vel localiter, im nachtmal gegenwertig sey und gegeben werd."[145] Hingegen lehnten die Lutheraner den Vorschlag der Schweizer ab, man solle sich trotz des Lehrunterschieds gegenseitig als Brüder anerkennen und die volle kirchliche Gemeinschaft gewähren. Ohne die Differenzen außer Acht zu lassen, gelang schließlich die gemeinsame Unterzeichnung der Marburger Artikel. In ihnen wurde der Konsens betont und der Dissens nicht verschwiegen; nämlich mit Hilfe der Formulierung, man habe sich darüber, „ob der war leib und plut Christi leiblich im brot und wein sey, dißer zeit nit vergleicht".[146] Mit den

142 Zitat und Paraphrase nach Schneider-Ludorff: *Der fürstliche Reformator* (wie Anm. 117), S. 170f.

143 *Quid de eucharistia veteres tum Graeci, tum Latini senserint, Dialogus, in quo Epistolae Philippi Melanchthonis et Ioannis Oecolampadij insertae. Autore Ioanne Oecolampadio*, Basel, Hieronymus Froben, 1530 (VD16, O 381).

144 „Carne eius [Christi] spiritualiter pascimur et μυστικῶς manducamus, tantum elemento non plus tribuimus quam par est" (MBW 812.16).

145 Zitiert aus: *Das Marburger Religionsgespräch 1529*, hg. von Gerhard May, Gütersloh ²1979 (Texte zur Kirchen- und Theologiegeschichte 13), S. 66.

146 Ebd., S. 70. – Siehe auch Gerhard May: Artikel *„Marburger Religionsgespräch"*, in: *TRE* Bd. 22, S. 77f.

Marburger Artikeln hatte Luther ein „gemeinreformatorisches Bekenntnis“ geschaffen, mit dem die Evangelischen ihren untereinander bestehenden, weitgehenden Konsens gegenüber den Katholiken demonstrierten.[147]

In der Folge wurde die literarische Polemik eingestellt. In seinem Bericht über das Marburger Religionsgespräch für Kurfürst Johann oder Kurprinz Johann Friedrich von Sachsen vom 16./17. Oktober 1529[148] schilderte Melanchthon aber doch die Zurückweisung, die Zwingli und Oekolampad auf ihre Bitte hin, sie als Brüder anzunehmen, durch die Lutheraner erfahren mussten. Melanchthon schreibt: „Und zu beschluß der sachen haben Zuinglius und Oecolampadius sehr begert, das wir sie als bruder annemen; solichs haben wir in keinen weg willigen wollen, haben sie auch hart darumb angeredt, das uns wunder neme, mit welchem gewissen sie uns fur bruder wolden halten, wen sie meinen, das wir irren. Denn wie wolden sie leiden, das bey inen unser meinung gelehret, gehalten und gebredigt wurde neben ihr lehre. Nun must solchs zugelassen werden, so wir einander nicht excommunicirten“.[149]

Ihre Korrespondenz führten Melanchthon und Oekolampad danach nicht mehr fort. Der unmittelbare Austausch zwischen ihnen brach nach dem Marburger Religionsgespräch ab. Zwar gab es noch indirekte Berührungen. Oekolampads schon erwähnte Schrift *Quid de eucharistia veteres senserint* erschien im Sommer 1530, und Melanchthon schrieb darüber am 20. Juli 1530 an Luther, die Schrift sei genauer als dasjenige, was Oekolampad sonst verfasse.[150] Auch ergaben sich Bezüge über Martin Bucer auf dem Augsburger Reichstag 1530, worauf hier aber nicht eingegangen werden kann.[151]

Oekolampad verstarb am 24. November 1531 in Basel. In Melanchthons Briefen erscheint danach bisweilen noch sein Name, und zwar durchaus auch mit Wertschätzung: „Oecolampadius, quem doctrina, prudentia et pietate excellentem non secus ac patrem colebam.“[152]

147 Zitat und Paraphrase nach May: Artikel *„Marburger Religionsgespräch“* (wie Anm. 146), S. 78.

148 MBW 831.

149 MBW 831.4.

150 MBW 982.

151 Siehe dazu Walther Köhler: *Zwingli und Luther. Ihr Streit über das Abendmahl nach seinen politischen und religiösen Beziehungen*, Bd. 2, Gütersloh 1953 (Quellen und Forschungen zur Reformationsgeschichte 7/2), S. 220–236, sowie Christine Mundhenk: *Die Beziehung Bucers zu Luther und Melanchthon*, in: *Martin Bucer zwischen den Reichstagen von Augsburg (1530) und Regensburg (1532). Beiträge zu einer Geographie, Theologie und Prosopographie der Reformation*, hg. von Wolfgang Simon, Tübingen 2011 (Spätmittelalter, Humanismus, Reformation 55), S. 207.

152 MBW 2780.1.2 (nicht verwendete Vorrede zu den nicht verkauften Exemplaren seiner in Basel erschienenen Werkausgabe von 1541).

2. Melanchthons Verhältnis zu Oswald Myconius

Oswald Myconius, eigentlich Geißhüsler, der aus Luzern stammte, hatte ab dem Jahr 1510 in Basel studiert, lernte Zwingli und Erasmus kennen und versah einige Schulstellen in Basel.[153] 1516 erhielt er einen Ruf an die Schule des Zürcher Chorherrenstifts, wo er entscheidenden Anteil an der Berufung Zwinglis von Einsiedeln nach Zürich hatte. Als Zwingli in der Schlacht von Kappel am 11. Oktober 1531 gefallen war, wollte Myconius nicht länger in Zürich bleiben. Ende 1531 wurde er nach Basel auf eine Stelle zu St. Alban berufen und schon im August 1532 zu Oekolampads Nachfolger gewählt. Das Erste Basler Bekenntnis[154] vom 21. Januar 1534 war hauptsächlich das Werk von Myconius. Es behielt noch lange nach der 1536 erfolgten Inkraftsetzung des Ersten Helvetischen Bekenntnisses seine Geltung und war bis zum Jahr 1872 für die Basler Pfarrer verpflichtend.[155] In der Abendmahlsauffassung vertrat Myconius die Auffassung Zwinglis, übernahm aber dazu noch einiges von Luther. Die Zürcher machten ihm deshalb Vorwürfe, doch Myconius erklärte, von den Irrtümern beider Seiten abzutreten und von jeder Seite das Wahre anzunehmen. Myconius trug auch dazu bei, dass in dem 1536 aufgezeichneten „Zweiten Basler Bekenntnis" („Confessio Basileensis posterior"), welches auch den Namen „Erstes Helvetisches Bekenntnis" („Confessio Helvetica prior")[156] trägt, das Abendmahl als ein mystisches Mahl bezeichnet war und von einem Essen des Leibes und Trinken des Blutes Christi „nit zu einer hynfelligen spys des buchs [Bauchs], sonder zu einer spis und narung des geystlichen und ewigen lebens" gesprochen wurde.[157]

153 Zu diesen und den folgenden Ausführungen vgl. im Wesentlichen (Bernhard Riggenbach †)/[Emil] Egli: Artikel *„Mykonius, Oswald"*, in: *Realencyklopädie für protestantische Theologie und Kirche*, begründet von J[ohann] J[akob] Herzog, hg. von Albert Hauck, Bd. 13, Leipzig ³1903, S. 607f.

154 Editionen (in Auswahl): *Die Bekenntnisschriften der reformierten Kirche. In authentischen Texten mit geschichtlicher Einleitung und Register* hg. von E. F. Karl Müller, Leipzig 1903 (Nachdruck Waltrop 1999, Theologische Studien-Texte 5.1), S. 95–100 Nr. 7; Heiner Faulenbach: *Das Basler Bekenntnis von 1534*, in: *Reformierte Bekenntnisschriften*, hg. im Auftrag der Evangelischen Kirche in Deutschland von Heiner Faulenbach und Eberhard Busch. *Bd. 1/1 1523–1534*, bearb. von Eberhard Busch u. a., Neukirchen-Vluyn 2002, S. 571–583, Nr. 18.

155 Siehe Thomas Wilhelmi: *Die staatskirchlich geprägte Reformation in Basel*, in: *Martin Bucer zwischen den Reichstagen* (wie Anm. 151), S. 46.

156 Editionen (in Auswahl): 1) auf Deutsch: *Die Bekenntnisschriften der reformierten Kirche* (wie Anm. 154), S. 101–109, Nr. 8. – 2) auf Lateinisch: Ernst Saxer: *Confessio Helvetica Prior von 1536*, in: *Reformierte Bekenntnisschriften*, hg. im Auftrag der Evangelischen Kirche in Deutschland von Heiner Faulenbach und Eberhard Busch. *Bd. 1/2 1535–1549*. Bearb. von Mihály Bucsay u. a., Neukirchen-Vluyn 2006, S. 33–68 Nr. 20.

Von der zwischen Melanchthon und Oswald Myconius geführten Korrespondenz sind sechs Briefe überliefert. Dass gewiss nicht alle je geschriebenen Stücke aus diesem wittenbergisch-baslerischen Briefwechsel erhalten geblieben sind, hat offenbar sogar schon Myconius selbst erlebt. In einem Brief an Martin Bucer vom 24. Juni 1543 verleiht er nämlich seiner Sorge darüber Ausdruck, dass ein Brief von ihm an Melanchthon verloren gegangen sein könnte.[158] Diese Mitteilung von Juni 1543 ist zugleich das früheste Zeugnis für einen Briefaustausch zwischen Melanchthon und Oswald Myconius.

Von den sechs erhaltenen Stücken kann hier nur ein Briefausschnitt näher betrachtet werden. Am 9. Juni 1544[159] berichtet Oswald Myconius aus Basel über Angriffe der Zwinglianer wegen seiner Abendmahlslehre. Er wird als Buceraner, Lutheraner und Verräter beschimpft. Seine Gegner sind nur wegen ihrer Vorurteile gegen Luther unbelehrbar. Myconius' Bekenntnis vom Abendmahl lautet:

„Damit Du, hochgelehrter Mann, weißt, welcher Meinung ich bin: Mein Bekenntnis vom Abendmahl ist folgendes: Christus speist uns in dieser Festversammlung mit dem Brot durch seinen Leib, und mit dem Wein tränkt er uns durch sein Blut, allerdings nicht auf grobe [materielle] Weise und so wie die Kapharnaiten[160] meinten, sondern auf himmlische und geistliche, aber dennoch wahrhafte Weise. Und [mein Bekenntnis ist], dass diese Wahrheit geglaubt, nicht erforscht werden soll. Dies sage ich in Bezug auf die unaussprechliche Weise, in der Christus, der zur Rechten Gottes sitzt, die Seinen im heiligen Abendmahl mit seinem Leib und Blut zum Leben wiederherstellt (erquickt). Dieses Bekenntnis habe ich [nach Zürich] geschickt, um die gegen mich aufgebrachten Gemüter zu beruhigen, doch umsonst; wenn ich nicht sage, dass ‚est' für ‚significat' steht, kann ich nicht verteidigt werden. Dies vertraue ich dir nur an, um mich ein wenig zu erleichtern; falls in meinem Urteil etwas Irriges ist, dann belehre mich, bitte, um des Herrn willen, wenn Du Zeit hast."[161]

157 Vgl. Riggenbach/Egli: Artikel *„Mykonius, Oswald"* (wie Anm. 153), S. 608. – Das Zitat stammt aus der Edition von Saxer: *Confessio Helvetica Prior von 1536* (wie Anm. 156), S. 53, Z. 7f. – Der Ausdruck vom mystischen Mahl, „coena mystica", ist allerdings in E. F. Karl Müllers Edition der deutschen Fassung (siehe Anm. 156 mit Verweis auf Anm. 154) nicht zu finden, sondern begegnet nur in der lateinischen Ausgabe von Saxer (wie Anm. 156), S. 65, Z. 7.

158 „Ad D. Philippum scripseram superioribus mensibus Witembergam gratias agens de suavissimis ad me datis literis. Sed quia abest, timeo, ne pereant meae" (*Philippi Melanchthonis Epistolae, iudicia, consilia, testimonia aliorumque ad eum epistolae quae in Corpore Reformatorum desiderantur*, hg. von Heinrich Ernst Bindseil mit einem Nachtrag von Robert Stupperich, Hildesheim – New York 1975 [Nachdruck der Ausgabe Halle an der Saale 1874], S. 175 Nr. 240).

159 MBW 3580.

160 Vertreter einer fleischlichen Auffassung im Abendmahl.

Dieses Briefzeugnis ist zum einen interessant wegen der darin angedeuteten Trübung des Verhältnisses zwischen dem Zürcher Antistes Heinrich Bullinger und Oswald Myconius, der Ende 1543 zwei Predigten über das Abendmahl gehalten hatte, die bei den Zürchern Anstoß erregten.[162] Zum anderen ist hier von besonderem Interesse, dass Luther im Jahr 1544 mit seinem *Kurtz bekentnis vom heiligen sacrament* den Abendmahlsstreit neu entfachte. Das Buch erschien im September 1544[163] und erhitzte die Gemüter dermaßen, dass auch der sonst gemäßigte Myconius die „anathemata" Luthers mit denen des Papstes verglich.[164] Melanchthon, der die Zürcher schon früher ermahnt hatte, provozierende Briefe schweigend hinzunehmen,[165] äußerte am 31. August 1544 gegenüber Heinrich Bullinger seine durch die bevorstehende Publikation von Luthers Schrift hervorgerufene Sorge um den Kirchenfrieden und sein Leiden an der Zwietracht der Kirchen und Gelehrten. Bullinger antwortete am 3. Dezember 1544[166] und teilte sein Vorhaben mit, auf Luthers Schrift zu antworten, was dann im März 1545 mit dem *Warhafften bekanntnuß* bzw. der *Orthodoxa Tigurinae ecclesia ministrorum confessio*[167] der Zürcher geschah.[168] Somit war der Abendmahlsstreit zwischen Luther und den Schweizern erneut ausgebrochen.

161 „Ne vero nescias, virorum doctissime, qualiter ego sentiam, confessio mea de coena haec est: Christus in panegyri hac cum pane nos pascit suo corpore et cum vino nos potat suo sanguine, non quidem ratione crassa et ut Capernaitae putabant, sed ratione coelesti et spirituali, interim tamen vera. Et hanc veritatem credendam esse, non inquirendam. Id quod dico de modo ineffabili, quo Christus in dextera dei sedens suos in sancta coena corpore et sanguine suo reficit ad vitam. Ad sedandos animos adversum me commotos confessionem hanc misi, sed frustra; nisi enim dixero ‚est' pro ‚significat' poni, defendi non valeo. Haec in sinum tuum effundo, non nisi ut onere nonnihil lever, et si quid erroris sit in mea sententia, tu per dominum, dum fuerit ocium, edoceas." – Die oben zitierte deutsche Übersetzung stammt von Herrn Rainer Henrich (Universität Basel), dem ich für die freundliche Mitteilung danke.

162 Siehe dazu die Einleitung von Reinhard Bodenmann in: *Heinrich Bullinger Werke. Zweite Abteilung. Briefwechsel*, hg. vom Institut für Schweizerische Reformationsgeschichte, Bd. 14: *Briefe des Jahres 1544*, bearb. von Reinhard Bodenmann, Alexandra Kess, Judith Steiniger, Zürich 2011, S. 16 (mit Anm. 10) sowie ebd., S. 93–95 Nr. 1846, Z. 2–43.

163 *Kurtz bekentnis D. Mart. Luthers vom heiligen sacrament*, Wittenberg, Hans Lufft, 1544 (VD16, L 5422): WA 54, S. 119–167.

164 Siehe dazu die Einleitung von Reinhard Bodenmann in: *Bullinger-Briefwechsel* Bd. 14 (wie Anm. 162), S. 26 (mit Anm. 113).

165 Siehe MBW 3596.3 und *Bullinger-Briefwechsel* Bd. 14 (wie Anm. 162), S. 276 f. Nr. 1931.

166 *Bullinger-Briefwechsel* Bd. 14 (wie Anm. 162), S. 566 Nr. 2042, sowie MBW 3748.

167 *Warhaffte Bekanntnuß der dieneren der kilchen zů Zürych was sy vß Gottes wort mit der heyligen allgemeinen Christenlichen Kilchen gloubind […] in sonderheit aber von dem Nachtmal vnsers herren Jesu Christi: mit gebürlicher Antwort vff das vnbegründt ergerlich schmaehen […] D. Martin Luthers […] Mit zůgethoner Kurtzer bekenntniß D. Mart. Luthers vom heiligen Sacrament*, Zürich, Christoph Froschauer, 1545 (VD16,

Schluss

Die Freundschaft Philipp Melanchthons zu Johannes Oekolampad, die in ihren Anfängen zu den schönsten Hoffnungen berechtigte, zerbrach beim Marburger Religionsgespräch im Jahr 1529. Das Zerwürfnis trat nicht unerwartet ein, sondern hatte sich zuvor über einen Zeitraum von etwa vier Jahren hinweg entwickelt. Seine Ursachen dürften – *salvo meliori* – nicht nur in den verschiedenen Meinungen der beiden Gelehrten über das Verständnis des Abendmahls zu suchen sein, sondern offensichtlich auch in ihrer jeweiligen Auffassung, im Recht zu sein und das Gegenüber auf publizistischem Weg von der Richtigkeit der eigenen Position belehren und überzeugen zu können, ja vielleicht auch gar zu müssen.[169]

Ein Zitat aus Herodots *Historien* im jüngsten Buch des in Basel lebenden Schriftstellers Dieter Forte stand am Beginn meiner Ausführungen, und im Hinblick auf den abgebrochenen Austausch zwischen Melanchthon und Oekolampad möchte ich mit Worten von Herodot und Dieter Forte auch schließen: „Am Anfang ist nicht immer auch schon das Ende sichtbar", ließ der griechi-

B 9769–9771; Manfred Vischer: *Bibliographie der Zürcher Druckschriften* (wie Anm. 66), S. 135 f Nr. C 346–348; *Heinrich Bullinger Bibliographie. Bd. 1. Beschreibendes Verzeichnis der gedruckten Werke von Heinrich Bullinger*, bearb. von Joachim Staedtke, Zürich 1972, S. 79–81 Nr. 161–163). – Zu dem darin enthaltenen Nachdruck von Luthers *Kurtz Bekentnis* siehe *Heinrich Bullinger Werke. Zweite Abteilung. Briefwechsel [...]*, Bd. 14 (wie Anm. 162), S. 604 f Z. 34–36. – Unter dem Titel *Orthodoxa Tigurinae ecclesiae ministrorum confessio* erschien im März 1545 auch eine lateinische Fassung bei Christoph Froschauer in Zürich (VD16, B 9772; Manfred Vischer: *Bibliographie der Zürcher Druckschriften des 15. und 16. Jahrhunderts. Erarbeitet in der Zentralbibliothek Zürich*, Baden-Baden 1991, S. 134 Nr. C 343 f; *Heinrich Bullinger Bibliographie. Bd. 1. Beschreibendes Verzeichnis der gedruckten Werke von Heinrich Bullinger*, bearb. von Joachim Staedtke, Zürich 1972, S. 82 f Nr. 167 f); vgl. *Heinrich Bullinger Werke. Zweite Abteilung. Briefwechsel [...]*, Bd. 15: *Briefe des Jahres 1545*, bearb. von Reinhard Bodenmann, Alexandra Kess, Judith Steiniger, Zürich 2013, S. 66, Anm. 9.

168 Siehe dazu die Einleitung von Reinhard Bodenmann in: *Bullinger-Briefwechsel* Bd. 15 (wie eben), S. 30–33 (mit den dort in den Anm. angegebenen Briefnummern zu diesem Thema).

169 In diese Richtung weisen schon, freilich in anderem Zusammenhang, die Forschungen des Projekts „Controversia et Confessio" am Leibniz-Institut für Europäische Geschichte in Mainz. Vgl. die Historische Einleitung von Irene Dingel in: *Reaktionen auf das Augsburger Interim. Der Interimistische Streit (1548–1549)*, bearb. von Johannes Hund, Jan-Martin Lies und Hans-Otto Schneider, Göttingen 2010 (Controversia et Confessio 1), S. 3 und 5, über die Streitschriftenkontroversen: dass es nämlich „beiden Seiten [gemeint sind nicht nur Evangelische und Katholiken, sondern auch Gegnerschaften innerhalb des Protestantismus, siehe S. 4; Anm. J. S.] keineswegs um das Aushandeln von Kompromissen ging, sondern um die von jeder Seite in Anspruch genommene Deutungshoheit religiöser, in der Heiligen Schrift verbürgter Wahrheit."

sche Geschichtsschreiber den persischen Ratgeber Artabanos sagen, „τὸ μὴ ἅμα ἀρχῇ πᾶν τέλος καταφαίνεσθαι“[170], ein Gedanke, der ähnlich auch im *Labyrinth der Welt* von Dieter Forte anzuklingen scheint: „keiner kennt den Ausgang in die Zukunft.“[171]

Linkverzeichnis

Link 1: = http://www.gbv.de/dms/faz-rez/FD1201305153834094.pdf
Link 2: = http://www.br.de/radio/bayern2/sendungen/kulturjournal/05–05–2013kulturjournal-100.html
(zuletzt aufgerufen am 24.10.2013)
Link 3: = http://www.e-rara.ch/bau_1/content/titleinfo/1732239
Link 4: = http://www.haw.uni-heidelberg.de/forschung/forschungsstellen/melanchthon/mbw-online.de.html

170 Herodot: *Historien* 7, 51.
171 Forte: *Das Labyrinth der Welt* (wie Anm. 1), S. 214.

Otfried Czaika

Melanchthon und Skandinavien: Die exportierte Reformation

Das Wort „Export“ setzt sogleich eine Assoziationskette in Gang, die Außenhandelsbilanzen, Exportweltmeister, Exportschlager, Soll und Haben und andere wirtschaftliche Fachbegriffe abruft. Schließen wir die Begriffe „Export“ und „Religion“ miteinander kurz, dann landen wir leicht in einem Gedankengestrüpp, das uns in die Zeit des Kolonialismus und Imperialismus bringt, in der sich Rohstoff- und Machtgier europäischer Mächte mit einem in der Mission „zurückgebliebener“ Naturvölker manifestierenden Kultur- und Religionsexport verbanden. Wer nun glaubt, dies habe so gar nichts mit Reformation und Melanchthon zu tun, der irrt freilich. Eine mögliche Deutung der Reformation in Skandinavien ist nämlich jene, nach der die Reformation dem skandinavischen Kirchenwesen als etwas eigentlich Wesensfremdes in einem Akt obrigkeitlicher Willkür, der sich zudem mit „deutschem“ Kulturimperialismus paarte, übergestülpt wurde.[1] Derartige Erklärungsmuster geben zumindest einen Teil des akademischen Mainstreams in Skandinavien wieder und sind in den letzten Jahrzehnten durch die Bezugnahme auf nationalromantische Denkmodelle, die Rezeption sozialistischer Geschichtsbilder[2] sowie zahlreicher zum Katholizismus konvertierter

[1] Dies klingt unter anderem bei folgenden Autoren an: Ove Peter Grell: *The Reformation in Norway: A Political and Religious Takeover*, in: *Aspekte der Reformation im Ostseeraum* (= Nordost-Archiv, NF 13), hg. von Ralph Tuchtenhagen, Lüneburg 2005, S. 121–144; Henning Laugerud, *Visualitet og synskultur i det etter-reformatoriske Danmark-Norge. Bilder, skrift og erindring*, in: *Religiøs tro og praksis i den dansk-norske helstat fra reformasjonen til opplysningstid, ca. 1500–1814*, hg. von Arne Bugge Amundsen und Henning Laugerud, Bergen 2010, S. 97–119; Henning Laugerud: *Katolisisme i Norge under og etter reformasjonen – omkring motstånd og trosforestillingers etterliv* [Manuskript im Erscheinen]; Birgit Stolt: *Gottes reines Wort. Die Reformation in Schweden*, in: *Schweden und Deutschland: Begegnungen und Impulse/Tyskland och Sverige: möten och impulser*, hg. vom Svenska Institutet, Stockholm 1999, S. 39–48; Magnus Nyman: *Förlorarnas historia. Katolsk liv i Sverige från Gustav Vasa till drottning Kristina*, Stockholm 2002.

[2] Unter dem Eindruck marxistischer Geschichtsmodelle kann die Bewertung Luthers und der Reformation nicht nur zwischen den Extremen des „kleinbürgerlichen Reaktionärs“ oder „progressiven [frühbürgerlichen] Revolutionärs“ schwanken. Per Jonsson: *Småborgerlig reaktionär eller progressiv revolutionär? Martin Luther i marxistisk historieskrivning*, Landskrona 1983. Die Bedeutung marxistisch-sozialistischer Geschichtstheorie ist auch indirekt in der starken Hinwendung unter anderem der schwedischen Frühneuzeitforschung zur politischen Geschichte, Sozialhistorie etc. unter oftmals weitgehender Ausblendung geistesgeschichtlicher oder theologischer Diskurse abzulesen.

Kirchen-, Profan- und Ideenhistoriker mit zunehmender Lautstärke propagiert worden. Derartige unterschwellige Wertungen prägen oftmals auch die Charakterisierung der einzelnen historischen Perioden, des Spätmittelalters und der Reformationszeit bzw. Frühneuzeit. Bemerkenswert hierbei ist, dass die bis etwa 1960 vorherrschende positive Konnotation der Reformationszeit seitdem sukzessive in ihr Gegenteil verkehrt worden ist.[3]

Solche Deutungen der Reformation in Skandinavien sind freilich aus verschiedenen Gründen anachronistisch. Erstens wird von im 16. Jahrhundert nicht existenten nationalen Entitäten ausgegangen, zweitens werden moderne Begrifflichkeiten appliziert, die erst im 19. und 20. Jahrhundert politisch aufgeladen wurden, drittens wird das avancierte kulturelle, ökonomische und politische Beziehungsgeflecht des Spätmittelalters und der Frühen Neuzeit in Nordosteuropa negiert.[4] Nicht zuletzt sind derartige Interpretation der Reformationen in Skandinavien absurd, da diejenigen, die hiermit versuchen die Reformation zu desavouieren, verkennen, dass die Reformation in Skandinavien als historischer Transferprozess auf einem höheren Abstraktionsniveau durchaus mit der Christianisierung Skandinaviens verglichen werden kann. Gegen die Christianisierung werden jedoch nicht derartige Gravamina vorgebracht wie gegen die Reformation. Hier wie dort wurde aber religiöses Gedankengut aus anderen Teilen Europas nach Norden überführt. Hier wie dort waren es gesellschaftliche und politische Eliten, die diese Prozesse beförderten. Christianisierung wie Reformation waren zudem religiöse Prozesse, die viele Generationen übergreifen, und keine Geschehnisse, die über Nacht „reife“ christliche oder evangelische

3 Zu der Periodisierungsdiskussion frühneuzeitlicher Geschichte, insbesondere mit Hinblick auf Skandinavien, und den damit verbundenen Wertungen siehe Otfried Czaika: *Sveno Jacobi. Boksamlaren biskopen, teologen*, Helsinki – Skara – Stockholm 2013, S. 15–22. Instruktiv für die häufig vorherrschende negative Bewertung der Frühen Neuzeit ist z.B. Håkan Håkansson, der in einem bildungsgeschichtlichen Überblicksartikel behauptet, dass „das gelehrte Schweden vom Licht des Mittelalters in den Verfall der Reformation überging“. Håkan Håkansson, *Den lärda världen*, in: *Signums svenska kulturhistoria. Renässansen*, hg. von Jakob Christensson, Lund 2005, S. 101–150, besonders 101.

4 In diesem Zusammenhang sei exemplarisch unter anderem auf folgende Arbeiten verwiesen: Michael North: *Geschichte der Ostsee. Handel und Kulturen*, München 2011; *Gränsländer: Östersjön i ny gestalt*, hg. von Jānis Krēsliņš, Steven A. Mansbach und Robert Schweitzer, Stockholm 2003; *Nordosteuropa als Geschichtsregion – Beiträge des III. Internationalen Symposiums zur deutschen Kultur und Geschichte im Europäischen Nordosten vom 20.–22. September 2001 in Tallinn (Estland)*, hg. von Jörg Hackmann und Robert Schweitzer, Helsinki 2006; *Migration und Kulturtransfer im Ostseeraum während der Frühen Neuzeit*, hg. von Otfried Czaika und Heinrich Holze, Stockholm 2012.

Kirchlichkeiten und Gesellschaften produzierten.[5] Diese Reihe an Parallelisierungen ließe sich übrigens nahezu beliebig verlängern. Für unsere Zwecke reicht es hier, das in skandinavischer Literatur immer wieder vorkommende Bild der „Unbedeutsamkeit" oder „Fremdheit" der Reformation – oder wie wir es immer nennen wollen – als eine recht fadenscheinige Argumentationsstrategie ad acta legen zu können, die unter anderem einem Konvertitensyndrom, einem modernen Nationalismus, sozialistisch überformten Geschichtsmodellen – oder aber einer Kombination von alledem – entsprungen sein kann.

Der Deutlichkeit halber soll es hier dennoch noch einmal betont werden: In diesem soeben skizzierten Sinne ist der Begriff des „Exports" im Titel des heutigen Vortrages nicht gemeint. Vielmehr soll „Export" im wortwörtlichen Sinne als ein „exportare", ein Heraustragen verstanden werden. Dieses Heraustragen ist mithin weitestgehend synonym mit dem Herüberbringen, dem „transferre". Die exportierte Reformation ist folglich die durch kulturelle Transferprozesse in andere Teile Europas gebrachte. Die Reformation wurde eben nicht nur von Melanchthon, Luther, Bugenhagen und anderen in weitere Teile Europas verbracht – übrigens oftmals so, dass sich weder Luther noch Melanchthon von ihrem Schreibtisch in Wittenberg wegbewegen mussten, da Tinte und Feder oder aber auch die Druckpresse recht zuverlässige Medien zum Verbreiten der reformatorischen Lehre waren. Sie wurde insbesondere von Personen, die aus den skandinavischen Königreichen – dem dänischen oder dem schwedischen – stammten, nach Norden geholt. Letzteres geschah übrigens tatsächlich oft in der Form des „exportare": Denn es waren meist Studenten aus Skandinavien, die nach abgeschlossenem Studium aus Wittenberg weiterzogen und irgendwann ihre Schritte wieder in die Heimat lenkten. Sie trugen nicht nur in ihren Köpfen die neuen Gedanken der Reformation mit sich und aus Wittenberg und dem Alten Reich heraus, sie hatten in ihrem Gepäck auch Bücher, Briefe, möglicherweise auch Vorlesungsmitschriften und anderes. Und da das Reisebudget eines frühneuzeitlichen Studenten in der Regel äußerst begrenzt war, so trugen eben viele Studenten ganz mit Hilfe ihrer eigenen Füße die Reformation wörtlich aus dem Alten Reich heraus und nach Skandinavien hinein – zumindest bis sie an einen der Häfen an der Ostsee gelangten, von dem sie ein Schiff hinaus auf die Ostsee oder aber die lange norwegische Nordseeküste hinauf bringen sollte.

Wenn wir uns also mit Philipp Melanchthon und der nach Skandinavien exportierten Reformation befassen wollen, so haben wir soeben gerade auch die beiden teils gegenläufigen, teils komplementären Bewegungen dieses Exportes skizziert. Zunächst einmal Philippus, der da in Wittenberg – oder andernorts –

[5] Otfried Czaika: *Die Ausbreitung der Reformation im Ostseeraum ca. 1500–1700 als Kulturtransfer*, in: *Migration und Kulturtransfer im Ostseeraum* (wie eben), S. 77–79.

am Schreibtisch sitzt und einen Brief gen Norden versiegelt. Sodann die Studenten aus Skandinavien, die ihr Ränzlein packen und sich für eine Studienreise gen Süden, nach Wittenberg, rüsten. Sobald diese Studenten sich nach ihrer *peregrinatio academica* zur Heimkehr entscheiden,[6] fließen diese Bewegungen schließlich ineinander.

Dieser Beitrag wird also nicht nur von Melanchthon und seinem Briefwechsel mit Skandinavien handeln, sondern auch von der zeitgenössischen Rezeption reformatorischen Gedankenguts und Melanchthons Werk in Dänemark und Schweden. Auch wenn es also nur teilweise um Melanchthons Briefwechsel geht, so werden es dennoch hauptsächlich Briefe sein, die ich heranziehen werde, um die Rezeption der exportierten Reformation in Skandinavien zu skizzieren.

Allerdings sollte noch etwas Generelles vorausgeschickt werden, das für unser Verständnis der skandinavischen Geschichte um und nach 1500 höchst bedeutsam ist, aber oftmals vergessen wird und somit dazu beiträgt, dass skandinavische und mitteleuropäische (Kirchen-)Historiker gerne aneinander vorbei reden: Wir müssen ein paar Worte über die Ungunst der Quellenlage verlieren. Lassen Sie es mich mit einem etwas hinkenden, rein numerischen Vergleich illustrieren: Philipp Melanchthon hat – nach den bisherigen Recherchen der Heidelberger Forschungsstelle – gegen zehntausend Elaborate hinterlassen, die in Melanchthons Briefwechsel Eingang gefunden haben. Die Anzahl der Briefe, die Sveno Jacobi (gest. 1554), Bischof von Skara in Westschweden, hinterlassen hat, ist ziemlich genau ein Hundertstel dessen.[7] Natürlich ist es zunächst einmal gewagt, Melanchthon und Sveno Jacobi miteinander zu vergleichen. Die beiden Herren spielten einfach in ganz verschiedenen Ligen. Sveno Jacobis Briefwechsel spiegelt sicherlich auch die – im Vergleich zum Alten Reich – etwas restringierten kulturellen Bedingungen in Skandinavien wieder. Eine Analyse von Sveno Jacobis Briefwechsel zeigt freilich sehr schnell, dass die archivalischen Verluste seit dem 16. Jahrhundert immens sind.[8] Die Tradierung

6 Zu den Studienreisen der Skandinavier in der Frühen Neuzeit sei hier auf folgende Arbeiten verwiesen: Simo Heininen: *Die finnischen Studenten in Wittenberg 1531–1552*, Helsinki 1980; Lars Nihlén: *Peregrinatio Academica. Det svenska samhället och de utrikes studieresorna under 1600-talet*, Lund 1983; Vello Helk: *Dansk-norske studierejser fra reformationen til enevælden 1536–1660. Med en matrikel over studerende i udlandet*, Odense 1987; Jussi Nuorteva: *Suomalaisten ulkomainen opinkäynti ennen Turun Akatemian Perustamista 1640*, Helsinki 1997; Otfried Czaika: *David Chytraeus und die Universität Rostock in ihren Beziehungen zum schwedischen Reich*, Helsinki 2002, S. 70–177; Simone Giese: *Studenten aus Mitternacht. Bildungsideal und peregrinatio academica des schwedischen Adels im Zeichen von Humanismus und Konfessionalisierung*, Stuttgart 2009; Czaika: *Sveno Jacobi* (wie Anm. 3), S. 281–300.

7 Czaika: *Sveno Jacobi* (wie Anm. 3), S. 38–42.

8 Czaika: *Sveno Jacobi* (wie Anm. 3), S. 195.

ist extrem bruchstückhaft und von einer auch nur annähernd so durchgängigen Überlieferung wie bei Melanchthons Briefen meilenweit entfernt. Der Hauptgrund für die so umfassenden archivalischen Verluste ist in erster Linie dem Umstand geschuldet, dass skandinavische Städte bis ins 19. Jahrhundert hinein vornehmlich aus Holzhäusern bestanden und zahlreiche Stadtbrände nicht nur die Häuser, sondern auch ganze Archive und Bibliotheken einäscherten. In diesem Zusammenhang sei stellvertretend für unzählige andere Ereignisse dieser Art an folgende Begebenheiten erinnert: 1566, im Nordischen Siebenjährigen Krieg, legten dänische Truppen die Stadt Skara in Asche; dabei wurde unter anderem die Bibliothek der Domkirche nahezu vollständig ein Raub der Flammen.[9] Beim Stockholmer Schlossbrand 1697 gingen zahlreiche Handschriften und Drucke der Königlichen Bibliothek unwiederbringlich verloren.[10] Der Brand Turkus im Jahre 1827, der größte in der städtischen Geschichte Skandinaviens, minimierte das handschriftlich verfasste oder im Druck erschienene finnische – und damit zu einem guten Teil auch schwedische – Kulturerbe.[11]

Wer sich also mit der frühneuzeitlichen Geschichte Skandinaviens befasst, muss sich mit einer oftmals vergleichsweise geringen Zahl an Quellen begnügen, immer wieder rekonstruierend vorgehen und möglicherweise auch verschiedene Hypothesen produzieren und nach Wahrscheinlichkeiten entscheiden. Historische Forschung und Geschichtsschreibung mag zwar generell keine mathematisch exakte Wissenschaft sein; wer sich freilich mit Skandinavien vor etwa einem halben Jahrtausend befasst, muss sich im Klaren darüber sein, dass er – auch im Unterschied zur Quellenlage zur Frühneuzeit in Mitteleuropa – häufig wirklich nur eine Approximation des „Wie-es-eigentlich-gewesen" erreichen kann.[12]

Die frühe Melanchthonrezeption in Schweden illustriert diese soeben angesprochene Quellenproblematik auf eine höchst augenfällige Art und Weise. So wissen wir beispielsweise, dass die Brüder des Birgittinnerklosters in Vadstena

9 Assar Larsson: *Böcker och bibliotek i Skara från tidig medeltid till stormaktstidens slut*, in: *Skara I, Före 1700. Staden i stiftet*, hg. von Arne Sträng, Skara 1986, S. 767–788, hier: S. 785.

10 Von den etwa 25.000 Drucken und 1.400 Manuskripten, die die Königliche Bibliothek in Stockholm vor dem Schlossbrand umfasste, fielen etwa 80 Prozent den Flammen zum Opfer. Anders Burius: *Den stora branden*, in: *Underbart, underbart. Intellektuella strävanden under fem sekel. Några glimtar ur Kungliga bibliotekets samlingar*, hg. von Anders Burius, Stockholm 1997, S. 122. Siehe dazu auch: *A Royal Library*, hg. von Per S. Ridderstad, Stockholm 1984, S. 25f.

11 Rainer Knapas: *Kunskapens rike. Helsingfors universitetsbibliotek – Nationalbiblioteket 1640–2010*, Helsinki 2012, S. 87–89.

12 Leopold von Ranke: *Geschichten der romanischen und germanischen Völker von 1494 bis 1535*, Leipzig – Berlin 1824, S. VII.

bereits in den frühen 1520er Jahren Melanchthons Werke, insbesondere seinen Kommentar zum Römerbrief und zum Johannesevangelium lasen und handschriftliche Exzerpte dieser Werke anfertigten. Was wir allerdings nicht wissen, ist, auf welchem Wege Melanchthons Werke nach Vadstena kamen und mit welcher Zielsetzung und mit welchem Resultat die Mönche Melanchthons Arbeiten lasen.[13] Möglicherweise folgten sie der aus Wittenberg exportierten reformatorischen Theologie. Doch auch das Gegenteil ist selbstverständlich möglich, dass nämlich die Lektüre von Melanchthons Werken dazu diente, sich mit den Argumenten der Gegenseite auseinanderzusetzen und eigene theologische Standpunkte daran zu schärfen. Per Stobaeus, der in seinen Studien über den schwedischen altgläubigen Bischof Hans Brask auf diese frühe Rezeption von Melanchthons Schriften verwiesen hat, sieht es als möglich an, dass der königliche Kanzler und spätere Bischof in Skara, Sveno Jacobi, Melanchthons Werke nach Vadstena vermittelte.[14] Von Sveno Jacobi wissen wir, dass er nicht nur zahlreiche Werke aus Melanchthons Feder besaß,[15] sondern auch im Jahr 1524 zusammen mit einem Brief reformatorische Schriften an Magnus Haraldsson, den altgläubigen Bischof von Skara, schickte. Dieser vermittelte die Schriften seinerseits seinem Kollegen Hans Brask in Linköping weiter.[16] Dass auch hier wiederum Schriften von Philipp Melanchthon den Besitzer wechselten, ist nicht unwahrscheinlich. Sveno Jacobis Buchbesitz ist auch in diesem Zusammenhang eine höchst aufschlussreiche Quelle. Seine Bibliothek umfasste nämlich zwei Ausgaben von Melanchthons *Loci communes*, eine, die der *prima aetas* zugerechnet werden kann, und einen Druck der *secunda aetas* aus dem Jahre 1535 oder 1536.[17] Dass die Ausgabe der *prima aetas* bereits zu Beginn der 1520er Jahre in Sveno Jacobis Besitz kam, ist durchaus nicht auszuschließen. Besagter Sveno Jacobi hatte möglicherweise eine wichtige Vermittlerfunktion für die Verbreitung reformatorischen Gedankengutes im Allgemeinen und Melanchthons Schriften im Besonderen. Artur Adell hat darauf hingewiesen, dass die Väter des schwedischen Neuen Testaments, das im Jahre 1526 gedruckt wurde, sich bei den Randbemerkungen zum Text mehrfach auf Melanchthons

13 Arne Palmqvist: *Kyrkans enhet och papalismen*, Stockholm 1961, S. 88–90; Per Stobaeus: *Från biskop Brasks tid*, Skellefteå 2010, S. 188, S. 191–197. Siehe dazu auch Martin Berntsons Rezension von Stobaeus' Buch in: *Kyrkohistorisk Årsskrift 2012*, S. 260–262.

14 Stobaeus: *Från biskop Brasks tid* (wie Anm. 13), S. 195.

15 Czaika: *Sveno Jacobi* (wie Anm. 3), S. 182–192.

16 *Biskop Hans Brasks registratur. Textutgava*, hg. von Hedda Guneng, Nr. 220 (Magnus Haraldsson an Hans Brask, 16. Mai 1524). Vgl. Per Stobaeus: *Magnus Haraldsson och Hans Brask. Två bundsförvanter i en svår tid*, in: *Magnus Haraldsson och hans samtid*, hg. von Johnny Hagberg, Skara 2009, S. 87–109, besonders S. 97.

17 Czaika: *Sveno Jacobi* (wie Anm. 3), S. 64–66 und 146–162.

Annotationes in Joannem und die *Annotationes in epistolam ad Romanos* beziehen.[18] Sveno Jacobis Bibliothek umfasste auch diese Schriften. Dies könnte darauf hindeuten, dass Jacobi an der Übersetzung und Glossierung des Neuen Testaments beteiligt war – oder aber, dass ihm eine wichtige Vermittlerfunktion bei der Verbreitung von Melanchthons Werken zukam. Gleichgültig, ob also Sveno Jacobi diese Schriften vermittelte oder nicht, können wir festhalten, dass es bereits in den zwanziger Jahren einen lebhaften Export von Melanchthondrucken ins schwedische Reich gab. Ein wichtiger Beleg dafür sind nicht zuletzt auch die Versuche des altgläubigen Bischofs von Linköping, Hans Brask, die Verbreitung reformatorischer Literatur, darunter ausdrücklich auch von Werken aus Melanchthons Feder, zu verbieten.[19] Völlig im Dunkeln bleibt allerdings, wie Melanchthons Werke bereits in den 1520er Jahren nach Schweden gelangten und wer federführend bei dem Import von Melanchthondrucken war. In Melanchthons Briefwechsel gibt es in diesen Jahren keine Hinweise auf direkte Kontakte zwischen Philipp und schwedischen Korrespondenzpartnern. Ein beschleunigender Faktor der Melanchthonrezeption dürften freilich skandinavische Studenten in Wittenberg gewesen sein. Wir können hier an Olaus Petri (1493–1552),[20] Peder Särkilahti († 1529),[21] Hans Tausen (1494–1561)[22] und andere Skandinavier denken, die in den ersten Jahrzehnten des 16. Jahrhunderts bei Luther und Melanchthon studierten.[23] Aus späteren Briefwechseln

18 Arthur Adell: *Nya testamentet på svenska 1526. Till frågan om dess tillkomst och karaktär: En kyrkohistorisk studie*. Lund 1936, S. 137–141 und 176; Stobaeus: *Från biskop Brasks tid* (wie Anm. 13), S. 231–232.

19 *Biskop Hans Brasks registratur* (wie Anm. 16), Nr. 472, S. 404–405; Czaika: *Sveno Jacobi* (wie Anm. 3), S. 163–165.

20 Der schwedische Reformator Olaus Petri hatte in den Jahren seines Wittenberger Aufenthaltes 1516–1518 den Thesenanschlag miterlebt. Im Jahre 1527 immatrikulierte sich auch Laurentius Petri, der Bruder von Olaus Petri, der nur vier Jahre darauf der erste evangelische Erzbischof des schwedischen Reiches werden sollte, an der Leucorea. Christian Callmer: *Svenska studenter i Wittenberg* (= *Personhistorisk tidskrift* 72 [1976]: 1–2), Stockholm 1976, S. 14 und 16.

21 Etwa gleichzeitig mit Olaus Petri weilte der nicht in den Matrikeln der Leucorea verzeichnete Finne Peter Särkilahti in Wittenberg, der vor seiner Rückkunft nach Finnland als „lebendigen Beweis für seine Berührung mit der neuen Lehre [...] eine Pastorenehe geschlossen [hatte]". Simo Heininen und Markku Heikkilä: *Kirchengeschichte Finnlands*, Göttingen 2002, S. 60.

22 Der dänische Reformator Hans Tausen wurde im Mai 1523 an der Leucorea immatrikuliert. Martin Schwarz Lausten: *Philipp Melanchthon. Humanist og luthersk reformator i Tyskland og Danmark*, Kopenhagen 2010, S. 254.

23 Zu den Immatrikulationen von Skandinaviern in Wittenberg während der ersten Hälfte des 16. Jahrhunderts siehe Ludvig Daae: *Matrikler over nordiske studerende ved fremmede universiteter*, Christiania 1885. Callmer: *Svenska studenter i Wittenberg* (wie Anm. 20), S. 14–27; Heininen: *Die finnischen Studenten in Wittenberg 1531–1552*

wissen wir, dass Wittenberger Studenten bei dem Export von Büchern und Gedanken aus Wittenberg eine wichtige Rolle zukam.

Allerdings belegt ein Schreiben, das Melanchthon im Frühjahr 1521 an Georg Spalatin schickte, nicht nur, dass der Wittenberger mit seinem Kopenhagener Kollegen, dem Gräzisten Matthias Gabler, in Kontakt stand, sondern auch, dass er über die Ereignisse in Skandinavien sehr wohl informiert war:[24] Melanchthon wusste um die Lutherfreundlichkeit des dänischen Königs Christian II. und vermittelte zudem Informationen über das Stockholmer Blutbad weiter, bei dem der Dänenkönig nur wenige Monate zuvor schwedische Oppositionelle hatte hinrichten lassen.[25]

Dass die Entwicklungen in Dänemark in den kommenden Jahren bei Melanchthon auf stärkeres Interesse stießen und Melanchthon recht engen Kontakt mit dänischen Korrespondenzpartnern hatte, gründet sich einerseits in der geopolitischen Lage Dänemarks, das geographisch ein Wurmfortsatz des Alten Reiches und zudem über das Herzogtum Schleswig eng mit der Reichspolitik verwoben war. Ferner war Dänemark bis 1520 die unangefochtene Hegemonialmacht in Nordosteuropa; ein frühneuzeitlicher, von Dänemark unabhängiger schwedischer Staat entstand erst nach 1520. Dass Melanchthons wichtigste skandinavische Ansprechpartner sich zunächst in Dänemark befanden und nicht in anderen Teilen Skandinaviens, ist somit nur eine natürliche Folge der politischen Lage.

Ein Blick auf den frühen Reformationsexport von Wittenberg ins dänische Reich illustriert dasselbe, was wir gerade am Beispiel Schwedens gesehen haben: Es war das Interesse für humanistisches Gedankengut und bibelwissenschaftliches Arbeiten, das den Weg für die Reformation ebnete. Paulus Helie, vulgo Poul Helgesen, Vorsteher des Karmeliterklosters in Kopenhagen, wurde 1519 *lector in Biblia*.[26] Obwohl Helie dem humanistischen Konzept *ad fontes* folgte und der Theologie der römischen Kirche durchaus kritisch gegenüber stand, wurde er dennoch der wohl bedeutendste Apologet der päpstlichen Seite in Dänemark. Helies Schüler allerdings gingen einen Schritt weiter als er und

(wie Anm. 6), S. 98 f. Helk: *Dansk-norske studierejser fra reformationen til enevælden 1536–1660* (wie Anm. 6), S. 102–124; Otfried Czaika: *Luther, Melanchthon und Chytraeus und ihre Bedeutung für die Theologenausbildung im schwedischen Reich*, in: *Konfession, Migration und Elitenbildung. Studien zur Theologenausbildung des 16. Jahrhunderts*, hg. von Herman J. Selderhuis und Markus Wriedt, Leiden 2007, S. 53–83, hier: S. 80–83.

24 Zum Stockholmer Blutbad 1520 siehe unter anderem: Niels Skyum-Nielsen: *Blodbadet i Stockholm og dets juridiske maskering*, Kopenhagen 1964; Ulf Sundberg: *Stockholms blodbad*, Lund 2005.

25 MBW 130.

26 Schwarz Lausten: *Philipp Melanchthon* (wie Anm. 22), S. 245–248.

wurden zu Reformatoren der ersten Stunde: Peder Laurensen, Klaus Tøndebinder Mortensen, Hans Spandemager, Frands Vormodsen und Hans Tausen. Auch wenn Helie sich generell gegen die Einführung der Reformation in Dänemark zu stemmen versuchte, so war gerade er es, bei dem wir eine frühe Rezeption von Melanchthons Gedankengut erkennen können. Die frühe Reformation in Skandinavien kann nämlich – ähnlich wie im Reich – mit der Metapher des Wildwuchses[27] beschrieben werden. Neben Wittenberger Einflüssen gab es in Skandinavien auch einen merklichen Einfluss auf die Reformation aus Süddeutschland, unter anderem Ansbach, und der Schweiz.[28] In den Auseinandersetzungen um die *Confessio Hafniensis* von 1530 und dem sog. *Malmöbuch* aus dem selben Jahr benutzt Helie Melanchthon als Autorität, um den dänischen Reformator Peder Lauritsen zu widerlegen: Helie verweist darauf, dass Melanchthon im Unterschied zu Oekolampad die Realpräsenz nicht in Frage stelle und auch nicht in die Behauptung einstimmen könne, die Taufe sei ein nur ein äußeres Zeichen.[29] Martin Schwarz Lausten, der Helies kritische Auseinandersetzung mit der frühen dänischen Reformation ausführlich kommentiert, verweist in diesem Zusammenhang darauf, dass Helie Melanchthons Werke eingehend studiert hatte und dass Melanchthon eine – nicht nur Helie, sondern auch den dänischen Reformatoren – wohl bekannte Größe gewesen sein muss. Dem können wir hinzufügen, dass Helie – der sonst kein gutes Haar am Reformationswerk lies – durch seine stellenweise positive Rezeption Melanchthons womöglich sogar die Stellung der Wittenberger Theologen bei den dänischen Theologen stärkte. In der Frühzeit der dänischen Reformation sind jedoch – wie bereits angedeutet – direkte Bezugnahmen auf Melanchthon bei den dänischen Reformatoren nicht nachweisbar. Schwarz Lausten zeigt freilich in seinem 2010 auf Dänisch erschienenen Melanchthonbuch auf, dass Melanchthon kraft seines theologischen und pädagogischen Programms durchaus Relevanz für die dänischen Reformatoren besaß: In der Betonung biblischer Studien, der Vertiefung in Sprachstudien des Griechischen und Hebräischen, der Wertschätzung der freien Künste ist die Handschrift der Wittenberger Refor-

[27] Helmar Junghans: *Plädoyer für „Wildwuchs der Reformation" als Metapher*, in: *Luther-Jahrbuch 65*, Göttingen 1998, S. 101–108.

[28] Werner Buchholz: *Fränkische Einflüsse auf die Reformation in Skandinavien*, in: *Frankens Städte und Territorien als Kulturdrehscheibe. Kommunikation in der Mitte Deutschlands* (= Mittelfränkische Studien 19), hg. von Wolfgang Wüst, Ansbach 2008, S. 110–138. Vgl. dazu auch: Sven Tode: *Die Reformation in Preußen. Einheit und Vielfalt reformatorischer Bewegungen*, in: *Aspekte der Reformation im Ostseeraum* (= Nordost-Archiv, NF 13), hg. von Ralph Tuchtenhagen, Lüneburg 2005, S. 201–266; Sven Ingebrand: *Olavus Petris reformatoriska åskådning*, Uppsala 1964.

[29] Schwarz Lausten: *Philipp Melanchthon* (wie Anm. 22), S. 249 f; Paulus Helie (Poul Helgesen): *Skrifter: Utgivet af det danske sprog- och litteraturselskab*, Kopenhagen 1932–1948, Bd. 3, S. 113.

mation und insbesondere Melanchthons zu erkennen,[30] zumal diese Maßnahmen dem Hauptziel der Reformation, nämlich der Predigt des reinen und klaren Wortes und der Unterbindung „papistischer“ Verirrungen, unterstellt sind. Auch in der von Hans Tausen an den dänischen König Christian III. ergangenen Aufforderung, die im Bürgerkrieg geschlossene Universität in Kopenhagen neu zu eröffnen und zudem Schulen zu errichten und Schulmeister anzustellen, lässt sich dieses Melanchthonische Bildungsprogramm erkennen.[31] Dass Melanchthon um 1530 nicht explizit als Autorität im Diskurs der dänischen Reformatoren genannt wird, sollte nicht zu sehr verwundern. In den vergangenen Jahren habe ich nicht nur die Bibliothek des bereits mehrmals genannten schwedischen Bischofs Sveno Jacobi rekonstruiert, sondern auch seinen – zugegeben recht mageren – Briefwechsel analysiert.[32] Auch hier scheint mir cum grano salis ein ähnlicher Befund wie in Dänemark vorzuliegen: Ab und an wird direkt auf Melanchthon als richtungsweisende Autorität rekurriert, doch auch wenn nicht direkt auf den *Praeceptor Germaniae* Bezug genommen wird, scheint seine Theologie dennoch oftmals als Richtschnur gedient zu haben: In Fragen der Exkommunikation, der zulässigen kirchlichen Zeremonien oder ekklesiologischen Standortbestimmungen lässt sich immer wieder Melanchthons Vorbildfunktion erahnen, manchmal sogar durch Übereinstimmungen in bestimmten Formulierungen belegen.[33]

Bisher können wir also festhalten, dass die Wittenberger Reformation und Melanchthons Werk nach 1520 in einem Prozess der Wissensdiffusion im doppelten Sinne nach Skandinavien kamen. Die Wittenberger Theologie gelangte – auf welchen Wegen auch immer – nach Nordosteuropa und wurde dort wahrgenommen, weitergedacht oder eben auch abgewiesen. Allerdings ist das Bild dessen, was dort geschah, ein wenig diffus. Wir können einen Export erkennen, aber noch nicht den großen Hype, den Exportschlager. Zu diesem wurde die Reformation erst ab etwa 1530 und dies nicht zuletzt dank wohlfunktionierender Transferwege. Auf diesen Wegen wurden nicht nur Bücher und Briefe, sondern auch Menschen und Gedanken bewegt. Die Fäden dieses Transfers liefen dabei sehr häufig auf Melanchthons Schreibtisch oder zumindest in seinem Haus in Wittenberg oder in den Vorlesungssälen der Leucorea zusammen. Gerade in Bezug auf Dänemark ist es nicht übertrieben, Melanchthon als den genialen Kommunikator der Reformation zu bezeichnen. Aber auch mit Hinblick auf Schweden kann dies ohne weiteres behauptet werden, auch wenn die Überlieferungslage schlechter ist und – aus den oben genannten (geo)politi-

30 Schwarz Lausten: *Philipp Melanchthon* (wie Anm. 22), S. 253.
31 Ebd.
32 Czaika: *Sveno Jacobi* (wie Anm. 3), insbesondere S. 195–300.
33 Czaika: *Sveno Jacobi* (wie Anm. 3), S. 229–280.

schen Gründen – Melanchthon weniger Interesse für Schweden aufbrachte als für dessen Nachbarn im Südwesten.

Insbesondere mit dem dänischen König Christian III. stand Melanchthon in engem Kontakt.[34] Der Dänenkönig sandte regelmäßig Geschenke an Melanchthon, Luther und Bugenhagen oder auch an die Gattinnen und Witwen der Wittenberger Reformatoren.[35] Melanchthon schickte Bücher oder Empfehlungsschreiben und fungierte als Ratgeber des Königs, z.B. in der Frage, wie hoch ein gerechter Zinssatz sein dürfe.[36]

Bereits 1519 hatte Christian II. die Wittenberger Humanisten Matthias Gabler, Martin Reinhard sowie Andreas Karlstadt nach Kopenhagen eingeladen.[37] Gabler verbrachte einige Jahre als Lehrer an der Universität, Reinhard blieb bis 1521 und war wohl einer der ersten, der in Dänemark evangelisch predigte. Nur Karlstadt verließ die dänische Hauptstadt schon nach weniger als einem Monat wieder. Insbesondere gewann dieser personelle Austausch unter Christian III. an Fahrt. Johannes Bugenhagen ist hier mit seinem Kopenhagener Aufenthalt 1537 bis 1539 das bedeutsamste Beispiel. Bugenhagen wirkte nicht nur an der dänischen Kirchenordnung mit,[38] er vollzog auch im August 1537 die Krönung Christians III. und seiner Frau, hielt Vorlesungen an der Universität und wurde 1538 zum Rektor der Alma Mater Hafniensis berufen.[39] Bugenhagen kehrte freilich nach Wittenberg zurück, und es gelang Christian III. auch nicht, Melanchthon dazu

34 MBW enthält 46 Briefe bzw. Vorreden Melanchthons an Christian III. sowie 32 Briefe, die vom Dänenkönig an Melanchthon geschrieben wurden. Schwarz Lausten: *Philipp Melanchthon* (wie Anm. 22), S. 264 verweist summarisch auf 38 Briefe Melanchthons an Christian III. sowie 30 erhaltene Briefe in der Gegenrichtung. Teilweise (wenn auch nicht gänzlich) erklären sich die Abweichungen zwischen MBW und den von Schwarz Lausten angeführten Zahlen dadurch, dass Schwarz Lausten Vorreden wie MBW 5833 und 6435 wohl nicht unter der Kategorie „Briefe" subsumiert.

35 So bittet Melanchthon den Dänenkönig im Jahr 1548 z.B. darum, den jährlichen Betrag, den er zuvor an Luther übersandte, nun weiterhin an dessen Frau auszubezahlen. MBW 5278. Vgl. Schwarz Lausten: *Philipp Melanchthon* (wie Anm. 22), S. 287.

36 Schwarz Lausten: *Philipp Melanchthon* (wie Anm. 22), S. 264–266.

37 Schwarz Lausten: *Philipp Melanchthon* (wie Anm. 22), S. 242f.

38 Zu Bugenhagens Tätigkeit in Dänemark siehe unter anderem: Hans-Günter Leder: *Bugenhagen reformatorisches Wirken in Dänemark*, in: *Johannes Bugenhagen Pomeranus. Vom Reformer zum Reformator. Studien zur Biographie*, hg. von Volker Gummelt, Frankfurt am Main 2002, S. 357–408; ders.: *Bugenhagen und König Christian III. von Dänemark. Anmerkungen zu ihrem Briefwechsel*, in: ebd., S. 409–430; Tim Lorentzen: *Johannes Bugenhagen als Reformator der öffentlichen Fürsorge*, Tübingen 2008, besonders S. 287–302, 361–365 u. ö.

39 Martin Schwarz Lausten: *Die Reformation in Dänemark*, Gütersloh 2008, S. 104–118; ders.: *Weltliche Obrigkeit und Kirche bei König Christian III. von Dänemark. Hintergründe und Folgen*, in: *Die dänische Reformation vor ihrem internationalen Hintergrund*, hg. von Leif Grane und Kai Hørby, Göttingen 1990, S. 91–107.

zu bewegen, einen Ruf an die Kopenhagener Hohe Schule anzunehmen.[40] Als Melanchthon, Maior und Käthe Luther mit drei Kindern im Zuge des Schmalkaldischen Krieges Wittenberg verlassen mussten, wurde eine Flucht nach Dänemark ins Auge gefasst – ein Plan, der allerdings niemals durchgeführt wurde.[41]

Seit etwa 1540 in Dänemark wurden zudem zahlreiche Schlüsselpositionen mit ehemaligen Wittenberger Studenten besetzt. Der Melanchthonschüler Heinrich Buscoducensis (Hendrik van Broeckhoven) wurde durch die Vermittlung der Wittenberger 1552 Hofprediger bei Christian III. und blieb dies bis zum Tod des Königs.[42] Melanchthon und Buscoducensis standen einander offenbar recht nahe, und Buscoducensis konnte Melanchthons Bitten beim König Nachdruck verleihen. Ein Beispiel hierfür ist die Bitte der Witwe des [N.] Zosius um ein Geschenk für die Zueignung eines Buches an den Dänenkönig.[43] Die Kontakte Melanchthons zu Christian III. waren allerdings prinzipiell so eng, dass der Wittenberger seine Anliegen dem König brieflich meist selbst unterbreitete.

Georg Rörer hielt sich – offenbar auf Vermittlung Melanchthons – im Jahre 1551 in Kopenhagen auf und arbeitete dort an seiner Lutherausgabe.[44] Den griechischen Exilanten Jakobos Basilikos schickte Melanchthon einige Jahre später an den dänischen Hof[45], und auch der holländische Dichter und Theologe Johannes Sascerides wurde Christian III. von Melanchthon empfohlen und erhielt eine Stellung an der Kopenhagener Universität.[46] Bugenhagen empfahl dem dänischen König nach Absprache mit Melanchthon auch den schottischen Theologen John Mac Alpine (Johannes Machabaeus),[47] der 1542 Theologieprofessor in Kopenhagen wurde.[48] Melanchthon stellte Georg Maiors Sohn, der nach Kopenhagen reisen wollte, ein Empfehlungsschreiben aus.[49] In der Schar

[40] Heinz Scheible: *Melanchthon. Eine Biographie*, München 1997, S. 177. Auch der Versuch, 1548 Georg Maior nach Kopenhagen zu berufen, schlug fehl. Melanchthon informierte den Dänenkönig darüber, dass sein Wittenberger Kollege Maior nicht zur Verfügung stünde und empfahl statt dessen Johannes Draconites: MBW 5179. Vgl. Schwarz Lausten: *Philipp Melanchthon* (wie Anm. 22), S. 265 und 280f.

[41] Heinz Scheible: *Melanchthon* (wie Anm. 40), S. 175. Schwarz Lausten: *Philipp Melanchthon* (wie Anm. 22), S. 269.

[42] Schwarz Lausten: *Philipp Melanchthon* (wie Anm. 22), S. 272f.

[43] MBW 7795 und 8123. Vgl. Schwarz Lausten: *Philipp Melanchthon* (wie Anm. 22), S. 273.

[44] Schwarz Lausten: *Philipp Melanchthon* (wie Anm. 22), S. 279.

[45] MBW 7846. Vgl. Schwarz Lausten: *Philipp Melanchthon* (wie Anm. 22), S. 273 und 279.

[46] MBW 8226 und 8227. Vgl. Holger F. Rørdam, *Kjøbenhavns universitets historie fra 1537 til 1621*, Kopenhagen 1869–1877, Bd. 2 (1872), S. 495–502; Schwarz Lausten: *Philipp Melanchthon* (wie Anm. 22), S. 273 und 279f.

[47] Schwarz Lausten: *Philipp Melanchthon* (wie Anm. 22), S. 119, 281, 322, 324 und 351.

[48] Rørdam: *Kjøbenhavns universitets historie* (wie eben), Bd. 1 (1869), S. 202; ebd., Bd. 2 (1872), S. 584–591; ebd., Bd. 3, (1877), S. 587–597 u. ö.

[49] MBW 5610. Schwarz Lausten: *Philipp Melanchthon* (wie Anm. 22), S. 287.

derer, die Melanchthon dem dänischen König empfahl, finden wir auch den Kartographen Tilemann Stella [50] und den Dichter Hieronymus Osius, der von Christian III. zum *poeta laureatus* gekrönt wurde.[51] Mit dem Mediziner Jakob Bording, Leibarzt bei Christian III. und Medizinprofessor an der Kopenhagener Universität, verband Melanchthon eine tiefe Freundschaft.[52]

Was wir hier sehen, ist ein sehr beachtlicher Export – und es ist eben nicht nur ein Export Wittenberger Theologie, sondern ein kultureller Transfer, der auch angrenzende Wissenschaften und Kunst umfasst. Melanchthon ist die Schnittstelle für die Vermittlung protestantischer Gelehrter aus ganz Europa. Dänemark wird somit ein Teil der lutherischen *res publica litteraria*. Selbstverständlich verwendete sich Melanchthon aber auch für fähige dänische Studenten in Wittenberg, so z.B. für die Verlängerung von Iver Bertelsens Studienaufenthalt in Wittenberg. Bertelsen wurde später Professor an der Artes–Fakultät in Kopenhagen.[53] Auch für bedürftige Studenten bat Melanchthon um Zuschüsse beim Studium, obwohl Christian III. solchen Beiträgen nach und nach offensichtlich spektischer gegenüber stand.[54]

Neben Personalfragen wurden auch aktuelle kirchenpolitische Entwicklungen und dogmatische Fragen diskutiert. Der Praeceptor Germaniae mahnte bei den skandinavischen Königen Universitäts- und Schulreformen an, wobei er in Dänemark eindeutig auf offenere Ohren stieß als in Schweden.[55] Melanchthon informierte den Dänenkönig über die politische Lage in Europa, über das Interim[56] oder aber über das 1557 in Worms stattfindende Religionsgespräch.[57] Auch wenn Christian III. eine vorsichtige Realpolitik gegenüber Kaiser und Reich

50 MBW 6493. Schwarz Lausten: *Philipp Melanchthon* (wie Anm. 22), S. 287–288.

51 MBW 8584. Rørdam: *Kjøbenhavns universitets historie* (wie Anm. 46), Bd. 1, S. 280f und 292f; Schwarz Lausten: *Philipp Melanchthon* (wie Anm. 22), S. 288.

52 Schwarz Lausten: *Philipp Melanchthon* (wie Anm. 22), S. 276f.

53 CR 9, Sp. 216–217 Nr. 6304; MBW 8305. Schwarz Lausten: *Philipp Melanchthon* (wie Anm. 22), S. 285.

54 Schwarz Lausten: *Philipp Melanchthon* (wie Anm. 22), S. 286.

55 Nach der Neugründung der Kopenhagener Universität 1539 regte Melanchthon 1540 Schulreformen in Dänemark an: MBW 2461. Vgl. Schwarz Lausten: *Philipp Melanchthon* (wie Anm. 22), S. 271. Den Auslöser für eine inhaltliche und personelle Reform des schwedischen Bildungswesens stellten die Kontaktaufnahmen von Martin Luther und Philipp Melanchthon dar, die durch Vermittlung des sich im Alten Reich aufhaltenden Schweden Johannes Magni zustande gekommen waren. WAB 8, S. 411–413 Nr. 3323 (Martin Luther an Gustav Vasa, 19. April 1539). Vgl. WAB 9, S. 278 Nr. 3557, (Luther an Melanchthon, 24.11.1540 = MBW 2560). Siehe auch MBW 2199. Vgl. Otfried Czaika: *Die Rezeption Philipp Melanchthons im Schwedischen Reich zur Zeit der Vasa-Könige*, in: *Historisches Jahrbuch* 128 (2008), S. 409–437, besonders S. 416–427.

56 Z.B. in einem Schreiben an Christian III. vom 3. September 1548: MBW 5278.

57 MBW 8505.

betrieb und sich unter anderem aus dem Schmalkaldischen Krieg heraushielt, äußerte er Melanchthon gegenüber dennoch sein Verständnis für die Lage des Protestantismus im Reich und beklagte die Bedrängnis durch den „Papismus“.[58] Nach 1550 begann der König freilich, sich von Melanchthon zu distanzieren. Christian III. war enttäuscht darüber, dass Melanchthon in der Abendmahlslehre von Luther abwich, wagte aus Rücksicht auf seinen Schwiegersohn, Kurfürst August von Sachsen, aber auch nicht, Melanchthon öffentlich zu kritisieren.[59]

Melanchthons Kontakte mit Skandinavien führten auch zu einer lebhaften Vermittlung aktueller reformatorischer Schriften, insbesondere natürlich solcher aus Melanchthons Feder. Zahlreiche Briefe belegen, dass Melanchthon seine eigenen Werke oder die anderer an Korrespondenzpartner in Nordeuropa schickte. Nicht genug damit: In einem auf den Februar 1542 datierten Brief an Christian III. informiert Melanchthon diesen darüber, dass Albert Krantz’ bisher nur handschriftlich existierende Chroniken nun bald in Straßburg im Druck erscheinen würden.[60] Ob der Dänenkönig – wie Martin Schwarz Lausten vermutet – auch zum Druck dieser Ausgabe mit finanziellen Mitteln beitrug, ist unklar. Mir scheint es zumindest wahrscheinlich zu sein, dass Melanchthon unter anderem über skandinavische Studenten in Wittenberg darüber informiert war, dass Krantz’ Werke in Skandinavien offensichtlich mit Interesse gelesen wurden, obwohl sie bisher nicht im Druck vorlagen.[61]

Doch zurück zur Verbreitung von Melanchthons Schriften in Skandinavien: Selbstverständlich war es nicht nur Melanchthon, der selbst zur Verbreitung seiner Schriften beitrug, indem er sie zusammen mit seinen Briefen verschickte. Reformatorische Drucke gelangten auch durch Wittenberger Studenten nach Skandinavien. Im Hochsommer 1536 schreibt Benedictus Olai aus Skara an Bischof Sveno Jacobi. In dem Brief bedankt er sich nicht nur für erhaltene Unterstützung, sondern fügt dem Schreiben auch eine druckfrische Ausgabe der *Loci communes* bei. Höchstwahrscheinlich wusste Benedictus Olai, dass Sveno Jacobi bereits ein Exemplar der *prima aetas* besaß, und sorgte nun dafür, dass ein Exemplar der umgearbeiteten *secunda aetas* in die Buchsammlung seines

58 Schwarz Lausten: *Philipp Melanchthon* (wie Anm. 22), S. 288–292.

59 Schwarz Lausten: *Philipp Melanchthon* (wie Anm. 22), S. 291.

60 MBW 2885a. Zur Rezeption von Albert Krantz’ Werk siehe Per Stobaeus: *Hans Brask. En senmedeltida biskop och hans tankevärld*, Skellefteå 2009, S. 84; ders.: *Från biskop Brasks tid* (wie Anm. 13), S. 302–305; Otfried Czaika und Heinrich Holze: *Migration und Kulturtransfer im Ostseeraum während der Frühneuzeit: Vorbemerkungen der Herausgeber*, in: *Migration und Kulturtransfer im Ostseeraum während der Frühneuzeit* (wie Anm. 5), S. 10–16. Vgl. Schwarz Lausten: *Philipp Melanchthon* (wie Anm. 22), S. 284; Czaika: *Sveno Jacobi* (wie Anm. 3), S. 47.

61 VD16 belegt, dass Albert Krantz’ Chroniken erst nach dem besagten Brief Melanchthons an den Dänenkönig gedruckt wurden.

Wohltäters gelangte.[62] Zudem gab es seit dem Ende des 15. Jahrhunderts einen gut funktionierenden skandinavischen Buchmarkt,[63] so dass das Gros der in Skandinavien gelesenen Melanchthonschriften den traditionellen Exportwegen gefolgt sein dürfte und nicht diesem „Privatexport“ zuzurechnen ist.[64] Diesem so gut funktionierenden Buchmarkt ist es wohl auch zuzuschreiben, dass Melanchthons Schriften nur selten in Skandinavien gedruckt wurden: Für die kleinen Märkte Skandinaviens war es kaum lohnend, gesamte Auflagen bestimmter Melanchthonschriften herzustellen, sondern der Import einzelner Werke oder ggf. von Teilauflagen war meist völlig ausreichend, zumindest dann, wenn es um Drucke in den *linguae francae* der Frühneuzeit im europäischen Nordosten ging, dem Lateinischen oder Deutschen.[65]

Wittenberger Studenten schickten zusammen mit ihren Briefen nicht nur Werke aus Melanchthons Feder, sondern auch andere reformatorische Drucke nach Skandinavien. So sendete Nicolaus Magni 1535 eine scharf antipäpstliche Schrift mit dem Titel *Epitaphium in sepulchro Clementis Septimi* an den Bischof von Skara.[66] Nicolaus Magni sollte uns in diesem Zusammenhang mehr interessieren: Seit 1524 hatte er – mit gewissen Unterbrechungen – an der Leucorea studiert, wo er 1535 zum Magister und möglicherweise auch daselbst

62 Benedictus Olai Scharensis an Sveno Jacobi (datiert Wittenberg, 18. Juli 1536), in: Fridolf Ödberg: *Om magister Sven Jacobi, den förste protestantiske biskopen i Skara stift (1530–44, död 1554)*, in: *Vestergötlands Fornminnesförenings Tidskrift,* Lund 1896, S. 17–93, hier S. 70f. Czaika: *Sveno Jacobi* (wie Anm. 3), S. 47, S. 65f, S. 69, S. 148–150, S. 289f.

63 Siehe dazu die eindrucksvolle Dissertation von Wolfgang Undorf: *From Gutenberg to Luther. Transnational print cultures in Scandinavia 1450–1525*, Berlin 2012 (Link 1).

64 Vgl. hierzu Otfried Czaika: *Reading Melanchthon in sixteenth- and seventeenth-century Sweden*, in: *Linking the worlds of script and print: Catalogues of European manuscripts and early printed books (CERL Papers 9)*, hg. von David J. Shaw, London 2009, S. 39–53.

65 In diesem Zusammenhang ist es z. B. bezeichnend, dass alle Melanchthondrucke in der Bibliothek von Sveno Jacobi lateinisch und im deutschen Sprachraum gedruckt waren, also Importe nach Schweden darstellten. Sobald freilich theologische Werke nicht mehr ausschließlich für die kirchlichen und politischen Eliten bestimmt waren, wurden diese auch übersetzt und im eigenen Land gedruckt. Dies illustriert eindrücklich die schwedische Version von Johann Spangenbergs *Margarita theologica*, die noch zu Melanchthons Lebzeiten vom Bischof zu Skara, Erik Falck, herausgegeben wurde. Erik Falck: *Een kort underwijsning om några aff the förnemligaste articlar i then christeligha läron. Erik Falcks dogmatik*, hg. von Markus Hagberg, Skara 2010. Vgl. hierzu auch Ingun Montgomery: *Die Bedeutung Melanchthons für die schwedische Ausformung der Reformation*, in: *Philipp Melanchthon und seine Rezeption in Skandinavien. Vorträge eines internationalen Symposions anläßlich seines 500. Jahrestages an der Königlichen Akademie der Literatur, Geschichte und Altertümer in Stockholm, den 9.–10. Oktober*, hg. von Birgit Stolt, Stockholm 1998, S. 103–112, besonders S. 108.

66 Czaika: *Sveno Jacobi* (wie Anm. 3), S. 43–45, 185, 191 u. ö.

zum *Doctor utriusque iuris* promoviert wurde und in der Folge Lehrer an der philosophischen Fakultät, also ein Kollege Melanchthons, war.[67] Zusammen nahmen beide am Religionsgespräch in Kassel teil. 1536 reisten Magni und Melanchthon gemeinsam nach Frankfurt; dort trennten sich ihre Wege.[68] Nicolaus Magni starb 1543 in Marburg, wo er Lehrer an der Universität war. Zuvor hatte er allerdings dem schwedischen König auf dessen Bitten hin Georg Norman vermittelt,[69] der 1538 zunächst als Prinzenerzieher, schon bald darauf allerdings als Superintendent der schwedischen Kirche eingesetzt wurde. Georg Norman hatte 1529 in Wittenberg studiert und war Mitte der 1530er Jahre am Pädagogium in Greifswald tätig gewesen, um dessen Errichtung sich Bugenhagen verdient gemacht hatte. Nach Schweden kam Norman schließlich mit einem Empfehlungsschreiben Luthers.[70] In den Folgejahren standen Melanchthon und Norman in brieflichem Kontakt und tauschten sich unter anderem in schulischen Fragen aus.[71]

Was wir hier in Schweden sehen können, ist eine deutliche Parallele zu dem Export der Reformation nach Dänemark: Das Reformatoren-Dreigestirn Luther-Bugenhagen-Melanchthon scheint in nahezu konzertierten Aktionen zusammenzuarbeiten, wobei insbesondere Melanchthon derjenige ist, der zu einer größeren Gruppe von Korrespondenzpartnern regelmäßige Kontakte pflegt. Mag sein, dass die Kontakte nach Schweden weniger umfangreich als nach Dänemark waren; dennoch ist der Befund ähnlich. Melanchthon schreibt, informiert und diskutiert mit seinen Korrespondenzpartnern. Zudem wird Reformation von Personen aus dem akademischen Umfeld Melanchthons nach Norden transferiert. Hierbei brauchen wir nicht in erster Linie an Luther und Bugenhagen zu

67 Von Mai 1543 bis Sommer 1544 wirkte auch der Finne Simon Henrici als Lehrer an der Leucorea. Vgl. Heininen: *Die finnischen Studenten in Wittenberg 1531–1552* (wie Anm. 6), S. 21.

68 Mit Hilfe von MBW 1782–1801 lässt sich ein Itinerar von Melanchthons Reise nach Süddeutschland im Jahre 1536 nachzeichnen. Nicolaus Magni und Philipp Melanchthon leisteten einander folglich auf dieser Reise vom 1. September bis Mitte September 1536 Gesellschaft; am 11. September kam Melanchthon mit seiner Reisegesellschaft in Frankfurt am Main an, am 15. reiste Melanchthon weiter. MBW Band 10 (Orte A-Z, Itinerar), S. 454f zufolge trennten sich beider Wege bereits einige Tage zuvor in Erfurt. Dem widerspricht freilich die Reisebeschreibung, die Nicolaus Magni im Februar 1537 an Sveno Jacobi in Skara schickte. Vgl. Nicolaus Magni an Sveno Jacobi, 3. Februar 1537, in: *Sveno Jacobis papper,* E 5702, Riksarkivet/Schwedisches Reichsarchiv Stockholm; Ödberg: *Om magister Sven Jacobi* (wie Anm. 62), S. 72.

69 Ivan Svalenius: *Georg Norman. En biografisk studie*, Lund 1937, S. 28–32.

70 Luthers Empfehlungsschreiben für Georg Norman ist unter anderem greifbar in: *Gustav Vasas registratur* (= *Konung Gustaf den förstes registratur*), Bd. 1–29. Stockholm, 1861–1916, Bd. 12, S. 295; vgl. Svalenius: *Georg Norman. En biografisk studie* (wie Anm. 69), S. 30.

71 MBW 2770, 2824, 3230 und 3777a.

denken, sondern an Studenten und Schüler wie die schwedischen Reformatoren Olaus und Laurentius Petri, sowie an deren finnischen Kollegen Mikael Agricola oder den gebildeten Nicolaus Magni, der sein Leben in Deutschland beendete. Sofern frühere Wittenberger Studenten später über die entsprechenden Mittel verfügten, sorgten sie dafür, dass sie ihrer Wertschätzung durch großzügige Geschenke an Melanchthon und die anderen Wittenberger Ausdruck verliehen.[72]

Philipp Melanchthon hat also auch in der Briefkultur Nordosteuropas seinen festen Platz. Allerdings sind es nicht nur die Briefe von und an Melanchthon, die wir dank der unermüdlichen Arbeit von Heinz Scheible und der Heidelberger Melanchthonforschungsstelle in Melanchthons Briefwechsel greifen können, sondern auch Briefe von Skandinaviern, die im Alten Reich studierten und in ihre Heimatländer schrieben. Aus diesen Briefen erfahren wir etwa, dass Melanchthon – und die anderen Wittenberger Reformatoren – einen nachhaltigen Eindruck ausübten, sei es durch ihre Lehrtätigkeit, durch ihre theologischen Veröffentlichungen oder auch durch ganz praktische Hilfestellungen für die Studenten.[73] Melanchthon wurde von seinen skandinavischen Studenten auch in Schutz genommen: Der Finne Ericus Härkäpää und der Schwede Christianus Henrici schrieben 1549 in ihre Heimat und verteidigten den Praeceptor Germaniae gegen die im Zuge des Interims gegen ihn vorgebrachten Gravamina. Diese werden als „satanische Verleumdungen" der flacianischen Seite abgewiesen.[74] Offensichtlich begann um 1550 – zumindest im schwedischen Reich – eine recht irenisch eingestellte und an Melanchthon orientierte Theologengeneration heranzuwachsen.[75]

72 So z.B. der schwedische Adlige Kristoffer Andersson (Röd), der Ende 1546 oder Anfang 1547 ein großzügiges Geldgeschenk in Höhe von 150 Talern an Johannes Bugenhagen, Katharina Luther und Melanchthon schickte: MBW 4576. Er entstammte einer Adelsfamilie aus Västergötland und studierte von 1525 bis Anfang der 1530er Jahre (mit Unterbrechungen) in Wittenberg. Er wurde 1532 Mitglied im schwedischen Reichsrat, 1540 Ritter, 1542 königlicher Kanzler. Aus Sveno Jacobis Briefwechsel wissen wir, dass Kristoffer Andersson (Röd) ein starkes und positives Interesse für die Sache der Reformation und Melanchthons Theologie hatte. Kristoffer Andersson fiel Ende 1547 in Ungnade, weil er in Kopenhagen ohne vorherige Abklärung mit Gustav Vasa in dessen Namen Kredite aufnahm. Er starb am 25. März 1548 in Lübeck. Zu Kristoffer Andersson siehe Ivan Svalenius: *Kristofer Andersson*, in: *Svenskt biografiskt lexikon*, Bd. 21, Stockholm 1975–1977, S. 585 (Link 2); *Kristoffer Andersson*, in: *Svenskt biografiskt handlexikon*, Bd. 1, Stockholm 1906, S. 33; Czaika: *Sveno Jacobi* (wie Anm. 3), S. 231, 263 f und 288.

73 In diesem Zusammenhang sei unter anderem an Melanchthons Zeugnisse für Paulus Juusten sowie für den finnischen Adelsmann Erik Härkäpää [Herchiepe] erinnert: MBW 4445 (= CR 6, Sp. 270 f Nr. 3606) und MBW 5976 (= CR 7, Sp. 723–725 Nr. 4841); vgl. Heininen: *Die finnischen Studenten in Wittenberg* (wie Anm. 6), S. 53–62.

74 Czaika: *Luther, Melanchthon und Chytraeus* (wie Anm. 23), S. 75–78; Heininen: *Die finnischen Studenten in Wittenberg* (wie Anm. 6), S. 53–62 und 91–96.

75 Czaika: *Luther, Melanchthon und Chytraeus* (wie Anm. 23), S. 78 f.

Diese in verschiedenen Briefen nachvollziehbaren Kontakte führten – wie bereits dargestellt – zu einem Transfer von Ideen, Büchern und einer Diffusion in Wittenberg geschulter Theologen in den europäischen Nordosten. Melanchthon in der Briefkultur ist aber viel mehr als nur dies. Die über Studienreisen und den Briefwechsel mit Wittenberg etablierten Kontakte zeitigten einen umfassenden kulturellen Transfer, der die frühneuzeitliche Kultur im europäischen Nordosten nachhaltig prägte: Im Zusammenhang mit Dänemark wurde bereits thematisiert, dass Melanchthon dem Dänenkönig einen Kartographen und einen Dichter empfahl und auch mit dem Kopenhagener Arzt Jakob Bording in Kontakt stand. Dies ist symptomatisch für die kulturelle Ausstrahlung Wittenbergs nach Nordosteuropa: Medizinisches Wissen, poetische Kunstfertigkeit, historiographisches Interesse und vieles mehr kamen über die Schiene Wittenberg in die skandinavischen Reiche und den Ostseeraum: Benedictus Olai,[76] Hofarzt der schwedischen Könige Gustav Vasa, Erik XIV. und Johan III. hatte in den 1540er Jahren in Wittenberg studiert.[77] Der spätere Bischof von Västerås, Erasmus Nicolai, brachte von seinem Studienaufenthalt in Wittenberg in den Jahren 1558–1560 ein Exemplar von Vesalius' Anatomie mit, das prachtvoll eingebunden war: Auf der Vorderseite des Einbands ist Martin Luther, auf der Rückseite Philipp Melanchthon abgebildet.[78] Melanchthon selbst schickte z.B. auch eine Schrift von Paul Luther, dem Sohn des Reformators und Mediziner, an den dänischen König Christian III. und bat den Dänenkönig, diesen zu unterstützen.[79]

Aus der Wittenberger Schule stammte auch Heinrich Moller,[80] Hofhistoriograph, Hofpoet und Prinzenerzieher am schwedischen Königshof in den 1550er

76 Dieser ist nicht identisch mit dem oben erwähnten Wittenberger Studenten Benedictus Olai Scharensis.

77 Callmer: *Svenska studenter i Wittenberg* (wie Anm. 20), S. 22f. Zu Benedictus Olais Biographie siehe unter anderem Olof T. Hult: *Benedictus Olai*, in: *Svenskt biografiskt lexikon*, Bd. 3, Stockholm 1922, S. 176–181; Johan Fredrik Sacklén: *Sveriges läkarehistoria ifrån Konung Gustaf I:s till nuvarande tid*, Stockholm 1822, S. 316–317; Axel Kockum: *Läkare och apotekare vid Gustav Vasas och hans söners hov. Bidrag till medicinens och farmaciens historia i Sverige under 1500-talet*, Stockholm 1949, insbesondere S. 86–96. Das Nachlassverzeichnis des Arztes Benedictus Olai umfasst zahlreiche Werke aus Melanchthons Feder, unter anderem die *Confessio Augustana*, *De Anima*, Melanchthons Physik sowie seine Dialektik und in verschiedenen Ausgaben die *Loci Communes*. Ebbe Kock: *En svensk bokkatalog från 1500-talet*, in: *Nordisk tidskrift för bok- och biblioteksväsen* 7 (1920), S. 146–155.

78 Hans-Theodor Koch: *Melanchthon und die Vesal-Rezeption in Wittenberg*, in: *Melanchthon und die Naturwissenschaften seiner Zeit*, hg. von Stefan Rhein und Günther Frank, Sigmaringen 1998. S. 203–218, hier: S. 213. Erasmus Nicolais Exemplar von Vesalius' Anatomie befindet sich heute in der Stadt- und Stiftbibliothek in Västerås, Schweden.

79 MBW 5278, 5610, 8501. Vgl. Schwarz Lausten: *Philipp Melanchthon* (wie Anm. 22), S. 287.

80 Zu Heinrich Mollers Leben und Werk siehe Henrik Schück und Karl Warburg: *Illus-*

Jahren und danach tätig als Lehrer und Dichter in Danzig.[81] Moller hatte vom schwedischen Hof den Auftrag erhalten gegen Sleidanus' Geschichtsbild anzuschreiben („ut scriberet contra Sleidanum"). Im Unterschied zu Conrad Sleidanus' Geschichtsentwurf, der das frühneuzeitliche schwedische Königtum unter Gustav Vasa als illegitim darstellte, verband Moller die protonationale Staatsbildung Schwedens mit dem Anliegen der lutherischen *vera doctrina* und trug somit zur Etablierung eines kollektiven konfessionellen Gedächtnisses bei. Dieser Diskurs wurde einige Jahrzehnte später von einem anderen Melanchthonschüler, nämlich in David Chytraeus' historiographischen Werken, seit etwa 1580 weitergetragen.[82] Ähnlich wie Moller feierte bereits um 1560 auch der spätere schwedische Erzbischof Laurentius Petri 1560 umfasst, entstand teilweise während seines zweiten Studienaufenthaltes in Wittenberg in den Jahren 1557–1561.[83] Auch ein weiteres Werk aus Laurentius Petri Gothus' Feder, die

trerad svensk litteraturhistoria. Tredje fullständigt omarbetade upplagan, Bd. 2: *Reformationstiden och stormaktstiden*, Stockholm o. J., S. 87–88; Kurt Johannesson: *Retorik och propaganda vid det äldre Vasahovet*, in: *Lychnos. Lärdomshistoriska samfundets årsbok 1969–1970*, Uppsala 1970, 1–60; Jan Öberg: *Neo-Latin Poetry in 16th and 17th Century Sweden*, in: *Acta Conventus Neo-Latini Lovaniensis. Proceedings of the first International congress of Neo-Latin studies, Louvain, 23–28 August 1971*, hg. von Jozef Ijsewijn und Eckhard Keßler, Löwen - München 1973, S. 453–466; Kurt Johannesson: *Renässansens latinpoesi. Studier kring Henricus Mollerus*, in: *Vetenskapens träd. Idéhistoriska studier tillägnade Sten Lindroth, 28. XII*, Stockholm 1974, S. 55–94; Otfried Czaika: *Heinrich Moller*, in: *Frühe Neuzeit in Deutschland 1520–1620. Literaturwissenschaftliches Verfasserlexikon*, Bd. 2, hg. von Wilhelm Kühlmann, Jan-Dirk Müller, Johann Anselm Steiger u. a. [im Erscheinen].

81 Mollers wichtigste Werke mit Hinblick auf Schweden sind: *De imagine Holmiae Svecorum in coelo conspecta, quinto Nonarum Maij: Anno Domini M.D.LVI. Elegia Henrici Molleri Hessi,* Wittenberg, Johann Krafft d. Ä., 1556 (VD16, M 5811); *Stheno Sture senior inclyti Regni Sveciae*, Wittenberg, Johann Krafft d. Ä., 1557 (VD16, M 5817); *Triumphus Christi ad Romanorum accomodatus et editus. In honorem illustrissimi Principis ac Domini Iohannis, nati ex Gostao potentissimo Suecorum, Gothorum & Vandalorum Rege*, Wittenberg, Johann Krafft d. Ä., 1557 (VD16, M 5818); *Epithalamon Illustri et Generoso Domino D. Esardo, Phrysiae Orientalis Comiti, & serenissimae Principi D. Catharinae, inclyti Suedorum Regis Gostavi filiae*, Stockholm 1559; *Sertum Musarum, in [...] Principis ac Domini D. Erici Svedorum, Gothorum et Vandalorum Regis Coronatione*, Königsberg, Hans Daubmann, 1561 (VD16, ZV 19081); *Aulaeum gratiarum [...] in honorem illustrissimorum [...] Principum ac Dominorum. D. Sigismundi Augusti, Regis Poloniae [...] D. Iohannis, Ducis Finlandiae, Regnorumque Svetiae [...] haeredis. D. Catharinae, inclyto huic duci, a [...] illo Rege, fratre Germano, in matrimonium traditae*, Königsberg, Hans Daubmann, 1562 (VD16, ZV 11059); *Elegia de adventu in Prussiam et Civitatem Dantiscum [...] Domini Iohannis, Ducis Finlandiae, Regnorumque Sueciae, Gothiae, Vandaliaeque haeredis. Adiecta sunt et alia quaedam in honorem Regiae apud Suedos Familiae*, Königsberg, Hans Daubmann, 1562 (VD16, M 5802).

82 Czaika: *Heinrich Moller* (wie Anm. 79).

Strategmata Gothici exercitus adversus Darium,[84] entstand 1559 in Wittenberg und ist möglicherweise im Zusammenhang mit Melanchthons chronistischer Tätigkeit zu sehen. Im Jahre 1559 schickte Melanchthon dem schwedischen Thronfolger Erik ein Exemplar seiner Chronik. Erik bedankte sich 1560 für diese Gabe und wünschte sich für spätere Ausgaben eine ausführlichere Behandlung Schwedens – dieser Brief erreichte Melanchthon allerdings nicht mehr.[85]

Auch andere skandinavische Studenten, wie z. B. Paulus Juusten, der Verfasser einer finnischen Bischofschronik[86], oder Jacobus Petri Finnus, der Herausgeber und Bearbeiter der *Piae Cantiones*[87], eines finnischen Gesangbuches, hatten ihre Ausbildung in Wittenberg erhalten, Juusten noch bei Luther und Melanchthon in den 1540er Jahren, Jacobus Petri einige Jahre nach Melanchthons Tod.[88] Zuletzt sollten wir nicht vergessen, dass auch das Führen von Stammbüchern[89] und der Brauch, zunächst Trauerschriften und später Leichen-

83 Birger Bergh: *Laurentius Petri Gothus. En svensk latinpoet från 1500-talet. Textedition med inledning, översättning och kommentar*, Stockholm 1973.

84 Johan Nordström: *Laurentius Petri Gothus Strategema Gothici Exercitus*, in: *Samlaren* NF 3 (1922), S. 221–276.

85 MBW 9301a.

86 Paulus Juustens Bischofschronik ist in folgender Edition zugänglich: Paulus Juusten: *Catalogus et ordinaria successio episcoporum Finlandensium*, hg. von Simo Heininen, Helsinki 1988. Mit den Vorlagen der Chronik und dem Leben und Werk Juustens befasst sich Simo Heininen: *Suomalaisen historiankirjoituksen synty. Tutkimus Paavali Juustenin piispainkronikasta*, Helsinki 1989 und Simo Heininen, *Agricolan perintö. Paulus Juustenin elämä*, Helsinki 2012.

87 Theodoricus Petri und Jacobus Petri Finnus: *Piae Cantiones Ecclesiasticae et scholasticae Veterum episcoporum, in Inclyto Regno Sueciae paßim vsurpatae, nuper studio viri cuiusdam Reuerendiß: de Ecclesia Dei et Schola Aböensi in Finlandia optimè meriti accuratè à mendis correctae* [...] Greifswald 1582 [= VD 16 P 1765]. Dieser Druck ist auch als Nummer 3059 in *Suomen kansallisbibliografia: Finlands nationalbibliografi = Finnische Nationalbibliographie: 1488–1700*, hg. von Tuija Laine und Rita Nyqvist Helsinki 1996, S. 562 belegt sowie bei Isak Collijn: *Sveriges bibliografi intill år 1600*, Teil 2, Uppsala 1927–1931, S. 514–516.

88 Heininen: *Die finnischen Studenten in Wittenberg 1531–1552* (wie Anm. 6), S. 18–26, 53–73 u. ö.; Czaika: *Luther, Melanchthon und Chytraeus* (wie Anm. 23), S. 80–83; Callmer: *Svenska studenter i Wittenberg* (wie Anm. 20), S. 23 und 31.

89 Zur Geschichte des Stammbuches, insbesondere mit Hinblick auf Skandinavien sei hier verwiesen auf Eva Dillman: *Minnesalbumets historia*, in: *Signums svenska kulturhistoria: Karl Johantiden*, hg. von Jakob Christensson, Lund 2008, S. 311–331 sowie Czaika: *David Chytraeus und die Universität Rostock* (wie Anm. 6), S. 153–162 und Giese: *Studenten aus Mitternacht* (wie Anm. 6), S. 731–734. Lotte Kurras und Eva Dillman: *Die Stammbücher der Königlichen Bibliothek Stockholm: Handschriftenkatalog*, Stockholm 1998, belegt eindrücklich die Bedeutung von Studienreisen unter anderem nach Wittenberg, aber auch nach Rostock, wo der Melanchthonschüler David Chytraeus *spiritus rector* zahlreicher skandinavischer Studenten war, für die Stammbuch-

predigten als Druckwerke herauszugeben[90], eng mit der Wittenberger Akademie, Philipp Melanchthon und einer von Melanchthon geprägten lutherischen Konfessionskultur verwoben sind.

produktion. Bei meinen Studien von Melanchthondrucken in schwedischen Bibliotheken bin ich zudem auf zahlreiche Widmungen von Melanchthons Hand auf Vorsatzblättern, Frontispizen oder ähnlichem in Drucken des 16. Jahrhunderts gestoßen. Instruktiv hierzu ist unter anderem *Das Album Reformatorum Cygnaeum (1542/1543) in der Prachtbibel des Zwickauer Bürgermeisters Oswald Lasan*, hg. von Ferdinand Ahuis und Walther Ludwig. Mit einer Einleitung von F. Ahuis, Stuttgart 2013.

90 Die ersten, indirekten Belege für Leichenpredigten in Schweden datieren auf die späten 1520er und 1530er Jahre: In Olaus Petris Agende aus dem Jahr 1529 wird ein vorformulierter Text einer Leichenrede geboten; zwei Jahre später nimmt die Leichenpredigt in Laurentius Petris erstem Entwurf einer Kirchenordnung einen wichtigen Platz ein. Olaus Petris Agende aus dem Jahr 1541 bietet die Möglichkeit einer vorformulierten Ermahnung der (Trauer-)Gemeinde oder aber einer frei formulierten Leichenpredigt; diese Möglichkeiten werden auch vom finnischen Reformator Mikael Agricola in dessen Agende 1548 übernommen und finden schließlich über Laurentius Petris Kirchenordnungsvorschlag von 1561 Eingang in die Kirchenordnung von 1571. Im Jahr 1560 hielt Laurentius Petri, der erste evangelische Erzbischof Schwedens und vormals Student in Wittenberg, aus Anlass von Gustav Vasas Begräbnis eine heute verschollene Leichenpredigt. Der finnische Adlige Ericus Härkäpää, der etwa ein Jahrzehnt zuvor bei Melanchthon in Wittenberg studiert hatte, verfasste 1560 ein handschriftlich überliefertes Epitaph auf Gustav Vasa. Der bereits oben erwähnte Heinrich Moller veröffentlichte 1560 einen sepulkralen Text auf den Tod Philipp Melanchthons. Die ersten schwedischen Trauerschriften entstanden in den zwei Jahrzehnten nach Melanchthons Tod und sind entweder im Umkreis der Wittenberger oder Rostocker Hochschule erschienen. Um und nach 1550 wurden in Schweden und Finnland vereinzelt Leichenpredigten auf höher stehende Personen, meist am schwedischen Hof, gehalten. Als Druckgattung taucht die Leichenpredigt in Schweden freilich erst um 1600 auf und ist hier eng mit der Rolle der Rostocker Universität und ihres bedeutendsten Lehrers, David Chytraeus, verbunden. Auch in Schweden, wo also die Leichenpredigt von Luther- und Melanchthonschülern wie Olaus und Laurentius Petri sowie Mikael Agricola bereits um die Mitte des 16. Jahrhunderts eingeführt wurde, avancierte diese Textsorte zu einer der am häufigsten gedruckten der Frühneuzeit. Olaus Petri: *Samlade skrifter 2*, hg. von Sveriges kristliga studentrörelses förl., Uppsala 1915, S. 349–359; Mikael Agricola: *Mikael Agricolan teokset. 3, Käsikiria; Messu eli Herran Echtolinen; Se meiden Herran Jesusen Cristusen Pina; Davidin Psaltari; Weisut ia Ennustoxet; Ne Prophetat [...]*, Porvoo – Helsinki – Juva 1987, S. 39–50; Åke Andrén: *Introductorium theologicum. Studier kring ett dokument om prästerlig församlingstjänst från svensk reformationstid*, Stockholm 1950, S. 167–224, insbesondere S. 187–199; *Laurentius Petris handskrivna kyrkoordning av år 1561*, hg. von Emil Färnström, Stockholm 1956, S. 137–141; *Den svenska kyrkoordningen 1571 jämte studier kring tillkomst, innehåll och användning*, hg. von Sven Kjöllerström, Lund 1971, S. 134–137; Olavi Rimpiläinen: *Suomalainen hautauspuhe puhdasoppisuuden aikana*, Helsinki 1973, S. 20–25; Simo Heininen: *Suomalaisylioppilaan nekrologi vuodelta 1564*, in: *Suomen kirkkohistoriallisen seuran vuosikirja* 78 (1988), S. 54–56; ders.: *Die finnischen Studenten in Wittenberg* (wie Anm. 6), S. 97; Otfried Czaika: *Andlighet och genealogi. Den tryckta likpredikan i Sverige*, in: *Släkt och hävd* 2004:1, (2004), S. 29–60.

In diesem Sinne können wir also festhalten, dass es beim Export der Reformation nicht nur um eine Reformation des Kirchenwesens, sondern auch um konfessionell geprägte Kultur geht. In anderen Worten: Es geht um Briefe, Kultur und Briefkultur.

Melanchthon trägt also zur Verankerung der Wittenberger Reformation in den skandinavischen Reichen und zum Transfer einer konfessionellen Kultur bei, die ihrerseits erst im Entstehen war. Auch wenn er – im Unterschied zu Bugenhagen – niemals seinen Fuß auf dänischen Boden setzte oder direkt an der Abfassung maßgeblicher Schriften wie der dänischen Kirchenordnung beteiligt war, so kann sein Anteil daran ohne Weiteres als gleichberechtigt neben dem des *Doctor Pomeranus* stehen. Mit Hinblick auf Schweden können wir festhalten, dass zu Melanchthons Lebenszeit dessen Beitrag zum Reformationswerk wohl schwerer greifbar ist. Infolge der Absenz anderer maßgeblicher Theologen, die wie etwa Bugenhagen in Dänemark an der praktischen wie theoretischen Absicherung der Reformation mitwirkten, war Philipp Melanchthon für Schweden möglicherweise jedoch ein noch weitaus bedeutenderer Gedankengeber als für die Reformation im dänischen Reich.

Von den Fernwirkungen des Reformationsexportes, der einen so effektiven Macher wie Melanchthon hatte, haben wir heute nicht gesprochen. Wir können abschließend auf David Chytraeus in Rostock verweisen, der das Werk seines Wittenberger Lehrers als genialer und nimmermüder Promotor der Wittenberger Lehre fortführte. Chytraeus' Briefwechsel mit Korrespondenten in Skandinavien, sein Bemühen um die Ausbildung und das Wohlergehen skandinavischer Studenten in Rostock, sein vorsichtiges Taktieren den schwedischen Königen gegenüber und seine in vielen Dingen sehr bestimmte und doch oftmals irenische Haltung sind eine stringente Fortführung der Kontakte, die Melanchthon mit Skandinavien hatte. Während in Dänemark die politischen und religiösen Eliten um 1550 Schüler von Melanchthon waren oder engsten brieflichen Kontakt mit Melanchthon hatten, so waren es einige Jahrzehnte später in Schweden die Könige, Bischöfe und der Reichsrat, die bei Chytraeus in Rostock ausgebildet waren oder aber mit ihm zum Teil über viele Jahre hinweg im Briefwechsel standen. Mit Hinblick darauf – und auf die Tatsache, dass die schwedischen Chytraeus-Schüler 1593 die *Confessio Augustana* als einziges frühneuzeitliches Bekenntnis der schwedischen Kirche akzeptierten – können wir etwas salopp sagen, dass der Wissenstransfer aus Rostock in der zweiten Hälfte des 16. Jahrhunderts ein Melanchthon 2.0 war.

Linkverzeichnis

Link 1 = http://edoc.hu-berlin.de/dissertationen/undorf-wolfgang-2012–01–05/PDF/undorf.pdf
Link 2 = http://sok.riksarkivet.se/sbl/Presentation.aspx?id=11776

Martin Greschat

Die gescheiterte Reformation. Melanchthons Beziehungen zu England und Frankreich

Die öffentliche Verlesung der *„Confessio oder Bekanntnus des Glaubens etlicher Fürsten und Städte"* (CA) auf dem Augsburger Reichstag am 25. Juni 1530 im Beisein Kaisers Karls V. bildete einen Meilenstein in der Geschichte des deutschen Protestantismus – und weit darüber hinaus.[1] Die Altgläubigen antworteten am 3. August mit der *Confutatio*, die sich als Widerlegung der *CA* verstand und auch vom Kaiser so beurteilt wurde. Nach erfolglosen Verhandlungen, um vielleicht doch noch eine Übereinkunft zu erzielen, lautete der Beschluss des Reichstags am 19. November: Die im Wormser Edikt von 1521 ausgesprochene Verurteilung der Protestanten wurde erneut eingeschärft. Ihnen wurde Bedenkzeit bis zum 15. April eingeräumt, um zur Römisch-Katholischen Kirche zurückzukehren. Danach drohte ihnen die Vollstreckung der Reichsacht. Angesichts dieser Gefahr schlossen sich die Unterzeichner der *CA* Ende Dezember 1530 zum Schmalkaldischen Bund zusammen. Zugleich wandten sie sich, Hilfe suchend, an die Könige Franz I. von Frankreich und Heinrich VIII. von England.[2] Melanchthon formulierte die gleich lautenden Briefe am 16. Februar 1531. Sie begannen mit der Bitte, die Unterstellungen und Verleumdungen der Gegner nicht ernst zu nehmen, vielmehr die ihnen hier gebotene Richtigstellung zu akzeptieren. Sodann sollten die Regenten alles daransetzen, dass der Kaiser sich um die Ausrichtung eines echten, d.h. nicht vom Papst geleiteten Konzils bemühte und bis zu dessen Eröffnung nicht mit Gewalt gegen die Protestanten vorging. Schließlich baten die Schmalkaldener Franz I. und Heinrich VIII. um Antwort.

Beide Könige schickten lediglich untergeordnete Vertreter. Aus England kam William Paget, aus Frankreich Gervasius Wain. Heinrich war voll und ganz mit dem Problem der Scheidung seiner Ehe von Katharina von Aragon, der Tante des Kaisers, beschäftigt.[3] Robert Barnes, der gute Beziehungen sowohl zum englischen Hof als auch zu den Wittenbergern unterhielt, musste seinem König im Dezember 1531 berichten, dass Luther entschieden die Berechtigung

1 Einen knappen Überblick über diese Thematik bietet Thomas Kaufmann: *Geschichte der Reformation*, Frankfurt am Main – Leipzig 2009, besonders S. 577–605.

2 MBW 1127 und 1128.

3 Vgl. Rory McEntegart: *Henry VIII, the League of Schmalkalden and the English Reformation*, Woodbridge 2002.

dieser Ehescheidung bestritt und Melanchthon letztlich nicht anders urteilte: Er, Melanchthon, mische sich hier nicht ein. Wenn jemand dafür eintreten wolle, „muss er diese Fabel ohne mich betreiben“.[4] Lediglich Bigamie erschien Luther möglich. Eine solche Auskunft könne er auch vom Papst bekommen, musste sich Barnes von Heinrich VIII. sagen lassen!

Rund zwei Jahre später hatte sich die Situation grundlegend gewandelt: Die deutschen Protestanten hatten im August 1532 im *„Nürnberger Anstand“* für ihre Bereitschaft, den Krieg gegen die Türken zu unterstützen, die Zusage erhalten, dass die Religionsfrage zumindest bis zum nächsten Konzil ruhen würde. Gleichzeitig wuchs der Schmalkaldische Bund. Im Frühjahr 1534 unternahm er mit der Rückendeckung Frankreichs einen Feldzug gegen den altgläubig ausgerichteten *Schwäbischen Bund* zur Rückgewinnung Württembergs für Herzog Ulrich, seinen angestammten Herrscher. Am 29. Juni wurde der Friedensschluss in Kaden (bei Eger) mit Erzherzog Ferdinand, dem Bruder des Kaisers, unterzeichnet. Zu den Bedingungen gehörte die Forderung, in Württemberg keine „Sakramentierer“ zuzulassen, die Anhänger der Abendmahlslehre Zwinglis also auszugrenzen. Das Ergebnis war die *„Kasseler Konkordie“* vom 2. August 1534, die aus der Zusammenarbeit von Melanchthon und Bucer erwuchs. Beide Männer waren einander jetzt freundschaftlich verbunden. Die Frage einer Verständigung über das Abendmahl beschäftigte Melanchthon während des gesamten Jahres 1534 – und darüber hinaus.

Auf der anderen Seite des Kanals sah sich Heinrich VIII. zunehmend isoliert. Seit 1531 hatte er Schritt um Schritt den Einfluss des Papstes auf die englische Kirche zurückgedrängt. 1532 anerkannte dessen Klerus die führende Rolle des Königs in der Kirche, seit 1533 waren kirchenrechtliche Appellationen an den Papst verboten. Anfang April 1534 erließ das Parlament die *Suprematsakte*, die Heinrich VIII. zum Oberhaupt der Kirche in England machte. Mit diesem Vorgang war die Zuwendung des Königs zu Anne Boleyn aufs engste verbunden.

1. Verbindungen nach England

Ende Mai 1534 hatte Thomas Cranmer, der neue Erzbischof von Canterbury, Heinrichs Ehe mit Katharina geschieden, wenige Tage darauf, am 1. Juni 1534, erfolgte die Krönung Anne Boleyns zur neuen Königin. Gegner wurden blutig

[4] MBW 1202. Vgl. zum Thema auch Jacques Vincent Pollet: *Martin Bucer. Etudes sur la Correspondance*, Bd. 2, Paris 1962, S. 439–459; Diarmaid MacCulloch: *Thomas Cranmer. A Life*, New Heaven 1996, besonders S. 41–78. Zu Robert Barnes: Dorothea Wendebourg: *Die deutsche Reformation und England*, in: *Sister Reformations/Schwesterreformationen*, hg. von Dorothea Wendebourg, Tübingen 2010, S. 53–93, hier besonders S. 73–79.

verfolgt. Die in Europa bekannten und hoch geschätzten Humanisten John Fisher, Bischof von Rochester, sowie der frühere Lordkanzler Thomas More widersprachen sowohl der Lösung der Kirche vom Papst als auch der Gültigkeit der neuen Ehe. Sie wurden verhaftet und im Sommer 1535 hingerichtet.

Es war ein Ineinander von kirchlichen und politischen Gründen, das Heinrich die Verbindung zu den Schmalkaldenern und speziell zu Melanchthon suchen ließ. Wie beurteilte dieser die Situation? Am 1. März 1534 informierte ihn der Basler Humanist Simon Grynaeus über die Verhältnisse in England.[5] Grynaeus hatte sich dort aufgehalten und Kontakte zu verschiedenen einflussreichen Persönlichkeiten geknüpft, u.a. zu Cranmer. Daraus entstand schließlich auch eine enge Verbundenheit des Erzbischofs mit Martin Bucer.[6] Jetzt hörte Melanchthon von Grynaeus, dass er unbedingt nach England reisen müsse, wenn Heinrich VIII. ihn rief. In der Religionsfrage neige sich die Entwicklung vorsichtig auf die Seite der evangelisch Gesinnten – auch wenn noch vieles offen sei. Doch wenn ein Mann wie Melanchthon komme, „würde das Evangelium gewiss ohne weiteres angenommen werden und sich durchsetzen“. Thomas More dürfe sich nicht mehr schriftlich zu Fragen der Religion äußern, und alle seien gegen den Papst eingenommen. „Es sind wunderbare Augenblicke, in denen der Herr oft große Unternehmen beginnt.“ Melanchthon möge an Heinrich VIII. über theologische Fragen schreiben. Das werde das schwankende Gemüt des Königs sicherlich positiv beeinflussen.

Wir wissen, dass ein lockerer Kreis am Hof sich vorsichtig kirchlichen Reformen mit Einschluss reformatorischer Gedanken näherte. Dazu gehörten u.a. Cranmer, die Königin Anne, im Hintergrund auch der Kanzler Thomas Cromwell. Doch was wusste Melanchthon davon? Der Brief von Grynaeus besagte im Grunde nur, dass nichts klar war und alles lediglich im Fluss. Diesen Eindruck hatte Melanchthon dann auch während des gesamten Jahres 1534. Im Sommer schrieb er an Friedrich Pistorius: abgesehen von dem, was sie alle langst wussten, sei „alles bis jetzt unsicher“.[7] Lange erwartete Neuigkeiten lieferte am 16. Februar 1535 Robert Barnes.[8] Heinrich VIII. nutzte ihn als Mittelsmann zu den Wittenbergern und zum Schmalkaldischen Bund. Barnes berichtete, dass Gesandte aus England kommen wollten, um auf dem Kontinent die öffentliche Meinung gegen das schändliche Verhalten des Papstes gegenüber ihrem König zu mobilisieren. Melanchthon möge dazu beitragen, was er könne. Vor allem jedoch solle er helfen, die Aufnahme Heinrichs VIII. in den

5 MBW 1413.

6 Vgl. dazu Jacques Vincent Pollet: *Bucer et Grynaeus*, in: ders.: *Martin Bucer* (wie Anm. 4), S. 370–400. Zitate: MBW 1413.

7 MBW 1515.

8 MBW 1542.

Schmalkaldischen Bund zu befördern. Wenn es dazu komme, werden „wir Reformgesinnten, Gott lob!, vor den Papisten sicher sein". Vollmundig hieß es weiter: „Ihr könntet Religion und öffentlichen Frieden durch den einen hervorragenden Fürsten mehr fördern als durch noch so viele eurer Schriften, und die Gefahr wäre auf Jahrzehnte beseitigt." Nach einem Zornausbruch über das verbrecherische Handeln des Papstes fügte Barnes an, dass er diese Korrespondenz an Cromwell weiterleiten wolle, „der mit Nachdruck deine Ankunft wünscht". Auch einen ihm genehmen Begleiter solle Melanchthon nennen. Die ganze Angelegenheit sei dem König ebenso wie einflussreichen Männern in England wichtig. Neun Punkte über die angemaßten kirchenrechtlichen Vorrechte und Vergehen des Papstes beschlossen das Schreiben.

Sah Melanchthon nun klarer? Eine politisch einflussreiche reformgesinnte Gruppe in England wünschte sein Kommen. Doch was konnte er für den Wunsch des Königs tun, in den Schmalkaldischen Bund aufgenommen zu werden? Wenig interessiert war Melanchthon weiterhin an der Ehescheidung Heinrichs VIII. Andererseits: Man höre, dass die Engländer sich vielleicht der reinen Lehre zuwenden wollten, schrieb Melanchthon dem Freund Camerarius. Jedenfalls habe das Wüten gegen deren Anhänger jetzt aufgehört.[9] Zwei Tage später wandte sich Melanchthon direkt an Heinrich VIII., um ihm durch Barnes seine Meinung zu den neun Punkten mitzuteilen.[10] Diese Beilage ist verloren. Im Brief mahnte Melanchthon den König – wohl verpackt in viele Lobsprüche – seine Autorität für die Milderung der religiösen Konflikte einzusetzen, theologische Gespräche unter gebildeten Männern zu fördern, kirchliche Missstände zu beseitigen und Gutgesinnte nicht mit Bösen zu vernichten. Auf derselben Linie bewegte sich die in derselben Zeit verfasste, aber noch nicht gedruckte Widmung der Neubearbeitung seiner *Loci communes* an Heinrich VIII.[11] Dieses Werk bot die souveräne Zusammenfassung der theologischen Position nicht nur Melanchthons, sondern der Wittenberger Theologie, basierend auf dem zentralen Gedanken der Rechtfertigungslehre. Dass Melanchthon auf diese seine klare systematische Darlegung stolz war, klingt durch die hier gebotene höfische Rede unverkennbar hindurch. Der König möge selbst urteilen, heißt es dann, wie falsch die Verleumdungen seien, dass die Angehörigen der Reformation die kirchlichen Traditionen verachteten. Einmal mehr plädierte Melanchthon also auch hier für eine Versammlung kluger und frommer Persönlichkeiten, welche die kirchlichen Missstände beseitigen und der evangelischen

[9] Schreiben vom 11. März 1535: MBW 1551.

[10] MBW 1552.

[11] MBW 1555. Zur Bedeutung dieser Ausgabe der *Loci* vgl. Martin Greschat: *Melanchthon neben Luther. Studien zur Gestalt der Rechtfertigungslehre zwischen 1528 und 1537*, Witten 1965, besonders S. 150–165.

Wahrheit zum Sieg verhelfen würden. Ebenso kehrte die Mahnung wieder, auf Gewalt zu verzichten und stattdessen Milde und Besonnenheit walten zu lassen.

Das waren Hoffnungen und Wünsche. Eine zwingende Notwendigkeit, um zur Durchsetzung des Evangeliums nach England zu reisen, bestand offenbar nicht – oder zumindest noch nicht. Einen Monat nach den genannten Briefen, also im April 1535, teilte Melanchthon Friedrich Myconius mit, Sicheres könne er zur Zeit weder über seine Reise nach England oder Frankreich schreiben.[12] Doch anders als im Blick auf England hatte der Plan einer Reise nach Paris inzwischen festere Formen angenommen. Anfang August mahnte Barnes Melanchthon aufgeregt, nur ja nicht nach Frankreich zu gehen, bevor er mit ihm geredet habe.[13] Dahinter standen die Befürchtungen der Engländer, völlig isoliert zu sein, wenn Melanchthon sich in Frankreich mit Franz I. zu Gesprächen über die Religionsfrage traf. Barnes sollte Melanchthon warnend über die Verfolgungen der Protestanten in Frankreich informieren. Doch zu diesem Zeitpunkt hatte der sächsische Kurfürst Johann Friedrich Melanchthon die Reise nach Frankreich bereits verboten.

2. Der Frankreich-Plan

Dabei hatte alles so hoffnungsvoll begonnen! Im Zuge seiner andauernden Frontstellung gegen das Haus Habsburg suchte der französische König im Verlauf des Jahres 1534 die Annäherung an die deutschen Protestanten.[14] Der hohe französische Diplomat Guillaume du Bellay, ein Bruder des Erzbischofs von Paris, reiste in Begleitung des Straßburger Arztes Ulrich Geiger (Chelius) durch Süddeutschland, die Schweiz und Kursachsen und sammelte Voten für ein großes Religionsgespräch zwischen französischen und deutschen reformgesinnten Kreisen. Die Franzosen wünschten eine gegen die Habsburger gerichtete große religiös-politische Übereinkunft zwischen dem Papst, Frankreich und den Anhängern der *CA*. hierbei wirkten die Brüder du Bellay als Mittelsmänner zwischen Franz I. und den Anhängern der Reformation in Deutschland. Sie bedienten sich dafür, nicht zuletzt aus sprachlichen Gründen, einer Kientel junger Deutscher in Paris. Gervasius Wain aus Memmingen gehörte dazu, Johannes Günther aus Andernach, Ulrich Geiger (Chelius) aus Pforzheim, Johannes Sturm sowie schließlich Johannes Philippi (Sleidanus).[15] Die zunächst umworbenen

12 MBW 1570.

13 MBW 1604. Vgl. zum Folgenden McEntegart (wie Anm. 3), S. 26–28.

14 Ausführlich zum Folgenden Karl Josef Seidel: *Frankreich und die deutschen Protestanten. Die Bemühungen um eine religiöse Konkordie und die französische Bündnispolitik in den Jahren 1534/35*, Münster 1970, besonders S. 16–46.

15 Victor-Louis Bourrilly: *Jean Sleidan et le Cardinal du Bellay*, in: *Société de l'Histoire du Protestantisme Français. Bulletin Historique et Littéraire* 50 (1901), S. 225–242.

Schweizer lehnten den Plan sogleich ab, allen voran Heinrich Bullinger, aber ebenso Oswald Myconius, Joachim Vadian, Konrad Pellikan und Berchthold Haller: Aufgrund der theologisch schlechthin entscheidenden Norm der Heiligen Schrift fehlten sämtliche Voraussetzungen für die geplante Verbindung.[16] Vor allem Bullinger bemühte sich dann bei Bucer, ihn und insbesondere Melanchthon von jenem Vorhaben abzubringen. Doch Melanchthon ließ sich für das Projekt gewinnen. Am 1. August 1534 schickte er du Bellay Artikel, die er als Grundlage für die erhofften Gespräche ansah: „Einige gute und gelehrte Männer" sollten darüber „liebevoll und frei" disputieren, schrieb er.[17] Melanchthon nannte hier also einmal mehr jene humanistische Überzeugung, die ihn dauerhaft bestimmte: Wenn gebildete und wohlmeinende Persönlichkeiten über strittige theologische Fragen miteinander reden würden, also unter Ausschluss der Unverständigen und Ungebildeten in sämtlichen religiös-theologischen Lagern, ließen sich zumindest gegenseitiges Verstehen und somit eine Annäherung der Positionen erreichen, vielleicht sogar eine Verständigung. Auf jeden Fall aber wäre dadurch ein Krieg verhindert.

Zu diesem Zweck formulierte Melanchthon sein Gutachten.[18] Es bestand aus zweimal vier Artikeln. In den ersten vier wies er die Vorwürfe der Gegner zurück. Sodann erklärte er: Gewiss ließen sich manche Fehler und Missbräuche, die jetzt in der Kirche herrschten, entschuldigen. Doch solche Toleranz gelte nicht im Blick auf zentrale Glaubensartikel und die Hinnahme von Götzendienst. Eine solche Kritik bedeute jedoch keineswegs, dass die Protestanten die kirchliche Autorität zerstörten. Sie stabilisierten sie vielmehr. Das hieß, dass man die traditionelle Stellung der Bischöfe und auch des Papstes durchaus akzeptieren könne, sofern diese im Dienst des Evangeliums und der hierauf basierenden wahren Lehre ständen. Auch der Besitz von Kirchengütern sei legitim, ebenso sämtliche kirchlichen Traditionen, die nicht der Lehre Christi widersprächen. Sogar die gewohnte Form der Beichte konnte Melanchthon billigen, wenn die Menschen zuvor recht belehrt würden und man keinen Zwang ausübe. Zusammengefasst: An allen diesen Punkten ließe sich ohne große Schwierigkeiten Einigkeit erreichen.

Wichtiger erschien allerdings die Übereinkunft in den zentralen theologischen Fragen. Melanchthon begann mit der Darlegung der Rechtfertigungslehre, wobei er zwischen der Rechtfertigung des Sünders und dem Tun guter Werke unterschied. Auch hier könne man sich wohl einigen, urteilte Melanchthon.

16 Victor-Louis Bourrilly: *François Ier et les Protestants*, in: ebd., Bd. 49 (1900), S. 337–365.

17 MBW 1469.

18 MBW 1467. Zu den tendenziellen Erweiterungen und Veränderungen dieses Textes ebd., S. 143–169.

Schwieriger gestalte sich eine einvernehmliche Regelung bei der Messe. Vielleicht käme man an diesem Punkt durch die Hinzuziehung englischer und französischer Gelehrter weiter. Bei der Form der Messe könne es bleiben, Privatmessen sollten allerdings abgeschafft werden. Hier wie auch bei der Zulassung des Kelchs für die Laien beim Abendmahl könnten Anordnungen des Papstes hilfreich sein. Die Anrufung der Heiligen und ihre Fürbitte erschienen akzeptabel, wenn sie die zentrale Mittlerschaft Christi nicht verdunkelten. Hinsichtlich der Klostergelübde müsse Freiwilligkeit gewährleistet sein; der Priesterzölibat sei vielleicht für den höheren Klerus sinnvoll, nicht jedoch für die Masse der Priester. Ein großes Problem bilde das Verständnis der Messe, wiederholte Melanchthon zuletzt. Doch abgesehen davon gebe es keinen Artikel, über den nicht im Grunde bereits Einvernehmen auf beiden Seiten bestehe oder sich doch unschwer herstellen ließe.

Melanchthon formulierte hier gleichsam eine konkrete Utopie: Wenn wirklich fromme und gelehrte Persönlichkeiten zusammen disputierten, wäre das skizzierte Ergebnis erreichbar. Aber diese Voraussetzung musste für beide Seiten gelten! Melanchthon ging faktisch von einem partiell vom Papsttum unabhängigen Katholizismus aus. Denn vom Papst und den Päpstlern erwarte er nichts, schrieb Melanchthon am gleichen 1. August 1534 an Martin Bucer.[19] Der stimmte ausdrücklich zu, verfasste auch eine eigene Stellungnahme. Über die Messe habe er sich deshalb nicht weiter geäußert, teilte Melanchthon dem Straßburger Kollegen einen Monat später mit, weil es hierzu noch keine einhellige protestantische Auffassung gebe. Eine solche „fromme und solide Konkordie“ müsse jetzt allerdings unbedingt erreicht werden![20] Wir erinnern uns: In diesen Wochen und Monaten mühten sich Bucer und Melanchthon, u.a. 1534 in Kassel, um eine theologische Übereinkunft in der Lehre vom Abendmahl, veranlasst durch die geforderte Neuordnung der kirchlichen Verhältnisse in Württemberg.

Annähernd zeitgleich mit diesem Brief an Bucer beklagte sich Melanchthon bei dem Freund Camerarius, dass er andauernd hin- und hergerissen sei zwischen französischen, englischen und deutschen „Trübsalen“.[21] Was wusste Melanchthon über die Vorgänge in Frankreich und die Situation am Hof, d.h. über das hinaus, was ihm Johannes Sturm in einem leider verlorenen Brief über die günstige Lage und die Freundlichkeit des Königs berichtet hatte?[22] Johannes

19 MBW 1468. Bucers Antwort vom 27. August: MBW 1482. Bucers eigene Stellungnahme vom August 1534 bei Pollet (wie Anm. 4), Bd. 2, S. 509–518. Der Straßburger argumentierte nachdrücklicher aufgrund seiner reformatorisch-theologischen Position.

20 Schreiben vom 16. September 1534: MBW 1493.

21 Schreiben vom 6. September 1534: MBW 1489.

22 Vgl. dazu das Schreiben von Johannes Sturm an Melanchthon vom 6. März 1535: MBW 1550.

Sturm wirkte seit 1529 als Latinist in Paris, verstand sich als vom Geist der Reformation bewegt und verfügte über gute Beziehungen eben zu du Bellay sowie zum Hof. Insofern war er in der Lage, lebendig über dortige aktuelle Vorgänge und Stimmungen zu berichten. Ob Sturm allerdings fähig war, die dogmatisch eher gleichgültige, in den äußeren Formen, Zeremonien und Riten dagegen betont konservative Einstellung von Franz I. zu erkennen, sei dahingestellt. Der König reagierte jedenfalls mit einem hemmungslosen Wutanfall, als fanatische Zwinglianer aus der Westschweiz in der Nacht vom 17. auf den 18. Oktober 1534 wüste Pamphlete mit widerwärtigen Ausfällen gegen die Messe in Paris verbreiteten, sogar vor dem Schlafgemach des Königs. Eine brutale Verfolgung Schuldiger und Unschuldiger war die Reaktion.[23] Bücher und Menschen wurden verbrannt, Hunderte landeten im Gefängnis, viele flohen ins Ausland. Die negativen Auswirkungen dieser Plakataffäre („Placards") auf die religiöse französische Reformbewegung lassen sich kaum übertreiben. Jetzt trennten sich Humanisten, die innerkirchliche Verbesserungen anstrebten, von den Anhängern der Reformation. Auch der Prozess der religiös-politischen Annäherung zwischen Franz I. und den deutschen Protestanten war zunächst einmal beendet.

In Deutschland reagierte diese Öffentlichkeit erschrocken und erschüttert auf die Nachrichten über die Vorgänge in Frankreich. Gegenüber Johannes Brenz beklagte auch Melanchthon im Januar 1535 das Morden. Aber mindestens ebenso sehr quäle ihn, schrieb er, die Unvernunft derer, die der Wut der Tyrannen beipflichteten.[24] Am 1. Februar schickte Franz den deutschen Reichsständen ein erläuterndes Schreiben zur Rechtfertigung seines Handelns. Verfasst hatte es Guillaume du Bellay. Am Mühen um eine Einigung in Glaubensfragen solle festgehalten werden, hörten die Deutschen.[25] Im März erfuhr Melanchthon von Johannes Sturm Genaueres: Die erlebten Schrecken ließen sich nicht beschreiben. Natürlich triumphierten die Gegner, noch dazu mit einem Schein des Rechts. Hoffentlich lenke der König bald ein – was allerdings nur einen geringen Trost bieten könne. Immerhin wolle Franz I. die Kontakte zu den deutschen Protestanten nicht abreißen lassen. Deshalb lud er jetzt auch Melanchthon durch den Boten Barnabé de Voré – auch er ein Mann du Bellays – nach Paris ein. Sturm unterstrich seine feste Überzeugung, dass Melanchthon fähig wäre, im Gespräch mit dem König das Ende aller Schrecken und Verfolgungen zu

23 Ausführlich dazu Seidel: *Frankreich und die deutschen Protestanten* (wie Anm. 14), besonders S. 47–76.

24 MBW 1527.

25 Vgl. dazu Seidel: *Frankreich und die deutschen Protestanten* (wie Anm. 14), S. 71–75. Bucer antwortete Franz I. darauf am 8. Februar 1535 im Namen des Straßburger Rates (AST 42/22, 1 Nr. 8) mit einer Darstellung der reformatoishen Theologie und scharfen Angriffen auf die moralischen und theologischen Missstände bei den Altgläubigen.

erreichen. Viele Menschen in Paris stimmten mit dieser Beurteilung überein! Der König sei natürlich bereit, Melanchthon sicheres Geleit zuzusagen. Sturm beschwor Melanchthon zu kommen, nicht nur im Namen aller derer, die sich ängstigten und litten, sondern als Stimme Gottes und Christi.

Natürlich war Melanchthon von den Verfolgungen in Frankreich und den Worten Sturms beeindruckt. Doch er wisse immer noch nicht, was die Franzosen eigentlich wollten, vertraute er im April 1535 Bucer an.[26] Falls er kommen solle, damit die Wahrheit des Evangeliums nicht unterdrückt werde, würde er natürlich reisen. Doch wenn es sich bei dieser Voraussetzung nur um einen Vorwand handelte? Die Franzosen sollten sich also äußern. In diesem Sinn schrieb Melanchthon am gleichen Tag an den Erzbischof von Paris und Johannes Sturm.[27] Dem Erzbischof gegenüber beklagte er, dass der König zwar zu Recht gegen die Fanatiker vorgehe, aber leider nicht gegen die in der christlichen Lehre eingerissenen Missstände. Doch darauf komme es an, für die Kirche in Frankreich, in Deutschland und darüber hinaus. Sturm erfuhr, dass Melanchthon die Frage, ob er nach Frankreich reisen solle, zu den schwierigsten seines Lebens zähle. Nicht die Furcht vor Menschen lasse ihn zögern, sondern die Ungewissheit, ob er durch sein persönliches Auftreten etwas bewirken könne. Darüber möge Sturm zusammen mit seinen Freunden gründlich nachdenken. Auch müsse überlegt werden, ob Melanchthons Darlegungen nicht zu neuen Streitigkeiten führen könnten. Wenn Franz I. wirklich für den Ruhm Christi und den Frieden in der Kirche wirken wolle, solle er sich um das Zustandekommen eines Theologenkonvents bemühen, auf dem man intensiv über die Probleme der Kirche und ihre Lehre disputieren könne!

Erzbischof Jean du Bellay, inzwischen Kardinal, antwortete am 27. Juni: Es gebe in Paris viele Menschen und voran den König, die sich eifrig um Frieden bemühten.[28] Einen Tag später lud Franz I. Melanchthon ein, so bald als möglich zu kommen, um hier über die Einheit der Lehre „mit einigen ausgewählten Doktoren“ öffentlich zu diskutieren.[29] Aus dem von Melanchthon gewünschten Konvent freier und gelehrter Persönlichkeiten war jetzt allerdings ein Disput mit Doktoren der Sorbonne geworden!

Stürmisch unterstrich Johannes Sturm wenig später die offizielle Einladung.[30] Wo und wie jener Konvent abgehalten werden sollte, wusste er nicht. Aber entscheidend sei doch auf jeden Fall, das Wohlwollen des Königs zu gewinnen. Und das wäre sicherlich verspielt, wenn Melanchthon angesichts

26 Schreiben vom 23. April 1535: MBW 1562.
27 MBW 1563 sowie 1564.
28 MBW 1578.
29 MBW 1579. Auch der Kardinal Jean de Guise unterstützte den königlichen Wunsch, wobei er noch von einer gleichzeitigen Einladung an Bucer ausging: MBW 1579a.
30 Schreiben vom 9. Juli 1535: MBW 1585.

dieser Einladung und seiner vorher geäußerten halben Zusage nicht käme. Aber nicht nur dem König, sondern der Religion in ganz Frankreich zuliebe müsse Melanchthon die Reise unternehmen. Die Guillaume du Bellay übermittelten acht Artikel hätten weitreichende Zustimmung gefunden. Und fraglos würde Melanchthon den König „wunderbar entflammen", wenn er hier wäre und für Franz I. jene Sätze interpretieren und begründen könnte. Melanchthon müsse nicht fürchten, irgendetwas verheimlichen oder nachgeben zu sollen. Sturm behauptete, Franz I. neige zu den Reformgesinnten und sorge sich lediglich vor Aufruhr und Tumulten durch die Reformation – wie z.B. jetzt im Täuferreich in Münster. Würde Melanchthon also klug auftreten und ernsthaft reden, bestände keine Gefahr, mehr noch: es sei möglich, dass der König „noch mehr gewonnen, belehrt, ja von der evangelischen Wahrheit entflammt" würde. Zusammengefasst: „Du aber betrachte in deiner Klugheit, was Christus, was die Kirche, was die Frommen und was die Nöte der Menschen erfordern!"

Guillaume du Bellay schloss sich diesem Drängen nachdrücklich an.[31] Jetzt war Melanchthon entschlossen, nach Frankreich zu reisen. Vorher musste er freilich die Genehmigung seiner Obrigkeit, also des sächsischen Kurfürsten Johann Friedrich einholen.[32] Was ihn in Paris erwartete, wussten allerdings weder Sturm noch Melanchthon genau.[33] Guillaume du Bellay hatte bereits im Frühjahr aus den Artikeln Melanchthons und Bucers, auch Hedios, ein Resümee zusammengestellt, wonach es sich in den acht Artikeln um die Auffassung der deutschen Protestanten handelte. Die Doktoren der Sorbonne forderten ein Schriftstück, aus dem hervorging, worüber sie mit Melanchthon disputieren sollten. Ihnen wurde nun jenes Resümee aus den überarbeiteten Artikel vorgelegt, mitsamt der kaum verhüllten Mitteilung, bei diesem Text handele es sich um Überlegungen, wie die Protestanten zur alten Kirchen zurückgeführt werden könnten. Die Vertreter der Sorbonne lehnten die Artikel am 31. August ab und forderten einen öffentlichen Widerruf der Protestanten. Sie weigerten sich, vorher mit den Häretikern zu reden. Damit war das Projekt einer theologischen Verständigung endgültig erledigt.

Von alledem wusste Melanchthon nichts. Er war deshalb tief getroffen, als der Kurfürst ihm die Reise nach Frankreich untersagte. Die kursächsischen Räte tadelten Melanchthon Mitte August 1535 zunächst mündlich, weil er sich ohne ihr Wissen auf diese hochpolitische Angelegenheit eingelassen habe, die die Beziehungen zum Kaiser und die laufenden Verhandlungen des Kurfürsten mit Erzherzog Ferdinand belasteten. Die Reise müsse folglich abgesetzt wer-

31 Schreiben vom 16. Juli 1535: MBW 1587.

32 Vgl. dazu den Antrag vom 15. August 1535: MBW 1603.

33 Vgl. zum Folgenden Seidel: *Frankreich und die deutschen Protestanten* (wie Anm. 14), besonders S. 119–122. 142–161.

den.[34] Der Kurfürst bestätigte wenige Tage später diese Entscheidung.[35] Er fügte den politischen Argumenten sein theologisches Befremden darüber hinzu, dass Melanchthon in seinem Gutachtern gefordert hatte, keine Seite dürfe die andere verurteilen. Und wie solle man die Aussagen der *CA* beurteilen, etwa den dort verurteilten Entzug des Kelchs für die Laien im Abendmahl?

Melanchthon musste nun den Franzosen erklären, warum er nicht kam. Ausführlich erläuterte er Guillaume du Bellay, dass der Kurfürst Unruhen und Streitigkeiten im eigenen Lager vorbeugen wolle, weil er, Melanchthon, davon gesprochen habe, dass beide Seiten nachgeben müssten. Nicht die Gebildeten, sondern die Ungebildeten zeigten also einmal mehr ihre Verständnislosigkeit![36] Der französische König wurde am gleichen Tag aufgefordert, in den Bemühungen um die Reform der Kirche fortzufahren.[37] Und ebenfalls am 28. August erfuhr Johannes Sturm von Melanchthon, dass er nicht reisen dürfe, weil er nicht so eng, beharrlich und kompromisslos wie andere argumentiere. In der Tat, fuhr Melanchthon fort, streite er nicht um Kleinigkeiten, sondern um die großen und zentralen theologischen Fragen.[38] Die Ungebildeten dominierten jedoch auf beiden Seiten und kämpften leidenschaftlich um Quisquilien. Er dagegen wolle nicht aufhören, sich umfassend für die wahre Lehre und insofern für das Wohl der Kirche zu engagieren – obwohl er dafür in den eigenen Reihen bekämpft werde.

3. Das England-Projekt

Am 22. Dezember 1535 gaben die Schmalkaldener in einem von Melanchthon formulierten Text Guillaume du Bellay die Antwort auf den französischen Wunsch, ihrem Bund beizutreten: Die klare reformatorische Lehre sei in der *CA* enthalten. Über deren Richtigkeit müsse eine freie Synode kluger und frommer Persönlichkeiten entscheiden. Diese Voraussetzung erfülle das von Papst Paul III. nach Mantua einberufene Konzil nicht. Was die Entscheidung über ein Treffen deutscher und französischer Gelehrter zu Verhandlungen über die Religionsfragen anbelange, sähen sich die Delegierten dazu nicht befugt. Die englische Delegation unter Bischof Fox erfuhr am gleichen Tag, dass man unbeirrbar bei der eigenen Lehre bleiben wolle. Man sei überzeugt, dass Heinrich VIII. ebenso denke und deshalb ebenfalls das vom Papst einberufene Konzil ablehne.[39]

[34] MBW 1605.
[35] Schreiben vom 24. August 1535: MBW 1610.
[36] Schreiben vom 28. August 1535: MBW 1611.
[37] MBW 1612.
[38] MBW 1613.
[39] Schreiben vom 22. Dezember 1535: MBW 1680.

In diesem Sinn hatte der sächsische Kurfürst bereits am 28. September 1535 an den englischen König geschrieben.[40] Heinrich VIII. wurde mit großem Lob bedacht, weil er daran gehe, die Missstände in der Kirche zu beseitigen und die christliche Lehre zu reinigen. In Deutschland würden die Protestanten unbeirrbar daran festhalten. Das musste als ein klares Bekenntnis zur *CA* verstanden werden.

Dieser Brief wurde Robert Barnes mitgegeben, der nach England zurückkehrte. Sein Kommen nach Wittenberg am Anfang des Monats hatte dort enorme Hoffnungen geweckt. Man hörte von überaus günstigen Verhältnissen zur Ausbreitung des Evangeliums in England, dem Wunsch Heinrichs VIII., in den Schmalkaldischen Bund aufgenommen zu werden, und einer erneuten Einladung an Melanchthon mitsamt einem königlichen Geleitbrief.[41] Luther, Justus Jonas, Cruciger und Bugenhagen bedrängten nun den Kurfürsten, Melanchthon reisen zu lassen. Luther unterstützte dieses Ersuchen noch in einem eigenen Brief an den Kanzler Brück und behauptete, alles was bis jetzt bei den Engländern erreicht worden sei, hätte man Melanchthon zu verdanken.[42] Der teilte Camerarius eher zurückhaltend mit, dass er von den Engländern heftig umworben werde.[43] Am gleichen Tag informierte er Christopher Mont, den Agenten von Thomas Cromwell, über die Intention seiner Artikel für du Bellay, insbesondere im Blick auf die Ausführungen über die bischöfliche Autorität. Nachdrücklich warnte Melanchthon vor umlaufenden Fälschungen dieses Textes und lobte schließlich die englischen Bemühungen um das reine Evangelium. Doch eine Woche später hörte Hieronymus Baumgartner von Melanchthon: „Von England schreckt mich vieles ab.“ [44] Vermutlich war das eine Reaktion auf die Nachricht von den Hinrichtungen John Fishers und Thomas Mores Ende Juli 1535 in London. Doch dann überwog wieder die Zuversicht. Am 1. Dezember dankte Melanchthon dem König für dessen freundliche Worte zu den *Loci communes* und wenig später teilte der Wittenberger Bucer erfreut mit, es bestehe die Hoffnung, dass in England „die reine Lehre angenommen und erfolgreich verbreitet werde“.[45] Camerarius erfuhr am Jahresende, die Engländer wollten „die reinere Lehre nach unserem Vorbild“ annehmen.[46] Doch bald darauf war der Höhepunkt solcher großen Erwartungen überschritten.

40 MBW 1630.

41 Schreiben von Luther, Jonas, Cruciger und Bugenhagen vom 12. September 1535: WAB 7, S. 266f Nr. 2240.

42 WAB 7, S. 267–270 Nr. 2241.

43 Schreiben vom 4. Oktober 1535: MBW 1638. Das folgende Schreiben: MBW 1640.

44 Schreiben ca. 11. Oktober 1535: MBW 1645. Die von Dorothea Wendebourg (vgl. Anm. 4, dort S. 84f., Anm. 196) gebotene Erklärung, Melanchthon habe sich aufgrund eines vor seiner Geburt erstellten Horoskops vor den Gefahren des Meeres gefürchtet, muss darum nicht ausgeschlossen sein.

45 MBW 1668 und 1675.

46 MBW 1678. Melanchthon verteidigte sich hier auch gegen den Vorwurf der Gleich-

Ende September 1535 hatte der Kurfürst seine Theologen über die bevorstehende Ankunft einer englischen Gesandtschaft informiert und zugleich befohlen, sich auf keine bindenden theologischen Abmachungen mit ihnen einzulassen.[47] Am 1. Oktober begannen ausführliche Verhandlungen mit der von Bischof Fox geführten englischen Delegation, zu der auch Heath und Barnes gehörten.[48] Zunächst ging es um Fragen einer politischen Allianz, danach um die Ehescheidung. Im Verlauf der Monate Februar bis April 1536 wurden die zentralen theologischen Themen behandelt, die Grundlage bildete die *CA*. Man kam nur sehr mühsam voran. Melanchthon klagte mehrfach über die Spitzfindigkeiten der Engländer. Doch er müsse, nicht zuletzt aufgrund des Wunsches beider Seiten, mitmachen, weil es um zentrale Fragen der Lehre gehe.[49] Schließlich einigte man sich auf 17 Artikel, in denen die Rechtfertigungslehre im Sinne Melanchthons im Mittelpunkt stand. Drei Sakramente wurden gebilligt, neben Taufe und Abendmahl auch die Beichte. Keine Einigung gelang im Blick auf die Privatmesse, den Laienkelch, die Priesterehe sowie die Mönchsgelübde. Doch auch das Erreichte stand unter dem Vorbehalt, dass Heinrich VIII. zustimmte. Luther teilte dem Kurfürsten am 28. März 1536 mit, dass der König die Übereinkunft vermutlich billigen werde. Sie selbst könnten allerdings nicht weiter nachgeben.[50] Ließ sich jedoch mit den Engländern ein Bündnis schließen, wenn man theologisch nicht einig war? Das sei eine weltliche Angelegenheit, die er nicht entscheiden könne, antwortete Luther im April dem Vizekanzler Burchard, fügte allerdings hinzu: „Doch dunkt mich's fährlich sein, wo die Herzen nicht eines Sinnes sind, äußerlich sich vereinigen".[51]

Die Positionen waren somit bezogen. Für die Lutheraner – und Kurfürst Johann Friedrich voran – war die *CA* die eindeutige und klare Norm. Für die Engländer dagegen bildete diese Bekenntnis **ein** Modell, anhand dessen man eigene Lehraussagen formulieren konnte. Dieser Dissens ließ sich auch in der folgenden Zeit nicht aus der Welt schaffen. Sicherlich kam Heinrich VIII. den Protestanten 1536 in seinen „*Zehn Artikeln*", deren erster Teil auf den 17 Wittenberger Artikeln basierte, entgegen.[52] Doch mit dem blutigen Statut von 1539,

gültigkeit angesichts der Hinrichtung von More. Das hohe Lob für Heinrich VIII. in der Dedikation der *Loci* sei nach England gegangen (Schreiben vom 17. August 1535: MBW 1606 und 1607), bevor man von Mores Tod gewusst habe.

47 MBW 1635.

48 Ausführlich dazu McEntegart: *Henry VIII* (wie Anm. 3), S. 26–76.

49 Schreiben an Burchard, 19. März 1536: MBW 1710, und an Camerarius, 29. März 1536: MBW 1714.

50 WAB 7, S. 381–385 Nr. 3003.

51 WAB 7, S. 400–404 Nr. 3016, besonders S. 404, Z. 16–20.

52 Vgl. dazu MacCulloch: *Thomas Cranmer* (wie Anm. 3), besonders 160–164. Der 2. Teil enthielt „lobenswerte Zeremonien in der Kirche", nämlich die Verehrung von Bildern und Heiligen, allerlei Zeremonien sowie die Bedeutung des Fegefeuers.

in dem Heinrich VIII. die Anerkennung der Transsubstantiation postulierte, die Ablehnung des Laienkelchs sowie der Priesterehe und der Klostergelübde, der Privatmessen sowie der Ohrenbeichte, wurde die entgegengesetzte Richtung eingeschlagen. Cromwell wurde 1540 geköpft, Barnes als Ketzer verbrannt.

Im Frühjahr 1536 wünschten die Engländer, dass eine deutsche Delegation mit Melanchthon und Bucer nach England käme. Die Schmalkaldener zögerten. Manche fürchteten, dadurch den Kaiser unnötig zu verärgern. Doch was konnte ein Konsultationsprozess, der hier initiiert werden sollte, theologisch noch bringen? In die verbreitete Unschlüssigkeit platzte die Nachricht von der Hinrichtung der Königin Anne am 19. April 1536. Dem Freund Camerarius teilte Melanchthon am 9. Juni mit, dass er nun von der Sorge der Englandreise befreit wäre; und dass aufgrund jener Tragödie eine tief greifende Wende im Blick auf die theologischen und politischen Verhandlungen eingetreten sei.[53] Als er von der Hinrichtung Cromwells erfuhr, zitierte Melanchthon in einem Schreiben an Veit Dietrich am 24. August 1540 Seneca (*Hercules furens*, 920–922): Gott könne man kein gefälligeres Opfertier schlachten als einen Tyrannen. Melanchthon fuhr fort: „Wenn Gott doch einem tapferen Mann eine solche Gesinnung verliehe!“[54] Von einer Reise Melanchthons nach England war fortan nicht mehr ernsthaft die Rede.

Von gescheiterten Versuchen, die Reformation in Frankreich und England auszubreiten, war zu berichten. Philipp Melanchthon, dem bedeutenden humanistischen Gelehrten und theologischen Wortführer des neuen Glaubens traute man über Deutschland hinaus enorm viel zu. Diejenigen, die sich der reformatorischen Botschaft – in welcher Form auch immer – zugewandt hatten, erwarteten Großes von seinem Auftreten und Argumentieren. Dabei waren es durchweg kleine, allerdings einflussreiche reformgesinnte Kreise in der Umgebung der Höfe, die Melanchthon informierten und zugleich darauf bauten, dass er durch sein Kommen ihre Position und damit zugleich die von ihnen erstrebten kirchlichen Reformen befördern würde. Melanchthon drängte sich nicht, ihren Wünschen zu entsprechen. Aber er wollte der Pflicht genügen, der Wahrheit des Evangeliums Raum zu schaffen, wo immer sich die Gelegenheit dazu bot. Dafür war er bereit, auch ungewohnte Wege zu gehen, die ihm in beiden Lagern Widerspruch und Feindschaft eintragen konnten. Doch nicht daran scheiterten seine Anstrengungen, sondern an der harten Tatsache, dass die Könige, also Franz I. von Frankreich und Heinrich VIII. von England, nicht bereit waren, sich ernsthaft dem theologischen Gedankengut der Reformation zu öffnen.

[53] MBW 1752.

[54] MBW 2497. Vgl. auch MBW 2484.

Markus Hein

Melanchthon und seine Beziehungen nach Osteuropa und das Bild der Türken

Im Folgenden soll es um die Beziehungen Philipp Melanchthons nach Osteuropa gehen. Dabei soll das Augenmerk vor allem auf die Gebiete des ehemaligen Reiches der Stephanskrone gerichtet sein, das geprägt war von völlig eigenen Rahmenbedingungen und einer eigenen Entwicklung und Herausbildung der Reformation, die hier eher eine importierte Reformation war.

Vielfältig sind die Beziehungen, die Melanchthon mit Osteuropa verbanden. Sein besonderes Interesse richtete sich dabei immer auf das ungarische Reich und dessen Schicksal.[1] Dieses Reich der Stephanskrone galt quasi als Schutzschild zwischen der heidnischen, muslimischen Macht auf der einen und dem christlichen Europa auf der anderen Seite. König Stephans (969–1038) Übertritt zum Christentum westlicher Prägung im Jahre 1000 hatte das große Reich im Osten zu einer Pufferzone für die an Rom orientierte westliche Christenheit gemacht – an die man sich dort auch mehr oder weniger bewusst gewöhnt hatte. Der Wegfall dieses Schutzwalles durch die osmanischen Eroberungen vor allem im 16. Jahrhundert wurde unterschiedlich gedeutet, hatte aber in jedem Falle zur Folge, dass Ungarn näher rückte – im allgemeinen Bewusstsein und auch im Bewusstsein der Reformatoren, auch bei Melanchthon.

1 Der Beitrag lehnt sich zum Teil eng an folgende Publikationen an: Markus Hein: *Die Ausstrahlung der Wittenberger Reformation auf Südosteuropa. Das Reich der Stephanskrone*, in: *Primus Truber 1508–1586. Der slowenische Reformator und Württemberg*, hg. von Sönke Lorenz, Anton Schindling und Wilfried Setzler, Stuttgart 2011, S. 315–326, sowie ders.: *Melanchthons Bedeutung für die Reformation in Ungarn*, in: *Philipp Melanchthon: Lehrer Deutschlands, Reformator Europas*, hg. von Irene Dingel und Armin Kohnle, Leipzig 2011, S. 365–378. – Literatur zu Melanchthon und Ungarn u. a.: István Borzsák: *Zur Frage der Rezeption Melanchthons in Ungarn*, in: *Studien zur Geschichte der deutsch-ungarischen literarischen Beziehungen*, hg. von Leopold Magon u. a., Berlin 1969, S. 52–69; Wilhelm Fraknói: *Melanchthons Beziehungen zu Ungarn*, Deutsch von Adolf Dux, Budapest 1874; Endre Kovács: *Melanchthon und Ungarn*, in: *Philipp Melanchthon 1497–1560*, hg. vom Melanchthon-Komitee der Deutschen Demokratischen Republik, Berlin 1963, S. 261–269; Georg Loesche: *Luther, Melanchthon und Calvin in Österreich-Ungarn. Zu Calvins vierter Jahrhundertfeier*. Mit archivalischen Beilagen, Tübingen 1909; Heinz Scheible: *Melanchthons Beziehungen zum Donau-Karpathen-Raum bis 1546*, in: *Luther und Siebenbürgen: Ausstrahlungen von Reformation und Humanismus nach Südosteuropa*, hg. von Georg Weber und Renate Weber. Köln – Wien 1985, 36–67; Ladislaus Stromp: *Ungarn und Melanchthon*, in: *Deutsch-evangelische Blätter: Zeitschrift für den gesamten deutschen Protestantismus* 28 (NF 3) (1903), S. 727–746.

Nach einer kurzen Einleitung soll zunächst die generelle Verbindung Melanchthons nach Osteuropa (zum ungarischen Reich) in den Mittelpunkt gestellt und kurz auf die Situation der Reformation dort eingegangen werden. Dabei wird auch Polen in den Blick genommen. Ein zweiter Abschnitt ist besonders der Rolle der Schüler Melanchthons als Multiplikatoren der Reformation gewidmet. Sie sind die vornehmliche Verbindung, die Melanchthon in das große südöstliche Reich Europas unterhielt.

Schließlich soll noch kurz auf die Wahrnehmung der Türken und der osmanischen Besatzung, wie sie uns in Briefen und Berichten des 16. Jahrhunderts entgegentritt, eingegangen werden.

Zur Situation im ungarischen Reich

Am 29. August 1526 kam es bei Mohács zur im ungarischen Reich schon lange befürchteten Katastrophe: Die Truppen des osmanischen Reiches überrannten das ungarische Heer; es wurde vernichtend geschlagen. Aber nicht nur das: Bei dieser Schlacht kam auch der größte Teil der Würden- und Leistungsträger des Reiches ums Leben – unter ihnen auch der junge König Ludwig II. (1506–1526), der letzte Jagiellone. Diese Niederlage war ein Trauma, das bis heute nachwirkt. Unmittelbar jedoch folgte ein Machtkampf um das Herrschaftserbe, der zwar zwölf Jahre später beigelegt werden konnte, aber noch die nächsten Jahrzehnte bestimmte. Auch wenn die Türken die Gebiete in Mittelungarn nach der Schlacht bei Mohács erobert hatten, erfolgte erst 1541 die endgültige Besetzung; und Mittelungarn wurde Provinz des Osmanischen Reiches.

Das Ergebnis dieser Ereignisse aber war vor allem eines: Das ungarische Reich, das Bollwerk der Christenheit gegen den manchmal auch als „Antichrist“ oder „Erbfeind“ bezeichneten „Türken“ gab es nicht mehr. Die Schlacht bei Mohács ist der genaue Termin für das Ende des Reiches der Stephanskrone.

In der Folge beanspruchte Ferdinand von Habsburg (1503–1564) aufgrund des Doppelvertrages zwischen Jagiellonen und Habsburgern von 1506 für sich die Krone. 1515 (bzw. 1520) war es zur geschwisterlichen Kreuzheirat gekommen, bei der die beiden Herrscherhäuser sich für die Zukunft eng aneinandergebunden hatten. Aber in dem siebenbürgischen Woiwoden Johann Zápolya (1487–1540)[2] erwuchs ihm ein Gegenspieler, der ebenfalls Anspruch auf den

[2] Vgl. zu Johann Zápolya, der eigentlich aus der Zips (heute Slowakei) stammte, und seiner Rolle nach 1526 u. a. István Sinkovics: *Útkeresés Mohács után: az ország három részre szakadása (1526–1541)* [Richtungssuche nach Mohács, die Dreiteilung des Landes (1526–1541)], in: *Magyarország története* [Geschichte Ungarns], Bd. 3: 1526–1686, hg. von Pál Zsigmond Pach und Ágnes R. Várkonyi, Budapest 1985, 147–221, sowie die entsprechenden Passagen bei Karla Dolleschall: *Ferdinand I. und die Sächsische Nationsuniversität im Thronstreit gegen Johann Zápolya*, Inaugural-Dissertation zur Erlangung der Doktorwürde, Graz 1951.

ungarischen Thron erhob. Dieser berief sich dabei auf die vom ungarischen Landtag 1505 festgelegte Regel, dass kein Fremder den ungarischen Thron erhalten könne,[3] und ließ sich mit Unterstützung des ungarischen Adels im November 1526 zum Gegenkönig Johann I. ausrufen. Mit Duldung der türkischen Oberherrschaft spaltete Johann sein Fürstentum Siebenbürgen von Ungarn ab. Im darauffolgenden Monat wurde dann der Habsburger Ferdinand I. in Preßburg (ung. Pozsony; slow. Bratislava) von den anwesenden Ständen ebenfalls zum ungarischen König gewählt. Die folgenden Jahre waren gekennzeichnet von Kämpfen zwischen den beiden Parteien.

Zwölf Jahre später, im Frieden von Großwardein (ung. Nagyvárad, rum. Oradea) überließ der Habsburger schließlich am 24. Februar 1538 Johann Zápolya Siebenbürgen und Ostungarn und beschränkte sich auf Westungarn, allerdings mit der Klausel, dass bei dem Tode Zápolyas dessen Gebiete an die Habsburger fallen sollten.[4] Damit sollte den Erbverträgen aus dem Frieden von Preßburg 1491 und der Wiener Doppelhochzeit von 1515 entsprochen werden.[5]

Die Anhänger Zápolyas krönten allerdings nach dessen Tod 1540 seinen Sohn Johann Sigismund (1540–1571) zum König und ignorierten damit den Vertrag mit Ferdinand. Das Land wurde nun endgültig für die nächsten 150 Jahre geteilt, und die Gebiete entwickelten sich unterschiedlich. Während im habsburgischen Teil die Gegenreformation sehr früh und massiv einsetzte, konnte sich in Siebenbürgen ein protestantisches Land herausbilden. Dies steht allerdings auch mit der durchaus eigenen Entwicklung gerade der Sachsen dort in Zusammenhang, worauf hier aber nicht näher eingegangen werden soll.

Als dritter Teil des ehemaligen ungarischen Reiches mit eigener Entwicklung ist der direkt unter türkischer Herrschaft stehende Teil zu sehen, auf den sich in der Regel die Berichte und Aussagen beziehen, wenn von der Türkenherrschaft die Rede ist.

In alle diese Gebiete unterhielt Melanchthon Beziehungen. Obwohl die politischen Gegebenheiten oftmals unmittelbar Einfluss auf die religiöse Entwicklung der jeweiligen Gegend hatten, vermieden es die Wittenberger in der Regel,

3 Vgl. hierzu Vilmos Fraknói: *Ungarn vor der Schlacht bei Mohács (1524–1526)*, Budapest 1886, S. 6, wo der Text deutsch abgedruckt ist.

4 Vgl. zu den Kämpfen zwischen Ferdinand und Johann und dem endgültigen Zustandekommen des Friedens: Dolleschall: *Ferdinand I. und die Sächsische Nationsuniversität …* (wie Anm. 2), S. 70–113.

5 Im Frieden von Preßburg 1491 zwischen Wladislav II. auf jagiellonischer Seite und Maximilian I. auf habsburgischer Seite hatten sich die Habsburger das Erbe der Stephanskrone gesichert, sollte auf jagiellonischer Seite kein männlicher Erbe sein. Dies wurde unterstrichen durch die Doppelhochzeit 1515 (1521) zwischen der Enkelin Maximilians I. (1459–1519), Maria (1505–1558), und dem Sohn Wladislavs II. (1456–1516), Ludwig, einerseits zwischen einem noch zu benennenden Enkel Maximilians I., es wurde Ferdinand, und der Tochter Wladislavs II., Anna (1503–1547) andererseits.

in irgendeiner Weise darauf Bezug oder gar Einfluss zu nehmen, wenn man mal von den Klagen über die unchristlichen Osmanen absieht.

Die Anfänge der Reformation auf dem Gebiet des ungarischen Reiches

Wilhelm Fraknói (1843–1924), der bedeutendste ungarische Quellenhistoriker des 19. und beginnenden 20. Jahrhunderts,[6] untersuchte 1874 erstmals anhand von Briefen Melanchthons Beziehungen nach Ungarn.[7] Seine Quellengrundlage ging dabei weit über das Corpus Reformatorum hinaus. Das Ergebnis war die Feststellung einer besonders engen Beziehung Melanchthons zu den Gebieten der Stephanskrone, die vor allem auf seiner Tätigkeit als Professor und Lehrer in Wittenberg beruhte. Nichts spricht dagegen, dass Melanchthon auch schon in frühen Jahren Wissen über das Reich der Stephanskrone erlangte, ob durch Lehrer oder auf anderem Wege, ist spekulativ. Einen ungarischen Lehrer allerdings, wie Fraknói meinte, hatte Melanchthon nicht.

Melanchthon verfügte seit den 20er Jahren des 16. Jahrhunderts immer über direkte Verbindungen nach Ungarn. 1523 musste sein alter Studienfreund Simon Grynaeus (1493–1541),[8] Bibliothekar in Buda, wegen der neuen Lehre die Stadt verlassen, und kam mit dem ebenfalls von dort geflohenen Prediger Konrad Cordatus (1480/83–1546)[9] durch Wittenberg. Seitdem ließ das Interesse

[6] Fraknói, aus einer jüdischen Arztfamilie stammend, die geschlossen zur römisch-katholischen Kirche konvertiert war, nannte sich seit 1874 ungarisch Vilmos Fraknói. Als römisch-katholischer Historiker, Titularbischof von Rab (Arbe) und Mitglied der ungarischen Akademie der Wissenschaften war er einer der besten Kenner der kirchengeschichtlichen Quellen Ungarns im 19. Jahrhundert und konnte vor allem römische Quellen für die ungarische Geschichtsschreibung des 15. bis 17. Jahrhunderts nutzbar machen. Es gibt über ihn keine Biographie, lediglich eine kleine Abhandlung: László Thót: *Fraknói Vilmos*, Budapest 1925.

[7] Fraknói: *Melanchthons Beziehungen …* (wie Anm. 1).

[8] Vgl. zu Grynaeus neben *Realencyclopädie für protestantische Theologie und Kirche*, begründet von J[ohann] J[akob] Herzog, hg. von Albert Hauck, Bd. 7, Leipzig [3]1899, S. 218f und anderen Nachschlagewerken Friedrich Wilhelm Bautz: *Grynäus, Simon, Humanist und ref. Theologe*, in: *Biographisch-bibliographisches Kirchenlexikon* 2 (1990), Sp. 377, wo sich auch Literaturangaben finden. Zu seiner Zeit in Ungarn siehe bei Gustav Hammann: *Bartholomeus Francfordinus Pannonius – Simon Grynäus in Ungarn. Ein Beitrag über den Humanismus und die Anfänge der Reformation in Ungarn*, in: *Zeitschrift für Ostforschung* 14 (1965), S. 236–242. Vgl. auch Árpád Blázy: *A humanista Simon Gríner (Grynaeus) és Buda (1521–1523): adalékok a magyarországi reformáció kezdeteihez* [Der Humanist Simon Grynaeus und Buda (1521–1523): Beiträge zum Beginn der ungarländischen Reformation]. Phil. Diss., Budapest 2007, 252 S.

[9] Vgl. zu Cordatus Gustav Hammann: *Conradus Cordatus Leombachensis: sein Leben in Österreich*, in: *Jahrbuch des oberösterreichischen Musealvereins* 109 (1964), S. 250–278; Igor Kiš: *Konrad Cordatus, der Reformator der mittleren Slowakei*, in: *Lutheri-*

Melanchthons am Reich der Stephanskrone nicht mehr nach. Grynaeus zog 1524 weiter nach Heidelberg und wurde dort Professor für Griechisch. Cordatus blieb in Wittenberg und kehrte 1525 noch einmal für kurze Zeit nach Oberungarn zurück.

Melanchthons Briefwechsel zeigt, dass er später immer gut über die Lage in Ungarn informiert war. Seine Kenntnis beruhte nicht nur auf zufälligen gelegentlichen Hinweisen und Nachrichten, sondern Melanchthon selbst forderte seine Korrespondenzpartner immer wieder auf, ihm über theologische Fragen hinaus auch über die Situation in der Heimat und das Leben unter der Besetzung durch die Türken zu berichten.

Der erste Brief im überlieferten Briefwechsel des Reformators, der ihm von dort in dieser Weise berichtete, ist der Brief des Sigismund Gelenius aus Prag (tschech. Zikmund Hrubý z Jeleni, 1497–1554) vom Juli 1523, bevor er die Stadt Richtung Basel verließ.[10] Darin berichtet dieser von der Verbrennung der Bücher Luthers in Olmütz, die auf Veranlassung des Bischofs Stanislaus Thurzo (1470–1540) vom ungarischen König befohlen worden war, und davon, dass Paul Speratus (1484–1551) – damals Prediger in Iglau (tschech. Jihlava) – eingekerkert sei. Im August schrieb Melanchthon dann auch an Speratus nach Iglau, um ihn zu trösten.[11]

Auch in Ungarn war der Beginn der Reformation untrennbar mit dem Namen Martin Luthers verbunden, dessen Schriften und Lehren es waren, die zum Zündstoff und Anstoß wurden. Über Kaufleute und private Kontakte kamen sie vor allem in die von Deutschen bewohnten Gebiete, von wo aus sie sich rasch weiter ausbreiteten. Johann Tetzel (1465–1519) hatte sich schon Ende Dezember 1518 von seinem Leipziger Krankenlager aus in einem Brief an den päpstlichen Diplomaten Karl von Miltitz (1490–1529) über die schnelle Ausbreitung der lutherischen Gedanken beschwert und führte dabei aus, dass Luther nicht nur die Mächtigen in, allen deutsche Landen, „sondern auch in den konygreichen zu Behem,[12] Vngarn, vnnd Poln" gegen ihn erregt hätte, dass er nirgendwo

sche Rundschau 10 (1960/1961), S. 252–259 sowie Zoltán Csepregi: *Udvari papok Mária királyné környezetében* [Die Hofprediger in der Umgebung von Königin Maria], in: *Habsburg Mária: Mohács özvegye* [Maria von Habsburg: Witwe von Mohács] (Ausstellungskatalog), hg. von Orsolya Réthelyi, Beatrix F. Romhányi, Enikő Spekner und András Végh, Budapest 2005, S. 45–55, bes. S. 48–51.

10 „…, ut eius iussu in Lutheri libros publico incendio in oppido Olomucensi sevitum sit et Paulus Speratus … in carcerem trusus, quod eiusdem cum Luthero haereseos haberetur." (MBW 281, Z. 3–7); Melanchthon berichtet am 31. Juli 1523 an Spalatin vom Empfang dieses Briefes.

11 MBW 290a.

12 Zur Reformationsgeschichte in Böhmen vgl. u. a. die umfangreiche Studie Anton Gindelys: *Geschichte der Böhmischen Brüder 1450–1564*, Prag ^{2}1861, Nachdruck Osnabrück 1968 (Böhmen und Mähren im Zeitalter der Reformation 1, 1).

mehr sicher sei.[13] Bei der Aufzählung der vom reformatorischen Gedanken infizierten Länder fehlen also schon reichlich ein Jahr nach dem Thesenanschlag weder Ungarn noch Polen.

Ein Beispiel für die Verbreitung der lutherischen Lehren und Schriften ist auch die Tatsache, dass sich der Erzbischof von Gran (Esztergom), Georg Szatmári (1457–1524),[14] 1523 genötigt sah, dieser neuen Lehre Einhalt zu gebieten. Von allen Kanzeln seiner Diözese ließ er die Bannbullen gegen Luther und seine Anhänger verkünden. Auf die Anhängerschaft oder auch nur die Sympathie mit der lutherischen Lehre stand nun Gefahr für Leib und Gut. Die Gesetzesartikel des Landtages von 1523 und 1525 machen dies sehr deutlich; 1523 hieß es: „Alle Lutheraner und ihre Gönner sowie die Anhänger jener Partei […] sind mit Verlust des Lebens und aller ihrer Güter […] zu bestrafen.“[15] Und im Mai 1525 verlautete der Landtag auf dem Rákosfeld: „Auch sind die Lutheraner im Reich auszurotten: überall sind sie zu entfernen, nicht nur durch kirchliche, sondern auch durch weltliche Personen; sie sind frei, gefangen und verbrannt zu werden.“[16]

Wenn Erasmus von Rotterdam (um 1468–1536) 1521 – um noch ein Beispiel zu nennen – von der lutherischen Sache verwundert an den späteren Sekretär Karls V., Alexander Schweiß (gest. spätestens 1536), schreibt: „Niemand mag es glauben, wie tief sich Luther in die Seelen vieler Völker verwurzelt hat und

[13] Ernst Salomon Cyprian, *Wilhelm Ernst Tentzels … Historischer Bericht vom Anfang und ersten Fortgang der Reformation Lutheri, Zur Erläuterung des Hn. v. Seckendorf … nebst … Uhrkunden …*, Gotha 1717, S. 370–372; Zitat S. 370. Vgl. auch Jenő Sólyom: *Luther és Magyarország* [Luther und Ungarn], Budapest 1933 (Nachdruck Budapest 1996), S. 19.

[14] Georg (György) Szatmári, einer der hervorragenden Vertreter der Renaissance in Ungarn, traf die Kirchenkritik der Reformation besonders, da er sein ausschweifendes Leben aus den Einkünften nicht selbst bedienter Pfründen sicherte. Siehe zu ihm auch *Magyar életrajzi lexikon* [Ungarisches Biographisches Lexikon], Bd. 2, Budapest 1982, S. 715 sowie Péter Farbaky: *„Dominus det nobis et regno pacem“. Ein Mäzen unter den Jagiellonen: György Szatmári (1457–1524)*, in: *Die Jagiellonen: Kunst und Kultur einer europäischen Dynastie an der Wende zur Neuzeit*, hg. von Dietmar Popp und Robert Suckale, Nürnberg 2002, S. 317–325.

[15] *Egyháztörténelmi Emlékek a Magyarországi Hitújitás Korából* [Kirchengeschichtliche Denkmale aus der Zeit der Glaubenserneuerung Ungarns] Bd. 1: 1520–1529, hg. von Vince Bunyitay, Raimund Rapaics et al., Budapest 1902, S. 84: „Omnes Lutheranos, et illorum fautores, ac factioni ipsi adhaerentes, tanquam publicos haereticos, hostesque Sacratissimae Virginis Mariae, poena capitis et ablatione omnium bonorum suorum, Maiestas Regia, veluti catholicus princeps, unire dignetur.“

[16] Ebd., S. 204: „Lutherani etiam omnes de regno extirpentur (mit Wurzeln ausrotten): et ubicunque reperti fuerint, non solum per ecclesiasticas, verum etiam per saeculares personas, libere capiantur et comburantur.“

wie tief er sich durch seine in allen Sprachen überall hin verbreiteten Bücher eingenistet hat",[17] so sind damit auch die Völker und Länder Osteuropas und des ungarischen Reiches gemeint.

Als das ungarische Reich nach 1526 zerbrach, waren Lutheraner darin längst kein rein innerkirchenkritisches Phänomen mehr. Prozesse – auch gegen Laien – wurden geführt, und es geschahen genaue Abfragen nach den Inhalten von Verkündigung und Zustimmung.[18]

Dass hierbei – zumindest bis 1526 – auch der Hof eine nicht geringe Rolle spielte, sei nur erwähnt mit dem Hinweis auf die Trostbriefe Luthers an die Königinwitwe Maria.[19] Sie spiegeln die Hoffnungen der Evangelischen wider, in ihr eine Verbündete sehen zu können, was so aber nicht ganz berechtigt war. Allerdings waren die Anhänger der neuen Lehre besonders unter den Deutschen zu finden, die wiederum den Hof dominierten.

Beide Könige, sowohl Ferdinand als auch Johann, ließen nach dem Zusammenbruch des ungarischen Reiches keine Zweifel an ihrer Altgläubigkeit aufkommen. Dem Ziel jedoch, die Krone für sich allein zu erreichen, wurden auch die Religionsstreitigkeiten untergeordnet. Religiöse Fragen mussten bei der Suche nach Verbündeten hinten anstehen. Ganz abgesehen davon besaß weder der eine König noch der andere die Macht, in dieser Sache wirklich bestimmend und disziplinierend einzugreifen.[20] Entscheidend waren die einzelnen Patrone und Gemeinden. Die Ausbreitung der Reformation vollzog sich schnell und zunächst auch ohne wirklich große Hindernisse. Am Ende des 16. Jahrhunderts

17 *Opus epistolarum Des. Erasmi Roterdami*, hg. von Percay Allan, Bd. 4, Oxford 1979, S. 454.

18 So musste sich z. B. in Sopron 1526 ein Buchhändler dafür verantworten, dass er Bücher lutherischen Inhalts verkauft oder zumindest angeboten haben sollte. Vgl. hierzu und zu weiteren Beispielen u. a. Sándor Payr: *A dunántúli evangélikus egyházkerület története* [Geschichte des Kirchendistrikts jenseits der Donau], Bd. 1, Sopron 1924, S. 6f.

19 WA 19, (542) 552–615. Luther ging davon aus, dass Maria „dem Euangelio geneigt were und doch durch die gottlosen Bisschove [...] seer verhindert und abgewendet wurde" (ebd., S. 552); siehe auch: Markus Hein: *Maria von Habsburg, der ungarische Hof und die Reformation in Ungarn*, in: *Maria von Ungarn (1505–1558): eine Renaissancefürstin*, hg. von Martina Fuchs und Orsolya Réthelyi, Münster 2007 (Geschichte in der Epoche Karls V. 8), S. 261–272; Rudolf Keller: *Maria von Ungarn und Martin Luther: Luthers Verbindung zur Königin*, ebd., S. 273–281.

20 Selbst die deutschen Reichsfürsten waren, wenn es um die Situation in dem von den Türken so schwer heimgesuchten ungarischen Reich ging, unsicher, welcher König zu unterstützen war oder nicht. Vgl. als Beispiel die 1857 herausgegebenen *Korrespondenzen und Aktenstücke zur Geschichte der politischen Verhältnisse der Herzöge Wilhelm und Ludwig von Bayern zu König Johan von Ungarn*. ND der Ausgabe München 1857, hg. von Karl August Muffat, Aalen 1969 (Quellen und Erörterungen zur bayerischen und deutschen Geschichte, Alte Folge 4).

bekannten sich ca. 90% der Bevölkerung des ehemals ungarischen Reiches zur neuen Lehre. Auf dem Landtag dominierten die protestantischen Adligen. Es gab nach 1526 keine einheitliche Front gegen die evangelische Bewegung. Die dezentrale Struktur des ungarischen Reiches konnten Adlige und Magnaten nutzten, ihre starke Position im Laufe der Zeit immer weiter auszubauen.[21] Das wiederum eröffnete der reformatorischen Lehre Möglichkeiten der Entfaltung, zumal sie nicht nur bei den Adligen und Magnaten, sondern auch bei den Magistraten der Städte immer breitere Unterstützung erfuhr. Dies ist im Wesentlichen die Situation, die hinter den meisten der Briefe Melanchthons nach Osteuropa steht, wenn er den Kontakt zu seinen ehemaligen Studenten pflegte.

Polen

Eine ähnliche Wirkung wie im ungarischen Reich hatte die lutherische Lehre auch in Polen entfaltet, worauf hier nur sehr kurz eingegangen werden soll.[22] Auch hier gab es in den 20er Jahren des 16. Jahrhunderts gegen den „novum heresiarchum“, seine Schriften und Anhänger Predigten und Edikte. Auch hier schwenkte der führende Adel auf die Reformation ein, und selbst unter der katholischen Geistlichkeit gab es Anhänger, zumindest Sympathisanten der neuen Lehre. So konnte Melanchthon z. B. im August 1520 dem gegenüber dem Humanismus aufgeschlossenen Breslauer Bischof, Johann V. Thurzo (1466–1520), den eindeutig der Reformation zuneigenden Dominicus Schleupner (gest. 1547) empfehlen. Schleupner wurde später Reformator in Nürnberg; 1539 lehnte er ab, Leipzigs erster Superintendent zu werden, was dann Johannes Pfeffinger (1493–1573) wurde.

Ähnliches wie für die ungarischen Studenten gilt für die polnischen Studenten. Auch sie scheinen Melanchthon besonders ans Herz gewachsen gewesen zu sein. Auch sie bildeten eine große Gruppe ausländischer Studenten in Wittenberg. Über 500 Studenten kamen im 16. Jahrhundert aus Polen. Über die reinen Sorgen um die neue Lehre, um seine Schüler und um die Einführung und Erhaltung der Reformation hinaus ist es in Polen vor allem die Universität in Krakau, die die Verbindung Melanchthons in dieses Land so eng machte. Über das evangelische Lager hinaus wurde Melanchthon sogar so geschätzt, dass es

21 Dies bezog sich auch auf das Patronatswesen. Besonders die Städte, aber auch kleinere Ortschaften hatten schon seit langem das Recht der eigenen Pfarrerwahl, die dann nur bestätigt werden musste.

22 Vgl. hierzu u. a. Oskar Bartel: *Luther und Melanchthon in Polen*, in: *Luther und Melanchthon: Referate und Berichte des Zweiten Internationalen Kongresses für Lutherforschung Münster 8.–13. August 1960*, hg. von Vilmos Vajta, Göttingen 1961, S. 165–177.

Versuche gab, ihn nach Polen zu holen, ihn mit besonders guten Arbeitsbedingungen zu locken und so evtl. sogar der Wittenberger Reformation abspenstig zu machen. So gibt es in Melanchthons Briefwechsel drei Briefe, die dieses stärker werdende Werben wiedergeben. 1530 und 1532 schrieb Melanchthon an den Bischof von Plock (poln. Płock), Andreas Cricius (1482–1537), und lehnte im ersten Brief die Einladung, dorthin zu kommen ab, da er zu viel zu tun hätte und vertröstete auf später, vielleicht im Alter.[23] Zwei Jahre später, inmitten der Streitigkeiten um den Nürnberger Anstand, mit dessen Lösung Melanchthon gar nicht zufrieden war, schrieb er, „wenn C[ricius] ihm eine wissenschaftliche Zuflucht [böte], [würde er] annehmen".[24] Zu Beginn des Jahres 1535 schließlich forderte Cricius Melanchthon konkret auf, sich von den lutherischen Ketzern zu trennen, und lockte ihn, „bei ihm seine [humanistischen] Studien in Ruhe zu pflegen."[25] Cricius hatte dabei sogar die Unterstützung von Papst Clemens VII. (1478–1534) und Papst Paul III. (1468–1549) – Melanchthon kam jedoch nie nach Polen.

In den 50er Jahren wurde Melanchthon immer wieder zum Ratgeber und war als Entscheider in dogmatischen Streitigkeiten gefragt, sei es gegen Petrus Gonesius (1525–1573) und dessen antitrinitarisches Bekenntnis 1556 oder in christologischen Streitigkeiten gegen den Arianer Franz Stankar. Für Großpolen bat der die Reformation massiv unterstützende Burggraf Stanislaus Ostroróg (1519–1568) 1556 um Hilfe bei der Durchführung kirchlicher Reformen[26] – nicht nur brieflich, sondern auch verbunden mit der Bitte, doch nach Polen zu kommen. Melanchthon lehnte dies ebenso ab wie ein gleiches Ansinnen aus Kajuwien, gab aber ausführlich Ratschläge. Am 12. September 1558 konnte so die Synode in Posen auf Vorschlag Stanislaus Ostorógs die *Confessio Augustana* annehmen, woran Melanchthon keinen geringen Anteil hatte. Als 1570 dann die Synode von Sandomir im *Consensus Sendomiriensis*[27] eine Vereinigung der Lutheraner, Calvinisten und Böhmischen Brüder vornahm, spielte mit Sicherheit auch das geistige Erbe Melanchthons eine Rolle.

23 28. März 1530: MBW 884.

24 27. Oktober 1532: MBW 1288 (Regest).

25 10. Januar 1535: MBW 1526 (Regest).

26 Oskar Bartel: *Luther und Melanchthon in Polen* (wie Anm. 22), S. 173.

27 Vgl. hierzu Michael G. Müller: *Der Consensus Sendomirensis – Geschichte eines Scheiterns? Zur Diskussion über Protestantismus und protestantische Konfessionalisierung in Polen-Litauen im 16. Jahrhundert*, in: *Konfessionelle Pluralität als Herausforderung. Koexistenz und Konflikt in Spätmittelalter und Früher Neuzeit*, hg. von Joachim Bahlcke u. a., Leipzig 2006, S. 397–408.

Melanchthons Schüler als Multiplikatoren

Da es in Ungarn keine eigenständige Genese der Reformation gab, sondern diese auf verschiedenen Wegen dorthin verpflanzt wurde, spielt die Schul- und Universitätsbildung im Ausland eine zentrale Rolle.

Versuche, im ungarischen Reich eine eigene Universität zu errichten und auch zu erhalten, waren bis zum 16. Jahrhundert samt und sonders gescheitert. Seit jeher war das Ausland der Ort, an dem man sich eine höhere Bildung aneignete.[28] Besonders sind hier die Wiener und die schon erwähnte Krakauer Universität zu nennen, die beide in geographischer Nähe und damit gut zu erreichen waren. In Krakau war es besonders die humanistische Aufgeschlossenheit, die die dortige Universität zu einem häufigen und beliebten Ziel der Studenten aus den verschiedenen Gebieten des Reiches der Stephanskrone machte. Die dortige, eigene „ungarische Nation"[29] diente später als Vorbild für den 1555 an der Leucorea in Wittenberg gegründeten „Coetus Hungarici".[30]

1502 war in Wittenberg eine neue Universität gegründet worden, was jedoch noch keine Studenten aus dem ungarischen Reich anzog. Erst mit dem Aufkommen der Reformation finden wir 1521 oder 1522[31] die ersten ungarischen Studenten in Wittenberg. Dies verdeutlicht, dass es vor allem die dort verkündete und gelehrte neue Sicht auf die Kirche war, die die Studenten anzog.

Sprunghaft nahm nun der Besuch der Wittenberger Universität zu, womit auch der direkte Einfluss Melanchthons begann – nicht nur als Lehrer, sondern auch als Förderer und Unterstützer der Ungarn wirkte er. Sind es 1522 noch zwei Studenten, Georg Baumheckel (Neusohl, Beszterczebánya, Banska Bystrica) und Martin Cyriakus (Leutschau, Löcse, Levocsa) aus Oberungarn, so haben wir 1523 schon vier weitere, drei davon aus Siebenbürgen. Nach dem Zusammenbruch des ungarischen Reiches und der damit einhergehenden Unmöglichkeit, die das Luthertum verbietenden Landtagsgesetze von 1523 und 1525 weiter durchzusetzen, wurde Wittenberg Hauptanlaufpunkt für Studenten aus Ungarn und ganz Osteuropa. Über 440 Studenten aus dem ungarischen

[28] Vgl. hierzu auch die Beiträge in dem Sammelband *Deutschland und Ungarn in ihren Bildungs- und Wissenschaftsbeziehungen während der Renaissance*, hg. von Wilhelm Kühlmann und Anton Schindling (Conturbinum 62), Stuttgart 2004, der allerdings den Schwerpunkt auf die zweite Hälfte des 16. Jahrhunderts legt.

[29] Zu den Krakauer Studenten siehe: *A krakkói magyar tanulók-háza lakóinak jegyzéke 1493-től 1558-ig* [Verzeichnis der Bewohner des Krakauer ungarischen Schülerheims von 1493 bis 1558], hg. von Karl Schrauf, Budapest 1893.

[30] Vgl. hierzu Géza Szabó: *Geschichte des ungarischen Coetus an der Universität Wittenberg 1555–1613*, Halle 1941.

[31] Friedrich Adolf Lampe: *Historia Ecclesiae Reformatae, in Hungaria et Transsylvania …*, Utrecht 1728, S. 663. Vgl. auch Géza Szabó: *Geschichte des ungarischen Coetus …* (wie Anm. 30), 15, der den Bericht Lampes mit Skepsis liest.

Gebiet zählte die Alma mater Wittenbergensis an der Universität Wittenberg bis zum Tode Melanchthons.

Geht man die Reihe der ungarischen Reformatoren durch, so ist darunter kaum einer, der nicht bei Melanchthon gelernt hätte und ihm freundschaftlich verbunden war. Als sich später die unterschiedlichen konfessionellen Lager auch in Ungarn herausbildeten, gab es in jedem Reformatoren, die Schüler Melanchthons waren und über viele Jahre Kontakt – meist brieflich – mit ihrem Lehrer hatten. Zu nennen sind hier u. a. Johann Sylvester (um 1504–nach 1551),[32] der nach Studien in Krakau, 1529 und später noch einmal 1534 nach Wittenberg ging, um dort die neue Lehre zu studieren. 1541 erschien das Neue Testament erstmals vollständig auf Ungarisch, von Sylvester herausgegeben.[33] Melanchthon empfahl ihn als gelehrten Mann 1537 dem ungarischen Magnaten Thomas Nádasdy,[34] als dieser auf seinem Gebiet eine Schule errichten wollte. In seiner ungarischen Grammatik nannte Sylvester 1539 Melanchthon explizit auch für Ungarn „Praeceptor noster".[35] Er, der „die Grammatik der toten lateinischen Sprache der Landessprache anpaßte"[36], grammatisierte hiermit erstmals die ungarische Sprache, ist also in seiner Bedeutung gerade als Schüler Melanchthons über das Theologische hinaus für Ungarn kaum hoch genug anzusetzen.

Gleichzeitig mit ihm hatte Melanchthon den Mann empfohlen, der den Beinamen „lutherus hungaricus" erhielt: Matthias Dévai Bíro (1500–nach 1547).[37]

[32] Sylvester kam 1526/27 in Krakau als Student mit Gedanken des Erasmus in Berührung. 1529 war er in Wittenberg, 1534 in Ungarn im Dienste von Thomas Nádasdy in Sárvár-Újsziget. Dort arbeitete er als Lehrer und soll eine Druckerpresse geleitet haben. Wenig später studierte er nochmals in Wittenberg. Vgl. zu ihm János Balázs: *Sylvester János és kora* [Johann Sylvester und seine Zeit], Budapest 1958.

[33] *Vy Testamentu Mag'ar n'elwen, mell'et az Go(e)roeg, es Diak n'elwbo(e)l vyonnan fordytank* … [Das neue Testament in ungarischer Sprache, aus dem Griechischen und Lateinischen von neuem übersetzt], Újsziget 1541. Faksimileausgabe: *Sylvester János Új Testamentum: Újsziget 1541 / a kiserö tanulmányt irta es a fakszimile szöveget gondozta Varjas Bela* [den Begleitaufsatz und den Faksimiletext betreute Bela Varjas], Budapest 1960. Einen kurzen, deutschen Überblick über die ungarischen Bibelübersetzungen seit der Christianisierung des ungarischen Reiches gibt György Benyik: *Ungarische Bibelübersetzungen*, Szeged 1997.

[34] Melanchthon an Thomas Nádasdy vom 7. Oktober 1537: MBW 1949, Z. 36 f: „Ioannem Sylvestrum etiam, hominem doctum, celsitudini tuae commendo."

[35] „Philippus Melanchthon praeceptor noster scribens in Grammatica sua Graeca …" János Sylvester: *Grammatica Hungarolatina*, Sárvár-Újsziget 1539. Faksimile-Druck, hg. von der ELTE, Budapest 1977, S. 40 (bei der Behandlung der casus).

[36] Brozsák. *Zur Frage der Rezeption* … (wie Anm. 1), S. 582.

[37] Vgl. zu Dévai István Botta: *Dévai Mátyás: a magyar Luther* [Matthias Dévai: der ungarische Luther], Budapest 1990. Über die Berechtigung einer solchen Bezeichnung gibt es eine lange Diskussion und einige Untersuchungen. Begonnen hat sie bei dem Stadtpfarrer von Mediasch, Schesäus, der 1580 vor der Synode in Birthälm auch über

Mehrfach fand dieser sich kaum sicher in die reformatorischen Lager einzuordnende Mann als Gefangener wieder. Immer wieder musste er fliehen, fand aber auch immer wieder Aufnahme, vor allem an Adelshöfen. Auch Wittenberg diente ihm als Zufluchtsort, wohin er u. a. 1541 vor der Verfolgung durch den Erzbischof von Eger floh. In seinem Schreiben an Nádasdy nannte Melanchthon ihn schon 1537 einen „durch Glauben, Weisheit, Wissenschaft und Pietät sich auszeichnenden Mann",[38] den man „wie einen lieben Bruder empfangen" müsste.

In diese Reihe gehören ebenso Gáspár Heltai (um 1500–1574), der Klausenburger Pfarrer und Drucker sowie der Siebenbürger Reformator Johannes Honter (1498–1549) und der spätere Zwinglianer István Szegedi Kis (1505–1572), der zunächst ein eher unstetes Leben als Rektor verschiedener Schulen und Prediger führte, bevor er Pfarrer und zeitweilig auch Superintendent wurde – immer an wechselnden Orten, besonders in dem von den Türken besetzten Gebiet.[39]

Aber auch die für das reformierte Ungarn so wichtigen Männer Péter Mélius (ca. 1536–1572) und Peter Károly (1543–1576)[40] – beides Senioren von Debrecen – und der Göncer Pfarrer und Bibelübersetzer Gáspár Károly (1520–1591)[41] gehören zu den Schülern Melanchthons. Sie einte der Kampf gegen die Antitrinitarier. Auch deren Hauptvertreter, Franz David (1510–1579), wird zu den Schülern Melanchthons gezählt.[42] Er begann als Altgläubiger und wurde

„Matthiam Devai, qui Ungaricus Lutherus" sei, spricht. Christian Schesäus: *Historia repurgatae doctrinae coelestis in Transsilvania et vincina Hungaria* (1580), in: *Urkundenbuch der Evangelischen Landeskirche A. B. in Siebenbürgen*. Bd. 2, hg. von Georg Daniel Teutsch, Hermannstadt 1883, S. 238.

38 Melanchthon an Thomas Nádasdy vom 7. Oktober 1537. MBW 1949, Z. 35 f: „Matthiam tibi commendo, virum praeditum egregia doctrina, prudentia et pietate".

39 Zu Kis siehe Sándor Unghváry: *Szegedi Kis István, magyar reformátor az ottomán megszállás idején* [Stephan Szegedi Kis, ungarischer Reformator in der Zeit der türkischen Besetzung], in: *A magyar reformáció az ottomán hódoltság alatt a 16. században: tanulmányok es életrajzi vázlatok* [Die ungarische Reformation während der Besetzung durch die Türken im 16. Jahrhundert: Studien und biographische Skizzen], Budapest 1994, S. 133–148 sowie: Ferenc Szakály: *Szegedi Kis István es Skaricza Máte életéhez es működéséhez* [Zum Leben und Wirken von Stephan Szegedi Kis und Matthias Skaricza], in: ders.: *Mezőváros és reformácio* [Kleinstadt und Reformation], Budapest 1995, S. 92–171.

40 Gemeinsam mit Melius kämpfte er gegen den Antitrinitarismus und wurde 1573 sein Nachfolger als Bischof des Kirchendistriktes jenseits der Teiß. Seit 1570 war er Superintendent in Nagyvárad.

41 Seine Bibelübersetzung ist bis heute gültige Übersetzung und war eine Zeit auch für die römisch-katholische Kirche Ungarns maßgeblich. Seine Bedeutung für die ungarische Sprachbildung ist vergleichbar mit der Luthers für die deutsche Sprachbildung.

42 Franz David war 1548 Schüler Melanchthons in Wittenberg gewesen. Er war zunächst

zunächst lutherisch, dann reformiert, ehe er zum Vorkämpfer des unitarischen Glaubens wurde, als deren Begründer er in Siebenbürgen und Ungarn gilt. Auch mit denen allerdings überwarf er sich und endete schließlich als Non-Adorist, was ihm eine lebenslange Haft einbrachte, in der er aber nach kurzer Zeit starb.

Die Reihe der für Ungarn bedeutenden Schüler Melanchthons ließe sich noch fortsetzen. Einer muss aber in jedem Falle erwähnt werden: Leonhard Stöckel (1510–1560),[43] der praktisch den personifizierten Einfluss Melanchthons auf Ungarn darstellt. Stöckel trägt in Ungarn den gleichen Ehrennamen wie Melanchthon für Deutschland: „Praeceptor Hungariae“. Der Eperieser Senior Severinus Scultetus (um 1500–1600) nennt ihn 1599 „praeceptor noster charissimus“.[44] Durch die von ihm in seiner Vaterstadt Bartfeld (ung. Bártfa, slow. Bardejov) geleitete Schule, die innerhalb kürzester Zeit aufgrund der konsequenten und durchdachten Anwendung der Melanchthonischen Schulreform zur besten Schule im Lande wurde, wirkte Stöckel und durch ihn Melanchthon bis in alle Ecken des Landes.

Gegen den Willen Melanchthons gab Stöckel 1539 dem wiederholten Drängen seiner Heimatstadt nach und kehrte dorthin zurück. In Bartfeld gestaltete er die Schule im Geiste Melanchthons um und blieb, ohne noch einmal nach Deutschland zurückzukehren – trotz mehrfacher Bitten, auch Melanchthons.

Lehrer und Prediger, später Superintendent der ungarischen Evangelischen in Siebenbürgen, die er schließlich zum Calvinismus und dann zum Unitarismus führen wollte. Als Gotteslästerer verurteilt starb er in Gefangenschaft. Vgl. zu ihm neben Lexika: János Szász: *Dávid Ferenc és a lutheri reformáció* [Franz David und die lutherische Reformation], in: *Tanulmányok a lutheri reformáció történetéből* [Aufsätze zur lutherischen Reformation], hg. von Tibor Fabiny, Budapest 1984, S. 150–164.

43 Zu Stöckel gibt es weder eine ungarische noch eine deutsche Biographie. 1999 erschien lediglich auf slowakisch: Andrej Hajduk: *Leonhard Stöckel: Zivot a dielo* [Leonhard Stöckel: Leben und Werk], Bratislava 1999. Neben Hajduk hat sich vor allem Karl Schwarz mit Stöckel beschäftigt: Karl Schwarz: *Praeceptor Hungariae. Über den Melanchthonschüler Leonhard Stöckel (1510–1560)*, in: *Prve Augsburske vyznanie viery na Slovensku a Bardejov* [Das erste Augsburgische Bekenntnis in der Slowakei und Bardfeld], hg. von Peter Kónya, Prešov 2000 (Acta Collegii Evangelici Presoviensis 5), S. 47–67 – die ausführlichste Beschäftigung mit Stöckel. Vgl. neuerdings: *Leonhard Stöckel: a reformácia v strednej Europe* [Leonhard Stöckel: die Reformation in Osteuropa], hg. von Peter Kónya, Presov 2011 (Acta collegii evangelici Presoviensis 11).

44 *Υπομνημα Sive Admonitio Brevis Ad Christianos Regni Vngarici Cives, De Asserenda et retinenda Veteri seu Avita vere Christiana doctrina, in Confessione Augustana comprehensa …* Bartfeld 1599, S. 17. Zitiert nach Zoltán Csepregi: *Jámbor volt-e Georg der Fromme?: egy készülő Brandenburgi György-monográfia módszertani előfeltételei* [War ‚Georg der Fromme‘ fromm?: systematische Voraussetzungen für eine Monographie über Georg von Brandenburg] in: *Lelkipásztor* 78 (2003) Heft 8–9, S. 291–294, Zitat S. 294.

Kurz nachdem er noch Melanchthons Tod beklagt hatte, starb auch er, der seine kleine Heimatstadt durch die in Melanchthons Geist geprägte Schule im ganzen ungarischen Reich bekannt gemacht hatte.

Wie in anderen, ähnlichen Schulen im Lande, bereitete der Besuch der Bartfelder Schule die ungarischen Studenten auf den Besuch einer Universität vor – inklusive der alten Sprachen. Durch die engen Verbindungen solcher Schulen mit Wittenberg, die oftmals von dort mit Lehrern oder Lehrempfehlungen versorgt wurden, wurde Wittenberg das bevorzugte Ziel für die Studien danach – zunächst auch unabhängig vom Studienfach. Die meisten Schüler gingen nach Wittenberg, sie kamen aus dem ganzen Gebiet des ehemaligen Reiches der Stephanskrone – nicht nur der habsburgischen Teile – und aus allen gebildeten Schichten: Bürgersöhne wie Söhne des Kleinadels und Mitglieder des Hohen Adels waren darunter. Zum Coetus hungaricus zählten u. a. auch Mitglieder der vornehmen Familien der Esterházi, Bánffy oder Forgács.

Melanchthon, der im wissenschaftlichen Leben des ungarischen Coetus in Wittenberg der wichtigste Mann war, leitete auch dessen wissenschaftliche Disputationen. Bis über seinen Tod hinaus waren seine Gedanken und *Loci* Grundlage der Disputationen. Sein Name wurde herangezogen als Garant für die „Rechtgläubigkeit", als der Unitarismus auch im Coetus Anhänger fand und man sich gezwungen sah, dagegen vorzugehen.[45]

Nicht nur mit seinen Schülern, sondern auch für seine Schüler, die er vornehmlich von seinen Wittenberger Sonntagsvorlesungen[46] her kannte, stand Melanchthon im Briefwechsel. Dabei verband er die Versorgung seiner Studenten mit der Sorge um die Ausbreitung und Festigung der Reformation – vor allem durch Errichtung von Schulen und Ausbildungsstätten. Besonders zwei Adelsfamilien sind hier zu nennen, die dies verdeutlichen: die Perénys[47] und die

45 Das Bekenntnis zur Trinität 1568 enthält den expliziten Verweis auf Melanchthon, in dessen *Loci*-Tradition man sich sähe: „Inprimis autem definitionem illam DEI et singularum in divinitate personarum a Doctore Philippo Melanchtone, beatae memoriae, in suis locis traditam, … tuebimur" Zitiert nach Szabó: *Geschichte des ungarischen Coetus* … (wie Anm. 30), 32.

46 Siehe zu den Sonntagsvorlesungen Melanchthons Stefan Michel: *Die Sonntagsvorlesungen Philipp Melanchthons. Vom akademischen Vortrag zum homiletischen Hilfsmittel*, in: *Philipp Melanchthon: Lehrer Deutschlands – Reformator Europas*, hg. von Irene Dingel und Armin Kohnle, Leipzig 2011 (Leucorea-Studien zur Geschichte der Reformation und der Lutherischen Orthodoxie 13), S. 177–190.

47 Beide Familien bildeten später Stützen der evangelischen Bewegung und der Reformation in Ungarn, wurden aber im Zuge der Gegenreformation schließlich wieder römisch-katholisch. Zur Familie Perény und ihrer Rolle bei der Festigung der Reformation siehe József Szabó: *A Perényiek a magyar reformáció szolgálatában* [Die Perényis im Dienste der ungarischen Reformation], Budapest 1923 (Bethlen Könyvtár 6).

Nádasdys,[48] die die meisten ihrer Besitzungen im Gebiet des habsburgischen ungarischen Königs Ferdinand I. hatten. Beide wollten eine Schule errichten, Thomas Nádasdy in Sárvár im Westen des Landes[49] und Peter Perény (1501–1548) in Sárospatak. Aus dem geplanten Priesterseminar in Sárospatak[50] wurde schließlich eine Schule, die es heute noch – mit größtem Ansehen in Ungarn – gibt.[51] Nicht nur, dass Melanchthon seine Schüler als Lehrer empfahl, er sah auch solche Pläne als ein Zeichen des nahenden Friedens. So schrieb er 1545 an Perény: „Es besteht kein Zweifel daran, dass gleich nachdem die türkischen Barbaren zurückgedrängt sind, das Studium der Wissenschaften und Tugend erneuert werden muss".[52] Auch acht Jahre zuvor war in dem Brief an Nádasdy dessen Schulgründung für Melanchthon ein Zeichen der Hoffnung auf Frieden. Man kann davon ausgehen, dass nahezu sämtliche Schulen im ungarischen Reich bestrebt waren, Schüler Melanchthons als Lehrer zu bekommen, seien es nun städtische oder private.

Oftmals allerdings war den Schülern Melanchthons, die in ihre Heimat zurückgingen, ein unstetes Leben bestimmt. Abhängig auch von der jeweiligen politischen Lage wechselten sie, wie die Drucker, ihre Wirkungsorte und oft auch die Dienstherren. Sie arbeiteten als Erzieher oder Lehrer einzelner Söhne oder auch als Schulrektoren. Ein Beispiel dafür ist Sigismund Gelous (Torda),

48 Zu Nádasdy vgl. u. a. Mihály Horváth: *Gróf Nádasdy Tamás élete tekintettel korára* [Das Leben Graf Thomas Nádasdys unter besonderer Berücksichtigung seiner Zeit], Buda 1838. Die Frage, ob er tatsächlich schon als Protestant zu bezeichnen ist, hat der Soproner Pfarrer Sándor Payr untersucht: Sándor Payr: *Protestáns volt-e Nádasdy Tamás? egyháztörténeti értekezés* [War Tamás Nádasdy protestantisch? Kirchengeschichtliche Abhandlung], in: *Protestáns szemle* 26 (1914) S. 7–10. 409–423. 475–489. Siehe zur Haltung Nádasdys auch Imre Gyenge: *Zwei Feudalherren und zwei Konfessionen: Glaubensstreitigkeiten der Lutheraner und Calvinisten Westungarns im 16. Jahrhundert*, in: *Jahrbuch der Gesellschaft für die Geschichte des Protestantismus in Österreich* 93 (1977), S. 214–223.

49 Vgl. hierzu die oben erwähnte Empfehlung Johann Sylvesters und Matthias Dévai Bírós durch Melanchthon 1537. Siehe auch oben S. 281 f.

50 Brief Melanchthons an Perényi vom 27. März 1545: MBW 3863. Die Schule wurde wahrscheinlich schon um 1530 als städtische Schule. Aus dem Plan ging die heute noch angesehene reformierte und begehrte Schule in Sárospatak hervor, die nicht nur eine große Bibliothek besaß, sondern deren Schüler über Jahrhunderte hinweg mit die Geschicke des Landes lenkten. Zur Geschichte dieser Schule Johannes Szombathi: *Historia scholae seu collegii ref. Sárospatakiensis. Fortgeführt und wiederaufgelegt* (Monumenta Protestantium Hungariae Ecclesiastica 1). Sárospatak 1860.

51 Link 1.

52 „Non dubito enim paulo post repressa Turcica barbarie deum in Pannonia ecclesias et studia doctrinae et virtutis instauraturum esse." Melanchthon an Péter Perényi am 27. März 1545. MBW 3863, Z. 24–26.

der, ehe er in Eperies die Schule Perényis leitete, jahrelang Erzieher der Söhne Révais, einer weiteren mächtigen ungarischen Adelsfamilie, gewesen war.[53]

Das Beispiel kann aber auch die Gegenseitigkeit der Beziehungen Melanchthons zu seinen Schülern über die akademischen und Bildungsbeziehungen oder die kirchlichen Beziehungen hinaus verdeutlichen: Auch Gelous konnte Melanchthon ebenso wenig wie Stöckel in Deutschland halten, obwohl er auch ihn an die Universität Wittenberg binden wollte. Schließlich versuchte er, ihm wenigstens durch ein Empfehlungsschreiben an den polnischen Woiwoden Jan Amor Tarnowski (1488–1561) in Krakau 1545 bei dem Versuch behilflich zu sein, seine alten Eltern aus dem türkisch besetzten Gebiet in das sicherere polnische Gebiet zu bringen.[54]

Das Bild der Türken[55]

Gerade das unstete Leben war es auch, das die Nachrichten, die aus dem Gebiet im Osten, vor allem aus den von den Osmanen besetzten Gebieten kamen, trotz aller Unterschiedlichkeit, zu einem relativ flächendeckenden Bild zusammenbrachte, auch wenn die Überlieferung für die besetzten Gebiete schlechter war (und ist) als die aus dem Königreich Ungarn bzw. aus Siebenbürgen.

Immer wieder einmal wird auf eine besondere Unterstützung für die Evangelischen durch die Osmanen hingewiesen, weil diese im Papst einen gemeinsamen Feind gesehen hätten. So berichtete der schon erwähnte Sigismund Gelous 1545 über die Möglichkeit, in den von den Türken besetzten Gebieten das Evangelium frei zu verkündigen.[56] Dies ist jedoch zu einseitig. Vielmehr standen die Besatzer den Fragen der Reformation wohl eher indifferent gegenüber. Ihnen ging es vor allem darum, die neu gewonnenen Gebiete schnell und unproblematisch in das Osmanische Reich einzugliedern. Sie griffen dabei auf reiche Erfahrung zurück, war das ungarische Reich doch nicht das erste, was sie eroberten und in ihr Reich eingliederten. Auch der später reformiert gewordene Andreas Batizi (geb. 1510) schrieb 1543 an Melanchthon von einem

53 Zeitgleich mit der Familie Séredi, einer anderen Adelsfamilie, hatten die Révais sich bei Melanchthon um Gelous als Lehrer für ihre Söhne bemüht. Fraknói: *Melanchthons Beziehungen* … (wie Anm. 1), 26. Sigismund Gelous ist auch ein Beispiel für den Kontakt, den Melanchthon mit seinen Schülern hielt, die ihn über die Lage in Ungarn informierten. Vgl. u. a. Sigismund Gelous an Melanchthon vom 25. Dezember 1545 aus Eperies (MBW 4107).

54 Melanchthon an Tarnowski vom 27. März 1545: MBW 3864. Im Juni 1545 schreibt Gelous zurück, dass er gut aufgenommen wurde. Vgl. Melanchthons Brief an Tarnowski vom Juni 1545 (MBW 3934).

55 Siehe zum folgenden auch die Beiträge in: *Europa und die Türken in der Renaissance*, hg. von Bodo Guthmüller und Wilhelm Kühlmann, Tübingen 2000.

56 Vgl. MBW 3907a und 4107.

friedlichen Leben unter den Türken, der Pascha würde die Evangelischen gegen papistische Priester unterstützen, allerdings wäre er auch treulos.[57] Auch in dem Brief an Nikolaus von Amsdorf (1483–1565) vom 15. Juni 1545 wird regelrecht geschwärmt, dass die Türken „dem ungarischen Volk erlauben, nach eigenem Ermessen Pastoren für die Kirchen zu berufen, und viele werden berufen, die das reine Evangelium verkünden. Und die (türkischen) Vorsteher versprechen selbst Schutz“.[58]

Das Kalkül, wenn es denn eines war, wie immer wieder auch in den Briefen vermutet wird, ging nicht auf, vor Ort gelangen nur sehr wenige Konvertiten. Die Ungarn waren in der Regel nicht bereit, Muslime zu werden, auch wenn die dahin gerichteten Methoden drastisch waren.

Einer der Briefe, die die Situation unter den Türken am freundlichsten beschreibt, ist sicher der, den Gelous im Mai 1545 schrieb,[59] und der sogar davon handelt, unter der Besatzung Freiheit zu haben gegenüber der Bedrängung durch christliche Fürsten. Liturgie und Predigt könnten gehalten werden und kaum würde von islamischer Seite missioniert werden.[60] Allerdings muss man hinzufügen, schrieb Gelous nicht aus dem besetzten Gebiet, sondern aus Breslau, wo die Bedrohung der evangelischen durch Ferdinand als das wesentlichere Übel empfunden wurde.

Ganz anders dagegen schildert ein Brief aus Tolna, aus dem direkt besetzten Gebiet die Methoden der Türken dagegen recht plastisch. Farkas Paul Thuri (gest. 1574),[61] ein Schüler Melanchthons und Mitbegründer des ungarischen Coetus in Wittenberg schrieb als Rektor der Tolnaer Schule um 1557 einen längeren Brief. Darin heißt es: „Bey der Gelegenheit, welche sich mir itzt darbiehtet, will ich Ihnen von der grausamen Noht unsrer Provinz, die unter der tyrannischen Herrschaft der Türken seufzet, etwas Weniges berichten, damit Sie sowohl mich, den Sie Ihrer Freundschaft würdig geachtet haben, bedauern mögen, hauptsächlich aber aufgemuntert würden, Gott um unsre Befreiung zu bitten, wenn sie die schrecklichen Drangsale lesen werden, mit welchen das

57 Batizi an Melanchthon am 8. Dezember 1543 aus Eperies: MBW 3388.

58 MBW 3917, Z. 14–16: „Praefecti Turcici concedunt in Ungaria populo, ut vocent pastores ecclesiarum suo iudicio, et multi vocantur, qui pure docent evangelium. Ac praefecti securitatem eis promittunt.“

59 MBW 3907a (im gedruckten Regestenwerk noch als MBW 4287 unter dem Datum 16. Juni 1546 aus Bartfeld geführt).

60 „In templis permittunt doceri verbum dei et concedunt usum piarum ceremoniarum, quin etiam solertius nostram professionem amplectuntur. Magna et ubique sitis verbi dei.“ (MBW 3907a, Z. 6–8).

61 Thuri war seit 1555 in Wittenberg gewesen und wurde, nachdem er Rektor der Schule in Tolna, später in Sárospatak gewesen war und als Prediger gewirkt hatte, 1569 Pfarrer in Abaújszántón, wo er 1574 starb.

bejammernswürdige Pannonien gepreßt wird. Die Absicht dieser Tyranney gehet nicht dahin, sich nach Art mächtiger Fürsten, nur Völker zu unterwerfen; sondern die ganze Welt, es mag solches mit Betrug, oder Gewalt geschehen, nach ihren Religionsgesinnungen umzumodeln."[62]

In dem Brief, den Thuri an seine Freunde (vielleicht auch Melanchthon) schrieb, beschreibt er, auf welche Weise die osmanische Herrschaft versuchte, sich die Gebiete wirklich untertan zu machen, das heißt zu muslimifizieren und der „türkischen Religion" zuzuführen. Er schreibt dabei von verschiedenen Stufen. In seinem Brief findet man keinerlei gute Worte über die Situation: Sie, die Türken, gäben vor, sich nicht um die Religion zu kümmern, ja die Ausübung sogar noch zu unterstützen, solange „[die Unterthanen] nur ihre Abgaben, ihren gewöhnlichen Privilegien gemäß, richtig bezahlen".[63] Die obersten Ämter würden mit Türken besetzt werden, die Steuern allerdings immer weiter erhöht.

Alltägliche Handhabungen und Gesten würden jedoch als Beleidigung der Türken ausgelegt, die entweder mit dem Tode oder mit Beschneidung gesühnt werden können, der Willkür sei so Tür und Tor geöffnet. Neue Kirchen könnten nicht gebaut werden, kaputte nur unauffällig und notdürftig repariert werden unter gleichzeitiger großer Geldabgabe. Nichts dürfte ohne Erlaubnis geschehen. Zuwiderhandlung würden mit Tod oder Beschneidung bestraft. Frauen, die einmal einen Türken angefasst oder sich mit ihm eingelassen haben, dürften sich nicht wieder mit Ungarn einlassen, alle ihre Kinder seien Muslime. Knaben werden zu Janitscharen gemacht.

Thuri bezeichnet vier Stufen des Zustandes für die ungarischen Orte unter türkischer Herrschaft, die aber alle in einem Ziel gipfeln: „Der leichteste Grad dieses Zustandes ist, wo sich kein Türk aufhält; der andere, wo nur ein Offizier ist; der dritte, wo ein Richter ist; und der vierte, wo einer von den Knaben den Zehenden nimmt. – Dieses alles muß man aber zu ihrem Hauptzwecke rechnen, welcher dieser ist, daß überall einerley Religion, und zwar in der ganzen Welt die Türkische eingeführt würde."[64]

Es ist dies eine differenzierte Beschreibung der Situation, wie sie sich Ende der 50er Jahre in Tolna darstellt, und sie steht in einem gewissen Widerspruch zu manchen Briefen, wie wir sie beispielsweise in Melanchthons Briefwechsel haben oder auch bei Flacius, der 1549 geradezu euphorisch die Zustände für die

62 Dieser Brief (gedruckt: *Idea christianorum Hungarorum in et sub Turcismo Epistola quondam a Paulo Thurio Rectore Scholae Tholnensis, ad amicos perscripta. Nunc opera Joannis Bocatii, Consularis R. P. & Gymnasiarchae Cassoviens. in lucem edita, et impressa*. Cassoviae 1613) ist durch den Pfarrer Joseph Benkő aus Közép Ajta in Siebenbürgen wiedergegeben in: *Ungrisches Magazin* 3 (1783) Heft 4, S. 478–490. Zitat hier S. 479.

63 Ebd, S. 480.

64 Ebd, S. 489.

Evangelischen unter den Türken mit Hilfe der Wiedergabe eines Briefes Imre Zigerius (gest. nach 1551)[65] aus ebendiesem Ort preist.[66] Zigerius, der von der Gemeinde schreibt, das der „gemeine man zerteilet [ist], etliche hangen Christo an, etliche am Bapste, vnnd verteidigen das Bapstumb mit hend vnd füssen",[67] fährt dann fort im Hinblick auf die türkische Besatzung: „Aber der Herr hatt vnns wunderlicher weyse durch die Türckische Herrn unnd Regenten verteidiget. Denn jre Regenten alle vnd sonderlich die Juristen/die sie Kadias nennen/sein vns vor andern günstig."[68]

Einzige Konstante in beiden Briefen ist die ausgesprochen gut laufende evangelische Schule, für die beide jeweils zur Zeit der Abfassung ihres Briefes verantwortlich waren, Zigerius als Prediger, der sie 1545 gründete, um ein Gegenüber zur noch existenten, papistischen zu haben, und Thuri knapp 15 Jahre später, der sich als Rektor derselben fast überfordert fühlte von der großen Zahl der Schüler und deren Wissbegierde.[69]

Ob die Unterschiede der Beschreibungen auf die Hoffnung, die vielleicht in den 1540er Jahren noch herrschte, und deren Desillusionierung reichlich zehn Jahre später zurückzuführen sind, ist Spekulation. Davon, dass der Pascha befohlen hätte, „das die Prediger des Euangelischen glaubens, welchen Lutther erfunden hat (denn also nennet er den Euangelischen Glauben) allenthalben allen, die sie nur hören wolten, das Euangelium frey one schew Predigen solten …",[70] wie Zigerius schreibt, ist bei Thuri jedenfalls nicht einmal in Ansätzen etwas zu lesen. Thuris Schreiben an seine Freunde ist allerdings im Gegensatz zu dem des Zigerius auch kein Werbeschreiben um Prediger für das von den Türken besetzte Ungarn, in das die nach Ungarn zurückkehrenden Studenten in der Regel nicht zogen. „Denn die Studenten, so von dannen inn Ungern kommen, sehen sich für, und meiden das Türckische gebiet."[71]

Diese wenigen Streiflichter machen deutlich, dass es sich sicher lohnen würde, den Briefwechsel Melanchthons im Hinblick auf die Wahrnehmung der Türken und deren Einschätzung in Abhängigkeit von der Zeit der Abfassung noch einmal genauer zu betrachten und ins Verhältnis zu anderen Beschreibun-

65 Zigerius war 1544/1545 in Wittenberg Student gewesen und hatte dort auch Flacius als Lehrer kennengelernt.

66 *Epistola cuiusdem pii concionatoris, ex Turcia ad M. Illyricum missa, qualis nam status Evangelii et ecclesiam sub Turco sit, indicans, cum praefatione Illyrici*, Magdeburg 1549 (VD16, Z 464); *Ein Schrift eines frommen Predigers aus der Türkey an Illyricum geschrieben. Darinnen angezeiget wird, wie es dort mit der Kirche und dem Evangelio zugehet*, Magdeburg 1550 (VD16, Z 465 und 466).

67 *Ein Schrift eines frommen Predigers …* (wie Anm. 65), Bl. B2$^{r/v}$.

68 Ebd., Bl. B2^{v}.

69 *Ungrisches Magazin …* (wie Anm. 61), 490.

70 *Ein Schrift eines frommen Predigers …* (wie Anm. 65), Bl. B2^{v}.

71 Ebd., Bl. B3^{r}.

gen zu setzen. Auch wäre nach der Instrumentalisierung der Türkenbilder im Kampf um die Etablierung der neuen Lehre zu fragen. Deutlich würde aber wohl auf jeden Fall werden, dass die Hoffnungen im Hinblick auf die weitere Verbreitung des Evangeliums, gar unter den Muslimen, von Anfang an vergeblich war. Adam Neuser (1530–1576) war hier ebenso blind[72] wie mancher Briefschreiber an Melanchthon, ja Melanchthon an manchen Stellen selbst. Die tatsächliche oder vermeintliche Unterstützung der Evangelischen durch die Osmanen war einzig darauf gerichtet, das eroberte Land als solches zu festigen.

Um solches aber differenzierter darzustellen, stehen neben den verifizierten osteuropäischen Briefpartnern Melanchthons noch eine ganze Reihe weiterer Briefschreiber und Berichterstatter zur Verfügung, denen meist eines gemeinsam ist: Sie alle waren mehr oder weniger Schüler Melanchthons.

Linkverzeichnis

Link 1 = http://www.reformatus-sp.sulinet.hu/srkg/

72 Zu Adam Neuser vgl. Matthias Dall'Asta: *„Disiecta membra". Briefe als Quelle der Kulturgeschichte*, in diesem Band S. 1–20, besonders S. 19.

Gregory B. Graybill

Melanchthons Briefwechsel as a Biographical Source

I. The World of Melanchthon Biography

While Philipp Melanchthon is not yet well enough appreciated in English-speaking lands, any attempt to make him better known brings the researcher almost immediately into a whole world of Melanchthon biography.

The earliest biographical accounts come from Melanchthon's colleagues at Wittenberg, who wrote essentially an extended eulogy in 1560 that we now know as the *Kurzer Bericht.*[1] Not long afterwards, Melanchthon's friend, Joachim Camerarius, left us the Bretten native's first real extended biography.[2] Of course, as Timothy Wengert points out,[3] Camerarius had an agenda to paint his friend in a very positive light – so one should be careful about taking his assertions at face value. Additionally, as Christine Mundhenk showed in an article not long ago, we also have some further sixteenth century biographical material from Veit Örtel, Jakob Heerbrand, and Johannes Wigand.[4]

Moving forward, while no doubt my data is incomplete, I have discovered very little in the way of Melanchthon biography in the seventeenth and eighteenth centuries. Camerarius' work was reprinted, and a certain Abraham vande Corput wrote an account of Melanchthon's life in Dutch.[5] Of course, Dutch, like plattdeutsch, is impenetrable to me, so I am not too sure what he said. Moving into the eighteenth century, Strobel's wonderful Latin edition of Camerarius dominates the scene.

The nineteenth century saw a veritable explosion of Melanchthon biography. A brief search turned up at least 25 biographies – mostly in German, but with a

1 CR 10, col. 253–292.

2 The best edition of this is Joachim Camerarius: *De vita Philippi Melanchthonis narratio*, ed. by Theodore Strobelius, Halle 1777. For a modern German translation, see *Das Leben Philipp Melanchthons,* translated by Volker Werner, Leipzig 2010.

3 Timothy J. Wengert: *„With Friends Like This …": The Biography of Philip Melanchthon by Joachim Camerarius.* in: *The Rhetorics of Life-Writing in Early Modern Europe: Forms of Biography from Cassandra Fedele to Louis XIV*, ed. by Thomas F. Mayer and D. R. Woolf, Ann Arbor 1995, p. 115–132.

4 Christine Mundhenk: *„Natus est Philippus in oppido Bretta." Melanchthons Kindheit und Jugend in den Lebensbeschreibungen des 16. Jahrhunderts*, in: *Der frühe Melanchthon und der Humanismus*, ed. by Franz Fuchs, Wiesbaden 2011, p. 9–34.

5 Abraham vande Corput: *Het leven, ende dood, van … D. Philips Melanchthon*, Amsterdam 1662.

few in English. Of these, James W. Richard's work of 1898 deserves special attention.[6]

The first half of the twentieth century saw a remarkable absence of Melanchthon biographical material. I could find virtually none, with the notable exception of Hans Engelland's *Melanchthon: Glauben und Handeln* of 1931.[7] The second half of the twentieth century, however, brought a resurgence of Melanchthon biography, and the twenty-first century has continued the trend, with the 450th anniversary of Melanchthon's death in 2010 bringing a flurry of small volumes, including Martin Greschat's helpful work.[8]

From my own studies, Clyde Manschreck's *The Quiet Reformer* of 1958[9] remains the standard work in the English language. In German, Heinz Scheible's book remains essential reading.[10] His biography from 1997 provides a clear narrative of key moments in Melanchthon's life, but for the serious student, it should be read alongside Scheible's vast corpus of scholarly Melanchthon articles, most of which can be found bound together in a few key volumes.[11]

While most Melanchthon biographies in recent years have been limited to brief overviews of his life, the steady appearance of volumes in the modern, scholarly edition of Melanchthon's letters provides a new opportunity for broadening our understanding of this Reformer's life.

However, before turning to *Melanchthons Briefwechsel* (MBW) we should first mention an important issue that bedevils the field of Melanchthon studies – that is, the near impossibility of dealing effectively with both Melanchthon's life and thought in a single work.

6 James William Richards: *Philip Melanchthon, the protestant preceptor of Germany 1497–1560*, New York 1898 (Heroes of the reformation 2).

7 Hans Engelland: *Melanchthon: Glauben und Handeln*, München 1931. There were also works by Georg Ellinger: *Philipp Melanchthon: Ein Lebensbild*, Berlin 1902, and Gustav Krüger: *Philipp Melanchthon. Eine Charakterskizze*, Halle an der Saale 1905.

8 Martin Greschat: *Philipp Melanchthon: Theologe, Pädagoge und Humanist*, Munich 2010.

9 Clyde Leonard Manschreck: *The Quiet Reformer*, New York – Nashville 1958.

10 Heinz Scheible: *Melanchthon: eine Biographie*, Munich 1997.

11 Heinz Scheible: *Beiträge zur Kirchengeschichte Südwestdeutschlands*, Stuttgart 2012 (Veröffentlichungen zur badischen Kirchen- und Religionsgeschichte 2); id.: *Aufsätze zu Melanchthon*, Tübingen 2010 (Spätmittelalter, Humanismus, Reformation 49); *Melanchthon und seine Schülern*, ed. by Heinz Scheible, Wiesbaden 1997 (Wolfenbütteler Forschungen 73); *Melanchthon und die Reformation: Forschungsbeiträge*, ed. by Gerhard May and Rolf Decot, Mainz 1996 (Veröffentlichungen des Instituts für Europäische Geschichte Mainz 41).

II. Two Approaches

As a key figure in the midst of momentous times, the story of Melanchthon's life alone can fill a very full volume. But then one turns to the man's literary residue and it is overwhelming – he left behind thousands upon thousands of letters and works. Moreover, as a prodigious thinker who often did the work of several professors at once during his Wittenberg years, Melanchthon's writings tend to be deeply substantive and wide-ranging. In theology alone, there are whole bodies of literature dedicated to analyzing his views on free will, the Lord's Supper, the idea of *adiaphora*, and his political theology. Likewise, one can also say a great deal about his views on education, rhetoric, science, and philosophy.

Accordingly, the two key areas to cover in studies of Melanchthon are 1. his life, and 2., his thought. Those who prioritize narrating his life tend to take a chronological approach. They start the story with Melanchthon's historical context, then talk about his birth, his childhood in Bretten, his education in Pforzheim, Heidelberg, and Tübingen, his professorship in Wittenberg, etc. Those who prioritize narrating Melanchthon's *thought*, by contrast, often take a topical approach. Foregoing the chronological narrative, these books tend to have chapter titles such as "Melanchthon the Humanist," "Melanchthon the Theologian," "Melanchthon the Educator," "Melanchthon the Philosopher," etc. Neither approach gives the full story, and those who try to combine the two approaches usually end up giving a truncated version of each.

Trying to tell the story of Melanchthon's life and thought brings to mind one of those marvelous old apple trees I have seen around Bretten, bursting with fruit in the golden days of early September. The trunk of the tree is like the chronological story of Melanchthon's life. But as you trace it upwards, you can follow any number of branches (that is, Melanchthon's thought) in different directions, and when you pursue them, you find many paths to take, each presenting valuable fruit. However, if you just trace one major branch, then you miss the whole rest of the tree. An adequate picture of Melanchthon, therefore, I believe requires an array of books. A chronological narrative that does not provide a great deal of detail on Melanchthon's thought is important to serve as the trunk. Then topical studies – whether as surveys, or as free-standing monographs – provide the branches and the fruit. A chronological account should provide the context in which to read the specialized studies.

This idea flows from my own experience in Melanchthon research. For my doctoral dissertation and first book,[12] I traced the evolution of Melanchthon's

12 Gregory B. Graybill: *Evangelical Free Will: Philipp Melanchthon's Doctrinal Journey on the Origins of Faith*, Oxford 2010.

thought on free will when it came to the decision of faith in Christ. That is a pretty specialized topic – but even here, I found so much material that I had to limit the scope of my research. So the topic would *not* primarily be about the idea of contingency, nor about the question of the freedom of the will in seeking to do good works *after* one accepted Christ as Savior, but simply about the decision of faith itself. There was no space in this monograph to say much at all about Melanchthon's life.

Similarly, for the past year I have been grateful to the Fulbright Commission for bringing me to the Melanchthon Academy in Bretten to work on a new English-language biography of Melanchthon. After a year of focusing just on Melanchthon's life, though, my manuscript is already long enough for a full-length book – and I have only worked through 1524!

This is actually a good problem to have. The scholarly edition of Melanchthon's correspondence, *Melanchthons Briefwechsel*, provides a rich trove of material on the man's life. It is a very useful tool. And by the way, Frommann-Holzboog is *not* paying me to give this talk.

III. *Melanchthons Briefwechsel*

I will give only a brief overview here of some of the things I have most appreciated about the *Melanchthons Briefwechsel* edition. I do so with some trepidation, seeing that some of the creators and editors of this fine work are present at this conference. Take what I say then simply as some reflections by a non-native German speaker attempting to do research on Melanchthon.

Put most simply, *Melanchthons Briefwechsel* is a modern, scholarly edition of Melanchthon's letters. It is not yet complete, but it is well on its way. It has several unique features which make it an exceptionally valuable research tool. The first is the *Regesten* volumes. When I discovered these in the Radcliffe Camera at Oxford in the year 2000, I almost said something out loud. I was that excited. At our American Thanksgiving celebration that year in my college, someone asked me what I was thankful for, and I mentioned the *Regesten* volumes of *Melanchthons Briefwechsel*. People stared at me blankly, so I had to make an inane comment to reanimate the room. The fact of the matter, though, is that the *Regesten* volumes are extremely helpful.

In these volumes, bullet-point summaries in German are provided for each and every extant letter that Melanchthon ever wrote. The main points are also numbered, and are correspondingly indicated in the *Texte* volumes – which, naturally enough, provide the full text of each letter. While this may sometimes be a drawback in that key things the researcher seeks may not always make it into the *Regesten* volumes, the benefits far outweigh the costs.

For me, these *Regesten* volumes acted as an initial filter on my research. I read them all cover to cover. They helped me discern which letters I should read in-depth in the original languages, and they saved me from endless hours of plowing through the unabridged text of all the letters. After all, with more than nine thousand letters extant, you could spend your whole life reading Melanchthon's letters. The *Regesten* volumes are a tremendous time-saving innovation, for which I am grateful.

Moreover, the *Regesten* volumes are now fully available and searchable for free over the Internet. This creates even greater utility for the researcher – especially in my context, where these resources are difficult to locate in North American libraries, and the cost of personally purchasing the volumes is extremely prohibitive.

Another invaluable tool in *Melanchthons Briefwechsel* for writing a biography is the itinerary volume. It lists every single day in Melanchthon's life, and gives his location, the letters he wrote or received, and what key events happened on that date. This is especially helpful for tracing Melanchthon's travels. By including data on distances gleaned from Google Maps, one can arrive at a fairly fine degree of detail – considering that all this happened about five hundred years ago.

Other useful features in *Melanchthons Briefwechsel* include indices of places and people. The volumes listing people are especially useful, because they explain just who the people were and why they were significant. This is immensely helpful for making sense of Melanchthon's vast correspondence. For example, from the itinerary volume, we see that Melanchthon left Wittenberg, bound for Bretten, on April 19, 1524, in the company of Joachim Camerarius, Wilhelm Nesen, and two other Wittenberg students.[13] Nesen was the former head of the Latin school in Frankfurt am Main. When the party reached Frankfurt on April 29, the itinerary volume shows that the next day – Saturday – they met there with Ludwig Carinus.[14] From the *Personen* volumes, we learn that Carinus was the present head of the Latin school in Frankfurt.[15] So here is a very interesting scene – it's 1524, and Melanchthon and Camerarius are talking with the current and former heads of the Latin school in Frankfurt. Just two years later, Camerarius and Melanchthon would be involved in setting up the innovative new school in Nuremberg that helped shape the *gymnasium* model of German education down to this very day. That conversation on a spring Saturday in 1524 in Frankfurt must have been very interesting indeed.

13 MBW vol. 10, p. 316.

14 MBW vol. 10, p. 317.

15 MBW vol. 11, p. 268 f. It also says that Nesen preceded Carinus as the schoolmaster in Frankfurt.

Going back now a few years earlier, the story of Melanchthon's engagement and marriage will further illustrate the added richness of detail and interest that *Melanchthons Briefwechsel* provides.

IV. Melanchthon's Marriage in the MBW

In 1520, to put it plainly, Philipp Melanchthon was in dire need of a wife – or at least, Martin Luther thought so.[16] While Melanchthon was initially resistant, he gradually became open to the idea, as seen in his letter to Spalatin in July, claiming that his present salary was adequate – *so long as his marital situation did not change.*[17]

A. Engagement

Katharina Krapp, born in October, 1497, was only a few months younger than Melanchthon. She came from a good house, and at the swiftly-advancing age of 23, was still unmarried. Luther thought she would make a fine match for his young colleague.[18] Philipp was not so sure.

Luther merrily kept after Philipp, this rising star of Wittenberg, who wanted nothing more than to lose himself in his work. Martin wanted to make sure that Philipp had help taking care of his household – and of his health, for he was *not* taking good care of himself.[19] In June, Luther confided to Spalatin, "I know not what Melanchthon will do about marrying, especially the girl you suggest. I want him to take a wife, but wish neither to dictate nor to advise whom he shall marry, nor do I see that he is particularly anxious to marry."[20] More than a month later, Luther reported again, saying, "I tried to get him to marry for the profit of the Gospel, for I thought he would live longer in this state; but if nothing comes of this, let it pass. I fear he will not long survive his present manner of life. I try to do what I can for the Word; perhaps I am unworthy to accomplish anything."[21] Luther apparently let his frustrations be known at this

16 Feb. 5, 1520. Letter to Spalatin: WAB 2, p. 30f Nr. 249.

17 July 14, 1520: MBW 100.

18 See Stefan Rhein: *Katharina Melanchthon, geborene Krapp – Ein Frauenschicksal der Reformationszeit*. in: Stefan Rhein and Johannes Weiß (eds.): *Melanchthon: neu entdeckt*, Stuttgart 1997, 164–189. Unfortunately, no pictures or letters of Katharina remain.

19 Feb. 5, 1520. Letter to Spalatin: WAB 2, p. 30f Nr. 249. See also Rhein: *Katharina Melanchthon* (like n. 18), p. 166.

20 June 25, 1520: WAB 2, p. 130 Nr. 305, translated by Clyde Manschreck: *The Quiet Reformer* (like n. 9) p. 59.

21 August 5, 1520: WAB 2, p. 163f, Nr. 324, translated by Manschreck, p. 60.

point, for rumors of Melanchthon's engagement began circulating in Wittenberg.[22]

Within two weeks, these rumors turned to fact. On August 18, 1520, Melanchthon wrote to Lang in Erfurt. He expressed frustration with this step of getting engaged to Katharina Krapp, but said he was going through with it on account of the counsel of his friends (of one in particular!), and because of the weakness of the flesh and the dangers of iniquity in fleshly liberty. He was neither hopeful nor cold toward the idea, and was pleased with Katharina, of whom he approved and considered to be a gift from God. He did, though, want to make sure he was following Galatians 5:13 in its admonition, "Do not use your liberty as an opportunity for the flesh." Further, he viewed the vows of marriage with great seriousness.[23]

Luther, too, wrote Lang on August 18, 1520, speaking of Melanchthon's decision to marry. He acknowledged the chatter of gossips blaming himself for Melanchthon's engagement, but protested that he only wanted the best for him.[24]

Philipp and Katharina did, in fact, became engaged – officially on August 26 or 28.[25] However, unfortunate rumors soon began to fly. Some in town tried to foment scandal by questioning Katharina's virtue. They pointed to a close relationship she had recently ended with another man (of good reputation), and speculated wildly. Philipp was wounded by these ugly rumors, but Luther insisted they were untrue, and counseled Melanchthon to go forward, rather than break it off based on the lies of men. Later, Luther discussed the incident at his dinner table, and marked the whole thing up to a satanic attack.[26] No evidence could be found to corroborate the rumors, and the most reliable accounts show nothing but an honorable, upright marriage.[27]

Nevertheless, Philipp and Katharina moved the wedding date forward, setting it for November 27, 1520.[28] As Luther explained, the wedding was hastened to restrain the danger of evil tongues.[29] Melanchthon, though, had to be cajoled to some extent to take this step. He saw nothing wrong with delay instead of haste, but the Krapp relatives argued for moving things along,[30] especially in light of a possible papal ban that would have prevented a priest

22 Rhein: *Katharina Melanchthon* (like n. 18), p. 166.
23 MBW 105. Cf. Camerarius (like n. 2), chapter 12.
24 WAB 2, p. 167 Nr. 327. See Rhein: *Katharina Melanchthon* (like n. 18), p. 166.
25 Rhein: *Katharina Melanchthon* (like n. 18), p. 169.
26 WATr 2, p. 383 Nr. 3538. Cf. Rhein: *Katharina Melanchthon* (like n. 18), p. 167f.
27 Ibid., p. 167f.
28 MBW 111. Cf. Rhein: *Katharina Melanchthon* (like n. 18), p. 169.
29 Nov. 13, 1520: WAB 2, p. 214 Nr. 352, l. 15f.
30 MBW 112.

from performing the ceremony (some priests had already left town, in anticipation of just such an action).

Melanchthon's initial urge to delay the wedding was not an isolated incident. Perhaps reflecting the impetuous nature of a driven young man, or the single-minded focus of a public figure caught up in momentous times, Melanchthon's reflections on his engagement period can only be described as ungracious. A few days after the engagement, Melanchthon told Spalatin that his friends pressured him into it, and that he was determined that the engagement and marriage would not interfere with his studies.[31]

In September, Melanchthon wrote to Günter von Bünau in Merseburg. In a postscript, he mentioned his engagement on account of the fact that Katharina Krapp was also an acquaintance of von Bünau. Melanchthon, however, did not content himself with sharing the news, but went on to say that he was pressured into this arrangement by his friends, and that they were trying to cheat him out of pleasure and study![32] Likewise, in mid-October, Melanchthon wrote another acquaintance, sharing his nuptial plans, but insisting he was only going through with it based on outside advice (it certainly wasn't *his* idea), in order to provide a role model for youth.[33] Finally, a month later, with the wedding day itself now looming, Melanchthon referred to the upcoming event as "a day of affliction." Perhaps by writing in Greek, Melanchthon felt a little more free to express himself strongly. In any case, despite the anticipated misery of marriage, Melanchthon nevertheless continued in this letter by inviting Dominicus Schleupner of Leipzig to attend the "festivities." Melanchthon went on to ruminate that although he was not looking forward to marriage, he still had to acknowledge the reality of sexual desire, and concluded that he found consolation about the whole thing through Scripture's positive teachings on marriage. He would just have to trust in what the Bible said.

B. Marriage

The day of the wedding finally arrived. We know Melanchthon was reluctant, but what about Katharina? We have no record of her thoughts on the matter. All we know is that she showed up.

November 27, 1520, the likely wedding day, was a weekday.[34] Accordingly, Melanchthon posted a note in Latin verse on the university bulletin board

31 Aug. 31, 1520, letter to Spalatin: MBW 106.

32 MBW 107.

33 MBW 108.

34 Some sources list Sunday, Nov. 25 as the wedding date, instead. MBW *Itinerar* gives the date of the wedding as Nov. 26–7 (inclusive).

cancelling his lectures on Paul for the day.[35] The guests at the wedding included Luther, Luther's parents and sisters, and a few faculty colleagues from Wittenberg and Leipzig. None of Philipp's family were able to make the long trek from Bretten on such short notice. Philipp's mother was miffed about the situation. On the bride's side, guests included Katharina's mother, one or two sisters, and four brothers. Her father was already deceased.

Both Melanchthon and his bride were 23 years old. A student, writing at the time, described Katharina as of modest looks, petite, a bit austere, but esteemed, honorable, and upright.[36] She came with a small dowry. The simple ceremony included a promised wedding poem, composed and delivered by the poet-botanist Euricius Cordus.[37]

The Elector Friedrich was in town, but he did not attend the wedding. In his place, he sent a representative bearing notice of a substantial raise in Melanchthon's salary (from 60 guilders per year to 100).[38] Friedrich also sent a rich supply of wine, wild game, and fish for the reception. Melanchthon later sent the Elector a couple of grateful thank you notes for the gifts and the raise, expressing his satisfaction in the Elector's approval of the marriage, and also stating his hopes that his new status would be a benefit to the University in Wittenberg.[39]

Looking back over this account, it is chiefly from *Melanchthons Briefwechsel* that we discover Melanchthon's mixed emotions about his marriage. These conflicted feelings continued over the next couple of years. In his correspondence, he complained that he had been locked into marriage through outside pressure.[40] Johannes Agricola was "not without guilt" in the matter, and he was entirely blameworthy for depriving Melanchthon of his freedom.[41] Melanchthon went on to confide to Johannes Heß that he suffered in his marriage,[42] and he warned Hieronymus Baumgartner against accepting this yoke for himself.[43]

Without his letters, Melanchthon's marriage would be a simple biographical fact. But with the letters, we get a more complex and interesting depiction of Melanchthon's character.

35 CR 10, col. 143, 552, 560.
36 Karl Hartfelder: *Melanchthoniana Paedagogica*, Leipzig 1892, p. 111.
37 MBW 105.
38 MBW 115.
39 MBW 114 and 115. Melanchthon moved with alacrity – his thank you note was dated within about a week of the wedding itself. He was also busy the very day after the wedding (Nov. 28), sending news to Georg Spalatin: MBW 112.
40 E.g., Jan. 1, 1521. Letter to Ambrosius Blarer: MBW 118.
41 MBW 113.
42 MBW 126.
43 MBW 286.

V. Improving the MBW as a Biographical Tool

While *Melanchthons Briefwechsel* has proven very helpful as a biographical source, I think it could also be improved, as well. I do not know how practical or financially feasible these suggestions might be, but as a researcher who uses this tool, here are some items on my wish list.

First, I have a frustration that I think it unlikely that anyone is able to address – we apparently have no extant letters from Melanchthon to Luther prior to 1527. The years 1518 to 1527 are momentous in the history of the Reformation, to say the least. The absence of these letters is a great loss. I am hoping they will appear from some obscure private library at some point.[44]

Second, while the *Regesten* volumes online are very helpful, their web address certainly is not. One has to bookmark it, because you are never going to remember this 91-character monster address. Instead, it should be simple and memorable – both for ease of location, and for ease of citation. A short, clean, domain name would bolster the prestige of this resource. For example, www.mbw.de would be a lot easier to remember than the current address.

Third, Melanchthon is an international figure who deserves to be known beyond the borders of Germany. In serving that end, it would be helpful if the online *Regesten* volumes could be translated into English, as well. This alone, I believe, would encourage and stimulate new English language scholarship on Melanchthon.

Fourth, nearly all of the older Melanchthon biographies are now available in free digital editions. A page could be added to the MBW web site with an archive of these. This could further be expanded with a simple bibliographic list of newer biographies currently unavailable for free digitally.

Moving into more speculative realms, from a researcher's point of view the online *Regesten* volumes could be vastly improved by adding direct links to the *Personen, Orte,* and *Texte* volumes. Ideally, one would like to click from the summary to the letter itself. Then, in a further step of wishful thinking, it would be wonderful to click a link from the online *Texte* edition to a high-quality pdf scan of the actual letter! If one could go from searchable summaries, to the actual text, and then onward to Melanchthon's own handwriting, that would be very useful indeed – as well as fun.

If these digital improvements are not possible, then these volumes will be far less accessible. The current price is 284 euros per volume. Even research libraries will flinch at that kind of price. I have bought a few volumes second-hand online for discounted prices, but purchasing the whole set, as I would like

[44] Last night at dinner, though, Richard Wetzel told me about a police seizure of a box of Melanchthon's correspondence in Wittenberg in 1527. See the introduction to MBW *Texte*, vol. 1.

to do, is simply far too expensive. Continued expansion of Internet access can only improve Melanchthon studies as a field.

VI. Conclusion

Melanchthons Briefwechsel is a valuable tool that will continue to greatly aid biographical research into Melanchthon for generations to come. Those of you here working on it – please continue! The more volumes that come out, and the easier it is to access those volumes, the better.

Marion Bechtold-Mayer

Stipendium – Stellung – Förderung. Die Empfehlungsschreiben Philipp Melanchthons

Im Frühjahr 1518 kam Philipp Melanchthon durch Empfehlung Johannes Reuchlins als Professor für Griechisch an die Universität Wittenberg.[1] Die Fürsprache seines berühmten Verwandten eröffnete dem jungen Gelehrten eine gute Gelegenheit, seine wissenschaftliche Karriere voranzubringen. Als er dann selbst in die Position gelangt war, seinen Einfluss zu Gunsten anderer zu nutzen, tat er dies ausgiebig. Davon zeugt seine umfangreiche Korrespondenz in eindrucksvoller Weise. Weit über tausend seiner Briefe enthalten eine Empfehlung. Der Melanchthonbriefwechsel ist somit beispielhaft für einen wichtigen Teil der sozialen Verflechtungen, durch die sich die frühneuzeitliche res publica litteraria auszeichnete: die brieflichen Empfehlungen.[2]

Durch Briefe traten humanistisch gebildete Personen jeden Standes und jeder Nationalität miteinander in Verbindung und tauschten sich über vielfältige Themen aus. Ein zentraler Punkt ihrer sozialen Interaktion bestand darin, an das jeweilige Gegenüber Empfehlungen auszusprechen. Die Palette der Gründe für eine Empfehlung war sehr breit, so dass Empfehlungen zu verfassen im wahrsten Sinne des Wortes auf der Tagesordnung der humanistischen Briefeschreiber stand.

Indem ein Gelehrter einem anderen – aus welchem Grund auch immer – eine Person empfahl, trat er mit seinem Ruf für den Leumund des Empfohlenen ein. Das war für den Empfehlenden natürlich kein unkritischer Vorgang. Bei einem Fehlverhalten des Empfohlenen fiel dies auf ihn zurück. Außerdem stand er

[1] Johannes Reuchlin an Kf. Friedrich von Sachsen, (7. Mai 1518): RBW 4, Nr. 331.

[2] Der Quellengattung Empfehlungsschreiben wird erst nach und nach wissenschaftliche Aufmerksamkeit zuteil, vgl. u. a. James Daybell: *Women's Letters of Recommendation and the Rhetoric of Friendship in Sixteenth-Century England*, in: *Rhetoric, Women and Politics in Early Modern England*, hg. von Jennifer Richards und Alison Thorne, London – New York 2007, S. 172–190; Charles Fantazzi: *Vives versus Erasmus on the Art of Letter-writing*, in: *Self-Presentation and Social Identification. The Rhetoric and Pragmatics of Letter Writing in Early Modern Times*, hg. von Toon van Houdt u. a., Leuven 2002 (Supplementa Humanistica Lovaniensia 18), S. 39–56; James Milton Kooistra: *From Humanism to the Reformation: Letters of Recommendation in Early Modern Germany (1490–1560)*, Diss. Toronto 2008 (Druck in Vorbereitung). Zum humanistischen Briefeschreiben allgemein vgl. Gábor Almási: *Humanistic Letter-Writing*, in: *Europäische Geschichte Online (EGO)*, hg. vom Institut für Europäische Geschichte (IEG), Mainz 2010–12–03 (Link 1).

damit in der Schuld des Adressaten seiner Empfehlung und musste nun seinerseits auf eine Bitte wohlwollend reagieren. Dies galt in ähnlichem Maße auch dann, wenn der Angesprochene höhergestellt war als der Empfehlende, ein Adliger – König, Herzog oder Fürst. Eine Konstellation, die im Übrigen nicht unüblich war, da ja gerade der Adel über viele Möglichkeiten zur Unterstützung und Hilfe verfügte.

Hier spiegelt sich das antike Modell des Klienten und Patrons wider, das für das römische Sozialgefüge charakteristisch war. Dem Empfehlenden kommt in diesem Schema die Rolle des Vermittlers zu. An ihn werden die Bitten um Empfehlung herangetragen, und er vermittelt sie weiter an den Patron. Auf diese Weise kann der Vermittler auch selber zum Patron werden, indem er sich den Bitten einer Person in besonderer Weise und/oder immer wieder zuwendet.[3]

Philipp Melanchthon war beides: Er vermittelte unzählige Bittsteller an potentielle Unterstützer, er stand Hilfesuchenden aber auch stets mit Rat und vor allem Tat zur Seite. Sein Freund, der Gräzist Joachim Camerarius, berichtet davon in seiner Melanchthon-Biographie:

„Er als einziger nahm diese Mühen [das Schreiben von Vorreden] und Beschäftigungen auf sich und bewältigte es sogar, Briefe, durch die irgendwelche Leute empfohlen wurden, und Zeugnisse zu Protokoll zu bringen; und dabei ließ er es nicht nur zu, dass diese Dinge von ihm erlangt wurden, sondern gab sie überaus bereitwillig."[4]

Die Empfehlungen Melanchthons waren ob seines hohen Ansehens als Gelehrter sehr begehrt und führten oft, wenn auch nicht immer, zum Ziel. Gelegentlich finden sich im Briefwechsel Hinweise auf die Möglichkeiten und Erfolge der Empfehlungsschreiben, aber auch auf Misserfolge. Letzteres zeigt ein Brief Melanchthons an den Rat der Stadt Dresden vom 11. April 1558.[5] Leicht indigniert reagiert er auf die Ablehnung des von ihm empfohlenen Johann

[3] Das antike Patron-Klient-System wird in einer Vielzahl von Untersuchungen beschrieben, vgl. z. B. Jens-Uwe Kraus: *Spätantike Patronatsformen im Westen des Römischen Reiches*, München 1987 (Vestigia 38); *Patronage in ancient society*, hg. von Andrew Wallace-Hadrill, London [u. a.] 1989 (Leicester-Nottingham studies in ancient society 1); Antoni Mączak: *Ungleiche Freundschaft. Klientelbeziehungen von der Antike bis zur Gegenwart* (aus dem Polnischen von Peter Oliver Loew), Osnabrück 2005 (Klio in Polen 7); speziell für das frühneuzeitliche System vgl. *Klientelsysteme im Europa der Frühen Neuzeit*, hg. von Antoni Mączak, München – Oldenburg 1988 (Schriften des Historischen Kollegs 9).

[4] *Ioachimi Camerarii De vita Philippi Melanchthonis narratio*, hg. von Ge[org] Theodor Strobel, Halle an der Saale 1777, S. 63 f (§ 17); Joachim Camerarius: *Das Leben Philipp Melanchthons*, übersetzt von Volker Werner mit einer Einführung und Anmerkungen versehen von Heinz Scheible, Leipzig 2010 (Schriften der Stiftung Luthergedenkstätten in Sachsen-Anhalt 12), S. 76.

[5] MBW 8586.

Heintz, den er, wie er betont, nach Aufforderung durch den Rat empfohlen hatte.[6] Dass dieser die Stelle nun nicht bekommen sollte, sondern ein von anderer Seite Empfohlener, der weniger geeignet war, befremdete ihn.[7]

Es kam jedoch auch vor, dass Melanchthon eine Empfehlung im Nachhinein bereute, wie im Falle des Schulmeisters Philipp Eberbach, der lieber über Abendmahlsfragen stritt, als seinen Pflichten als Grammatiklehrer nachzukommen.[8]

Hingegen schreibt Hieronymus Wolf am 25. Februar 1543 an Melanchthon, um ihm für seine Empfehlung für die Stellung als Schulleiter in Mühlhausen zu danken.[9] Außerdem berichtet er, dass ihm die Empfehlung durch Melanchthon Autorität verlieh: „Autoritas dei quidem illa inprimis donum est, quae si ulla in me sit, eam etiam honorifico tuo testimonio magna ex parte debeo atque tueri summa ope annitar."[10]

Insgesamt sind die Empfehlungen Melanchthons zum größten Teil von Erfolg gekrönt. Daher sah er sich häufig mit neuen Empfehlungsanfragen konfrontiert, zeitweise in so starkem Maße, dass seine Kapazitäten voll ausgereizt oder sogar überschritten wurden. Camerarius berichtet, „dass er anderen Geld gab, damit sie weggingen und nicht weiter auf Briefen bestanden"[11]. Und kurz vor seinem Aufbruch zum Wormser Religionsgespräch im August 1557 sah er sich sogar gezwungen, seine Vorlesung abzusagen, um aller Anfragen noch vor seiner Abreise Herr werden zu können.[12]

Obwohl sich seine Empfehlungen solcher Beliebtheit erfreuten, war Melanchthon durchaus zu einer reflektierten Einschätzung seiner Möglichkeiten in der Lage. 1542 schreibt er an Johannes Lang in Erfurt, ihm sei bewusst, dass seine Empfehlungen an den Höfen oft unwillkommen seien. Doch zum Nutzen von Kirche und Staat werde er nicht davon ablassen.[13] Und kurz nach dem Schmalkaldischen Krieg bezeichnet er sich als verhasst und seine Empfehlungen daher von geringer Bedeutung.[14]

6 MBW 8538, 8559, und 8582.

7 Melanchthon wurde des Öfteren von Entscheidungsträgern gebeten, eine Empfehlung für eine vakante Stelle abzugeben, nicht immer mit so unerfreulichem Ausgang. Am 28. September 1535 verzeichnet die Kämmerei der Stadt Göttingen einen Betrag von 2 Mark 8 Pfennig (MBW 1632). Diese erhielt Melanchthon für seine Unterstützung bei der Besetzung der freigewordenen Schulmeisterstelle.

8 MBW 751.

9 MBW 3137f.

10 MBW 3177.4.

11 Camerarius: *Das Leben Philipp Melanchthons* (wie Anm. 4), S. 77.

12 MBW 8308.

13 MBW 3075.

14 MBW 5113.

Das Spektrum der Empfehlungen Melanchthons ist vielfältig, und ebenso vielfältig sind die Schreiben selbst. Für einen einführenden Überblick ist es bei der Fülle der Quellen sinnvoll, das Briefcorpus zu strukturieren. Dafür bieten sich die folgenden Kategorien an: 1. die als Empfohlener und Adressat betroffenen Personen der Empfehlung, 2. der Gegenstand der Empfehlung sowie 3. die unterschiedliche Ausgestaltung der Schreiben.

Betroffene Personen der Empfehlung

Betrachtet man die betroffenen Personen der Empfehlung – den Empfohlenen und den Adressaten –, so ergibt sich ein differenziertes Bild.

Es gibt Empfehlungen für Personen, die überhaupt nur einmal im Briefwechsel auftauchen und deren Existenz mitunter nur auf diese Weise überliefert ist. Oft konnten ihre Namen aber auch nicht rekonstruiert werden, so dass sie ein namenloser „Überbringer" oder ein anonymer ehemaliger Mönch[15] bleiben. Sogar unter den Adressaten gibt es einige, die nur ein einziges Mal erscheinen und teilweise auch anonym bleiben müssen.

Im Gegensatz dazu gibt es aber bei beiden Gruppen Personen, die im Zusammenhang mit Empfehlungen des Öfteren vorkommen. Zwar schrieb Melanchthon auch an ihm unbekannte Menschen Empfehlungen, in den meisten Fällen stand er jedoch mit ihnen in einem mehr oder weniger regen brieflichen Kontakt. Er wusste also, wen er anschreiben konnte, um für seinen Schützling die erwartete Unterstützung zu erhalten. Betrachtet man es aus einer geographischen Perspektive, hatte Melanchthon für unterschiedliche Orte oder Regionen jeweils bestimmte Ansprechpartner, an die er seine Empfehlungen bevorzugt richtete. Ein Beispiel hierfür ist Hieronymus Baumgartner in Nürnberg. Nach ihrer gemeinsamen Zeit an der Universität Wittenberg blieben beide einander brieflich eng verbunden. Als einflussreichem Ratsherren war es Baumgartner möglich, Melanchthons Empfehlungen zu unterstützen und gelegentlich auch entscheidend zu ihrem Erfolg beizutragen. Von den 229 erhaltenen Briefen Melanchthons an Baumgartner enthalten weit über 60 eine Empfehlung. Alle fünfzehn Gesuche für ein durch die Stadt Nürnberg zu vergebendes Stipendium richtete Melanchthon an Baumgartner, keines allgemein an den Rat der Stadt, wie es in zahlreichen anderen Fällen geschah.

Diese Art der Verbindungen war bekannt und wurde von Petenten ganz gezielt genutzt. So schreibt Melanchthon am 20. August 1541 an seinen Freund Veit Dietrich in Nürnberg: „Quia sciunt me abs te diligi adolescentes, petunt ad te commendationes."[16]

[15] Z. B. MBW 1918.
[16] MBW 2792.1.

Besonders interessant sind allerdings diejenigen Personen, die häufiger von Melanchthon empfohlen werden; nicht selten begegnet ein Empfohlener im Briefwechsel nämlich mehrfach. Dafür kann es zwei Gründe geben:

Zum einen kam es vor, dass Melanchthon aus einem bestimmten Anlass ungefähr zeitgleich mehrere Schreiben verfasste, wie das Beispiel Philipp Schmidts zeigt. Nach der Vertreibung aus seiner Pfarre in Kahla empfahl ihn Melanchthon binnen eines halben Jahres viermal, um ihm eine neue Anstellung zu verschaffen.[17]

Zum anderen begleitete Melanchthon Personen über mehrere Jahre hinweg mit seinen Empfehlungen; er gestaltete damit wichtige Lebensabschnitte aktiv mit und zeigte durch seine tatkräftige Unterstützung immer wieder seine Verbundenheit, wie im Falle Hubert Languets, für den er in sieben Jahren zwölf Schreiben verfasste.[18] Für eine Reise nach Prag erhielt er einen Brief an den dort lebenden Matthäus Collinus[19], Schreiben an Johannes Crato in Breslau[20] und an Georg Fabricius in Meißen[21] (beide Städte lagen auf der Reiseroute) sowie einen allgemeinen Empfehlungsbrief[22]. Auch für seine weiteren Reisen in den folgenden Jahren schrieb Melanchthon ihm Empfehlungen.[23] Die wohl überhaupt letzte Empfehlung Melanchthons vom 1. April 1560 an König Anton von Navarra betraf ebenfalls Languet.[24]

Gegenstand der Empfehlung

Ein weiteres Differenzierungsmerkmal ist der Gegenstand der Empfehlung. Es gibt zahlreiche Anlässe, aus denen heraus eine Empfehlung ausgesprochen wurde. Die Schwerpunkte bilden 1. Empfehlungen für Stipendien, 2. Empfehlungen für Stellenbesetzungen, 3. Empfehlungen für die Aufnahme in den Hauskreis oder die Freundschaft der Korrespondenten bzw. für die Einführung bei einer dritten Person; dazu kommt 4. Sonstiges, z. B. Bitten um Hilfe bei Druckvorhaben oder wissenschaftlicher Forschung oder um Unterstützung bei den unterschiedlichsten anderen Vorhaben.

17 MBW 2926, 2927, 3032, 3080.

18 Zu Languet und seinem Verhältnis zu Melanchthon vgl. Béatrice Nicollier-de Weck: *Hubert Languet (1518–1581). Un réseau politique international de Melanchthon à Guillaume d'Orange*, Genf 1995 (Travaux d'humanisme et renaissance 293).

19 MBW 6932.

20 MBW 6933.

21 MBW 6934.

22 MBW 6938.

23 MBW 7135, 7502, 7510, 7514, 7929, 9027, 9076.

24 MBW 9280.

Die Vermittlung von Stipendien ist ein besonders häufiger Grund für Melanchthon, eine Empfehlung auszusprechen. Stipendien waren für die meisten nicht adeligen Studenten an den Universitäten der Frühen Neuzeit essentiell notwendig, um ihr Studium finanzieren zu können. Sie wurden vergeben von einflussreichen und meist wohlhabenden Personen – zum Beispiel Landesfürsten – oder Gremien – in den meisten Fällen dem Rat einer Stadt –, die sich von dieser Studienunterstützung gut ausgebildetes Personal für ihre Dienste versprachen. Melanchthons Verdienst lag nun darin, diese beiden Bedürfnisse zueinander gebracht zu haben. Er hatte ob seiner Reputation die Möglichkeit, sich an die stipendienvergebenden Stellen zu wenden, und die Bedürftigen wussten dies und baten ihn, sich dort für sie einzusetzen. Häufig schrieb Melanchthon dafür an den Rat einer Stadt oder einen Landesfürsten direkt und empfahl einen Studenten für ein offenes Stipendium. Er berichtete über ihre Talente, ihre guten Sitten, ihren aufrechten Glauben und den Gewinn, den sie für ecclesia und/oder res publica mit einem abgeschlossenen Studium darstellen würden. Gelegentlich wurde auch der Grund der Bedürftigkeit für ein Stipendium erwähnt: zum Beispiel die Herkunft aus einer armen oder kinderreichen Familie.

Ebenso oft wandte er sich – wie bereits erwähnt – mit seinem Ansinnen an einen Freund oder Bekannten, von dem er wusste oder annahm, dass dieser Einfluss auf die Entscheidung nehmen konnte und sich für den Empfohlenen einsetzen würde.

Melanchthons Tätigkeit war mit der eigentlichen Empfehlung für ein Stipendium nicht erledigt. Er setzte sich im weiteren Verlauf für die Verlängerung ein oder verhalf zu Ergänzungen zu den Stipendien, und auch die Stipendiengeber stellten Erwartungen an Melanchthon. Ein Beispiel hierfür ist die Geschichte Peter Hegemons.

Hegemon erlangte 1530 den Magistertitel nach seinem Studium in Wittenberg und wurde dann in den Schuldienst nach Königsberg-Kneiphof berufen, den er bis zur Auflösung der Schule zehn Jahre lang versah. Im Herbst 1541 kam er als Stipendiat des preußischen Herzogs Albrecht mit Empfehlung an Melanchthon für zwei Jahre zum Studium nach Wittenberg.[25] Im Februar 1543 setzte sich Melanchthon dann für eine Erhöhung des Stipendiums ein,[26] die auch genehmigt wurde[27]. Im November 1544 – also erst nach drei Jahren – bat Albrecht Melanchthon, er wolle dafür sorgen, dass Hegemon dem ihm überbrachten Ruf auf ein Predigeramt unverzüglich folgen solle.[28] Und im Juni

25 MBW 2811.
26 MBW 3170.
27 MBW 3211.
28 MBW 3737.

1545 wurde er erneut aufgefordert, den Stipendiaten dazu zu bewegen, nach Preußen zurückzukehren.[29] Ob sich Melanchthon in der Zwischenzeit für eine Verlängerung des Studienaufenthaltes und des Stipendiums eingesetzt hatte, ist nicht überliefert, aber nicht undenkbar. Nach Hegemons Rückkehr nach Preußen wird er noch einmal von Melanchthon erwähnt, indem er ihn als Vertretung für die theologische Professur an der Universität Königsberg vorschlug.[30]

Damit ist auch gleich die nächste Kategorie der Empfehlungen angesprochen: die Stellenbesetzungen. Durch seine Arbeit als Universitätsprofessor kannte Melanchthon ständig junge, gut ausgebildete Akademiker, die – nicht anders als heute – meistens nach Abschluss ihres Studiums auf der Suche nach einer Anstellung waren. Seine weitverzweigten Kontakte brachten es mit sich, dass er von vakanten Positionen erfuhr, und nicht selten wurde er ob seines guten Rufes sogar dazu aufgefordert, Empfehlungen für eine zu besetzende Stelle auszusprechen.[31] Wieder brachte er also die Bedürfnisse zweier Parteien zusammen.

Diese Vorgänge muten zum Teil wie eine frühneuzeitliche Stellenbörse an, vor allem, wenn Melanchthon einen an ihn Empfohlenen mit der Begründung an Paul Eber weiterschickte, dass diesem die freien Stellen gemeldet würden.[32]

Außerdem wusste Melanchthon, an wen er sich wenden konnte, um einem Studenten eine Stelle zu verschaffen. Das brachte es mit sich, dass er einigen Entscheidungsträgern auch des Öfteren Empfehlungen zukommen ließ. Dennoch hatte er ein Gespür dafür, seine Kontakte nicht überzustrapazieren. So empfahl er 1559 Alban Gryphenberg für ein Universitätsamt nach Preußen. Er schickte diese Empfehlung jedoch an Johannes Aurifaber Vratislaviensis und nicht an den Landesherrn Herzog Albrecht, um diesen nicht schon wieder zu belästigen.[33]

Empfehlungen für Professuren[34] kamen nicht ganz so häufig vor. Meistens waren es Schul- oder Pfarrstellen, die Melanchthon vermittelte, er sprach jedoch auch Empfehlungen für die Besetzung von Arztstellen[35] aus.

Wie bei den Stipendienempfehlungen wurden auch für die Stellenbesetzungen die herausragenden Eigenschaften der Bewerber als Erklärung für die Empfehlung angeführt, ihre Religiosität sowie verwandtschaftliche oder freundschaftliche Beziehungen zu weiteren bekannten Männern von gutem Ruf – alles, was den Empfohlenen beruflich und persönlich als geeignet erscheinen

[29] MBW 3930.
[30] MBW 4090.
[31] Z. B. MBW 3826.
[32] MBW 4455.
[33] Z. B. MBW 9111.
[34] Z. B. MBW 4424.
[35] MBW 4964.

ließ. Manche Empfehlungen zeugen aber auch von Melanchthons Menschlichkeit und Mitgefühl, so zum Beispiel im Fall eines Unbekannten aus der Umgebung von Nürnberg, den Melanchthon selber nicht für sonderlich qualifiziert hielt, den er aber auf Grund seiner Armut und Bedürftigkeit dennoch an Hieronymus Baumgartner für eine Kaplanstelle empfahl.[36]

Notwendig waren Empfehlungen auch, wenn jemand Zugang zu einem Hauskreis oder in die Bekanntschaft oder Freundschaft einer Person wünschte.[37] Durch eine Empfehlung stand der Empfehlende für ein gutes Benehmen des Empfohlenen ein. Auf Grund ihrer Bekanntschaft konnte der Adressat sich auf die abgegebene Einschätzung der Person verlassen und diese in seinen Kreis aufnehmen. Der Empfohlene war somit mit einem Vertrauensvorschuss ausgestattet, den er Melanchthons Schreiben zu verdanken hatte. Durch eine Empfehlung ließen sich Türen öffnen, die sonst verschlossen blieben oder zumindest nur schwer hätten geöffnet werden können.[38]

Fehlte die persönliche Komponente – und es kam gelegentlich vor, dass Melanchthon an ihm unbekannte Personen eine Empfehlung aussprach – waren es seine Bekanntheit und sein Ruf, die für die Richtigkeit der Empfehlung standen.[39]

Außer diesen drei genannten Kategorien gab es noch eine Vielzahl an sonstigen Möglichkeiten, eine Empfehlung auszusprechen. Besonders häufig kommen dabei Wünsche nach Besichtigungen vor, wie zum Beispiel 1543, als Melanchthon Petrus Normannus nach Nürnberg empfiehlt, da dieser das dortige Zeughaus sehen wollte.[40] Oder die Empfehlung an Albert Hardenberg für Christoph Meienburg wegen eines Besuches auf dem Reichstag 1544.[41]

Diese und etliche ähnliche Beispiele[42] zeigen, dass Empfehlungen sehr zahlreich genutzt wurden und das tägliche Miteinander der Menschen im 16. Jahrhundert prägten.

Ausgestaltung der Schreiben

Das letzte hier zu besprechende Unterscheidungskriterium ist die Ausgestaltung der Schreiben. ‚Ausgestaltung' meint in diesem Fall vor allem den Umfang, den die Empfehlung in einem Schreiben einnahm. Vom knappen Einzeiler innerhalb eines Briefes bis hin zum ausgefeilten Empfehlungsschreiben finden sich

36 MBW 1894.
37 Z. B. MBW 3237.
38 Z. B. MBW 8220.
39 Z. B. MBW 2444 und 3863.
40 MBW 3188.
41 MBW 3490.
42 Z. B. MBW 3936, 4226, 2380, 6106.

alle möglichen Formen der Empfehlungen in Melanchthons Briefwechsel. Es ist daher angebracht, auch sprachlich eine Unterscheidung zu treffen und dann schlicht von Empfehlung zu sprechen, wenn diese nur einen Teil eines Briefes einnimmt und darüber hinaus noch über weitere Themen berichtet wird. Briefe, deren einziger Inhalt eine „recommendatio" ist und die in den meisten Fällen keinen direkten Adressaten haben, sondern an jeden gerichtet sind, dem sie vorgezeigt werden, wären folglich als Empfehlungsschreiben oder Empfehlungsbrief zu bezeichnen.

In diesem Zusammenhang ist kleiner Exkurs in die Brieftheorie notwendig.[43] Ab dem 14. Jahrhundert erlebte der Brief ausgehend von Italien eine neue Blüte, besonders nach der Wiederentdeckung der Briefe Ciceros *ad Atticum* in der Dombibliothek von Verona durch Francesco Petrarca 1345 sowie der Briefe *ad familiares* durch Coluccio Salutati 1389.[44] In der Folge wurde auch die theoretische Seite des Briefeschreibens neu entdeckt, und es entstanden zahlreiche Briefsteller[45], in denen Empfehlungsschreiben einen festen Bestandteil bildeten, so zum Beispiel bei Erasmus von Rotterdam in seinem *Opus de conscribendis epistolis* von 1522[46] oder bei Juan Luis Vives' *De conscribendis epistolis* (1534)[47].

Mit Brieftheorie beschäftigte sich Melanchthon im Rahmen der Rhetorik[48] Dabei erstellte er Briefformulare, die dann bei verschiedenen Anlässen nur noch personalisiert und gegebenenfalls ausgeschmückt werden mussten. Dabei galt: Je höher der gesellschaftliche Stand oder das Ansehen des Angeschriebenen war, desto förmlicher musste der Brief gestaltet sein; je näher die Protagonisten miteinander bekannt waren, desto formloser wurden die Briefe.

43 Zum erweiterten Kontext vgl. Marion Bechtold: *Zwischen Humanismus und Reformation. Die europäische Dimension der Empfehlungsschreiben Philipp Melanchthons*, in: *Philipp Melanchthon. Lehrer Deutschlands, Reformator Europas*, hg. von Irene Dingel und Armin Kohnle, Leipzig 2010 (Leucorea-Studien zur Geschichte der Reformation und der Lutherischen Orthodoxie 13), S. 291–301, besonders S. 294.

44 Anton Viertel: *Die Wiederauffindung von Ciceros Briefen durch Petrarca: Eine philologisch-kritische Untersuchung*, Königsberg 1879 (Jahresbericht über das königliche Wilhelms-Gymnasium zu Königsberg in Preußen).

45 Für den Zeitraum 1470–1500 siehe Cecil H. Clough: *The Cult of Antiquity. Letters and Letter Collections. Cultural Aspects of the Italian Renaissance*, Manchester 1975, S. 33–67. Einiges über den Zeitraum nach 1500 findet man in Charles Fantazzis *Einleitung* zu Juan Luis Vives, *De conscribendis epistolis*, Leiden 1989.

46 Erasmus von Rotterdam: *De conscribendis epistolis*, 1522, in: Opera omnia Desiderii Erasmi Roterodami, Amsterdam 1969 ff, Bd. 1/2, Amsterdam 1971, 153–579.

47 Juan Luis Vives: *De conscribendis epistolis*, hg. von Charles Fantazzi, Leiden 1989.

48 Philipp Melanchthon: *Dispositiones rhetoricae* (1553), in: *Philologische Schriften Philipp Melanchthons*, hg. von Hans Zwicker, Teil 1, Leipzig 1911 (Supplementa Melanchthoniana 2/1).

46 Briefe des Melanchthon-Briefwechsels sind Empfehlungsschreiben. Sie wurden für 44 unterschiedliche Personen verfasst: Anton Dusterlohe, Bartholomäus Georgievitz, Christian Hertwig d. J., Christoph Lasius, Christoph Rudinger, Christoph vom Sand, Christoph Wehle, Damian Quad, Ferdinand NN, Georg Eichholz [Dryoxylus], Gutbert Hugonius, Heinrich Efferen, Hermann Wilcken, Martin Paucker, Nikolaus Eberwein, Hieronymus Schreiber, Hubert Languet, Ivan Drugnić, Joachim Lenz, Johann Valentin Deyger, Johannes Eschenfelder, Johannes Ferinarius, Johannes Heller [Hell], Johannes Pöl, Johannes Wolf, Jørgen Jensen Sadolin, Lelio Sozzini, Lucas Lossius, Martin Abdon, Matthäus Tilo, Matthias Rudland, Michael NN, Nikolaus NN, NN aus Persien, Paul Bromer, Salomon Linck, Simon Haliaeus, Simon Iessenius, Tilemann Stella, Wendelin Gürrich d. J., Wenzeslaus Ratomicius, Wilhelm Albrecht, Wolfgang Fabricius, Wolfgang Laubmann. Das heißt, lediglich in zwei Fällen wurde ein Empfohlener zweimal mit einem Schreiben ausgestattet: zum einen Gutbert Hugonius, der sowohl 1556 als auch 1557 ein Empfehlungsschreiben erhielt, zum anderen der bereits erwähnte Hubert Languet in den Jahren 1553 und 1555. Die meisten Empfehlungsschreiben stammen aus eben diesen 50er Jahren, nämlich 34 Stück. Gut zwei Drittel der Briefe sind für die Unterstützung auf einer Reise bestimmt, sei es eine Studienreise oder aber auch ein Unterwegssein nach Vertreibung oder Flucht. Sie empfehlen die Betroffenen der allgemeinen Gastlichkeit und erbitten Unterstützung auf der Reise. Wichtig war hierbei der Hinweis darauf, dass der Empfohlene aus einem bestimmten Grund unterwegs war und es sich somit nicht um einen Landstreicher handelte.

Für einen kurzen Einblick in die Welt der Empfehlungen muss dies genügen. Dieser zeigt jedoch, wie vielfältig die Thematik ist.

Linkverzeichnis

Link 1 = http://www.ieg-ego.eu/almasig-2010-en
URN: urn:nbn:de:0159–20101011147

Heinz Scheible

Fünfzig Jahre Melanchthon-Forschungsstelle

Dass ich am Ende dieses schönen Symposions einen Rückblick auf die 50 Jahre der Melanchthon-Forschungsstelle Heidelberg geben darf, verdanke ich meiner sehr geschätzten und verehrten Nachfolgerin Christine Mundhenk. Sie hat freilich nicht bedacht, dass es gefährlich ist, einem alten Mann das Wort zu geben. Er kommt nämlich ins Schwätzen. Gerade liefere ich den Beweis für meine These. Andererseits sind alte Menschen als Zeitzeugen zunehmend begehrt. Sie wissen Dinge, die sonst nirgendwo überliefert sind. Gleich werde ich den Beweis auch dafür liefern. Allerdings sind die Zeitzeugen subjektiv und vergesslich, also höchst unzuverlässig, und müssen daher kritisch verwertet werden. Was die Fakten betrifft, stütze ich mich deshalb auf die gedruckten Jahresberichte der Akademie, auf die Vorreden der erschienenen Bände und auf Walter Thüringers vorzügliche Darstellung der Geschichte der Melanchthon-Forschungsstelle bis zum Jahr 2000, die in der Festschrift »Dona Melanchthoniana« zu finden ist, die Johanna Loehr zu meinem 70. Geburtstag 2001 organisiert hat.[1] Ich füge die turbulenten Jahre ab 2001 hinzu. Dies bildet den verlangten Hauptteil meines Referats. Ich kann aber nicht umhin, auch zu erzählen, wie ich überhaupt zu Melanchthon gekommen bin. Diesen ersten Teil kann man bisher nirgendwo lesen. Am Ende werde ich einige grundsätzliche Gedanken aussprechen.

Irgendwann im Jahre 1946 – Deutschland lag in Trümmern, auch meine Heimatstadt Pforzheim; ich war 15 Jahre alt und wohnte mit meiner Mutter und zwei jüngeren Brüdern (der Vater war interniert) in dem kleinen Dorf Nußbaum unweit Bretten – da wurde ich mit anderen Kindern in das Melanchthonhaus Bretten eingeladen. Es war vom amerikanischen Militär in Besitz genommen worden. In der Festhalle lag ein großer Berg gebrauchter Schuhe, die in den USA gespendet worden waren. Ich durfte mir ein Paar elegante braune Halbschuhe aussuchen. Damals hörte ich den Namen ‚Melanchthon' zum ersten Mal.

In jener Zeit hörte ich auch den Namen Beuttenmüller. Nach Kriegsende war es ungewiss, ob ich weiterhin das Gymnasium besuchen könne. Man dachte an eine kaufmännische Lehre. Die Firma Beuttenmüller in Bretten galt als eine der

[1] Walter Thüringer: *Die Melanchthon-Forschungsstelle Heidelberg: Gründung, Entwicklung, Ertrag*, in: *Dona Melanchthoniana. Festgabe für Heinz Scheible zum 70. Geburtstag* hg. von Johanna Loehr, Stuttgart-Bad Cannstatt 2001, ^{2}2005, S. 521–536.

besten Ausbildungsstätten. Doch dann konnte ich ab Mai 1946 dank der Hilfe einer Tante, die in dem Vorort Dillstein eine unzerstörte Wohnung besaß, in Pforzheim das in diesem Vorort wieder eröffnete Reuchlin-Gymnasium besuchen und 1951, nun wieder mit der ganzen Familie in Pforzheim wohnhaft, das Abitur ablegen.

Der Zweite Weltkrieg hinterließ Deutschland nicht nur als Trümmerfeld, sondern auch als geistige Wüste, jedenfalls bei der Jugend, die wie ich in der nationalsozialistischen Ideologie heranwuchs. Zwei starke Wertesysteme befruchteten die Brache: das Christentum und die amerikanische Demokratie. Deren traurige Geschichte gehört nicht zu meinem heutigen Thema. Das Christentum begegnete mir zuerst als Erweckungsbewegung, alsbald auch als Barthianismus, d. i. als Ablehnung jeder Art von Neuprotestantismus und Vermittlungstheologie. Da ich gleichzeitig auch die griechische Popularphilosophie und die Bildungsesoterik des späten Hermann Hesse in mich aufsog, war das Problem meines Lebens geboren. (1948 erschien Epiktet in der wunderbaren weißen Artemis-Bibliothek, das *Glasperlenspiel* 1943 in Zürich, 1951 in Deutschland.) Ich studierte also Theologie und klassische Philologie, bis zum Ersten kirchlichen Examen 1956 hauptsächlich das Altertum. Dann wurde mir eine Hilfsassistentenstelle angeboten. Ich ging zu dem Lutherforscher Heinrich Bornkamm, weil ich von der Reformationsgeschichte noch nicht viel verstand. Nach zwei Jahren wurde ich Assistent mit Lehrauftrag. Bornkamm gab mir ein Promotionsthema über den handschriftlichen Nachlass der Magdeburger Zenturien, jenes monumentalen Geschichtswerkes der Gegner aber auch Schüler Melanchthons. Dabei bemerkte ich, dass die Zeit nach Luthers Tod, sogar die Jahre des späten Luther, in der Forschung vernachlässigt waren, und dass der Briefwechsel Melanchthons ganz unzulänglich ediert war.

Heinrich Bornkamm hatte bei seinem Lehrer Karl Holl ein negatives Melanchthon-Verständnis kennengelernt[2] und von daher gewisse Vorbehalte gegen Melanchthons Theologie behalten, was ihn aber nicht hinderte, sich vorbehaltlos für dessen Erforschung einzusetzen. Im 450. Geburtsjahr 1947 publizierte er ein Lebensbild,[3] und er unterstützte Robert Stupperichs Plan einer Studienausgabe, die ab 1951 erschien.[4] In Bretten hatte der nebenamtliche Bibliothekar

[2] Heinz Scheible: *Das Melanchthonbild Karl Holls*, in: *Melanchthon und die Neuzeit*, hg. von Günter Frank [u. a.], Stuttgart-Bad Cannstatt 2003, S. 223–238 (Melanchthon-Schriften der Stadt Bretten 7), hier S. 227–231; wieder abgedruckt in: ders.: *Aufsätze zu Melanchthon*, Tübingen 2010, S. 447–461 (Spätmittelalter, Humanismus, Reformation 49), hier S. 451–455.

[3] Heinrich Bornkamm: *Philipp Melanchthon. Zur 450 Wiederkehr seines Geburtstages*, Lüneburg 1947 (Heliand-Heft 74); ders.: *Das Jahrhundert der Reformation. Gestalten und Kräfte*, Göttingen 1961; 2. vermehrte Aufl. Göttingen 1966; Frankfurt am Main 1983 als insel taschenbuch 713, hier S. 71–88.

des Melanchthonhauses Dr. rer. pol. Otto Beuttenmüller (wir haben den Namen seiner Firma schon gehört) alle Druckschriften Melanchthons, die er in Bretten und auf Reisen zu Gesicht bekam, notiert und wollte zum 400. Todesjahr 1960 eine Bibliographie der Primärdrucke vorlegen. Aber erst 1957 kam er zu Professor Bornkamm und bat um Hilfe. Ich bekam diese Aufgabe.[5] Was daraus wurde, hat Helmut Claus in der Einleitung seiner nun endlich im Druck befindlichen monumentalen Melanchthon-Bibliographie dargestellt.[6]

Eine weitere Aufgabe hat mir Bornkamm zugewiesen. Den Briefband der Melanchthon-Studienausgabe hatte Hans Volz übernommen. Wegen seiner Pflichten bei der Weimarer Lutherausgabe konnte er diese Aufgabe nicht ganz erfüllen. Er wollte nur in einem Halbband die Briefauswahl bis 1530 bearbeiten. In der anderen Hälfte sollte ich die Zeit von 1531 bis 1560 dokumentieren. Er durfte aus etwa 1100 Briefen schließlich 237 auswählen, ich dieselbe Zahl aus mehr als 6000 Stücken. Nach meinem Besuch bei ihm in Bovenden bei Göttingen hat er unüberwindbare Differenzen konstatiert. Er war nämlich der Meinung, die Zeit nach Luthers Tod, für ihn nur Theologenstreitigkeiten, sei zu vernachlässigen. Bornkamm besorgte mir ein zweijähriges Forschungsstipendium meiner badischen Landeskirche. Von 1961 bis 1963 las ich zu Hause im

4 *Melanchthons Werke in Auswahl*, hg. von Robert Stupperich, 7 Bde. Gütersloh 1951–1975, Bde. 1–5: ²1969–1983.

5 Im April 1957 war ich zum ersten Mal bei Dr. Beuttenmüller in Bretten. Vom 14. bis 26. April 1958 nahmen ich und meine Frau Helga in der Stadtbibliothek Nürnberg deren etwa 500 Melanchthon-Drucke bibliographisch genau auf; der Aufenthalt wurde auf Antrag von Heinrich Bornkamm vom Ev. Oberkirchenrat Karlsruhe finanziert. Am 25.11.1958 berichtete ich Bornkamm, Beuttenmüllers „Vorläufiges Verzeichnis" enthalte 2942 Titel bis 1580. Bibliographisch aufgenommen waren ca. 800 aus Bretten und ca. 500 aus Nürnberg, ferner einige aus Heidelberg und Freiburg. Noch zu bibliographieren waren ca. 1500. Ich begann damit, sie durch die Fernleihe nach Heidelberg kommen zu lassen, unterstützt durch Hilfskräfte. Am 13.5.1959 hatte ich in Heidelberg ein langes Gespräch mit Beuttenmüller über Bornkamms Vorschlag, in Bretten eine hauptamtliche Stelle einzurichten, primär für Forschung, da das Museum von anderen betreut wurde. Für Forschung war das Melanchthonhaus Bretten baulich und in der Ausstattung nicht geeignet. Beuttenmüller meinte, es genüge, ein- bis zweimal die Woche nach Bretten zu kommen. Baulich dürfe dort nichts verändert werden. Bornkamm plante einen Antrag an den Ev. Oberkirchenrat in Karlsruhe zur Finanzierung der Stelle. Doch am 29.10.1959 reiste Beuttenmüller nach Halle, wo ihm vom Direktor der Universitätsbibliothek in Aussicht gestellt wurde, sein „Vorläufiges Verzeichnis" zum Melanchthon-Gedächtnisjahr 1960 zu publizieren. Dafür brachte er das gesamte Material nach Halle. Nachdem am 13.8.1961 die Grenze durch den „Mauerbau" geschlossen worden war, hatte er keinen Zugang mehr. Die weitere Geschichte hat Helmut Claus geschildert.

6 Helmut Claus: *Melanchthon-Bibliographie 1510–1560*, 5 Bde., Gütersloh 2014 (Quellen und Forschungen zur Reformationsgeschichte 87).

Corpus Reformatorum alle Briefe von 1531 bis 1560 und traf eine Auswahl für die Studienausgabe. Vieles verstand ich nicht. Aber was ich verstand, schrieb ich auf Zettel. Das ist der Beginn der Regesten.

Inzwischen war der Plan zu einer kritischen und kommentierten Gesamtausgabe entstanden. Als Desiderat war sie allgemein anerkannt. Ich war bereit, diese Aufgabe anzupacken und legte am 27.2.1961 Bornkamm ein Exposé vor. Er wollte die Finanzierung ermöglichen. Dafür stand nach Ablauf meines kirchlichen Stipendiums die Fritz Thyssen Stiftung bereit – sie unterstützt auch unsere gegenwärtige Tagung. Auf Bornkamms am 10.12.1962 gestellten „Antrag auf Beihilfe zur Errichtung eines Instituts für Melanchthon-Forschung", den ich in seinem Auftrag verfasste, bewilligte sie unverzüglich die Kosten für die Einrichtung einer Forschungsstelle mit genügend Sachmitteln und für einen Wissenschaftler und eine Sekretärin auf zwei Jahre. Damals brauchte man noch Sekretärinnen, denn die Texte mussten aus den Drucken und Handschriften abgeschrieben werden, und die Korrespondenz wurde ins Stenogramm diktiert und mit Durchschlag getippt. Meine Zettel schrieb ich mit Füllfederhalter. Heute geht alles elektronisch. Wir sind diesen Weg seit 1975 Schritt für Schritt mitgegangen. Seit langem stellen die Editoren das Layout mit den zeilenbezogenen vier Apparaten, mit Marginalien, Kolumnentiteln und Registern selbst am Bildschirm her, drucken die Seiten zur Korrektur aus und schicken die fertigen Bände in Sekundenschnelle an den Verlag.

Räume wurden durch einen glücklichen Zufall gefunden. Das Haus Heiliggeiststraße 15 unmittelbar neben dem Schmitthennerhaus der evangelischen Kirche war von Pfarrer Kehr für den geplanten Abriss und Neubau eines Studentenheims erworben worden. Die vordere Wohnung im Erdgeschoss stand leer und wurde interimistisch für eine Schwesternstation renoviert. Bis zu dieser Verwendung durfte die neu gegründete Melanchthon-Forschungsstelle am 2. Mai 1963 mietfrei einziehen. Die Schwestern kamen nie, und der Denkmalschutz verbot den Abriss. 1975 wurde das Haus an die Stadt Heidelberg verkauft und gründlich renoviert, auch an die Fernheizung angeschlossen. Von da an zahlt die Akademie Miete. Es war nämlich Heinrich Bornkamm gelungen, das Projekt »Melanchthons Briefwechsel« 1965 in die Arbeitsvorhaben der Heidelberger Akademie der Wissenschaften zu überführen. Damit war das Unternehmen grundsätzlich gesichert, wofür wir alle sehr dankbar sind.

Unendlich dankbar bin ich Heinrich Bornkamm, dass er mir keine Vorschriften machte, mir völlig freie Hand ließ und auch keinen Zeitdruck zur Publikation aufbaute. Heute soll ein Anfänger in zwei oder höchstens vier Jahren ein Buch vorlegen. Ich durfte meine eigenen Erfahrungen sammeln. Bei der ersten Lektüre der ca. 7000 damals bekannten Briefe bemerkte ich, wie viele falsch datiert waren. Bevor die Edition beginnen konnte, musste eine chronologische Liste erstellt werden. Die Datierung ist aber nur möglich, wenn der Inhalt verstanden ist. Der Sachkommentar musste also vor der Edition erarbeitet werden.

Die zweite Vorarbeit für eine Edition ist die Sammlung der Überlieferung der Texte. Die Primärdrucke wollte Otto Beuttenmüller beschreiben, was nicht zustande kam. Als es dann ans Edieren ging, mussten wir uns selbst um die alten Drucke kümmern; dies geschah in Verbindung mit Helmut Claus, Bibliothekar in Gotha, der uns manche unbekannte Vorrede geliefert hat. Die sekundäre Überlieferung zu sammeln hatte sich Wilhelm Hammer vorgenommen, ein Deutschamerikaner, Professor in Northfield, Minnesota, der zusammen mit seiner Frau Alma viele Jahre lang seine Universitätsferien in europäischen Bibliotheken verbrachte, um Literatur über Melanchthon zu sammeln. Es entstand eine fruchtbare Zusammenarbeit. Zwei dicke Bände erschienen 1967 und 1968, zwei weitere wurden postum 1981 und 1996 von der Melanchthon-Forschungsstelle zum Druck gebracht.[7]

Bleibt als dritte Aufgabe die Sammlung der handschriftlichen Überlieferung. Schon die 1897 gegründete Kommission für die Herausgabe der Supplementa Melanchthoniana hatte bei den Archiven und Bibliotheken eine Fragebogenaktion durchgeführt, deren Ergebnisse von Nikolaus Müller über Paul Flemming, Otto Clemen und Hans Volz in die Melanchthon-Forschungsstelle gelangten und ausgewertet wurden. Ich startete ebenfalls eine solche, die gute Ergebnisse brachte. Die ergiebigen Institute musste ich aber selbst aufsuchen. In München, wo die große Collectio Camerariana liegt, war dies ohne weiteres möglich. Die Masse der handschriftlichen Quellen ist aber in Dresden, Gotha, Jena, Weimar, Zwickau, auch Halle und damals Merseburg zu finden, also in der DDR. Ich konnte ab 1963, in der Zeit des Kalten Krieges, alle diese Orte besuchen, weil Friedrich Engels irgendwo ein freundliches Wort über Melanchthon geschrieben hatte, und weil der mächtige Edelkommunist Leo Stern, Rektor der Universität Halle, ihn als Humanisten würdigte, weshalb die DDR zum Jubeljahr 1960 ein Melanchthon-Komittee gegründet hatte, das Beuttenmüllers Primärbibliographie zum Druck bringen wollte, an einer Edition des Briefwechsels, die man für wichtig hielt, jedoch kein eigenes Interesse hatte. Also wurde mein Projekt freundlich betrachtet, und wenn erst die zentrale Archivverwaltung in Potsdam einverstanden war, wurde vor Ort die Benutzungsgenehmigung erteilt, auf Grund derer auch die Einreise möglich war. Wenn die lokalen Stellen ablehnten, musste man es später erneut versuchen. Die Anfertigung von Mikrofilmen war damals noch ein technisches Problem. Nur große Archive verfügten

[7] Wilhelm Hammer: *Die Melanchthonforschung im Wandel der Jahrhunderte. Ein beschreibendes Verzeichnis*, 4 Bde. Gütersloh 1967–1996 (Quellen und Forschungen zur Reformationsgeschichte 35, 36, 49, 65).

über die erforderlichen Geräte und Materialien. Da aber die DDR-Behörden an Nazi-Akten, die als Kriegsbeute im Bundesarchiv Washington lagerten, interessiert waren, machten sie mit mir einen deal: ich kaufte im Namen der Heidelberger Akademie der Wissenschaften bestimmte Filme in Washington, lieferte sie nach Potsdam und bekam dafür die für die Melanchthon-Ausgabe benötigten Filme aus Dresden und Weimar, insgesamt zigtausende Einzelstücke, die noch heute für die Edition täglich greifbar sind. Die Archivare und Bibliothekare waren überaus zuvorkommend, denn die meisten stammten noch aus der bürgerlichen Zeit, und ein westdeutscher Benutzer war damals die Ausnahme. Da die Forschungsbibliothek Gotha kein Gerät für Mikrofilmaufnahmen besaß, wurden die zu verfilmenden Handschriften morgens von der Fotografin der Bibliothek, Frau Olejniczak, und mir in mein Auto geladen, nach Weimar ins Staatsarchiv gefahren und dort von ihr verfilmt. Abends fuhren wir die Codices zurück – ein Verfahren , das heute aus konservatorischen Gründen undenkbar ist, der Melanchthon-Forschungsstelle aber 17 30-Meter Rollen allein aus Gotha eingebracht hat, die noch immer ständig gebraucht werden.

Durch diese Arbeitsgänge reifte in mir der Entschluss, die Edition der Melanchthon-Briefe anders anzulegen, als es bisher üblich war. Heinrich Bornkamm meinte, ich solle Otto Clemens Edition in der Weimarer Lutherausgabe zum Vorbild nehmen. Ganz abgesehen von den inhaltlichen Mängeln, die Hans Volz und Eike Wolgast in Band 13 dieser Ausgabe aufgedeckt haben, finde ich ihre Handhabung unpraktisch. Die Textvarianten und die Sacherläuterungen sind als Anmerkungen nach den Texten zu suchen, die Bezeichnung der Überlieferungsträger ist nicht konsistent, die Kopfregesten sind sehr allgemein, das lange nach der Vollendung erstellte Handschriftenverzeichnis ist wegen der in Auswahl und nur als Nummern gebotenen Angaben wenig hilfreich. Ich wollte eine Edition erstellen, die dem Benutzer ohne ablenkende Anmerkungen den Text darbietet. Die Textvarianten sind deshalb zeilenbezogen unten auf derselben Seite zu finden, wie dies bei den bewährten Klassikerausgaben üblich ist. Damit die Überlieferungsträger rasch erkennbar sind, haben alle Handschriften und Urdrucke durch die gesamte Ausgabe hindurch ein und dasselbe sprechende Sigel. Der Sachkommentar ist vom Text getrennt. Der Kundige braucht ihn nicht, und der Anfänger findet ihn separat leichter, als wenn er bei längeren Texten seitenlang blättern muss. Kopfregesten dagegen sind für das Verständnis des folgenden Textes hilfreich. Bei der umfangreichen Edition »Melanchthons Briefwechsel« (hinfort MBW) hätte dies jedoch bedeutet, dass erst nach Vollendung des letzten Regests und damit der chronologischen Liste aller Stücke mit der Publikation der Regesten und Texte hätte begonnen werden können. Dies hätte die Heidelberger Akademie niemals erlaubt, und ich selbst wollte den vollständigen Durchgang noch in meinem aktiven Berufsleben bewältigen, denn ich wusste durch meine Dissertation über Flacius und die Magdeburger Zenturien, wie viel gerade in der Zeit nach Luthers Tod noch zu erforschen war.

So entstand der Stufenplan für die Edition, den ich 1968 in den Heidelberger Jahrbüchern publizierte[8] und 1975 mit den ersten 100 Regesten maschinenschriftlich zahlreichen Fachkollegen zur Beurteilung vorlegte. Demnach besteht MBW aus zwei Hauptteilen: Regesten und Texte. Die Numerierung ist in beiden Teilen identisch.

Die Regesten erfassen den vollständigen Inhalt der Texte, die durch Paragraphen gegliedert sind, und ergänzen die im Text fehlenden Angaben, nämlich Daten, Namen, verschlüsselte Sachverhalte, und dies in klarem, lesbarem, auch für Ausländer verständlichem Deutsch ohne modische Floskeln. Alle Ergänzungen sind durch eckige Klammern gekennzeichnet. Damit sind die Regesten als erste Verständnishilfe ein Teil des Kommentars. Nachgewiesen wird der greifbarste Fundort, bei ungedruckten Stücken die Handschrift. Danach folgt die Begründung der (wenn nötig) ergänzten Datierung. Auf der Basis der Regesten wurden Indizes der Orte und Personen erstellt. Bei den Orten wird die damalige und die gegenwärtige politische Zugehörigkeit angegeben, die Personen sind durch Kurzbiographien mit Literaturnachweisen vorgestellt. Damit sind diese Indizes ein weiterer Teil des Kommentars. Durch die alphabetische Anordnung sind die Biogramme nicht verstreut in den Bänden zu suchen, sondern dienen als allgemeines Nachschlagewerk, besonders für die weniger bekannten der mehr als 7000 Personen, die in MBW erwähnt sind. Dem Ortsband 10 wurde als donum superadditum ein Itinerar Melanchthons mit Quellenangaben beigegeben. Von den Biogrammen sind 2003 und 2005 in Zusammenarbeit mit Corinna Schneider die Buchstaben A bis K als MBW 11 und 12 erschienen. Danach musste dieser Kommentarteil zu Gunsten der Textedition zurückgestellt werden. L bis Z muss, nachdem die Hilfskraft Nicole Petzi ihre Promotion abgeschlossen hat, nun von mir allein bewältigt werden, wobei ich, wie schon früher, von Tobias Gilcher in der Melanchthon-Forschungsstelle unterstützt werde.

Den Texten vorausgehen sollte ein Verzeichnis aller Überlieferungsträger. Dessen Publikation wurde zurückgestellt, damit die Textedition zügig realisiert werden konnte. Dadurch mussten die jeweiligen Handschriften beim ersten Auftreten im Vorspann zu den Texten beschrieben und bewertet werden. Sie sind durch gleichbleibende Sigel gekennzeichnet, aus denen der Fundort ersichtlich ist. Identisch mit den Regesten sind selbstverständlich die Nummern und Abschnittsparagraphen der Texte. Die maximal vier Apparate sind zeilenbezogen. Dadurch entsteht ein klares Druckbild ohne störende Hochzahlen. Anfänglich wurden alle Varianten verzeichnet. 2003 forderte die Kommission zwecks Beschleunigung eine Reduzierung derselben. Seither wird auf zeitraubende Recherchen

[8] *Überlieferung und Editionen der Briefe Melanchthons*, in: *Heidelberger Jahrbücher* 12 (1968), S. 135–161, bes. 153–156.

und die Kollationierung als minderwertig erkannter Handschriften verzichtet. Im Vorspann wird aber immer dokumentiert, was eingesehen und was nur verzeichnet wurde. Die Textgestaltung ist traditionell zwischen Historikern und Germanisten strittig. Nicht selten sind die meist von Theologen gemachten Editionen reformationsgeschichtlicher Texte ohne klares Konzept. Ich vertrete die Darbietung eines leicht lesbaren Textes, der wenn erforderlich auch als Mischtext erstellt werden kann, mit Interpunktion zur Verdeutlichung der syntaktischen Struktur. Sprachliche und orthographische Eigenarten der Überlieferung werden bewahrt, graphische nicht. Die für die Lesbarkeit erforderlichen Ergänzungen werden durch kaum sichtbare Striche markiert, wodurch der Urtext erkennbar bleibt. Der Germanist Otto Reichmann, Vertreter der streng vorlagengetreuen (sog. diplomatischen) Editionsweise, war so freundlich, meine Editionsrichtlinien mit mir kritisch zu diskutieren, und hat sie schließlich als eine Möglichkeit akzeptiert. Die jedem Textband beigegebenen Indizes bieten einen Überblick über die in dem jeweiligen Band enthaltenen Stücke. Vor allem aber erschließen sie die im Apparat Q nachgewiesenen Autoren. Die in den Texten erwähnten Personen und Orte sind normalisiert schon in den Regesten erfasst und in deren Indizes (MBW 10–14) erläutert.

Nach dem ursprünglichen Plan sollte jedem Textband ein Kommentarfaszikel beigegeben werden (Vorbild waren die Ergänzungsfaszikel zur Weimarer Lutherausgabe). Darin sollten die Zitate und Anspielungen nachgewiesen und wenn nötig erläutert werden. Ferner sollten Dokumente, die zum Verständnis der in den Briefen erwähnten Vorgänge nötig sind – das Corpus Reformatorum hat einige in die Reihe der Briefe eingeordnet –, hier abgedruckt und überhaupt Probleme erörtert und einschlägige Forschungsliteratur zitiert werden. Die Kommission hat dies zu Gunsten einer beschleunigten Edition der Texte zurückgestellt. Dadurch mussten die Zitatnachweise in einem Apparat der Textausgabe gebracht werden. Ich hatte die Hoffnung gehabt, dass die ausführlichen Kommentare von auswärtigen Forschern, Doktoranden oder Magistranden, in einem (nach Regesten und Edition) dritten Durchgang erarbeitet würden.[9] Dies bleibt weiterhin möglich.

In den Jahren nach 1963 wurde nicht nur der Plan entwickelt, sondern fleißig an seiner Realisation und am Ausbau der Forschungsstelle gearbeitet. 1963 begann ich mit einer nichtwissenschaftlichen Mitarbeiterin, damals Sekretärin genannt. 1965 übernahm die Heidelberger Akademie der Wissenschaften diese beiden Stellen unbefristet; die letztere wurde alsbald auf eine halbe reduziert. 1966 bewilligte die Deutsche Forschungsgemeinschaft auf Antrag von Prof. Bornkamm eine halbe wissenschaftliche Stelle auf zwei Jahre. Die Germanistin

[9] MBW 1 (1977), S. 38.

Ulrike Ebert fertigte zu Hause Regesten an und kam einmal die Woche zur Besprechung. Sie schied 1968 aus, weil ihr Mann, der inzwischen namhafte Jurist und Rechtshistoriker Udo Ebert in Jena, eine Stelle in Mainz bekommen hatte. Ihr Nachfolger wurde am 16. März 1969 der 30jährige Latinist und Historiker Walter Thüringer, nun auf einer ganzen Stelle, jeweils für zwei Jahre, bis er ab Januar 1980 unbefristet von der Heidelberger Akademie der Wissenschaften übernommen wurde. Herr Thüringer war ein Glück für mich: firm in Latein und Deutsch, eisern fleißig trotz einer chronischen Krankheit und absolut loyal. Wir haben zusammen die Regesten gemacht und dabei jeder den andern kontrolliert. Nichts ging in den Druck, das nicht sorgfältig von uns beiden korrigiert war. Diese Sorgfalt ist in der Melanchthon-Forschungsstelle bis dato Gesetz. Neben den Regesten wurden die Archiv- und Bibliotheksreisen weitergeführt, nun auch von Walter Thüringer, der vor allem in Nürnberg und Wolfenbüttel[10] tätig war.

1972 wurde wie damals allenthalben auch für »Melanchthons Briefwechsel« eine Kommission eingerichtet. Vorsitzender war selbstverständlich Heinrich Bornkamm. Ebenso selbstverständlich machte Bornkamm den Leiter der Forschungsstelle und verantwortlichen Herausgeber der Edition zum stimmberechtigten Mitglied der Kommission. Juristen fanden dies nicht systemkonform. Am 11.7.1990 teilte mir der Sekretar Wieland in einem kurzen Schreiben mit, dass meine Mitgliedschaft in der Kommission erloschen sei. Ich empfand dies als eine schmerzliche Degradierung. Hinfort musste ich vor der Tür warten, bis ich zum Rapport hereingebeten wurde und Anweisungen entgegennehmen durfte. Das Interessante, das besprochen wurde, erfuhr ich nur noch im Filter des Protokolls. Ich konnte damit schlecht umgehen. Es störte mich, wenn Fachkollegen, die mich in anderem Kontext als gleichwertig akzeptierten, in der Kommissionssitzung die Amtsautorität hervorkehrten. Heute verstehe ich, dass sie selbst unter dem Druck der Geldgeber standen. Als Einzelpersonen hatte ich zu allen, auch zu den Sekretaren und Präsidenten, überwiegend ein gutes Verhältnis. Als ich einmal dem Sekretar Vladimir Milojčić (1918–1978), dem leider viel zu früh verstorbenen Prähistoriker, einen Beschwerdebrief geschrieben hatte, lud er mich zum Kaffee ein. Wir hatten ein angenehmes Gespräch, wobei er sagte: Sie können hier Ihren Forschungen nachgehen, ich muss morgen nach Bonn fahren, um die Gelder dafür einzuwerben. Heute ist vieles besser geworden, der Umgangsstil zwischen Kommission und Mitarbeitern und die Finanzierung der Akademieprojekte.

10 Walter Thüringer: *Die Melanchthonhandschriften der Herzog-August-Bibliothek*, Frankfurt am Main 1982 (Kataloge der Herzog August Bibliothek Wolfenbüttel, Sonderband 2).

Gespart werden musste immer, damals wohl noch mehr als heute, wo sich die Akademie die aktuellsten Geräte und auch so ein schönes Symposion leisten kann. Damals musste sie auf Anweisung des Ministeriums den Leitern der Arbeitsstellen die tarifliche Besoldung versagen. Wenn schwierige Forschungsaufgaben selbständig mit hochwertigem Ergebnis geleistet wurden, war BAT Ia angesagt, IIa war die Eingangsstufe, Ib bekam man nach einer gewissen Zeit. Die Akademie fand meine Arbeit hochwertig und wollte mir Ia geben. Das Ministerium hat dieses Zeugnis meines Arbeitgebers niemals bezweifelt, aber die Verwaltungsjuristen in Stuttgart hielten eine Edition nicht für eine schwierige Forschungsaufgabe, und selbständig sei ich nicht, weil ich im Auftrag der Akademie handele. Nun ging es nicht mehr nur um's Geld, sondern um die Ehre. Nach einem Gespräch mit dem mir väterlich zugetanen Präsidenten Wilhelm Doerr, der mir zur Klage riet, klagte ich vor dem Arbeitsgericht um meine Einstufung und gewann in zwei Instanzen, wovon auch meine Kolleginnen und Kollegen profitierten. Leider musste ich aus formalen Gründen gegen die Akademie klagen, was manche der Mitglieder, denen die Hintergründe unbekannt waren, nicht recht verstanden.

Als Heinrich Bornkamm 1976 starb, wurde sein Nachfolger auf dem Lehrstuhl Martin Schmid Vorsitzender der Kommission, konnte aber wegen Krankheit nicht amtieren. Viktor Pöschl hat als Stellvertreter mit der von Bornkamm gewohnten Liberalität das Unternehmen geschützt, bis der Übergang in die nächste Professorengeneration möglich war. Dies waren der Heidelberger Reformationshistoriker Gottfried Seebaß, der am 4.10.1978 in die Kommission berufen und 1982 ihr Vorsitzender wurde. Mitglieder blieben wie von Anfang an Bernd Moeller in Göttingen und Gerhard Müller in Erlangen. 1976 wurde Eike Wolgast auf den historischen Lehrstuhl für Frühe Neuzeit der Universität Heidelberg und am 4.10.1978 in die Melanchthon-Kommission berufen. Im folgenden Jahr erschien seine vernichtende Kritik[11] der Konzeption des Unternehmens, das er für hypertroph hielt und demgemäß Beschneidungen durchsetzen wollte.

Damals waren die ersten Bände schon erschienen. Einige Verlage hatten Interesse gezeigt. Für mich war unerlässlich, dass der Verlag für die neue computer-unterstützte Drucktechnik offen war, die sich nur langsam durchsetzte. Auch war mir ein kleiner Verlag, in dem der oberste Chef mein Gesprächspartner war, lieber als ein großer Betrieb, und wenn er so nahe lag, dass man schnell mal hinfahren konnte, waren meine Wünsche erfüllt. Dadurch kam ich zum Frommann-Holzboog-Verlag in Stuttgart-Bad Cannstatt, mit dem ab 1975 die Gestaltung der Ausgabe intensiv beraten wurde. Ich hatte auch persönlichen Kontakt zu der Druckerei Kieser in Neusäss bei Augsburg, namentlich dem

[11] *Göttingische Gelehrte Anzeigen* 231 (1979), S. 249–259.

EDV-Fachmann Richard Großmann. Dadurch konnten die Korrekturkosten minimal gehalten werden. Es wurde auch ein Vertrag entworfen, der sich eng an den Vertrag mit der Bayerischen Akademie über die ebenfalls von Holzboog verlegte Schelling-Ausgabe anlehnte. Er ist wie dieser dreiseitig zwischen Verlag, Akademie und Herausgeber. Der Sekretar Peter Classen (1924–1980) hat die Unterzeichnung verhindert. Dennoch erschienen 1977, 1978 und 1979 die ersten drei Bände. Der Sekretar Albrecht Dihle (* 1923) hat diesen Zustand beendet, indem er am 15.7.1982 den Präsidenten Otto Haxel (1909–1998) zur Unterzeichnung veranlasste.

Der agile, gut vernetzte Vorsitzende Seebaß, der jeweils vier Jahre lang auch Sekretar und Präsident der Akademie war, bedeutete für den Leiter der Forschungsstelle bei aller Strenge der Aufsicht eine spürbare Entlastung. 1998 wurde der Germanist und Humanismusforscher Wilhelm Kühlmann in die Kommission berufen, der viel Verständnis für die editorischen Probleme aufbrachte. Zum 1. Januar 1985 erreichte der Kommissionsvorsitzende gemeinsam mit dem Sekretar Hans-Joachim Zimmermann und dem Präsidenten Hermann Mosler beim Wissenschaftsministerium die Bewilligung einer unbefristeten Stelle für einen dritten Editor, angesichts der allgemeinen Sparmaßnahmen ein gewaltiger Erfolg. Durch das planmäßige Ende des Tübinger Sonderforschungsbereichs „Spätmittelalter und Reformation" war Dr. Richard Wetzel frei geworden, bisher Leiter des Projektes Staupitz, geprüfter Altphilologe und promovierter katholischer Theologe, dazu mit dem nicht einfachen, aber einzigartig leistungsfähigen Editionsprogramm TUSTEP vertraut, eine ideale Besetzung für unsere Editionsarbeit. Kommission und Forschungsstelle waren sich einig, dass er nicht in die der Vollendung nahen Regesten eingewiesen werde, sondern mit der Edition beginnen solle, was dank seiner Erfahrung weitgehend eigenverantwortlich geschehen konnte. Ich als Herausgeber hatte selbstverständlich die letzte Korrektur und Verantwortung. Gemeinsam haben wir die Feinheiten der schon 1977 in Band 1 publizierten Editionsrichtlinen festgelegt. Es wurden sprechende Siglen für die Handschriften erfunden, durch die ein späteres Gesamtverzeichnis möglich bleibt; da dieses aber fehlte, müssen die Handschriften beim ersten Vorkommen kurz charakterisiert werden. Die Textvarianten werden in drei Apparaten dargeboten: E für Entstehungsvarianten, die dokumentieren, wie schnell Melanchthon schrieb und dabei seine Wortwahl veränderte. T für die übliche Textkritik. W für die Wirkungsgeschichte, unerlässlich für die absichtlichen Veränderungen, die vor allem Camerarius am Text vornahm, aber auch für inhaltlich relevante Irrtümer des Corpus Reformatorum, die zum Textus receptus wurden. Da mit separaten Kommentarfaszikeln in absehbarer Zeit nicht zu rechnen ist, mussten zumindest die Zitatnachweise in den Textbänden gebracht werden. Dies ist der Apparat Q (für Quellen). Der Kommentar ist also auf vier Stellen verteilt: die Regesten, der Apparat Q, die

Orte und die Personen. Auf die Beigabe von Parallelakten und Sekundärliteratur samt Erörterung von Problemen musste unter dem Zwang der Ökonomie verzichtet werden; sie bleibt aber weiterhin möglich.

Richard Wetzel hat in den 15 Jahren seiner Tätigkeit die ersten drei Textbände publiziert und den sechsten begonnen, zwei Jahre lang unterstützt von der Pirckheimer-Editorin Helga Scheible, die während einer Finanzierungslücke ihres Projektes bei uns arbeitete und der Forschungsstelle bis zum Tag ihres plötzlichen Todes 2011 freundschaftlich verbunden blieb.

Als ich ab September 1996 Rente bezog, lagen 9301 Regesten in acht Bänden gedruckt vor. 1998 folgten Band 9 mit Nachträgen (nun waren es 9722 Stücke, davon 1095 bisher unbekannte), mit Korrekturen und Konkordanzen zu den älteren Ausgaben sowie Band 10 mit den kommentierten Orten und dem Itinerar. Rechtzeitig hatte die Akademie meine Stelle ausgeschrieben. Gegen mehr als 60 Bewerbungen hat sich die 30jährige, in Tübingen mit einer Arbeit über Ovid promovierte Philologin Johanna Loehr durchgesetzt. (Übrigens hatte sie damals keine Chance, als Altphilologin trotz bester Noten in den Schuldienst übernommen zu werden.) Nach einem Jahr Einarbeitung übernahm sie die Leitung der Forschungsstelle, Herausgeber blieb ich. Da der dritte Textband in Arbeit war, fiel ihr Band T 4 mit dem Jahr 1530 zu, der überaus schwierig ist wegen der Menge der Überlieferung und deren Eigenart, die zum Teil deutsch, von den alten Editoren ins Lateinische übersetzt und daraus wieder ins Deutsche, was dann zum textus receptus wurde. All dies musste in der Edition dargestellt werden, zumal der Augsburger Reichstag 1530 ein ganz entscheidendes Ereignis der Reformationsgeschichte ist. Die Edition in den Reichstagsakten ist noch immer nicht erschienen, was unsere Arbeit erschwerte.

Frau Loehr hat sich fleißig an die Arbeit gemacht und zusätzlich eine Festschrift zu meinem 70. Geburtstag organisiert und herausgegeben, wofür ich ihr dankbar bleibe. An deren Übergabe am 4. August 2001 in Wittenberg konnte sie aber nicht mehr teilnehmen, denn bald danach brachte sie ihr erstes Kind zur Welt, gesellschaftspolitisch höchst erwünscht, weshalb sie nun drei Jahre lang bei Anspruch auf die Rückkehr in ihre Position zu Hause bleiben durfte, und dies beim zweiten Kind noch einmal, wodurch beinahe sieben Jahre lang die Leitung der Melanchthon-Forschungsstelle unbesetzt blieb. Der Gesetzgeber hatte nicht bedacht, dass diese Regelung für kleine Betriebe tödlich sein kann. Das Melanchthon-Unternehmen konnte diese Zeit überstehen, weil ich mit all meiner Erfahrung und voller Zeit zur Verfügung stand. 2001 ging Richard Wetzel in Rente. Die unbefristete Stelle wurde mit Dr. Christine Mundhenk besetzt. Auch sie war wie Frau Loehr uns zuvor unbekannt gewesen. Sie konnte sich gegen 65 Bewerbungen durchsetzen, wovon vier nach Aktenlage ausgewählt und je 45 Minuten von einer Kommission der Akademie geprüft wurden. Durch die vorbildliche Edition eines spätmittelalterlichen Textes war sie bestens ausgewiesen. Walter Thüringer hatte nach Vollendung der Regesten mit dem Textband 5 begonnen. Ihm wurde Frau Mundhenk beigeordnet. Der Band erschien 2003. Bei allen folgenden Bänden, T 6 (2005) bis zuletzt T 14 (2013), ist Christine Mundhenk die hauptverantwortliche Editorin.

Als Walter Thüringer 2004 Rentner wurde (er half noch drei Jahre lang bis zur Vollendung von T 4), durfte seine Stelle nur befristet besetzt werden, denn die Akademie hatte sie für Matthias Dall'Asta, einen erfahrenen Philologen mit Hauptfach Griechisch, vorgesehen, der aber noch an den Reuchlin-Briefwechsel gebunden war. Deshalb konnten von den drei Editoren-Stellen zwei nur befristet besetzt werden, wobei die Mitarbeiterinnen jeweils neu eingearbeitet werden mussten, aber vorzeitig kündigen konnten, wenn sie etwas Dauerhaftes fanden. So entstand eine verwirrende Vielfalt, denn bei MBW wird jeder auf dem Titelblatt genannt, der etwas Substanzielles beigetragen hat, wobei der Anteil in der Vorrede genau beziffert wird. Durch diese Fluktuation, die meine Alterspläne durchkreuzt hat, ist die Melanchthon-Forschungsstelle eine Ausbildungsstätte auf hohem Niveau geworden. Wer bei uns gearbeitet hat, war anderswo willkommen. Roxane Wartenberg wurde Staatsarchivarin in Wolfenbüttel, Judith Steiniger ging zur Bullinger-Edition nach Zürich, Marion Bechtold ans Leibniz-Institut für Europäische Geschichte in Mainz, Simone Kurz ist Studienrätin in Buchen. Heidi Hein, langjährige Mitarbeiterin der nun vollendeten Cusanus-Edition mit bester Erfahrung mit dem Editionsprogramm TUSTEP, wurde von der Akademie sinnvollerweise zu Melanchthon versetzt, aber nur befristet angestellt, weshalb sie dann auch ein anderes Angebot annahm.

Schon früher war die Melanchthon-Forschungsstelle eine Fundgrube für auswärtige Forscher gewesen. Die amerikanische Studentin Judith Law Williams hat hier für ihre 1973 erschienene Dissertation[12] die noch ungedruckten Regesten durchgearbeitet. Stefan Rhein, heute in Wittenberg Direktor der Luthergedenkstätten Sachsen-Anhalt, hat seine Dissertation über Melanchthons griechische Gedichte[13] ganz bei uns geschrieben. Derk Visser, Professor für europäische Geschichte am Ursinus-College in Collegeville, Pennsylvania, hat für seine Biographie des späten Melanchthon, die er leider nicht auf Englisch, sondern in seiner holländischen Muttersprache publiziert hat, auch aus ungedruckten Regesten geschöpft. Im Vorwort[14] dankt er mir für meine „belangeloze medewerking" – ein Beispiel, wie sehr man als Deutscher im Holländischen in die Irre gehen kann.

12 Judith Law Williams, *Philip Melanchthon as an ecclesiastical conciliator 1530 through 1541*, Chapel Hill 1973.

13 Stefan Rhein: *Philologie und Dichtung. Melanchthons griechische Gedichte (Edition, Übersetzung und Kommentar)*, Diss. Phil. Heidelberg 1987.

14 Derk Visser: *Niets menselijks is mij vreemd. Leven en Werk van Philippus Melanchthon (1497–1560)*, Kampen 1995, S. 8.

Auch einige der Studentinnen und Studenten, die bei uns arbeiteten, haben Karriere gemacht und sind mit uns in Verbindung geblieben. Hier anwesend sind Dr. Eva Raffel, die lange Zeit Herrn Thüringer bei der Verzeichnung der Handschriften half und nun Kataloge von Inkunabeln und Stammbüchern publiziert, sowie ihr Gatte Prof. Dr. Bernhard Boockmann, wissenschaftlicher Geschäftsführer des Instituts für Angewandte Wirtschaftsforschung in Tübingen, der als junger Student bei uns einen für die Weiterarbeit wichtigen Probelauf für ein Sachregister durchgeführt hat, nach dem wir – weil zu umfangreich und damit zu zeitaufwendig – darauf verzichteten. Anna Briskina aus St. Petersburg hat in der Melanchthon-Forschungsstelle eine Zeitlang ihren Unterhalt verdient und von mir sprachlich betreut ihre Dissertation über Melanchthon und Osiander geschrieben;[15] sie ist wissenschaftliche Mitarbeiterin an der Theologischen Fakultät in Halle geworden. Heike Wennemuth hat ebenfalls in Theologie promoviert und ist derzeit Pfarrerin in Karlsruhe. Sabine Zorn ist Pfarrerin und Studienleiterin in der Westfälischen Kirche, Michael Reichert hat bei uns das Register der Melanchthonbibliographie von Wilhelm Hammer bearbeitet.[16] Christina Kimmel ist in unserem Schwesterunternehmen Deutsches Rechtswörterbuch untergekommen. Am nächsten Reformationstag werde ich in Geislingen an der Steige den Festvortrag halten, weil der dortige Pfarrer Dietrich Crüsemann aus Bremen als Student bei uns gearbeitet hat. Von den ehemaligen Sekretärinnen kann ich Christa Kemnitzer begrüßen.

Während dieser turbulenten Jahre ist Gottfried Seebaß schwer erkrankt. Mit letzter Kraft hat er seine Aufgaben wahrgenommen, musste aber 2006 den Kommissionsvorsitz niederlegen und ist am 7. September 2008 verstorben. Der Erlanger Emeritus Gerhard Müller, Kommissionsmitglied seit 1972, ist für ihn eingesprungen, bis durch die Berufungen jüngerer Akademiemitglieder, namentlich des Vorsitzenden Thomas Maissen, Wolgasts Lehrstuhl-Nachfolger, und des Seebaß-Nachfolgers auf dem kirchengeschichtlichen Lehrstuhl Christoph Strohm, der fällige Generationenwechsel vollzogen wurde. Seit wenigen Wochen ist Maissen einem Ruf nach Paris gefolgt. Den Vorsitz übernahm der Tübinger Kirchenhistoriker Volker Leppin, ein Seebaß-Schüler.

Johanna Loehr, die wegen der Berufung ihres Ehemannes, des Gräzisten Lutz Käppel, nach Kiel dort lebte, hat in all dieser Zeit den von ihr begonnenen Textband 4 weiter bearbeitet, wozu sie nicht verpflichtet war, denn sie bezog

15 Anna Briskina: *Philipp Melanchthon und Andreas Osiander im Ringen um die Rechtfertigungslehre. Ein reformatorischer Streit aus der ostkirchlichen Perspektive*, Frankfurt/Main 2006 (Europäische Hochschulschriften, Reihe XXIII Theologie, 821).

16 Wilhelm Hammer: *Die Melanchthonforschung im Wandel der Jahrhunderte. Ein beschreibendes Verzeichnis*. Band IV Register. Unter Verwendung des von Alma und Wilhelm Hammer erstellten Typoskripts bearbeitet von Manfred Blankenfeld und Michael Reichert, Gütersloh 1996 (Quellen und Forschungen zur Reformationsgeschichte 65).

kein Gehalt. Dank Telefon und Internet konnte sie dabei von der Forschungsstelle unterstützt werden. Die e-mails, die sie mir schickte, datierten meistens um Mitternacht. 2007 ist dieser Band erschienen, 796 Seiten in zwei Teilbänden, eine respektable Leistung. Danach hätte Frau Loehr nach Heidelberg zurückkehren müssen. Nun endlich verzichtete sie auf ihre Stelle. Ich kann verstehen, dass ihr dies sehr schwer gefallen ist.

Die Akademie hat unverzüglich Frau Dr. Mundhenk zur Leiterin der Arbeitsstelle ernannt und Heidi Hein auf eine unbefristete Stelle zurückberufen. Ab dem 2011 erschienenen Textband 12 sind die Editoren dieselben, nämlich Mundhenk, Hein und Dall'Asta (nach der Dauer ihrer Zugehörigkeit, auf dem Titelblatt sind sie alphabetisch angeordnet). Unterstutzt werden sie von Tobias Gilcher M. A., der seit Februar 2002 in der Forschunsstelle tätig ist, und von wechselnden Studierenden. Seit November 2009 ist Christine Mundhenk auch die verantwortliche Herausgeberin. Ich bin von einer Last befreit und weiß mein Lebenswerk in guten Händen.

Heute darf ich nicht nur auf 50 Jahre zurückblicken, sondern die weitere Arbeit an MBW bis zum Jahr 2030 ist mit großer Wahrscheinlichkeit gesichert, sofern nicht eine schwere politische und wirtschaftliche Katastrophe dazwischen kommt. Das ist ein großes Glück. Die Weimarer Lutherausgabe, das Deutsche Rechtswörterbuch, die Deutschen Reichstagsakten, das Grimmsche Wörterbuch und andere Unternehmen mussten zwei Weltkriege mit den wirtschaftlichen Folgen überdauern. Von MBW liegen nach 50 Jahren 26 Bände vor. Wenn die noch ausstehenden 16 Textbände jährlich erscheinen, wie dies bisher von den vier fest angestellten Personen geleistet wurde und weiterhin geleistet werden kann, dann wird MBW mit einigen Einschränkungen gegenüber der ursprünglichen Planung in zwei Forschergenerationen vollendet sein. Ich bin darüber sehr glücklich.

Dennoch blicke ich nicht sorglos in die Zukunft. Mit einem Krieg ist in Europa dank der Union nicht zu rechnen, eine atomare Katastrophe ist wenig wahrscheinlich, und die Umwelt verändert sich langsam; da kann man sich einrichten. Die wirtschaftlichen Schwierigkeiten wird man meistern, denn daran sind alle interessiert. Was mir Sorge bereitet, ist die Zukunft *der* Kultur, die mich geprägt hat, und für die ich diese große Aufgabe, Melanchthons Briefwechsel zu edieren, angepackt habe. Wäre ich damals nicht der optimistische Idealist gewesen, sondern der wissende Skeptiker, dann hätte ich wohl etwas anderes gemacht. Die Kenntnis der lateinischen und erst recht der altgriechischen Sprache schwindet immer mehr, auch bei den Theologen. Die Kraft des Christentums und der antiken Humanität ist erlahmt. Überpersönliche Mächte der Wirtschaft bestimmen unser Leben, und fremde Religionen sind eine Realität unseres Alltags und des weltweiten Geschehens geworden. Vielleicht verstauben die schönen Bände der Briefe Melanchthons in den Regalen. Aber sie sind wenigstens vorhanden. Mich tröstet die Erinnerung an jene anonymen spätantiken Philologen, die aus der riesigen Menge der griechischen und römischen Literatur einige wenige Kostbarkeiten durch Editionen gerettet haben, als schon die Barbaren vor der Reichsgrenze standen. Das Westreich wurde durch die Germanen, der östliche Teil fast 1000 Jahre später durch die Türken zerstört. Die Auswahl der antiken Literatur hat dennoch überlebt, obwohl sie nur in wenigen Handschriften überliefert ist. Melanchthon und all die anderen großen Gestalten der europäischen Geistesgeschichte sind durch den Buchdruck unzerstörbar und werden ihre Wirkung entfalten, vielleicht in anderer Weise, als wir es uns vorstellen können. Dies tröstet mich und macht mich dankbar.

Register

Personen

Verzeichnis der MBW-Nummern

Verzeichnis der Beiträger

Marion *Bechtold-Mayer* M. A., Mainz

Dr. Harald *Bollbuck*, Wolfenbüttel

Prof. Dr. Franz *Brendle*, Tübingen

Prof. Dr. Otfried *Czaika*, Det teologiske Menighetsfakultet, Oslo

Dr. Matthias *Dall'Asta*, Heidelberg

Max *Graff* M. A., Heidelberg

Dr. Gregory B. *Graybill*, Pittsburgh

Prof. Dr. Martin *Greschat*, Münster

Dr. Markus *Hein*, Leipzig

Prof. Dr. Howard *Hotson*, Oxford

Prof. Dr. Wilhelm *Kühlmann*, Heidelberg

Dr. Christine *Mundhenk*, Heidelberg

Dr. Stefan *Rhein*, Wittenberg

Dr. Dr. h. c. Heinz *Scheible*, Heidelberg

Dr. Judith *Steiniger*, Zürich

Prof. Dr. Christoph *Strohm*, Heidelberg

Prof. Dr. Thomas *Wilhelmi*, Heidelberg

Dr. Torsten *Woitkowitz*, Leipzig